《別録》《七略》研究與佚文彙編

胡宗華 著

上海人民出版社

本書獲得黑龍江省普通本科高等學校青年創新人才培養計劃項目《考古學視角下〈别録〉〈七略〉研究》(UNPYSCT-2020090)、黑龍江省屬本科高校基本科研業務費項目《〈别録〉〈七略〉亡佚研究》(1355MSYYB013)、黑龍江省教育廳古籍整理項目《〈别録〉〈七略〉佚文輯校》、牡丹江師範學院博士科研啓動基金項目《〈别録〉〈七略〉佚文考校與輯本研究》(MNUB202006)的資助。

目　録

下編:《别録》《七略》佚文彙編

前　言

一、《别録》《七略》成書

《别録》——劉向，字子政，本名更生，約生於漢昭帝元鳳二年（前79年），卒於漢成帝綏和元年（前8年）[①]。《漢書》卷三十《藝文志》（以下簡稱《漢志》）言："成帝時，以書頗散亡，使謁者陳農求遺書於天下。詔光禄大夫劉向校經傳諸子詩賦，步兵校尉任宏校兵書，太史令尹咸校數術，侍醫李柱國校方技。每一書已，向輒條其篇目，撮其指意，録而奏之。"[②]據此可知，成帝在位時期劉向奉詔負責校書，在《漢書》卷十《成帝紀》記載"河平三年……光禄大夫劉向校中秘書"[③]，則從河平三年（前26年）至綏和元年（前8年）爲劉向校書的起始時間，其"條其篇目，撮其指意，録而奏之"，校書成果彙總即爲《别録》。關於《别録》的内容，阮孝緒《七録・序》記述更爲詳盡，其言：

---

① 學界關於劉向的生卒年論述多存在争議，總結而言主要有四種觀點：其一，劉向生於昭帝元鳳元年（前80年），卒於成帝元延四年（前9年），吴修、葛啟揚等主此説；其二，生於昭帝元鳳二年（前79年），卒於成帝綏和元年（前8年），錢大昕、錢穆、施之勉、徐興無等主此説；其三，生於昭帝元鳳三年（前78年），卒於成帝綏和二年（前7年），姚振宗、劉汝霖等主此説；其四，生於昭帝元鳳四年（前77年），卒於哀帝建平元年（前6年），葉德輝、周杲、楊樹達等主此説。相關論述可參閲錢穆《劉向歆父子年譜》，商務印書館2001年版，第63—65頁。徐興無：《劉向生卒年考異》，見《劉向評傳》，南京大學出版社2005年版，第484—511頁。周杲：《劉子政生卒年月及其著述考辨》，見《顧頡剛舊藏簽名本圖録》，中華書局2013年版，第254—257頁。

② （漢）班固，（唐）顔師古注：《漢書》，中華書局1962年版，第1701頁。

③ 《漢書》，第310頁。

> 昔劉向校書,輒爲一録,論其指歸,辨其訛謬,隨竟奏上,皆載在本書。時又别集衆録,謂之《别録》,即今之《别録》是也。①

綜合班固及阮孝緒的記載,劉向校對完畢後,需要將記録的校勘成果,包括篇目、文字的訛誤,以及對典籍評價等内容撰爲書録,隨書奏上御覽。"時又别集衆録"表明在奏進的同時,亦將書録别集而出,合爲《别録》。但依據《漢志》記載:"會向卒,哀帝復使向子侍中奉車都尉歆卒父業。歆於是總群書而奏其《七略》,故有《輯略》、有《六藝略》、有《諸子略》、有《詩賦略》、有《兵書略》、有《術數略》、有《方技略》。"②則劉向校書未畢而卒,餘下校書工作以及《别録》的編纂工作由其子劉歆負責完成。

《七略》——劉歆,字子駿,後改名秀,生於漢宣帝甘露元年(前 53 年),卒於漢平帝地黄四年(23 年)。《漢書》卷三十六《楚元王傳》:"向三子皆好學。長子伋,以《易》教授,官至郡守;中子賜,九卿丞,蚤卒;少子歆,最知名。歆字子駿,少以通《詩》《書》,能屬文召,見成帝,待詔宦者署,爲黄門郎。河平中,受詔與父向領校秘書,講六藝傳記、諸子、詩賦、數術、方技,無所不究。向死後,歆復爲中壘校尉。"③可以看出,劉歆因博學能屬文與其父共校典籍。在其父卒後,劉歆繼續完成校書事業,並撰寫《七略》。

由於劉向卒時,校書工作並未全部結束,那麽,《别録》應爲劉歆在結束所有典籍校對工作後,將餘下書録彙編成集,並對内容進行調整,而後在此基礎上節略諸篇書録以成《七略》。因班固編纂《漢書》時將《七略》編爲《藝文志》,並稱"歆於是總群書而奏其《七略》……今删其要,以備篇籍"④,故今可藉由《漢志》大致還原《七略》的類目編排:

> 一、《輯略》:劉歆總論六略典籍,並逐一介紹每一略的内容。
>
> 二、《六藝略》:易、書、詩、禮、樂、春秋、論語、孝經、小學。

---

① 任莉莉:《七録輯證》,上海古籍出版社 2011 年版,第 3 頁。

②④ 《漢書》,第 1701 頁。

③ 《漢書》,第 1966、1967 頁。

三、《諸子略》:儒家、道家、陰陽家、法家、名家、墨家、縱横家、雜家、農家、小説家。

四、《詩賦略》:屈原賦之屬、陸賈賦之屬、孫卿賦之屬、雜賦、歌詩。

五、《兵書略》:兵權謀、兵形勢、兵陰陽、兵技巧。

六、《數術略》:天文、曆譜、五行、蓍龜、雜占、形法。

七、《方技略》:醫經、醫方、房中、神僊。

班固吸收《七略》將《輯略》拆分編入諸略後,其亦對篇目的分合進行了"出、入、省"的調整。如《漢志·兵書略》:"右兵權謀十三家,二百五十九篇。省伊尹、太公、《管子》《孫卿子》《鶡冠子》《蘇子》、蒯通、陸賈、淮南王二百五十九種,出《司馬法》入禮也。"①這表明劉歆析出《諸子略》及《六藝略》中有關兵書的篇目,歸入《兵書略》,而在《班固》整合時則將劉歆析出的部分重新合並,不作分開著録。班固此舉,首開史志目録的先河,也開啟了削弱二書獨立性的進程。自此以降,藝文志或經籍志目録的編纂成爲我國正史目録編纂的重要組成部分。

二、《别録》《七略》研究價值

劉向整理先秦以迄西漢的典籍,比對衆本,定著篇目,撰寫書録以記録校勘成果、作者事跡及典籍思想等内容,這使得每一篇書録均兼具學術史和文獻學價值。在劉向校書時又以六分法對典籍進行分類,使得典籍的歸納與整理更具系統性。至其子劉歆删節《别録》,單列六略典籍名稱並輔以提要性的文字介紹典籍,總結了自成帝以來校書工作取得的成績。那麽,《别録》《七略》作爲劉向、劉歆校書成果的集中展現,融合了版本、目録、校勘等理論的實踐,影響著後世目録學、版本學及校勘學等文獻學學科的發展,具備文獻學的研究價值。且《别録》《七

① 《漢書》,第1757頁。

略》承載的内容博涉"經、史、子、集"各類文獻,這就決定了二書亦具備多元交叉的研究屬性。

(一)文獻學領域的多元研究價值

二書自成書以來因在目録體例的編制及學術梳理上的重大意義而備受關注,同時代班固在編制《漢書》時即選擇將《七略》調整後編入《藝文志》。班固此舉,開創了史志目録的先河。自此以降,藝文志或經籍志的編纂成爲我國正史目録編纂的重要組成部分。而在劉氏父子創造的六分法的基礎上,經班固、荀勖、李充、王儉、阮孝緒等人不斷地對目録分類體系進行諸如七分法、四分法等類目分合地調整,至《隋書·經籍志》的出現確定了"經、史、子、集"四分法的編排順序。章學誠在《校讎通義·敘》稱"劉向父子部次條别,將以辨章學術,考鏡源流"①,强調了劉向、劉歆編目的深遠影響。對於目録學的重視,清王鳴盛《十七史商榷》卷一有言"目録之學,學中第一緊要事,必從此問塗,方能得其門而入"②,在卷七又言"凡讀書最切要者目録之學,目録明方可讀書,不明終是亂讀"③,均表明了治學過程中需要重視目録學。那麽,《别録》《七略》作爲目録學的源頭之作,影響深遠,對其進行系統地研究,可以深入考辨並挖掘其自身蘊含的目録學價值。

由於典籍流傳具有連續性,反應在目録著録上亦呈現連續的著録特點,故而導源於《别録》《七略》的目録編制成爲考辨典籍流傳真僞的重要參考指標,如明胡應麟提出的"覈之《七略》,以觀其源,覈之群《志》,以觀其緒"④,即從文獻著録的源頭及文獻流傳的連續性角度來考辨文獻的真僞,總結升華了《七略》所具有的辨僞學價值。而《别録》《七略》在宋代亡佚後,清代輯佚學家於古注、類書及文集等典籍中蒐集佚文,彙編成書,試圖還原二書體例及著録的内容,考辨佚文真僞,又使得二書兼具了輯佚學、辨僞學的研究價值。

---

① (清)章學誠,葉瑛校注:《文史通義校注》,中華書局2014年版,第1101頁。
② (清)王鳴盛,黄曙輝點校:《十七史商榷》,上海古籍出版社2013年版,第1頁。
③ 《十七史商榷》,第68頁。
④ 顧頡剛:《古籍考辨叢刊》,第1集,社會科學文獻出版社2010年版,第195頁。

縱觀典籍中有關劉向、劉歆校書的實踐,及殘存的《别録》《七略》佚文,如《漢志》"劉向以中古文《易》經校施、孟、梁丘經,或脱去'無咎''悔亡',唯費氏經與古文同"[①],《戰國策書録》"所校中《戰國策》書,中書餘卷,錯亂相糅莒。又有國别者八篇,少不足,臣向因國别者略以時次之,分别不以序者以相補,除復重,得三十三篇"[②],均體現了劉氏父子在校勘實踐中對於版本的重視。

故而系統地整理研究《别録》《七略》,能夠進一步明晰二書具備的目録學、辨僞學、輯佚學等綜合多元的研究價值,以及這些綜合的研究屬性對於中國文獻學發展的影響。

(二) 跨學科的交叉研究價值

《别録》《七略》整理的先秦兩漢文獻囊括了經類、諸子類、詩賦類、兵書類、術數類等文獻,涉及諸如歷史學、文學等不同學科領域的典籍。隨著地下文物的出土,需要不斷地進行傳世文獻與出土文物的比對考證分析,這表明二書的研究亦與考古學的研究密不可分。故從事《别録》《七略》的研究需要歷史學、文學、考古學多學科理論與成果的支撑。同時,研究所得成果亦可進一步助推歷史學、文學等學科的發展。

1. 與歷史學的交叉

《别録》《七略》成書、流傳及散佚發生在不同的歷史背景下,是一個動態的歷史發展過程。二書自漢代成書起,就備受關注,其中《七略》由同時代的班固編入《漢志》,開啟了史志目録編纂的先河,直觀地體現了二書的學術影響力。後經魏晉隋唐時期如古注、類書等典籍的拆散吸收,終在南宋時期散佚不見。至元明時期,二書的應用在理論上的提升,有清一代輯本頻出,相關研究重回大衆視野。由此可以看出,《别録》《七略》在不同歷史時段,不同的學術發展背景下,所具有的研究屬性亦不斷發生變化,故研究二書需要動態歷史的眼光。且史部典籍最初由劉向、劉歆編制目録時編於六藝略中,到逐漸獨立成部,變成"經、

① 《漢書》,第1704頁。
② 張舜徽:《文獻學論著輯要》,中國人民大學出版社2011年版,第1頁。

史、子、集”一大分支,亦直接體現了歷史學的動態發展。同時,深入分析《別録》《七略》在不同歷史時段呈現的文獻流傳特點,亦需要結合歷史學研究的視野及理論方法,並吸收史學的研究成果。

2. 與文學的交叉

從語言學研究的層面來看,《別録》《七略》作爲漢代文獻,是漢代語料的有機組成部分,經由劉向、劉歆整理的先秦兩漢典籍亦是秦漢時期語言研究的重要語料支撑。對於古典文學研究而言,《別録》《七略》整理的詩賦略典籍,是古典文學研究需要關注的對象。且在隋唐時期,因類書、文集的編纂及注解古書的盛行,《別録》《七略》多被拆分引用融入古注中,成爲中古時期語言文學研究的重要組成部分。如《文選》李善注頻繁徵引二書,這其中既涉及李善注語的分析,亦涉及《文選》的相關研究,構成《文選》學研究的一部分。因此《別録》《七略》需要以吸收漢語言文字學研究的理論與方法,精准深化二書佚文的分析與考證。雖二書散佚不見,但梳理保存在古注類書中的佚文,對於還原《別録》《七略》文字作爲語料的準確性,推動二書的研究大有裨益。

3. 與考古學的交叉

20 世紀以來隨著考古學的發展,考古文物不斷地發掘,其中秦漢時期簡牘如《敦煌漢簡》《居延漢簡》《馬王堆漢墓帛書》《睡虎地秦簡》《北大漢簡》等文獻的出土,均爲秦漢時期相關研究提供了新的研究視野。這些文獻所載的内容可與二書著録典籍的篇目問題、脱簡容字問題、學術流傳問題等進行對比研究,增强二書研究成果的科學性與準確性。同時,出土文獻亦需要運用傳世文獻進行斷代與辨僞。秦漢時期的典籍經由劉向、劉歆父子整理定本傳世,爲考古學的研究提供了文本支撑,且受《別録》《七略》影響出現的目録著録亦爲歷史考古研究提供了考辨依據,如“覈之《七略》,以觀其源,覈之群《志》,以觀其緒”①即是從文獻流傳的源頭及文獻流傳的連續性考辨文獻真僞。故研究《別録》《七略》時,需要吸收考古學成果,對《別録》《七略》佚文進行實證分析,從而得出科學結論,並以此來進一步審視與考辨出土文獻。

---

① 《古籍考辨叢刊》,第 195 頁。

綜上,關於《别録》《七略》的研究既需要重點研究其自身具備的文獻學研究價值,亦需要將其融入考古學、文學及歷史學研究中,探究其所具備的學科交叉間的研究價值。

三、《别録》《七略》輯本情況

《别録》《七略》約在宋代亡佚不見,故而研究二書,需要整合清代以來的十種輯本,以求最大限度地恢復《别録》《七略》的原貌。在清代共有十種《别録》《七略》輯本問世,其中章宗源本亡佚不見,目前僅能見到九種輯本。自清以降,今人僅有鄧駿捷一種針對姚振宗的校補本。縱觀《别録》《七略》的研究,學者多探究成書諸問題、學術影響及二書所反映的學術思想,而佚文整理相對薄弱。目前關於《别録》《七略》的研究尚不夠深入,究其原因在於二書佚文研究的減少,幾成停滯狀態,這從今人僅有鄧駿捷一種校補本即可窺見。由於《别録》《七略》散佚,佚文成爲研究二書的重要媒介,若不能深入佚文的研究,有關《别録》《七略》的研究即會陷入瓶頸。有鑒於此,本書下編擬綜合比對十種輯本,核察佚文出處,考辨佚文真僞,系統整理《别録》《七略》的佚文。《七略》在《别録》基礎上節略而來,而其分類法及著録的書目由班固吸收編入《漢志》,並將其《輯略》拆分散入諸略,故本書下編將根據佚文内容,按照六分法的分類標準試圖還原佚文的出處。

校訂佚文所用輯本分别爲:

洪頤煊《問經堂叢書》本,上海古籍出版社編《續修四庫全書》影印上海圖書館藏清嘉慶間《問經堂叢書》刊本,2002。

嚴可均《全上古三代秦漢三國六朝文》本,中華書局影印清光緒十九年黄岡王毓藻刊本,1958。

馬國翰《玉函山房輯佚書》本,上海古籍出版社編《續修四庫全書》影印清光緒九年(1883)鄉嬛館刊本,2002。

姚振宗《快閣師石山房叢書》本,上海古籍出版社編《續修四庫全書》影印清稿本,2002。

陶濬宣《稷山雜纂》本,上海市圖書館藏清稿本。

張選青《受經堂叢書》本,内蒙古圖書館藏清刊本。

王仁俊《玉函山房輯佚書續編》本,上海古籍出版社影印清光緒二十年(1894)稿本,1989。

顧觀光《武陵山人遺書》本,北京市圖書館藏清稿本。

章太炎《〈七略别録〉佚文徵》本,上海人民出版社編《章太炎全集》整理章氏家藏未刊清稿本,2014。

鄧駿捷《七略别録佚文、七略佚文》本,上海古籍出版社,2008。

上　編

《別録》《七略》專題研究

第一章　《别録》《七略》編纂問題研究

《漢志》載："成帝時，以書頗散亡，使謁者陳農求遺書於天下。詔光禄大夫劉向校經傳諸子詩賦，步兵校尉任宏校兵書，太史令尹咸校數術，侍醫李柱國校方技。每一書已，向輒條其篇目，撮其指意，録而奏之。會向卒，哀帝復使向子侍中奉車都尉歆卒父業。歆於是總群書而奏其《七略》。"①劉向"條其篇目，撮其指意"爲每一部校勘完畢的典籍撰寫書録，彙集衆録以成《别録》，劉歆節略《别録》而成《七略》，至班固在編纂《漢書》時吸收《七略》編爲《藝文志》。

班固在《藝文志》開篇的序言中簡要地記述了《别録》《七略》編纂的時代背景、參校人員及二書間内容的差異，交待二書的成書及編纂等問題。綜合來看，《别録》《七略》之所以能在漢代成書，有其特定的時代背景，如獨尊儒術後學術發展的相對穩定，圖書經過秦府蒐書、民間獻書等途徑得到了大量的積累，均在一定程度上爲二書的出現奠定了基础。且二書在"辨章學術、考鏡源流"的學術史上的地位，及六分法的分類標準等對中國目録學四分法分類體系産生的影響，均表明研究《别録》《七略》的編纂諸問題有助於深入系統地了解二書的學術價值。故本章主要分三節探討二書的編纂問題，第一節探討編纂的背景、參校人員，第二節則探討二書的編纂體例及書中所載内容，第三節以《别録》《七略》現存佚文中直接與間接徵引的典籍爲研究對象，探討劉向、劉歆引書的特點與作用。

---

① 《漢書》，第1731頁。

第一節 背景與參校人員問題

一、編纂背景

《别録》《七略》於成哀之際成書,首要的條件是官府藏有大量的典籍以供比勘校對,從蕭何秦府蒐書,到漢初惠帝廢除挾書律,爲典籍流通營造了寬松的政治環境,再到中期武帝的廣開獻書之路以及成帝時期委派陳農於天下求佚書,都在不斷的擴藏西漢時期的典籍。然數量收藏的豐富僅是校書得以實現的客觀條件,更深層次地來看,是西漢統治者爲進一步維護政權,借助圖書整理活動以達到對思想的管控。且爲統一學術思想,武帝採納"罷黜百家,獨尊儒術"的政策使得經學地位上升,這就需要在圖書的整理方面有所體現,以不斷提升經學的地位。同時,在古文經頻出的情況下,亦需要釐定經書的篇章、校訂文字,確立經書定本,以推動經學的研究。

(一)圖書的積累

根據《漢書·惠帝紀》及《漢志》等史料的記載,學者一般認爲西漢時期官方共有三次圖書整理活動,如李零以武帝時期作爲劃分圖書整理的時間節點,分爲武帝以前"改秦之敗,大收篇籍,廣開獻書之路",武帝時期"建藏書之策,置寫書之官"、武帝之後成哀之際劉向、歆整理①;王國强認爲惠帝廢除挾書律至景帝衆書頗立於學官爲第一次收集,武帝典籍皆充秘府爲第二次收集,而成帝劉向、歆校書則爲第三次收集整理②;朱方瓊則分爲西漢建國初年、武帝時期及成帝時期③。其中諸家提及的成帝時期校書活動即是成帝命劉向、劉歆父子整理點校書籍。那么,在此之前的漢初及景帝、武帝等時期典籍整理必然積攢了大量的典籍。

首先,秦府蒐書。漢初秦府蒐書,繼承了一批秦代保存的典籍,這

---

① 李零:《蘭台萬卷》(修訂本),生活·讀書·新知三聯書店2013年版,第3、4頁。

② 王國强:《漢代文獻學研究》,線裝書局2007年版,第102、103頁。

③ 朱方瓊:《漢代文獻學與政治的關係》,見陶新民《古籍研究》(上),安徽大學出版社2006年版,第255頁。

一點從《漢書》卷三十九《蕭何傳》即有所體現：

> 及高祖起爲沛公，何嘗爲丞督事。沛公至咸陽，諸將皆争走金帛財物之府分之，何獨先入收秦丞相御史律令圖書臧之。沛公具知天下阸塞，户口多少，彊弱處，民所疾苦者，以何得秦圖書也。[①]

蕭何蒐書，一方面幫助劉邦了解了漢初社會現狀，另一方面也擴充了漢初的藏書數量。

其次，典籍的廣泛流通與收藏。《漢書》卷二《惠帝紀》記載惠帝"三月甲子，皇帝冠，赦天下。省法令妨吏民者；除挾書律"[②]，廢除秦代對于民間藏書的限制，使得大量的圖書得以涌現，出現在大衆視野中，如《隋書》卷三十二《經籍志》記載《孝經》"遭秦焚書，爲河間人顔芝所藏。漢初，芝子貞出之"[③]，即是如此。在《漢志》中，班固稱"漢興，改秦之敗，大收篇籍，廣開獻書之路"[④]，概括了漢初圖書蒐求的實際情况。

而最能體現漢初"大收篇籍"者則是河間獻王劉德對典籍的蒐求。《漢書》卷五十三《河間獻王傳》有言：

> 河间献王德……修學好古，實事求是。從民得善書，必爲好寫與之，留其真，加金帛賜以招之。繇是四方道術之人不遠千里，或有先祖舊書，多奉以奏獻王者，故得書多，與漢朝等。是時，淮南王安亦好書，所招致率多符辯。獻王所得書皆古文先秦舊書，《周官》《尚書》《禮》《禮記》《孟子》《老子》之屬，皆經傳説記，七十子之徒所論。[⑤]

因劉德以金錢求善書、古書，故多有獻書者，且其謄録副本與獻書者，自

① 《漢書》，第2006頁。
② 《漢書》，第90頁。
③ 《隋書》，第935頁。
④ 《漢書》，第1701頁。
⑤ 《漢書》，第2410頁。

己保留原本,亦在一定程度上促進了典籍的流通。後劉德將藏書獻於朝廷,充實了中秘的藏書。至武帝時,因“書缺簡脱,禮崩樂壞”,故而“建藏書之策,置寫書之官,下及諸子傳説,皆充秘府”①。而對於這一時期圖書的收藏成果之豐碩,《藝文類聚》引《七略》亦有明確記載,其言:“孝武皇帝敕丞相公孫弘廣開獻書之路,百年之間,書積如丘山。”②由此可以看出,在政令的積極推動下,武帝時期大量的典籍得以流通與收藏,成爲漢代中後期圖書整理的重要積累階段。

再次,典籍的出土。此類典籍主要是指爲避秦火焚書對於書籍的損壞,而被藏於牆壁,至漢代又出於牆壁者。上文已言,漢初諸如惠帝的“除挾書律”帶來了寬松的圖書流通環境,致使典籍不斷涌現,這其中即包含藏於壁中者,如《史記》卷一二一《儒林傳》記載《尚書》遇秦火焚書時“伏生壁藏之。其後兵大起,流亡。漢定,伏生求其書,亡數十篇,獨得二十九篇,即以教於齊魯之間”③。諸如此類於壁中發現古籍者,漢代文獻中多有記載,如《漢志》“武帝末,魯恭王壞孔子宅,欲以廣其宫,而得《古文尚書》及《禮記》《論語》《孝經》凡數十篇,皆古字也”④,《尚書·序》孔穎達正義引《别録》曰“武帝末,民有得《泰誓》於壁内者,獻之”⑤,《論衡·正説篇》“至孝宣皇帝之時,河内女子發老屋,得逸《易》《禮》《尚書》各一篇,奏之”⑥。在出土的典籍中,如孔壁發現的古文《尚書》即成爲了劉向校古文《尚書》的重要參照對象。

(二)文化的控制

秦亡漢興,爲穩定及發展政權,漢初的統治者注意吸取秦亡的教訓,重視文化的發展,以此消解焚書坑儒對於思想文化帶來的消極影

---

① 《漢書》,第1701頁。

② (唐)歐陽詢,汪紹楹校:《藝文類聚》,上海古籍出版社1965年版,第231頁。

③ (漢)司馬遷,(南朝宋)裴駰集解,(唐)司馬貞索隱,(唐)張守節正義:《史記》(修訂本),中華書局2013年版,第3795頁。

④ 《漢書》,第1706頁。

⑤ (漢)孔安國傳,(唐)孔穎達疏:《尚書正義》,十三經注疏繁體標點本,北京大學出版社2000年版,第14頁。

⑥ (漢)王充,張宗祥校注,鄭紹昌標點:《論衡校注》,上海古籍出版社2013年版,第547頁。

響。那麽,圖書作爲文化傳播的載體勢必受到漢初統治者的重視與關注。上文已言,蕭何秦府蒐書爲漢初統治者了解社會現實提供了便利,即"漢王所以具知,以何具得秦圖書也"。從圖書的功能性角度來看,其對於統治階層治國治民具有指導實踐的作用。基于以上兩點,漢初的統治者多重視圖書的流通。

惠帝廢除挾書律,爲圖書的自由流通創造了條件,利于文化的傳播與發展。相較於秦代的焚書與禁書,這一時期典籍的流通處於寬松的流通環境中,壁藏典籍逐漸重見天日,也催生了諸如景帝時期河間獻王的贈金求書,在數量上"與漢朝等",可見藏書之富。經過漢初採納黄老道家之術全民休養生息,漢代的政治經濟趨於穩定,但典籍的流通帶來的思想文化的多元發展,亦影響著政權的統一,如戰國時期諸子百家争鳴即是如此。對此,董仲舒曾言"師異道,人異論,百家殊方,指意不同,是以上亡以持一統;法制數變,下不知所守"①,指出了思想的多元對社會發展帶來的影響。

根據《漢志·序》記載"迄孝武世,書缺簡脱,禮崩樂壞"②,爲防止此形勢進一步擴大,武帝"敕公孫弘廣開獻書之路",且"建藏書之策,置寫書之官",以致百年之間,書積如山。可以説,武帝建策置官是爲系統管理並整理典籍,以改善書籍的殘缺、散落,以及扭轉受此影響造成的禮崩樂壞的局面。若欲整理典籍,則需要擴充收藏的范圍與數量,故而廣開獻書之路表面上是擴充典籍,本質上則是對于典籍及其所承載的思想文化的管控。同理,班固稱"至成帝時,以書頗散亡,使謁者陳農求遺書於天下",並任命劉氏父子等校書亦是如此。正如李零先生所言,漢代的圖書整理是"寓禁於徵"③,正清晰地揭示了武帝以及成哀時期劉氏父子等整理圖書活動的目的。

（三）學術的發展

出於漢初爲修養生息,穩定社會發展的需要,黄老道家學説成爲統

---

① 《漢書》,第2523頁。

② 《漢書》,第1701頁。

③ 《蘭台萬卷》(修訂本),第3頁。

治者倡導的主流思想。且爲改秦弊,吸取亡國教訓,對於圖書典籍流通寬松化,催生了思想文化呈現多元化的發展態勢。這一點從董仲舒在論述“罷黜百家,獨尊儒術”的必要性中即可看出,其言:

> 《春秋》大一統者,天地之常經,古今之通誼也。今師異道,人異論,百家殊方,指意不同,是以上亡以持一統;法制數變,下不知所守。臣愚以爲諸不在六藝之科孔子之術者,皆絶其道,勿使並進。邪辟之説滅息,然後統紀可一而法度可明,民知所從矣。①

師法異道以及百家指意不同,這些學術的異端之見帶來的思想分化,無益於政權的統一,故需要抉擇其一,餘下“皆絶其道”。而儒家學説因提倡致仕進取及大一統而成爲漢武帝及董仲舒的選擇對象。且漢初學術的發展亦呈現了不專精的情況,如《漢書·楚元王傳》言“因陋就寡,分文析字,煩言碎辭,學者罷老且不能究其一藝”②,即阻礙社會發展。故爲解決學術不專精帶來的影響,武帝確立了儒術獨尊的地位,並置五經博士,如《漢書·儒林傳》記載“自武帝立五經博士,開弟子員,設科射策,勸以官禄”③,重視並倡導儒家學説。

那麽,獨尊儒術及受此影響導致的經學地位的上升,以及産生的經學内部的今古文之争均需要對典籍整理,使其與之相匹配,這既包括能體現經學地位受重視程度的校書成果,也包括具備準確性的經學文本。

從現存的《漢志》來看,以《六藝略》典籍爲先,列於《諸子略》《詩賦略》《數術略》等諸略之首,其包含的主要是《易》《書》《詩》《禮》等儒家經學典籍,反映了“獨尊儒術”後儒學在學術上的統治地位。《漢志》承襲《别録》《七略》而來,一定程度上反映了劉向、劉歆的學術思想。且在現存的幾篇較爲完整的書録中,亦存在劉向以是否合乎儒家經義評

---

① 《漢書》,第2523頁。
② 《漢書》,第1970頁。
③ 《漢書》,第3620頁。

判典籍的内容,如《管子書録》"可以曉合經義"[①],《晏子書録》"皆合六經之義"[②],諸如此類均體現了劉氏父子對於儒家經典的重視。

且隨著古文經書的被發現,其與今文經之間的文字異同、篇章多寡均需進行校勘,確定定本,以促進經學良性的發展,如《漢志・六藝略》中《書》類小序言:

> 訖孝宣世,有《歐陽》、大小《夏侯氏》,立於學官。《古文尚書》者,出孔子壁中。武帝末,魯共王壞孔子宅,欲以廣其宫,而得《古文尚書》及《禮記》《論語》《孝經》凡數十篇,皆古字也……孔安國者,孔子後也,悉得其書,以考二十九篇,得多十六篇。安國獻之。遭巫蠱事,未列於學官。劉向以中古文校《歐陽》、大小夏侯三家經文,《酒誥》脱簡一,《召誥》脱簡二……文字異者七百有餘。[③]

此段話在記載了劉向以古文《尚書》校對今文《尚書》的同時,亦反映了今古文經書間存在的異同。若無校對整理,各自爲説,則無益於經學的發展。

二、校書人員

根據上文所舉《漢志》的記載,成帝時曾詔令劉向、任宏、尹咸、李柱國等人分校經傳、兵書、數術、醫書等典籍。除此之外,在現存的殘篇書録及《漢書》等典籍中,仍有相關校書人員的記録。由於《别録》以及節略《别録》而成的《七略》的産生是以校書成員的校書成果爲基礎的,故而統計分析校書人員是研究《别録》編纂過程重要的組成部分,諸如潘猛補《劉向父子校書助手述略》[④](以下簡稱《述略》),王承略、楊錦先的

---

① 《文獻學論著輯要》,第 5 頁。

② 《文獻學論著輯要》,第 7 頁。

③ 《漢書》,第 1706 頁。

④ 潘猛補:《劉向父子校書助手述略》,《江蘇圖書館學報》1985 年第 2 期,第 41—43 頁。

《劉向校書同僚學行考論》[1](以下簡稱《考論》),張世磊的《〈别録〉〈七略〉研究》中的《〈七略〉〈别録〉參校人員考證》[2](以下簡稱《考證》)均是有關校書人員的綜合論述。經統計,《述略》列校書人員九名,《考論》《考證》列校書人員十三名,二者雖人數相同,但涉及校書人員則略有差異。爲便於比對三者間的區别,現列表如下:

《述略》	1.任宏;2.尹咸;3.李柱國;4.杜參;5.班斿;6.望;7.王龔;8.房鳳;9.蘇竟
《考論》	1.劉向;2.劉歆;3.任宏;4.尹咸;5.李柱國;6.班斿;7.杜參;8.房鳳;9.王龔;10.□望;11.劉伋;12.富參;13.□敘
《考證》	1.任宏;2.尹咸;3.李柱國;4.班斿;5.杜參(包含富參);7.王龔;8.房鳳;9.臣望;10.劉伋;11.楊宣;12.蘇竟;13.□敘

《考論》未有《述略》所列蘇竟,但新增了劉向、劉歆、富參及□敘。《考證》綜合二家之説,删去向、歆,並吸收蘇竟,新增楊宣。此處《考證》相較於《考論》,由於其新增楊宣及蘇竟,加之其認爲富參爲杜參,在論述杜參時,亦探討了富參,故其在"5.杜參"後雖以"7.王龔"計數,未單列"6",但其總數卻與《考論》相同。關於富參,《考論》主張其與杜參爲不同校書人員,與《考證》觀點不同。由於現存的史料中既有杜參又有富參,故學界對於二者是否爲同一人多有探討,如曹之《是杜參還是富參——〈七略〉〈别録〉研究一得》[3]一文重點探討了"參"爲何人,即屬個案研究。

由於校書人員所校典籍有其各自的分工,故研究校書人員時宜分類歸納,以盡可能還原校書人員分類的原貌,然縱觀《述略》《考證》諸文所列校書人員,雖已幾近完備,但仍缺少與校書分工相合的歸納分類。且有關校書人員的特點,潘猛補從思想性、學術性與實用性歸納總結,王承略、楊錦先一文亦僅簡要地總結了校書人員具有較高的官職及

---

① 王承略、楊錦先:《劉向校書同僚學行考論》,《文獻》1998年第3期,第64—79頁。

② 張世磊:《〈七略〉〈别録〉研究》,吉林大學2009年碩士學位論文,第24—26頁。

③ 曹之:《是杜參還是富參——〈七略〉〈别録〉研究一得》,《中國圖書館學報》1998年第2期,第95、45頁。

學術地位的特點,校書存在分工及青老年學者的配合,以及校書對於古文經學的宣揚作用,而張世磊一文則未作總結。故本節擬在前人研究基礎上,重新歸納史料,並試圖以六藝略的六分法爲分類標準,按照校書對象的不同歸納校書人員,並深入分析人員的組成特點。此處需要説明的是,因劉向、劉歆爲校書的主要負責人,起到統籌校書工作的職責,且分著《别録》《七略》,參校工作爲後世所熟知,而其他校書成員若無相關研究,則鮮有關注,故本節校書人員研究是指除劉向、劉歆以外的其他成員。同時,關於校書人員的分類,以現存史料記載的校理對象爲標準,明確記載若"李柱國校方技",則將李柱國歸入校方技類典籍;若無明確記載,能推斷者若房鳳治《穀梁春秋》,則歸入校六藝略類,不能推斷者,若班斿則歸入其他;若校書人員存在分校不同典籍的記述,則在不同分類條目下予以説明。

(一) 人員分工

班固在《漢志》提及的成帝"詔光禄大夫劉向校經傳諸子詩賦,步兵校尉任宏校兵書……侍醫李柱國校方技"諸語,指明了校書人員依據各人所學專長,進行不同的校書分工。故而在研究校書人員時,應試圖根據校書領域的不同進行人員的歸類。

1. 校六藝者

房鳳——《漢書・儒林傳》:"房鳳字子元……大司馬驃騎將軍王根奏除補長史,薦鳳明經通達,擢爲光禄大夫,遷五官中郎將。時光禄勳王龔以外屬内卿,與奉車都尉劉歆共校書,三人皆侍中。歆白《左氏春秋》可立,哀帝納之,以問諸儒,皆不對。歆於是數見丞相孔光,爲言《左氏》以求助,光卒不肯。唯鳳、龔許歆,遂共移書責讓太常博士……大司空師丹奏歆非毁先帝所立,上於是出龔等補吏,龔爲弘農,歆河内,鳳九江太守,至青州牧。……《穀梁春秋》有尹、胡、申、章、房氏之學。"①其與王龔入中秘條件較爲相近,官職爲光禄勳。據《漢書・公卿表上》(以下簡稱《公卿表上》)所載"郎中令,秦官,掌宫殿掖門户,有丞。武帝太

① 《漢書》,第3619、3620頁。

初元年更名光禄勳”①,爲武官。又房氏與劉歆共校書,關係交往密切。根據其治《穀梁春秋》可知,其極有可能參校六藝略春秋類典籍。

2. 校諸子略者

杜參——在與劉向一同校書的人員中,由於書録所載有“臣富參”與“臣參”,如《管子書録》“臣富參書四十一篇”,《晏子書録》“臣向謹與長社尉臣參校讎……臣參書十三篇”,《列子書録》“臣向謹與長社尉臣參校讎……臣參書二篇……永始三年八月壬寅上”,故關於“參”的研究歷來備受争議。根據顔師古注《漢志》詩賦略“《博士弟子杜參賦》二篇”②載:“劉向《别録》云:‘臣向謹與長社尉杜參校中秘書。”如此,“長社尉臣參”即爲杜參。然其又引劉歆言“参,杜陵人,以阳朔元年(前24年)病死,時年二十餘”,則引發了與《列子書録》“永始三年(前14年)八月壬寅上”時間記載先後順序上的矛盾。加之,《北齊書》卷四十五《文苑傳》樊遜受詔校書,議曰“案漢中壘校尉劉向受詔校書,每一書竟,表上,輒言臣向書、長水校尉臣參書、太常博士書、中外書,合若干本,以相比較,然後殺青”,其中記載的“長水校尉臣參”與“長社尉臣參”官職又有不同,進一步混淆了“臣參”的身份與職官信息。總結而言,關於杜參的争論問題集中在三個方面:

其一,杜參與富參。曹之認爲當是富參,“把富參誤作杜參是歷史的因訛踵誤”③。王承略、楊錦先分列杜參與富參,視作不同的校書人員④,張世磊傾向富參爲杜參⑤。

其二,公元前14年奏上書録與公元前24年亡故。王承略、楊錦主張“《七略》天下共知,没有辦法也没有必要作僞,那麽劉歆之語必不誣……魏晉之時《别録》尚存”,故劉歆與書録所言均無誤。至於張世磊則給出關於時間矛盾的解釋,其認爲書録是在死後呈上御覽。而曹之

① 《漢書》,第727頁。

② 《漢書》,第1749頁。

③ 曹之:《是杜參還是富參——〈七略〉〈别録〉研究一得》,《中國圖書館學報》1998年第2期,第95、45頁。

④ 王承略、楊錦先:《劉向校書同僚學行考論》,《文獻》1998年第3期,第64—79頁。

⑤ 張世磊:《〈七略〉〈别録〉研究》,吉林大學2009年碩士學位論文,第24—26頁。

則認爲公元前14年同劉向校書的“臣參”非杜參。

其三,“長水校尉臣參”與“長社尉臣參”。錢穆《劉向歆父子年譜》認爲作“長水校尉”有誤。[①]潘猛補“考長社尉一職,僅爲長社縣的一軍事長官,似不大可能有直接入秘閣校書的機會。而一些校秘書的官員,一般都曾以武散官虚銜入閣整理圖書。考漢武散官名,有中壘、步兵,長水、城門等校尉。所以杜參應當以長水校尉之銜參與此項工作爲是”[②],認爲當作長水校尉,張世磊亦主此説。

劉向奉命校理秘府藏書,其中一個環節即是廣羅秘書之外的版本,前者稱爲中書,與之相對的後者則稱爲外書。劉歆《七略》有言“外則有太常、太史、博士之藏,内則有延閣、廣内、秘室之府”[③],此句話大致指明了中書收藏處所和外書的來源範圍,如《漢志·六藝略·易》小序言“民間有費高二家之説,劉向以中古文易經校施孟梁丘經,或脱去無咎、悔亡,唯費氏經與古文同”,此處民間藏書亦屬外書。根據現存書録記載,劉向對於所用外書有明確的篇數記載,並指明外書來源,如《管子書録》“太史書五篇、臣向書一篇”等。張舜徽依據書録總結劉向所用版本時言“向校書時,廣儲副本,有所謂中書,有所謂外書,有所謂太常書,有所謂太史書,有所謂臣向書,有所謂臣某書,博求諸本,用以讎正一書”,即是對此問題的概括。縱觀書録,劉向有多處記載私人藏書。爲便於説明問題,現統計較爲完整的書録有人名者如下:

《管子書録》有“大中大夫卜圭書”“臣富參書”“射聲校尉立書”;
《晏子書録》有“臣向書”“臣參書”;
《列子書録》有“臣向書”“臣參書”;
《鄧析子書録》有“臣敘書”。[④]

綜合來看,參校人員在校書的過程中若提供校書所用的異本,劉向則記

① 錢穆:《兩漢經學今古文平議》,商務印書館2001年版,第43頁。
② 潘猛補:《劉向父子校書助手述略》,《江蘇圖書館學報》1985年第2期,第42頁。
③ 《漢書》,第1732頁。
④ 《文獻學論著輯要》,第4、6、8、10頁。

作“臣……”,而像“大中大夫卜圭”與“射聲校尉立”則是未參與校書者,故不稱“臣卜圭”與“臣立”,僅提及官職。這其中“卜圭”與“參”“向”“敘”單稱名又不同,結合“臣富參”來看,此當是劉向爲進一步區分同名者所添加的姓氏,即若稱“大中大夫圭”,則應有官職爲“大中大夫”,且名爲“圭”者,故加姓氏“卜”字,以作區分。同理,“臣富參”,亦應是與“臣參”相區别。换言之,“臣參”與“臣富參”並非同一人。通過分析劉向的區分私人藏書姓名可以看出,若無相混的情況,則劉向稱名而不稱姓氏,若單稱名易混,則補足姓氏,以示其謹慎記録外書出處的態度。

顔師古引《别録》“長社尉杜參”注解《博士弟子杜參賦》的同時,也注解了《别録》,即長社尉臣參爲杜參。但通過上舉《管子書録》《晏子書録》等書録中劉向記録與校書相關的人員時,多在名前冠以“臣”字的慣例來看,顔注引文中直接稱“杜參”,不合劉向撰寫書録的行文方式,這里稱作杜參,當是顔師古爲説明“臣參”即爲“杜參”,故改“臣”作“杜”。縱觀劉向的書録及佚文,可見到記録官職與記述個人經歷之語,如《漢志》顔注《待詔臣饒心術》引劉向《别録》曰“饒……武帝時待詔”①,即是記載饒的官職,又《管子書録》“少時常與鮑叔牙遊”②,即是記載管子與鮑叔牙交往的經歷。依此來看,《博士弟子杜參賦書録》當記載了杜參的官職爲長社尉,且其與劉向共校書,應有參與校書諸語,故而顔師古可據此改動書録中存的“長社尉臣參”之“臣參”爲“杜參”。又,顔師古引劉歆語“參,杜陵人,以陽朔元年病死,時年二十餘”③,從此句的内容來看,劉向、歆可以明確的記録杜參的卒年以及亡故的原因,應是杜參與其共同校書,故劉氏父子可以清晰地知道其亡卒時間以及亡故的原因。

那麽,基於此論杜參的官職當爲長社尉,這也與《晏子書録》等書録言“臣向謹與長社尉臣參校讎”官職相合。然因“長社尉”爲地方官員,

① 《漢書》,第1745頁。

② 《文獻學論著輯要》,第4頁。

③ 《漢書》,第1750頁。

且受《北齊書》等"長水校尉臣參"的影響，有學者認爲"長社尉"官階低於"長水校尉"，不大可能入中秘校書，故杜參應以"長水校尉"參與校書工作。這一觀點僅從官階高低入手，而未能給現存的書録及顏注中出現"長社尉臣參"一個合理的解釋。此處似乎存在一個誤區，即"長社尉臣參"爲劉向語，"長水校尉臣參"亦應爲劉向所言，二者同爲劉向語，且均是"長……尉臣參"的結構，故而先入爲主地認爲書録所載與《北齊書》等所言爲同一人。換言之，官職不同即是劉向從官職的角度進行區分。

對於强調其官階低的問題，因現存的書録佚文中記載校書人員數量有限，雖其中大多官階較高，但不能據此推導出參與校書者中未有低官階者。此處杜參除長社尉外還有一重要身份，即劉向定名在命名其典籍時所稱的"博士弟子"。

《史記・儒林傳》記載公孫弘提議"爲博士官置弟子五十人，復其身。太常擇民年十八已上儀狀端正者，補博士弟子。郡國縣道邑有好文學，敬長上，肅政教，順鄉里，出入不悖所聞者……得受業如弟子"①，則成爲漢代太學博士弟子來源的兩種途徑，其一爲太常選拔，其二爲地方郡國選拔。那麼，成爲博士弟子，即可跟隨博士，即學官修習儒家經典，這代表其學有所本，並具有一定的學識。若考核合格"能通一藝以上，補文學掌故缺；其高第可以爲郎中者，太常籍奏。即有秀才異等，輒以名聞"②，可藉此選拔爲官吏。從杜參的官職爲長社尉判斷其應是通過地方選拔入學，成爲博士弟子，具有了受業儒學的學習背景。上文已言劉歆稱外書時提及了"博士之藏"，即太學藏書。

那麼，作爲太學學生的杜參經歷了從修習儒學到可以接觸太學所藏典籍，以及可與劉向、劉歆校書産生關聯的過程。又典籍中亦有博士校書相關的記載，如《後漢書》卷三十六《鄭興傳》言："鄭興字少贛……少學《公羊春秋》。晚善《左氏傳》，遂積精深思，通達其旨，同學者皆師之。天鳳中，將門人從劉歆講正大義，歆美興才，使撰條例、章句、傳詁，

①② 《史記》(修訂本)，第3789頁。

及校《三統曆》。"李賢引《東觀記》注曰:"興從博士金子嚴爲《左氏春秋》。"[①]鄭興即爲博士弟子,即被劉歆任命校其所著《三統曆》。又如《後漢書》卷五《孝安帝紀》亦言:"詔謁者劉珍及《五經》博士校定東觀《五經》、諸子、傳記、百家藝術,整齊脱誤,是正文字。"[②]綜合來看,杜參長社尉官階雖低,但其作爲博士弟子存在參與到校書環節中的合理性,故不宜改"長社尉臣參"作"長水校尉臣參",此非同一人。

3. 校兵書略者

任宏——任宏校書,《漢志》有明確記載,如《漢志・序》言"步兵校尉任宏校兵書",在《漢志・兵書略・序》中又有"至於孝成,命任宏論次兵書爲四種"[③]的記載。由此可以確認任宏所校内容爲兵書。任宏任"步兵校尉",《公卿表上》稱"步兵校尉掌上林苑門屯兵"[④],則其爲禁軍長官,此爲軍事類官職。根據《漢書》卷十九下《公卿表》(以下簡稱"《公卿表下》")記載元延元年(前12年)"護軍都尉任宏偉公爲太僕,二年徙"[⑤],又綏和元年(前8年)"太僕宏爲執金吾,十一月貶爲代郡太守"[⑥]。《漢書》卷十一《哀帝紀》:"使執金吾任宏守大鴻臚,持節徵定陶王,立爲皇太子。"[⑦]爲進一步明晰任宏所任職位與校書之間的關係,需對其官職略作釋義:

> 《公卿表上》:"護軍都尉,秦官,武帝元狩四年屬大司馬,成帝綏和元年居大司馬府比司直,哀帝元壽元年更名司寇,平帝元始元年更名護軍。"[⑧]
>
> 《公卿表上》:"太僕,秦官,掌輿馬,有兩丞。"[⑨]

---

① (南朝宋)范曄,(唐)李賢等注:《後漢書》,中華書局1965年版,第1217頁。
② 《後漢書》,第215頁。
③ 《漢書》,第1763頁。
④⑧ 《漢書》,第737頁。
⑤ 《漢書》,第840頁。
⑥ 《漢書》,第842頁。
⑦ 《漢書》,第333頁。
⑨ 《漢書》,第729頁。

《公卿表上》:"中尉,秦官,掌徼循京師……武帝太初元年更名執金吾。"如淳注曰:"所謂遊徼,徼循禁備盜賊也。"[①]

《公卿表上》:"典客,秦官,掌諸侯歸義蠻夷,有丞。景帝中六年更名大行令,武帝太初元年更名大鴻臚。"[②]

"護"爲"監視、監督"意,"護軍"即監領諸軍;"太僕"主管皇帝車架;"執金吾"負責京師地區的治安;掌管封爵少數民族事宜。可以看出,任宏升遷的官職,多爲武官,這就表示其諳熟兵書,具備軍事研究的素養,且職位又與皇室密切相關,則爲其參與禁中校書創造了條件。

4. 校數術略者

尹咸——《漢志·序》記載"太史令尹咸校數術",在《漢書·楚元王傳》中亦有其同劉歆校書的記載"及歆校秘書,見古文《春秋左氏傳》,歆大好之。時丞相史尹咸以能治《左氏》,與歆共校經傳。歆略從咸及相翟方進受,質問大義"[③]。通過這一段記述可以看出,尹咸與劉歆校書的一個原因即是能通《春秋左氏傳》。這與其父尹更始爲研習《春秋》之大家有關,《漢書·儒林傳》言:

汝南尹更始翁君本自事千秋,能説矣,會千秋病死,徵江公孫爲博士。劉向以故諫大夫通達待詔,受《穀梁》,欲令助之。江博士復死,乃徵周慶、丁姓待詔保宫,使卒授十人。自元康中始講,至甘露元年,積十餘歲,皆明習。乃召《五經》名儒太子太傅蕭望之等大議殿中,平《公羊》《穀梁》同異,各以經處是非。時《公羊》博士嚴彭祖、侍郎申輓、伊推、宋顯,《穀梁》議郎尹更始、待詔劉向、周慶……尹更始爲諫大夫、長樂户將,又受《左氏傳》,取其變理合者以爲章句,傳子咸及翟方進、琅邪房鳳。[④]

---

① 《漢書》,第732、733頁。
② 《漢書》,第730頁。
③ 《漢書》,第1967頁。
④ 《漢書》,第3618頁。

尹咸之父可平《公羊》《穀梁》同異,又可傳授《左氏傳》,那麽尹咸治學有家學淵源。且尹更始與劉向有同研《穀梁傳》的經歷,由此可以看出,尹更始與劉向多有交往,至其子輩,尹咸又與劉歆共校經傳。此種學術上密切的交往關係,即爲尹咸參與校書奠定了基礎。

又尹咸的職官爲"太史令",據《公卿表上》言"奉常,秦官,掌宗廟禮儀,有丞。景帝中六年更名太常。屬官有太樂、太祝、太宰、太史、太卜、太醫六令丞"[①]可知,此職官與其他五令丞分管宗廟禮儀的不同方向。《續漢書》卷二十五《百官志》載:"太史令……掌天時、星曆"[②],則可進一步明確太史令所掌涉及天時曆法,以此來看其"校數術"與《漢志·數術略·序》載"數術者,皆明堂羲和史卜之職也"的記載相合。結合其家學傳習《春秋》來看,其亦有參與校理六藝略《春秋》類典籍的可能,但因其職官爲"太史令",蓋主要校對數術類典籍,故未言及其校《春秋》。

王龔——《山海經書録》载"建平元年四月……詔侍中光禄勳臣龔,侍中奉車都尉、光禄大夫臣秀領主省"[③],又《漢書·儒林傳》載"時光禄勳王龔以外屬内卿,與奉車都尉劉歆共校書",如淳注《儒林傳》曰"卭成太后亲也。内卿光禄勳治宫中"[④]。三者相比《儒林傳》與《山海經書録》相合,"臣龔"當爲王龔。又"龔許歆,遂共移書責讓太常博士……于是出龔等外吏,龔爲弘農",此即劉歆欲立《春秋左氏傳》爲博士,遭遇排擠,"唯凤、龚许歆",後受牽連,被貶官職。綜合來看,王龔爲皇室外戚,所任官職亦在九卿之列,地位較高,且爲劉歆好友,故而得以與劉歆等同校秘書。

(臣)望——劉歆在現存的《山海經書録》結尾處有言:"建平元年四月丙戌,待詔太常屬臣望校治,侍中光禄勳臣龔,侍中奉車都尉、光禄大夫臣秀領主省。"[⑤]對於望爲何人,學者多有考證,但均難成定論,如吴任臣認爲望是丁望,而潘猛補[⑥]、張世磊虽主此説,但亦持存疑態度。

---

① 《漢書》,第726頁。

② 《後漢書》,第3572頁。

③⑤ 《文獻學論著輯要》,第16頁。

④ 《漢書》,第3619、3620頁。

⑥ 潘猛補:《劉向父子校書助手述略》,《江蘇圖書館學報》1985年第2期,第41—43頁。

至於王承略等則認爲“建平元年，丁望官衛尉，衛尉位列九卿，非太常屬官”，且“丁望爲哀帝生母的叔父，哀帝已於綏和二年四月即位，斷無次年丁望尚微處待詔太常屬之理”，並考證了成帝、哀帝、王莽時期名爲“望”者有多人，如嚴望、方望、王望、蟜望、□望，均可稱作“臣望”。①

楊宣——《華陽國志》卷十《廣漢士女》言：

> 楊宣，字君緯，什邡人也。少受學於楚國王子張，天文、圖緯於河内鄭子侯；師楊翁叔，能暢鳥言。長於災異。教授弟子以百數。成帝徵拜諫大夫。帝無嗣，宣上封事，勸宜以定陶恭王子爲太子，帝從之，出宣爲交州牧。太子即位，爲哀帝。拜河内太守，徵太倉令……平帝時，命持節爲講學大夫，與劉歆共校書。居攝中卒。門生河南李吉、廣漢嚴象、趙翹等皆作大儒。②

此講學大夫，當同光録大夫等職責相近，掌顧問應對。通過其研習過天文圖緯及“長於災異”可知，其負責校對數術略典籍存在合理性。

5. 校方技略者

李柱國——《漢志·方技略·序》言：“方技者，皆生生之具，王官之一守也。太古有岐伯、俞拊，中世有扁鵲、秦和，蓋論病以及國，原診以知政。漢興有倉公。今其技術晻昧，故論其書，以序方技爲四種。”③據此可知，方技所包含即爲醫書類文獻，其提及的“序方技四種”爲：醫經、經方、房中、神仙四種。《漢志·序》載“侍醫李柱國校方技”。根據現存的典籍中有明確記載校方技略的僅有李柱國一人。關於“侍醫”這一官職，上文言太常屬官時提及了其包含“太乐、太祝、太宰、太史、太卜、太医六令丞”，此侍醫應屬太醫令執掌。根據《漢書》卷七十二《貢禹傳》言“疾病侍醫臨治，賴陛下神靈，不死而活”④，顔師古注曰“侍醫，天子

---

① 王承略，楊錦先：《劉向校書同僚學行考論》，《文獻》1998年第3期，第64—79頁。

② 劉琳：《〈華陽國志〉注譯》，四川大學出版社2015年版，第423頁。

③ 《漢書》，第1780頁。

④ 《漢書》，第3073頁。

之醫也”[①],《漢書》卷八十一《張禹傳》亦載“成帝即位……加賜黄金百斤、養牛、上尊酒,太官致餐,侍醫視疾,使者臨問”[②]。潘猛補認爲“此侍醫視疾爲成帝河平三年校書的侍醫李柱國無疑”[③]。因漢書並無明言提及李柱國,故雖時代相符、官職相符,尚不能確指此即爲李柱國,但根據顔注可以確定的是侍醫醫治的對象爲皇室成員,這就代表任此官職者需在醫術方面有一定造詣,能夠諳熟醫書典籍,那麽,既爲天子等診病,則必可查閲禁中所藏醫書典籍,故從醫學背景及對於典籍的熟悉角度來説,均證明了任職侍醫的李柱國有能力參與到校書的工作中。

6. 其他

班斿——班固在追溯家學淵源時,在《漢書》卷一百上《敘傳》有較爲詳盡的記載,其言:

> 斿博學有俊材,左將軍史丹舉賢良方正,以對策爲議郎,遷諫大夫、右曹中郎將,與劉向校秘書。每奏事,斿以選受詔進讀群書。上器其能,賜以秘書之副。時書不布,自東平思王以叔父求《太史公》、諸子書,大將軍白不許。[④]

其中即涉及了班斿與劉向校書一事。此時其所任職官爲“諫大夫、右曹中郎將”。據《公卿表上》所載:

> 郎中令,秦官,掌宫殿掖門户,有丞。武帝太初元年更名光禄勳。屬官有大夫、郎、謁者,皆秦官……大夫掌論議,有太中大夫、中大夫、諫大夫,皆無員,多至數十人。武帝元狩五年初置諫大夫,秩比八百石。太初元年更名中大夫爲光禄大夫,秩比二千石……郎掌守門户,出充車騎,有議郎、中郎、侍郎、郎中。[⑤]

① 《漢書》,第3074頁。
② 《漢書》,第3348頁。
③ 潘猛補:《劉向父子校書助手述略》,《江蘇圖書館學報》1985年第2期,第41頁。
④ 《漢書》,第4203頁。
⑤ 《漢書》,第727頁。

可以發現，班斿所遷升的職官隸屬光禄勛，統領皇帝侍衛，爲武官，官階較高。且其又能"受詔進讀群書"，並在書籍流傳不廣的情況下得賜秘書的副本。這反映了皇帝對於班斿學術能力的認可。

由於班固記載班斿任官前提及了左將軍史丹，故而學者時有以《公卿表》所載"河平三年史丹爲左將軍"，探討班斿參與校書的時間，如王先謙《漢書補注》認爲"成帝河平三年，史丹爲左將軍，永始三年（前 14）薨。建始三年（前 30）詔舉賢良方正，在史丹爲左將軍前四年，而云左將軍史丹舉者，從其後官書之。班斿由議郎遷至中郎將，與向校書，自是後數年事"，潘猛補亦據《公卿表》言"可見班斿參與劉向校書，應在此後的一段時間"，而張世磊認爲班氏在"始官、校書之間，還有四年的遷官機會，仍有可能較早參與校書"。①根據班固所言並不能將史丹任左將軍時間與班斿校書時間之間構建聯繫，然依據建始三年（前 30）史丹詔舉賢良方正，推舉班斿起始時間來大致判斷其校書時間，則較爲穩妥。

劉伋——阮孝緒《七録序》云："孝成之世，命光禄大夫劉向及子俊、歆等讎校篇籍。"王承略、楊錦先《劉向校書同僚學行考論》主張"俊"應爲"伋"訛寫，張世磊亦從此説。②

蘇竟——《後漢書》卷三十上《蘇竟傳》載"蘇竟字伯況，扶風平陵人也。平帝世，竟以明《易》爲博士講書祭酒。善圖緯，能通百家之言，王莽時，與劉歆共典校書。"③其爲博士祭酒，《後漢書》卷二五《劉寬傳》"學官祭酒及處士諸生執經對講"，李賢注云"《續漢書》曰'博士祭酒，秩六百石。祭酒本僕射也，中興改爲祭酒'"④。根據《漢書・公卿表上》"僕射，秦官，自侍中、尚書、博士、郎皆有。古者重武官，有主射以督課之，軍屯吏、騶、宰、永巷宮人皆有，取其領事之號"⑤，博士祭酒爲博士之首，以此觀之，官至博士祭酒是對其學問的肯定，故其可與劉歆共同點校書籍。

---

① 張世磊：《〈七略〉〈别録〉研究》，吉林大學 2009 年碩士學位論文，第 23 頁。
② 張世磊：《〈七略〉〈别録〉研究》，吉林大學 2009 年碩士學位論文，第 28 頁。
③ 《後漢書》，第 1041 頁。
④ 《後漢書》，第 887 頁。
⑤ 《漢書》，第 728 頁。

(臣)敘——《鄧析子書録》云:“中鄧析書四篇,臣敘書一篇,凡中外書五篇,以相校,除復重,爲一篇。”[①]根據劉向的慣例,稱“臣敘”即表示其不僅參與校書,還提供了校對《鄧析子》所用異本。因史料缺乏,故無法確認敘爲何人。關於“臣敘”,《崇文總目》著録《鄧析子》時言“鄧析子,戰國時人,《漢志》二篇。初,析著書四篇,劉歆有目有一篇,凡五,歆復校爲二篇”[②],姚振宗據此以“目有”爲“自有”之誤,並指出“臣敘”應是“臣歆”之訛。此處《崇文總目》誤解“凡中外書五篇”爲鄧析著書四篇,敘録一篇。實際上書録所言爲中秘藏《鄧析子》四篇,臣敘有一篇,共計五篇之數。“敘”爲人名。此處姚氏延續《崇文總目》之誤,不足取信。張世磊在論及此觀點時轉引王承略等人的觀點,稱“姚氏乃一代目録學大家,凡持論,皆有見地,今迻録其説,以備參考”[③],有欠妥當。

(二) 人員特點

通過對以上諸成員的分析可以發現,在校書工作的安排上,校書成員依據各自擅長的領域校理典籍,分工具有專業化的特點,在人員的來源上,除職官因素外,亦有與劉氏父子交往密切的學者參與到校書過程中,整體呈現專業化、職官化、儒學化的特點。

1. 專業化

劉向、劉歆父子以六藝、諸子、詩賦、兵書、數術、方技六分法分類歸納漢代典籍,這就表明了對典籍的儲藏與管理趨於系統化。追本溯源,這一系統化的歸納法得益於劉向根據校書人員的所學所長安排校書,使得分工呈現了專業化的特點。《漢志·序》所載“步兵校尉任宏校兵書,太史令尹咸校數術,侍醫李柱國校方技”,即簡要提及了每一類典籍代表性的參校人員。如任宏得以校理兵書,從其武官官職“步兵校尉”即可看出,此官執掌上林苑屯兵事務,爲禁軍長官。其能任此官職,説明任宏自身具備良好的軍事素養。且依據《漢書》記載,其曾任職過護

---

① 《文獻學論著輯要》,第10頁。

② (宋)王堯臣等:《崇文總目》,《叢書集成初編》本排印《粵雅堂叢書》本,中華書局1985年版,第140頁。

③ 張世磊:《〈七略〉〈别録〉研究》,吉林大學2009年碩士學位論文,第29頁。

軍都尉、太僕、執金吾等官職,此類官職多涉及監領諸軍、主管皇帝車架及負責京師地區的治安等任務。此類武官類官職的任職均在一定程度上反映了其應諳熟軍事類典籍。

又如李柱國校方技,《漢志・方技略・序》有言"方技者,皆生生之具,王官之一守也。太古有岐伯、俞拊,中世有扁鵲、秦和,蓋論病以及國,原診以知政",那麽李氏所校即爲醫書類典籍,這與其任侍醫之職密切相關。上文已言,侍醫爲天子之醫,那麽,從其能夠爲皇室診病的這一情況來看,其當通醫理、醫論,具備專業上的優勢。如此,參校人員依據自身的學識優勢,分校不同種類的典籍,不僅提高了校書效率,對於校書内容的精準性亦提供了專業性的保障。

2. 集團化

依據史料所載,得以同向歆父子共同校書者,多數爲與其有往來接觸者,如房鳳與"劉歆共校書,皆侍中",在劉歆欲立《左氏春秋》遭到孔光等諸儒反對時,"唯鳳、龔許歆,遂共移書責讓太常博士",得到了房鳳、王龔的支持。又如校數術略典籍的尹咸,其父尹更始即有與劉向同治《穀梁傳》的經歷,且其"以能治《左氏》,與歆共校經傳。歆略從咸及相翟方進受,質問大義",無論從學術上還是個人交往上,均可看出尹氏父子與劉氏父子關係的密切。對於此類參與到校書工作中與劉向、劉歆交往密切的人,劉氏父子了解他們所學所長,可以更爲有效的分工校書,提升校書的效率及精準度。同時,交往過程中積累的個人感情因素亦便於相關人員組成利益集團以申揚學術主張。

3. 儒學化

校書需要密切接觸典籍,對於篇目的取捨,文字的釐定等均需要校書人員具備良好的知識背景與學術素養,以勝任校書的各項工作。上舉參與校書的房鳳因"明經通達"而被"擢爲光禄大夫,遷五官中郎將",出任官職,且"《穀梁春秋》有尹、胡、申、章、房氏之學"亦表明了房氏之學學術傳承有緒。又《漢書》記載"時丞相史尹咸以能治《左氏》,與歆共校經傳",在提及與劉歆校書時即强調了尹咸能治《左傳》,這與其父尹更始"又受《左氏傳》,取其變理合者以爲章句,傳子咸及翟方進"治《左傳》的家學傳承,一脈相連。具有争議的杜參,其職官爲長社尉,屬於地方性官吏,低於劉向的光禄大夫、任宏的步兵校尉等職官,但通過顔師古引劉向《别録》"臣向謹與長社尉杜參校中秘書"注詩賦略《博士弟子杜參賦》二篇,即可明晰杜參以博士弟子的身份參與校書。其作爲博士弟子,即具備儒學的學習背景。可以看出,儒學化體現在校書人員的知識背景方面,其中既有家學淵源,傳承有緒者,亦有通過個人努力修習經典者。

4. 職官化

對於劉向校書團隊的諸成員的職官問題,《漢書》中有明确地記載,如《漢志》記載領校兵書的任宏任"步兵校尉",禁軍長官,諳熟兵書。尹咸校數術,與其執掌天時、星历的太史令密不可分。李柱國所校方技,爲醫書類典籍,即與其任職侍醫有關,此爲太常屬官。又如《漢書·敘傳》記載班斿"遷諫大夫、右曹中郎將,與劉向校秘書",亦側重職官的記述。同樣,在現存的殘篇書録中,亦可看到校書人員職官化的特點,如《戰國策書録》首句記"護左都水使者光録大夫臣向言",末句則稱"護左都水使者光録大夫臣向所校《戰國策》書録",劉歆撰寫的《山海經書録》首句有"侍中奉車都尉、光禄大夫臣秀領校秘書言",末句言"待詔太常屬臣望校治,侍中光禄勛臣龔,侍中奉車都尉、光禄大夫臣秀領主省"。《漢書·儒林傳》稱王龔、劉歆亦言"時光禄勳王龔以外屬内卿,與奉車都尉劉歆共校書",此類記述中有關職官的記載均體現了當時對校書人員職官的重視。

分析其原因,首先是統治者的重視及校書專業性的要求,如李柱國領校醫書諸典籍與其掌握的專業醫學知識與實踐經驗密不可分,而其"侍醫"的職官則是對其專業性的肯定。其次,劉向團隊有能夠出入宫廷的職官,可便於展開校書工作。最后,校書過程中需要删除、整合與漢代統治者利益相違背的典籍及篇章,正如李零先生所言,漢代的圖書整理存在"寓禁於徵"的目的,那麼,召集劉向等官員校書,其代表與維護的則是漢代統治階級的利益。由此可以看出,人員出現職官化的構成特點是統治者對於校書的重視在史官記述、書録撰寫上的反映,同時也是校書專業性與利益一致化的需求。

第二節 成書結構問題

《七略》節略《别録》而來，二者在結構上既有關聯，又存在區别。在整體框架上，《七略》延續了《别録》的《六藝略》《諸子略》《詩賦略》《兵書略》《術數略》《方技略》六分法的分類體系。由於《别録》爲敘録體目録，由單篇書録組成，每篇書録均呈現了篇目、著者及思想内容的撰寫架構，而這些内容在提要體目録《七略》的編排上則簡省爲簡短的介紹，並著重突出從大類到小類再到書目的細化的三級制目録編排。

一、《别録》《七略》典籍歸類的六分法

班固在《漢志》總序中稱："每一書已，向輒條其篇目，撮其指意，録而奏之。會向卒，哀帝復使向子侍中奉車都尉歆卒父業。歆於是總群書而奏其《七略》，故有《輯略》，有《六藝略》、有《諸子略》、有《詩賦略》、有《兵書略》、有《術數略》、有《方技略》。今删其要，以備篇籍。"① 班氏在吸收《七略》時將輯略拆分並入諸略，而其他六略則僅録書目，並以"出""入""省"的方式對書目略作調整，如《六藝略・春秋類》總計數目時言"凡《春秋》二十三家，九百四十八篇。省《太史公》四篇"②。如此，則通過《漢書》可以窺見《七略》的六部分類法，即從《六藝略》至《方技略》。

通過見存的《七略》佚文可以發現，劉歆節略《别録》、單列書目的同時，亦簡要選取劉向撰寫書録中對於著者及典籍内容的記述。换言之，劉歆《七略》在内容上爲《别録》的省簡版，但由於劉歆繼卒父業，故而關於六分法的體例是創自劉歆，還是繼承自劉向，學界多有争議。主張《别録》有六分法者，多以劉向的校書存在分工爲依據，如王重民《中國目録學史論叢》認爲：

---

① 《漢書》，第 1701 頁。

② 《漢書》，第 1714 頁。

> 根據劉向等開始校書時候的分工情況來看,可能一開始就是想分成六藝、諸子、詩賦、兵書、數術、方技六個大類的……到劉向死的時候,六大類中所包括的主要圖書都校定了新本,每一個新本都編撰了敘録,以及每個大類應再分多少小類,大類和小類中所包括文化典籍的流别和内容,也應該都有了一定的意見和草稿。[①]

吕紹虞[②]等讚成此説。而如姚名達等以劉向校書未畢爲依據,主張《别録》未有分類,其言"劉向校書之功,終身未畢;雖有分工合作之界域,而分類編目之書,殆未及爲"[③]。近來王國强在《漢代文獻學研究》中認爲《别録》的内容主要是劉向撰寫的,几大部(略)也基本上是由劉向給定的,而部(略)的最後確定,類目體例和書的排列順序則主要是由劉歆完成的。[④]此説較爲客觀的評述了《别録》與《七略》之間的體例關系。

綜合來看,存在分類一説似更貼近劉向的校書實際,理由如下:

首先,校書未竟是事實,但校書存在任宏校兵書、尹咸校數術、李柱國校方技等校書人員的分工確是不可忽略的。既然存在分工,則當有相應的分類體系。

其次,劉向卒於成帝綏和元年(前 8 年),而後劉歆繼卒父業,如《漢志》"會向卒,哀帝復使向子侍中奉車都尉歆卒父業",《漢書·楚元王傳》"哀帝初即位……復領五經,卒父前業。歆乃集六藝群書,種别爲《七略》",均有記載,而對於劉歆奏進《七略》的時間,典籍未有明確記載。根據《漢書·劉歆傳》:"歆以建平元年改名秀",比照出於劉歆之手的《山海經書録》"建平元年四月丙戌……侍中奉車都尉、光禄大夫臣秀領主省",則建平元年(前 6 年)劉歆仍在校書。但通過其上《移書讓太常博士》求立古文經博士的時間可大致確定上奏的時間範圍,《漢書·劉歆傳》稱:

---

① 王重民:《中國目録學史論叢》,中華書局 1984 年版,第 23 頁。

② 吕紹虞:《中國目録學史稿》,武漢大學出版社 2012 年版,第 10 頁。

③ 姚名達:《中國目録學史》,商務印書館 2014 年版,第 41 頁。

④ 《漢代文獻學研究》,第 179 頁。

> 其言甚切,諸儒皆怨恨。是時名儒光禄大夫龔勝以歆移書上疏深自罪責,願乞骸骨罷。及儒者師丹爲大司空,亦大怒,奏歆改亂舊章,非毁先帝所立……歆由是忤執政大臣,爲衆儒所訕,懼誅,求出補吏,爲河内太守。以宗室不宜典三河,徙守五原,後復轉在涿郡,歷三郡守。數年,以病免官,起家復爲安定屬國都尉。[①]

由於劉歆上書觸動了今文經博士的利益,遂招致反對與誹謗,並受此影響,求出補吏,外任職官。根據"及儒者師丹爲大司空,亦大怒"及《漢書》卷十九《百官公卿表下》記載绥和二年"十月癸酉,大司馬丹爲大司空,一年免"[②],則劉歆求出外任當在綏和二年(前7年)前後。結合建平元年(前6年)仍在校勘《山海經》來看,應在此年前後種别並上奏《七略》。[③]那麽,從綏和元年(前8年)劉向校書未畢,到建平元年(前6年)的兩年時間里需要繼續校書、撰寫書録,同時還要撰寫《七略》,均需要耗費時間。若未有較爲完整的分類體系,仍需要時間分類編排並細化類目,而後開始種别《七略》。以此來看,當有《别録》提供分類供劉歆修改及調整,方能保證劉歆在短時間内完成《七略》的編纂工作。

綜上,《别録》存在《六藝略》《諸子略》《詩賦略》《兵書略》《術數略》《方技略》六分法的分類體系,至劉歆編纂《七略》,則延續了此體例。

二、《别録》書録撰寫的三段法

《别録》由單篇的書録彙集成書,而縱觀現存的七篇書録,即《戰國策書録》《管子書録》《晏子書録》《列子書録》《鄧析子書録》《孫卿書録》《山海經書録》,可以看出,劉向以及劉歆在書録的謀篇布局方面具有較爲穩定的撰寫體例。總結來看主要包括篇目、校勘、著者及思想方面的記録與評述。

---

① 《漢書》,第1972頁。
② 《漢書》,第843頁。
③ 《劉向評傳》,第188頁。

（一）謄録篇目

劉向的歸納整理工作首先體現在對於單部典籍的整理，這既包含篇章的整理，同時還包括文字訛誤的訂正，如《戰國策書録》中關於篇章整理，劉氏稱“中書餘卷，錯亂相糅莒，又有國别者八篇，少不足。臣向因國别者，略以時次之，分别不以序者以相補。除復種，得三十三篇”，而對於文字的訛誤，則總結爲“本字多誤脱爲半字，以‘趙’爲‘肖’，以‘齊’爲‘立’，如此字者多”。其中釐定所校書籍的篇目，删去重復，調整篇章内容即成爲校書的重要内容之一。根據現存的體例完整的書録，諸如《晏子書録》《孫卿書録》等，篇目謄録於記録校書相關信息之前，位於整篇書録之首，此處以《晏子書録》爲例：

> 《内篇諫上第一》，凡二十五章。《内篇諫下第二》，凡二十五章。
>
> 《内篇諫上第三》，凡三十章。《内篇諫上第四》，凡三十章。
>
> 《内篇諫上第五》，凡三十章。《内篇諫上第六》，凡三十章。
>
> 《内篇諫上第七》，凡二十七章。《内篇諫上第八》，凡十八章。
>
> 右《晏子》凡内外八篇，總二百十五章。
>
> 護左都水使者、光禄大夫臣向言：所校中書《晏子》十一篇，臣向謹與長社尉臣參校讎，太史書五篇，臣向書一篇，臣參書十三篇，凡中外書三十篇，爲八百三十八章。除復重二十二篇，六百三十八章，定著八篇二百一十五章。外書無有三十六章，中書無有七十一章，中外皆有以相定……①

可以看出，劉向根據中外書篇目的差異，根據篇目之下記録的校書信息，以及校書時中外書之間篇目多寡不同，如中書爲十一篇，而外書有五篇，十三篇等不同的篇數，經過釐定，確定爲八篇，並明晰了每一篇所囊括的章數。

但部分書録在後世流傳過程中，僅有校勘及介紹著者和書中思想

---

① 《文獻學論著輯要》，第6頁。

内容等部分,而篇目則未有流傳,如《管子書録》言"凡中外書五百六十四篇,以校除復重四百八十四篇,定著八十六篇"①,在正文前卻未有書目。由於書録撰寫完畢需奏上御覽,故而謄録於篇首的篇目具有提示典籍内容的作用,便於統治者查閲翻檢,在劉向撰寫書録時,此爲必要部分。然而之所以在流傳過程中出現了篇目著録隨意的情況,源於書録在流傳過程中檢索屬性被削弱,而書録所囊括的篇目、校勘、著者及思想四個方面中,篇目的這一屬性尤爲明顯,受此影響,篇目的著録即成爲了可有可無的部分,這從魏晉以來徵引的《别録》引文均爲書録正文即可看出。

(二) 記録校勘事项

緊承篇目之後,是校勘信息的記録。首列撰寫書録人員及其職官,以"官職+臣……言"的結構交待撰寫書録之人的信息。由於劉向除負責校對經傳、諸子、詩賦類典籍外,還需要爲每部典籍撰寫書録,然由於其卒時,校書工作仍未結束,故而繼卒父業的劉歆承擔了後續撰寫書録的工作,在其撰寫的《山海經書録》中言"侍中奉車都尉、光禄大夫臣秀領校秘書言",與劉向撰寫的書録結構相近,如《戰國策書録》《管子書録》等書録即稱"護左都水使者、光録大夫臣向言"。由此可以看出,交待書録撰寫者是撰寫書録之慣例。此句話通常在撰寫書録完畢後,會再次記述,如《戰國策書録》篇尾言"護左都水使者、光録大夫臣向所校《戰國策書録》"②,《孫卿書録》篇尾言"護左都水使者、光録大夫臣向言所校讎中《孫卿書録》"③。次列校書所用版本的差異,文字訛誤示例等,並以"書可繕寫"指明校勘完畢,結束校勘部分的記録。如《列子書録》:

> 右新書定著八篇。
>
> 護左都水使者、光禄大夫臣向言:所校中書《列子》五篇,臣向謹與長社尉臣參校讎太常書三篇,太史書四篇,臣向書六篇,臣參

① 《文獻學論著輯要》,第4頁。
② 《文獻學論著輯要》,第3頁。
③ 《文獻學論著輯要》,第13頁。

書二篇,内外書凡二十篇,以校除復重十二篇,定著八篇。中書多,外書少。章亂布在諸篇中,或字誤以“盡”爲“進”,以“賢”爲“形”,如此者衆。及在新書有棧。校讎從中書,已定,皆以殺青,書可繕寫。①

又如《戰國策書録》:

護左都水使者、光禄大夫臣向言:所校中《戰國策》書,中書餘卷,錯亂相糅莒。又有國别者八篇,少不足。臣向因國别者,略以時次之,分别不以序者以相補。除復重,得三十三篇。本字多誤脱爲半字,以“趙”爲“肖”,以“齊”爲“立”,如此字者多。中書本號,或曰《國策》,或曰《國事》,或曰《短長》,或曰《事語》,或曰《長書》,或曰《修書》。臣向以爲戰國時遊士輔所用之國,爲之策謀,宜爲《戰國策》。其事繼《春秋》以後,訖楚漢之起,二百四十五年間之事。皆定,以殺青,書可繕寫。②

對比兩處書録可以看出,書録撰寫的第二部分即是用以交待校書所用中外書的版本、參校人員、書籍定名等校勘信息。

(三) 介紹著者,評述思想

承接校勘部分之後,即爲著者介紹部分。其主要用以交待著者的生平、交遊及學術思想等,同時也是劉向評述典籍思想的重要依據。如《晏子書録》言:

……謹頗略椾,皆已定,以殺青,書可繕寫。

晏子,名嬰,謚平仲,萊人。萊者,今東萊地也。晏子博聞强記,通於古今,事齊靈公、莊公、景公,以節儉力行,盡忠極諫道齊,國君得以正行,百姓得以附親。不用則退耕於野,用則必不詘義,

---

① 《文獻學論著輯要》,第8頁。
② 《文獻學論著輯要》,第1頁。

不可脅以邪。白刃雖交胸,終不受崔杼之劫。諫齊君,懸而至,順而刻,及使諸侯,莫能詘其辭。其博通如此,蓋次管仲。内能親親,外能厚賢,居相國之位,受萬鐘之禄,故親戚待其禄而衣食五百餘家,處士待而舉火者亦甚衆。晏子衣苴布之衣,麋鹿之裘,駕敝車疲馬,盡以禄給親戚朋友,齊人以此重之。晏子蓋短,其書六篇,皆忠諫其君,文章可觀,義理可法,皆合六經之義。又有復重,文辭頗異,不敢遺失,復列以爲一篇。又有頗不合經術,似非晏子言,疑後世辯士所爲者,故亦不敢失,復以爲一篇。凡八篇,其六篇可常置旁御觀。①

這一部分劉向首先介紹晏嬰的姓名、字號及籍貫等,而後刻畫了他忠諫君王、愛民的形象,以及他在衣食住行等方面節儉力行、仁愛助人的崇高人格,諸如此類的品格是符合儒家以仁爲本的道德追求目標,反映到書中即是劉向所言的符合儒家“六經之義”。如《晏子春秋・内篇問上・莊公問威當世服天下章》記載齊莊公問晏子:“威當世而服天下,時耶?”晏子對曰:“行也。”公曰:“何行?”對曰:“能愛邦内之民者,能服境外之不善;重士民之死力者,能禁暴國之邪逆;聽賃賢者,能威諸侯;安仁義而樂利世者,能服天下。不能愛邦内之民者,不能服境外之不善;輕士民之死力者,不能禁暴國之邪逆;愎諫傲賢者之言,不能威諸侯;倍仁義而貪名實者,不能威當世。而服天下者,此其道也已。”②此處體現了晏子愛民、尚賢、行仁的思想。

又如《列子書録》:

……校讎從中書,已定,皆以殺青,書可繕寫。

列子者,鄭人也,與鄭繆公同時,蓋有道者也。其學本於黄帝、老子,號曰道家。道家者,秉要執本,清虚無爲,及其治身接物,務崇不競,合於六經。而《穆王》《湯問》二篇,迂誕恢詭,非君子之言

① 《文獻學論著輯要》,第6、7頁。

② 吴則虞:《晏子春秋集釋》,中華書局1982年版,第173頁。

> 也。至於《力命》篇一推分命,《楊子》之篇唯貴放逸,二義乖背,不似一家之書。然各有所明,亦有可觀者。孝景皇帝時,貴黄老術,此書頗行於世。及後遺落,散在民間,未有傳者。且多寓言,與莊周相類,故太史公司馬遷不爲列傳。①

劉向指出列子所學爲黄老道家學説,其中既有部分合於六經之説,但亦有迂誕恢詭等不曉合儒家經義的篇章。此處有關列子的記述是將著者的學術思想與篇章内容進行關聯,進而評價思想。

整體來看,劉向介紹著者多記録他們的交游、學術思想、仕宦經歷等,這些内容往往會對典籍内容及思想産生影響,二者聯繫緊密。换言之,對著者的介紹有助於了解書中所反映的思想内容。

三、《七略》目録編排的三級制

《七略》除輯略部分爲總論性質外,餘下分别以六藝略、諸子略、詩賦略、兵書略、數術略、方技略統攝群書,而在六大類下又細分三十八小類,即:

六藝略	易、書、詩、禮、樂、春秋、論語、孝經、小學
諸子略	儒家、道家、陰陽家、法家、名家、墨家、縱横家、雜家、農家、小説家
詩賦略	屈原賦之屬、陸賈賦之屬、孫卿賦之屬、雜賦、歌詩
兵書略	兵權謀、兵形勢、兵陰陽、兵技巧
數術略	天文、曆譜、五行、蓍龜、雜占、形法
方技略	醫經、醫方、房中、神僊

從上表可以看出,六略的分類爲《七略》的一級目録,下設小類諸如"易、書、詩……""儒家、道家、陰陽家……"等則爲二級目録,而書録在小類中的具體書目則爲三級目録,此處以《漢志・諸子略・法家》類典

① 《文獻學論著輯要》,第8、9頁。

籍爲例略作説明。由於班固總計法家類典籍爲"法十家,二百一十七篇"①,未作篇目調整,故仍以《漢志》著録還原《七略》篇目。(見上圖)

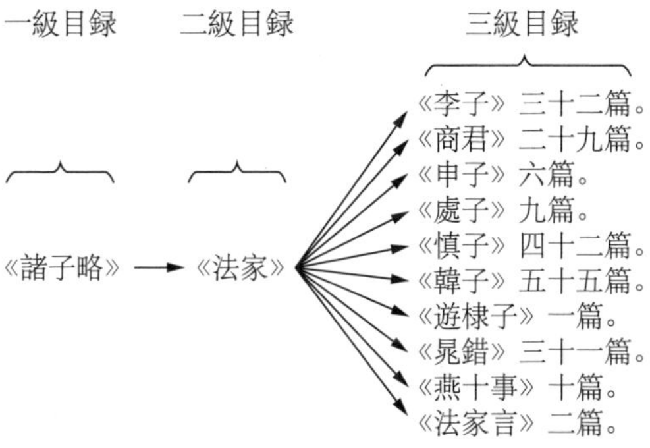

通過細化類别篇目可以看出,從大類到小類,再到具體的篇目構成了《七略》的三級目録體系。但學者在論及體例時多關注大的類别,如張世磊指出"劉歆在依據上述多種分類原則進行分類的同時,還創建了多級的層級分類體系,在大類之下設立二級類目,在二級類目之下再加以細分,然後再按一定的原則加以排列"②。張氏認爲篇目的著録爲二級類目下的篇目細分,而未單獨劃爲一級類目,但實際上篇目的著録是三十八小類的具體體現,故宜單獨視作一級。

第三節 内容編纂問題

一、《别録》

目録學著作以及校讎學著作在論及劉向撰寫書録的内容時,多進行提煉概括,如孫德謙《劉向校讎學纂微》、姚名達《中國目録學史》、吕紹虞《中國目録學史稿》、來新夏《目録學讀本》等書中均有涉及。爲便於對比,現制表如下:

① 《漢書》,第1735頁。

② 張世磊:《〈七略〉〈别録〉研究》,吉林大學2009年碩士學位論文,第35頁。

孫德謙	姚明達	吕紹虞	來新夏
《劉向校讎學纂微》	《中國目録學史》	《中國目録學史稿》	《目録學讀本》
1. 備衆本 2. 訂脱訛 3. 删重復 4. 條篇目 5. 定書目 6. 謹篇次 7. 析内外 8. 待刊改 9. 分部類 10. 辨異同 11. 通學術 12. 敘源流 13. 究得失 14. 撮指意 ……	一、典校秘書之義例: 1. 廣羅異本 2. 互相補充、除去重復 3. 條别篇章、定著目次 4. 讎校説文脱簡、寫定正本 5. 命定書名 二、寫定敘録之義例: 1. 著録書名與篇目 2. 敘述讎校之原委 3. 介紹著者之生平與思想 4. 説明書名之含義、著書之原委及書之性質 5. 辨别書之真僞 6. 評論思想或史事之是非 7. 敘述學術源流 8. 判定書之價值	1. 敘述校讎原委 2. 介紹作者生平 3. 敘述學術源流 4. 辨别書的真僞 5. 内容提要 6. 書評	1. 目次 2. 校讎整理情況 3. 作者生平 4. 内容評價 5. 推薦閲讀内容 6. 結語

對比來看,吕紹虞、來新夏分類不如孫德謙、姚名達分類詳盡,雖然條目繁簡不一,但總結起來約爲三部分:校勘部分,涉及篇名、篇目、所用版本等問題;著者部分,則包含著者生平、學術思想等;典籍内容部分,則包含史事、真僞、價值判斷等。近來學者總結劉向校書工作實踐時,亦涉及以上諸項,如傅榮賢即總結爲廣羅異本,條别篇章、定著目次,讎校説文脱簡、寫定正本,命定書名,撰寫書録與繕寫奏上。[①]除此之外,劉向在撰寫書録時對於文中需要補充釋義者,多隨文釋義,亦是書録内容的組成部分。

① 傅榮賢:《中國古代圖書館學思想史》,黄山書社 2016 年版,第 136—143 頁。

(一)記録校勘

1. 記録書録撰寫者

在記録定著篇目後,劉向開始撰寫書録正文,首句即以"官職+臣……言"的結構交待撰寫書録之人的信息。該步驟前文已述,此不贅述。

2. 版本比對

交待中外書篇目的差異,及所用外書的版本。學者多稱此爲廣備衆本,書録記載了劉向校對每一典籍所用的版本。通過《戰國策書録》《説苑書録》來看,中書存在著篇卷錯亂的情況,故而外書成爲版本對照的重要參考對象。劉歆言"外有太常太史博士之藏",依照現存的書録來看,所用外書大體在此範圍中。如《管子書録》言:"所校讎中《管子書》三百八十九篇,大中大夫卜圭書二十七篇,臣富參書四十一篇,射聲校尉立書十一篇,太史書九十六篇,凡中外書五百六十四篇。"①這裏需要注意的是劉向對於外書來源的著録,是以官職機構或官職加名的方式標明外書來源,如"射聲校尉立書""太史書"等。從其稱"臣向"來看,多數則單稱名,若爲區分則補充姓氏,如"臣富參"之"富"即爲姓氏。羅列篇目後,則有相對固定的結構敘述篇數的差異及定著的篇目,即"凡中外書……篇……除復重……定著",如《晏子書録》"凡中外書三十篇,爲八百三十八章,除復重二十二篇,六百三十八章,定著八篇二百一十五章",偶有整體强調中書與外書的情況,如《晏子書録》"外書無有三十六章,中書無有七十一章,中外皆有以相定"②,《列子書録》"中書多,外書少"③等。

3. 定著篇目

《漢書·藝文志·序》言劉向校書"每一書已,向輒條其篇目,撮其指意,録而奏之"。那麽,確定篇目,編排序次,則是校書首要確定的任務。换言之,需要確立定本所包含的篇目,這也是後續評述典籍内容的

---

① 《文獻學論著輯要》,第4頁。

② 《文獻學論著輯要》,第6頁。

③ 《文獻學論著輯要》,第8頁。

基礎,如《孫卿書録》"孟子者,亦大儒,以人之性善。孫卿後孟子百餘年,以爲人性惡,故作《性惡》一篇,以非孟子"①,對應的是書録正文前所列篇目《性惡篇第二十六》。《管子書録》稱引司馬遷談論《管子》篇目語,亦可窺見劉向對於篇目的定名:

> 太史公曰:"余讀管氏《牧民》《山高》《乘馬》《輕重》《九府》,詳哉言之也。"……《九府》書民間無有,《山高》一名《形勢》。②

今傳《管子》的諸篇目在"牧民第一"之下即是"形勢第二",此處論及《山高》一名《形勢》,正表明"形勢"爲劉向確定的篇名。由此可以看到,書録正文與定著篇目的對應關係。

現存的較爲完整的書録有"右……篇"的表述結構,作爲釐定篇目的結束語,以之與敘録正文相分隔。縱觀現存書録的宋元刻本,均有此句,如宋紹興刻《戰國策書録》言"右定著三十三篇",篇目置於敘録正文前;宋本《管子書録》言"右二十四卷凡八十六篇",篇目置於敘録正文前,然其敘録正文另起一頁重新刊刻;宋本《晏子書録》言"右《晏子》凡内外八篇,總二百十五章",篇目置於敘録正文前;元初刻《列子》有言"右新書定著八章",無篇目;宋本《荀子書録》在《荀子》正文前有單獨目録稱作"荀子新目録",將三十二篇分爲二十卷收録,在《荀子》正文後收録"《荀卿新書書録》十二卷三十二篇"包含篇目及書録正文;宋池陽郡齋刻《山海經》著録"《山海經目》總十八卷",包含篇目及書録正文。综上,篇目的定著與羅列是劉向書録的重要組成部分。

4. 典籍定名

以"所校(讎)中書"或"所校(讎)中……(書)"引出校書的對象,如《戰國策書録》"所校中《戰國策》書",《管子書録》"所校讎中《管子》書",《晏子書録》"所校中書《晏子》十一篇",《孫卿書録》"所校讎中《孫卿》書",《初學記》卷二十一《文部》"劉向《别録》……又曰'所校讎

① 《文獻學論著輯要》,第13頁。

② 《文獻學論著輯要》,第5頁。

中《易傳古五子書》"[1]。這表明書録中有此句强調校書以中書爲主,且同時説明了典籍的定名。據此分析今傳《鄧析子書録》"中《鄧析》書",則應作"所校(讎)中《鄧析》書",並且前應有定著的篇目,及"護左都水使者、光禄大夫臣向言"的官職記述,但流傳過程中"中《鄧析》書"前諸語均脱落不見。同樣,在《山海經書録》中劉歆言"校秘書太常屬臣望所校《山海經》",亦屬此類結構。

關於定名的問題,在劉向書録中有一部分即是對於典籍已有名稱的記録,這其中即包含異名問題及對於名稱的釋義的問題,如《戰國策書録》"所校中《戰國策》書……中書本號,或曰《國策》,或曰《國事》,或曰《短長》,或曰《事語》,或曰《長書》,或曰《修書》……宜爲《戰國策》"[2]。通過現存的佚文,我們可以發現,劉向對於中秘藏書原有書名

---

① (唐)徐堅:《初學記》,中華書局 1962 年版,第 499 頁。李解民整理的顧本作"《易》傳《古五子》書",將"書"理解爲實物典籍,而未將"書"視作書名的一部分,值得商榷。此應與《尚書》《新書》等相類,"書"爲書名的組成部分,不當分離獨列。在現存書録中雖有諸如《晏子書録》《管子書録》書名後接"書"者,但稍作分析即可發現《易傳古五子書》的"書"字當歸入書名中,理由如下:

第一,此條佚文表述結構與同是爲《易》作傳的《易傳淮南九師道訓書録》的佚文表述相近,即:劉向《别傳》曰:"所校讎中《易傳淮南九師道訓》,除復重,定著十二篇。淮南王聘善爲者九人,從之採獲,故中書署曰《淮南九師書》。"(《太平御覽》卷六百九《學部》)

此例中,"所校讎中"與"除復重"之間的内容即爲劉向奏上確定之名,並無多餘之字。以此觀《初學記》引《别録》語,《易傳古五子書》即爲定名,當包含"書"字。

第二,劉向撰寫《易傳淮南九師道訓書録》有言"故中書署曰《淮南九師書》",這説明在劉向之前中秘整理典籍時即命名過此書,"署曰"後即是書名,此處"書"是爲書名的組成部分,其與《易傳古五子書》均是爲《易》作傳之書,則書名中稱"書"字亦屬合理。

第三,"五子"爲天干配地支所得,即甲子、丙子、戊子、庚子、壬之,劉向言其"分六十四卦,著之日辰",《漢志》著録《易傳古五子》言其爲"説《易》陰陽"。這説明《古五子》之内容涉及時日與陰陽雜占、預示吉凶之事,應屬日書的範疇。日書,即日者所用以占候時日宜忌之書,在雲夢睡虎地所出的秦簡《日書》乙種的最後一枝簡背面即寫有"日書"二字,正説明了此類典籍有以"書"稱名的習慣。又如《周家臺三〇號秦墓簡牘·日書》記載:"甲子,其下有白衣之冣,黔(二九七叁)首疢疾。(二九八叁)丙子,其下有旱。(二九九叁)戊子,其下有大敗。(三〇〇叁)庚子,其下有興。(三〇一叁)壬子,其下有水。(三〇二叁)"此即以"五子"之説指示吉凶,内容即屬日書之範疇。那麽,按照秦代有明確稱"日書"者,漢代延續此類慣例,稱《易傳古五子書》,則應不誤。

② 《文獻學論著輯要》,第 1 頁。

及早於劉向整理中秘典籍所確定的書名是有區分的。此處以《易傳古五子書書録》佚文與《易傳淮南九師道訓書録》佚文爲例説明一下此問題:

《初學記》卷二十一《文部》:"劉向《别録》……又曰:'所校讎中《易傳古五子書》,除復重,定著十八篇。分六十四卦,著之日辰,自甲子至於壬子,凡五子,故號曰《五子》。'"①

《太平御覽》卷六百九《學部三》:"劉向《别傳》曰:'所校讎中《易傳淮南九師道訓》,除復重,定著十二篇。淮南王聘善爲者九人,從之採獲,故中書署曰《淮南九師書》'。"②

比對二者可以發現,兩條佚文的末句,均闡釋了書名命名之緣由,然其區别在於"號"與"署"的使用上。兩處佚文首句中的"所校讎中"後所接書名即爲劉向整理典籍之命名,而"曰"後的命名則非劉向所定之名。從上舉《戰國策書録》異名問題即可佐證此説。

那麽,"署曰"與"號曰"當有區别。通過徵召、繼承等途徑進入中秘的藏書,來源復雜,其或原有書名,或無書名而由過往的中書整理者命名。也就是説,在劉向校書前,中秘所藏的典籍應是有命名的,且名稱較爲混亂,如《戰國策書録》即有六種不同稱謂的書名。其言"中書本號"之"號"即表示典籍原載書名。而"署"字,據《漢書》卷五十《張馮汲鄭傳》載:"翟公大署其門。"顔師古注曰:"署,謂書之。"③王應麟《玉海》於《初學記》徵引《易傳淮南九師道訓》條佚文時所作的"故中書題曰"之"題"以及《漢藝文志考證》所作的"故中書著曰"之"著",雖屬異文,但與"署"表達含義相同,均表"題寫"義。此處王應麟的異文亦是受到"署"有題寫義,故而産生了訛誤。既爲題寫,則當有題寫主體。佚文中,劉向以表示藏書區域的"中書"代指整理中書的學者,即是對題寫主

① 《初學記》,第 499 頁。

② (宋)李昉等:《太平御覽》,中華書局 1960 年版,第 2739 頁。

③ 《漢書》,第 2325 頁。

體的强調。若僅爲表明書中原有此名,則如《易傳古五子書書録》稱“號曰”即可,而不必贅言“中書署曰”。

5. 書名釋義

劉向校書的工作之一即是需要爲整理的典籍命名,以便於編目彙總,而對於所定之名,劉向多記録在書録中。如《漢志》顏師古注:“劉向《别録》云:‘神輸者,王道失則災害生,得則四海輸之祥瑞。’”①又如《初學記》卷二十一《文部》:“劉向《别録》:‘分六十四卦,著之日辰,自甲子至於壬子,凡五子,故號曰《五子》。’”②《太平御覽》卷六百九《學部三》:“劉向《别傳》曰:‘淮南王聘善爲者九人,從之採獲,故中書署曰《淮南九師書》。’”③分别是劉向對《神輸》《易傳古五子》及《易傳淮南九師道訓》的書名的釋義。

6. 總結文字訛誤規律

縱觀現存的書録,劉向多能根據校勘的實際案例,總結文字訛誤規律。如《戰國策書録》:“本字多誤脱爲半字,以‘趙’爲‘肖’,以‘齊’爲‘立’,如此字者多。”④《晏子書録》:“中書以‘夭’爲‘芳’,‘又’爲‘備’,‘先’爲‘牛’,‘章’爲‘長’,如此類者多。”⑤又如《列子書録》:“章亂布在諸篇中,或字誤,以‘盡’爲‘進’,以‘賢’爲‘形’,如此者衆。”⑥《太平御覽》卷六百一十八《學部十二》:“劉向《七略》曰:‘古文或誤以見爲典,以陶爲陰,如此類多。’”⑦對比以上四例可以發現,文字訛誤可歸納爲字形致誤與音讀訛誤,如“趙”和“肖”即是傳抄過程中脱落部首所致,而“章”與“長”則是音近,二者在上古音中韻部均爲陽母。

(二) 介紹著者

從知人論世的角度來看,了解一個人生平、師授、交遊,有助於理解

① 《漢書》,第1704頁。
② 《初學記》,第499頁。
③ 《太平御覽》,第2739頁。
④ 《文獻學論著輯要》,第1頁。
⑤ 《文獻學論著輯要》,第6頁。
⑥ 《文獻學論著輯要》,第8頁。
⑦ 《太平御覽》,第2776頁。

其學術思想,及其所著典籍,所寫篇章。這從劉向撰寫書録的三大組成部分,包含校書過程、著者、典籍内容,即可看出著者相關信息記載的重要性。對於著者信息多寡的記載,若有史料、史事可資借鑒,則劉向進行了較爲詳盡的概括,而史傳信息較少或無相關記載者,則通過職官或别號美稱以最大限度的記録著者。綜合現存的《别録》的佚文,主要包含以下部分:

1. 字號與籍貫

劉向記述著者信息,首先即是記録著者的字號及籍貫,以交待所校典籍的著者。因古人的名、字、號具有嚴格的區分,故而劉向在書録中多有區分,如《管子書録》"管子者,潁上人也,名夷吾,號仲父",《晏子書録》"晏子,名嬰,謚平仲,萊人",此爲記録詳盡者。對於史料缺如者,則多概括之語,如《漢志》六藝略《禮》家著録"《王史氏》二十一篇",顔師古注引劉向《别録》云"六國時人也"①,"王史"爲復姓,既稱"王史氏,六國時人",則表明劉向不知名、字以及籍貫等信息。又如《經典釋文》卷一《序録》:"劉向《别録》云:'服氏,齊人,号服先。'"②僅著録了姓氏、號,籍貫則以國别代之。除此之外,亦有不知姓氏者,如《漢志》諸子略道家著録的"《郎中嬰齊》十二篇",顔師古引劉向云"故待詔,不知其姓"③。

2. 交往、師授、任職等

對於著者的介紹,除姓名、籍貫外,亦有關於其交往、師授、任職、品性等方面的記載。現存的書録如《管子書録》"少時嘗與鮑叔牙遊,鮑叔知其賢,管子貧困,常欺叔牙,叔牙終善之……鮑叔既進管仲,而己下之,子孫世禄於齊,有封邑者十餘世,常爲名大夫……管子既相,以區區之齊在海濱,通貨積財,富國强兵"。又如《晏子書録》"晏子博聞强記,通於古今,事齊靈公、莊公、景公,以節儉力行,盡忠極諫道齊國,君得以正行,百姓得以附親……晏子衣苴布之衣,麋鹿之裘,駕敝車疲馬,盡以禄給親戚朋友,齊人以此重之",《孫卿書録》"至齊襄王時,孫卿最爲老

---

① 《漢書》,第 1710 頁。

② (唐)陸德明:《經典釋文》,上海古籍出版社 2012 年版,第 6 頁。

③ 《漢書》,第 1732 頁。

師,齊向修列大夫之缺,而孫卿三爲祭酒焉。齊人或讒孫卿,乃適楚,楚相春申君以爲蘭陵令……春申君使人聘孫卿。孫卿遺春申君書。刺楚國,因爲歌賦以遺春申君,春申君恨,復固謝孫卿,孫卿乃行,復爲蘭陵令……李斯嘗爲弟子,已而相秦,及韓非號韓子,又浮丘伯,皆受業爲名儒”及《春秋左傳》卷一《序》孔穎達引劉向《别録》云“左丘明授曾申,申授吴起,起授其子期,期授楚人鐸椒。鐸椒作《抄撮》八卷,授虞卿。虞卿作《抄撮》九卷,授荀卿。荀卿授張蒼”①,均屬於書録中關於交往師授的記録。

3. 學術思想

著者的學術思想會反映到其所著典籍中,故而對於著者在行文立説中體現出的學術傾向,劉向多有述及,如《列子書録》“列子者,鄭人也……其學本於黄帝老子,號曰道家”,《孫卿書録》“魏有李悝,盡地力之教。楚有尸子、長廬子、芋子,皆著書,然非先王之法也,皆不循孔氏之術,唯孟軻、孫卿爲能尊仲尼”,《意林》卷二“劉向云‘申子,名不害,河東人。鄭時賤臣,挾術以干韓昭侯,秦兵不敢至。學本黄老,急刻無恩,非霸王之事’”②。又如仲長氏《尹文子序》言:“劉向亦以其學本於黄老,大較刑名家也。”③此類佚文中,劉向提及的“學本黄老”,即黄帝、老子,均涉及道家的學説,而《孫卿書録》記載孫卿(即荀子)尊仲尼,亦符合荀子尊儒家孔子學説的實際情況。

(三)概括典籍

劉向校書撰寫書録,除記録校書版本、篇目,著者生平外,對於典籍的内容與思想主旨,則亦是其著重需要記述的部分,即“撮其指意”。同時,文辭與文體的評價亦是評述典籍的一個方向。

1. 思想主旨

在武帝“獨尊儒術”後,儒家經典的地位得到提升,在尊儒的文化背

---

① (周)左丘明傳,(晉)杜預注,(唐)孔穎達疏:《春秋左傳正義》,十三經注疏繁體標點本,北京大學出版社2000年版,第2頁。

② (唐)馬緫:《意林》,影武英殿聚珍本,江蘇廣陵古籍刻印社1983年版,第34頁。

③ (周)尹文:《尹文子》,《叢書集成初編》本排印《湖海樓叢書》本,中華書局1991年版,第1頁。

景下,是否符合儒家學説,是否曉合經義,成爲劉向提煉思想主旨時的重要判斷標準。撰寫書録過程中,對於孔子之言的徵引,如《戰國策書録》"故孔子曰'能以禮讓爲國乎'……孔子曰'道之以政,齊之以刑,民免而無恥。道之以德,齊之以禮,有恥且格'",《管子書録》"孔子曰'微管仲,吾其被發左衽矣'",又如在《孫卿書録》中强調孫卿"善爲《詩》《禮》《易》《春秋》",在《鄧析子書録》中以《春秋左氏傳》所載辨析非子産殺鄧析,以上諸例均可體現劉向對於儒術的重視。現存的書録中也多有直言經義者,如《管子書録》"凡《管子》書,務富國安民,道約言要,可以曉合經義",《晏子書録》"其書六篇,皆忠諫其君,文章可觀,義理可法,皆合六經之義",《孫卿書録》"觀孫卿之書,其陳王道甚易行,疾世莫能用……其書比於記傳,可以爲法"。又《史記》卷一百三《萬石張叔列傳》司馬貞索隱:"劉向《别録》云:'申子學號曰"刑名家"者,循名以責實,其尊君卑臣,崇上抑下,合於《六經》也。'"[①]在書録中評價典籍合乎經術與否,既合於漢中後期儒學的發展壯大,同時也反映了劉向封詔校書對於統治者在儒家經義背景下政治訴求的滿足。换言之,這便於統治者取法立説。

除合於經術的部分劉向特别指明外,對於未能夠曉合經義的篇章或典籍,劉向亦指出其可資借鑒之處,并加以保留,如《戰國策書録》言"戰國之時,君德淺薄。爲之謀策者,不得不因勢而爲資,據時而爲。故其謀扶急持傾,爲一切之權,雖不可以臨國教化,兵革救急之勢也。皆高才秀士度時君之所能行,出奇策異智,轉危爲安,運亡爲存,亦可喜,皆可觀",便强調了《戰國策》在策謀異智方面的價值。又如《列子書録》"《穆王》《湯問》二篇,迂誕恢詭,非君子之言也。至於《力命》篇一推分命,《楊子》之篇唯貴放逸,二義乖背,不似一家之書。然各有所明,亦有可觀者",均屬此例。而如《晏子書録》"又有重復,文辭頗異,不敢遺失,復列以爲一篇。又有頗不合經術,似非晏子言,疑後世辯士所爲者,故亦不敢失,復以爲一篇。凡八篇。其六篇可常置旁御觀",則是出於保存與《晏子》思想、文辭相異篇章的目的,而保留了不合經義者。由

① 《史記》(修訂本),第3355頁。

此可以看到,是否曉合經義,劉向均需在書録中有所體現,做到了對書籍内容的簡要評價。

2. 體裁及文辭

劉向在敘述典籍内容,評價思想主旨時,亦會述及典籍的語言風格及文辭異同。如《管子書録》"道約言要",《晏子書録》"又有重復,文辭頗異,不敢遺失,復列爲一篇",《孫卿書録》"其言悽愴,甚可痛也"。《漢書·賈誼傳》贊曰:"劉向稱'賈誼言三代與秦治亂之意,其論甚美,通達國體,雖古之伊、管未能遠過也'。"[①]在《列子書録》中還出現了對於其中所用寓言的關注,即"且多寓言,莊周相類"。雖然現存的佚文中,此類例證較少,但通過僅存的數例,亦可窺見劉向對於語言文辭的關注。

3. 概括典籍内容

在現存的書録中,有數條佚文可反映出劉向對於典籍内容的闡發,如《漢志》颜師古注:"劉向云:'周時誥誓號令也,蓋孔子所論百篇之餘也。'"[②]《論語集解義疏》何晏《論語集解敘》:"劉向言《魯論語》二十篇,皆孔子弟子記諸善言也。"[③]以及《史記集解序》司馬貞《史記索隱》:"劉向云:'《世本》,古史官明於古事者之所記也。録黄帝已來帝王諸侯及卿大夫係謚名號,凡十五篇也。'"[④],均涉及劉向對典籍内容的概述。

(四) 補釋詞義

縱觀《别録》殘存的佚文,劉向在撰寫書録過程中,對於前文所言人及事物需要進一步闡發時,則時有補充説明之語。且多爲"(……者)……也"的判斷句結構。若脱離了整篇書録而被魏晉以來注疏單獨稱引,則易誤爲注疏家注解之語。以下試舉諸例以説明劉向隨文釋義的慣例。

在《晏子書録》中劉向記載管子的籍貫時言"晏子……萊人。萊者,

---

① 《漢書》,第 2265 頁。
② 《漢書》,第 1706 頁。
③ (魏)何晏集解,(梁)皇侃義疏:《論語集解義疏》,中華書局 1985 年版,第 1 頁。
④ 《史記》(修訂本),第 4036 頁。

今東萊地也。"此種"被釋詞+具體釋義"的結構,即爲注語習用結構,如《史記》卷九十五《樊酈勝灌列傳》言"從擊秦軍,出亳南",司馬貞注曰"亳,湯所都,今河南偃師有湯亳是也"[①]。據《漢書》卷二十八上《地理志上》:"東萊郡高帝置。"顔師古注曰:"故萊子國也。"[②]則《晏子書録》言"今東萊地"亦與漢代郡縣設置的史實相符。

與此相近的表述亦見於與申子相關的佚文,如:

> 《史記》卷六十三《老子韓非列傳》司馬貞索隱:"《别録》云:'京,今河南京縣也。'"[③]

《史記·老子韓非列傳》言"申不害者,京人也"[④],司馬貞引《别録》語即釋此"京"字。據《漢書》卷二十八上《地理志上》載:"河南郡,故秦三川郡,高帝更名……縣二十二……京。"[⑤]由此可以看出,漢初京縣即爲河南郡下轄的二十二縣之一。稱"今河南京縣"者,即表示京縣爲河南之轄區。從這一角度來看,視之爲《别録》語符合漢代郡縣規劃的史實。

在後世的朝代更迭中,"京縣"所屬轄區及使用的概念均與漢代有所不同,如《魏書》卷一百六中《地形志中》載"滎陽郡,領縣五……京"[⑥],《晉書》卷十四《地理志上》載"滎陽郡……京"[⑦],《舊唐書》卷四四《職官志三》載"長安、萬年、河南、洛陽、太原、晉陽六縣,謂之京縣"[⑧]。可以看出,在魏晉時期"京縣"歸滎陽郡管轄,至唐時"京縣"則表示京城附近區域的統稱,若稱"河南京縣"顯然與史實不符。

那麽,雖然司馬貞引《别録》語與注語結構相近,但從内容分析皆與魏晉隋唐時期的史實不符,故而可排除由魏晉及隋唐時學者增入注語

---

① 《史記》(修訂本),第3217頁。

② 《漢書》,第1585頁。

③④ 《史記》(修訂本),第2611頁。

⑤ 《漢書》,第1555頁。

⑥ (北齊)魏收:《魏書》,中華書局1974年版,第2536、2537頁。

⑦ (唐)房玄齡等:《晉書》,中華書局1974年版,第416頁。

⑧ (後晉)劉昫等:《舊唐書》,中華書局1975年版,第1920頁。

的可能。由於《别録》自漢代流傳至唐,亦有在漢人注語中誤入的可能,故此處亦需要消除漢代學者增入注語的疑慮。如果説,"京,今河南京縣"一處存在誤增的可能性較大,那麽其與《晏子書録》兩處同時誤增可能性則較小。且現存佚文中存在劉向對前文提及的内容進行補充説明的語例,如《鄧析子書録》"(駟歂)乃殺鄧析,而用其《竹刑》……《竹刑》,簡法也,久遠,世無其書"①,自"簡法"開始即是對《竹刑》的補充説明,與"京,今河南京縣"補充注解"京人也"的作用相同。又如《後漢書》卷五十二《崔駰列傳》李賢注:"劉向《别録》曰:'言鄒奭脩飾之文若雕龍文也。'"②其中"言……也"的結構即是對"雕龍奭"之稱的補充説明。此種以"言"引出注解語的用法,亦見於漢及漢前典籍,如《孟子》卷十一下《告子上》"《詩》云'既醉以酒,既飽以德',言飽乎仁義也,所以不願人之膏粱之味也"③,《漢書》卷七十八《蕭望之傳》:"故長安語曰'蕭、朱結綬,王、貢彈冠',言其相薦達也"④,均屬此類用法。故而劉向書録中有此用法,存在合理性。

綜合來看,劉向在撰寫書録時偶有在行文中補充説明,展開釋義的語句,不可因其近於注語結構,而誤以其非别録語,而忽略其研究價值。

二、《七略》

《七略》作爲劉歆繼卒父業,節略《别録》總群書而成的目録類著作,不同於其父撰寫書録而成的《别録》,其側重體現對於典籍的著録。雖然《七略》亡佚,但通過班固删節《七略》收入《漢志》即可窺見《七略》的主要内容。

(一) 書目

劉歆延續《别録》的體例,以六藝略、諸子略等六部分類法編制書目,僅就書目而言大致保存在《漢志》中,但班固在吸收編排時對於書目

---

① 《文獻學論著輯要》,第10頁。

② 《後漢書》,第1733頁。

③ (漢)趙岐注,(宋)孫奭疏:《孟子注疏》,十三經注疏繁體標點本,北京大學出版社2000年版,第372頁。

④ 《漢書》,第3290頁。

主要做了兩方面的調整。其一,書名蒙上省略,如《六藝略・易類》著録有《易傳周氏》,而自此以下傳注《易經》的典籍,均省去"易傳"二字録作《服氏》《楊氏》《蔡公》等名。其二,以"出、入、省"的方式微調典籍的分類。若要明晰六略間篇目的變動則需要了解第二種的調整方式。

"出"側重於某典籍整體分類的變動,如《六藝略》"出淮南劉向等《琴頌》七篇",即表示整體將《琴頌》等從《六藝略》删除;而"省"則側重於調整同一典籍的重復著録,如《兵書略》"省伊尹、太公、《管子》《孫卿子》《鶡冠子》《蘇子》、蒯通、陸賈、淮南王二百五十九種",此九家分别於《諸子略》《詩賦略》各有著録,故而把著録於《兵書略》的典籍調出。雖然二者略有不同,但整體來看"出"與"省"均表示調出,對此,程千帆在論述《七略》與《漢志》關係時曾指出"班氏之用朮語,亦復率爾而書,增或云入,省或云出,初無定誼"[①],即總結了班固用語概念模糊的特點。

"入"表示新增入,這包括不同略典籍對調,如《漢志・六藝略・禮》:"凡《禮》十三家,五百五十五篇。入《司馬法》一家,百五十五篇",對應《藝文志・兵書略・兵權謀》"出《司馬法》入禮也",則《軍禮司馬法》即是從《兵書略》調出,著録到《六藝略》的典籍;亦有新增入者,如《漢志・儒家》"入揚雄一家三十八篇",則是在《七略》之外新增入的典籍。然顔師古注《六藝略・書》類"入劉向《稽疑》一篇",稱"此凡言入者,謂《七略》之外班氏新入之也。其云出者與此同"[②],而章學誠《校讎通義・鄭樵誤校漢志第十一・右十一之一》則認爲"注出入者,劉録於此,而班録於彼也"[③]。縱觀《漢志》對於"入"的使用,合二家之説更貼合實際的著録情況。

1.《七略・六藝略》,一百家,兩千九百七十五篇。

《漢志・書》:"凡《書》九家,四百一十二篇。入劉向《稽疑》一篇。"[④]按,《稽疑》爲班固新增入篇目。關於此篇增入何書,班固未有説明,因《書》類文獻收録"劉向《五行傳記》十一卷",故學者多主張收入

---

① 程千帆:《〈七略〉〈别録〉〈漢志〉源流異同考》,見葉繼元《南京大學百年學術精品》(圖書館學卷),南京大學出版社 2002 年版,第 914 頁。

②④ 《漢書》,第 1706 頁。

③ 《文史通義校注》,第 1169 頁。

此書，如周壽昌"班自注入劉向《稽疑》一篇。《書》目無其名，蓋即所云劉向《五行傳記》也"[①]，王先謙亦言"《稽疑》，《書》目無名，蓋入《五行傳記》中"[②]。因同爲劉向所著，故班固將此篇收入劉向著作中的可能性較高。但既爲"入"者，則表明《稽疑》不見於《七略》著録。

《漢志・禮》："凡《禮》十三家，五百五十五篇。入《司馬法》一家，百五十五篇。"按，《禮》類文獻著録"《軍禮司馬法》百五十五篇"。根據《兵書略・兵權謀》總計書目時，班固自注稱"右兵權謀家十三家，二百五十九篇。出《司馬法》入禮也"[③]，則此一百五十五篇是由《兵書略》調入《六藝略》中，故還原《七略》書目當調回至《兵書略》。

《漢志・樂》："凡《樂》六家，百六十五篇。出淮南劉向等《琴頌》七篇。"按，在《詩賦略》班固著有《淮南王賦》八十二篇、《劉向賦》三十三篇，此七篇班固未言去向，疑編入《詩賦略》。

《漢志・春秋》："凡《春秋》二十三家，九百四十八篇。省《太史公》四篇。"按，此類典籍著録《太史公》一百三十篇，班固著録時省去四篇，則《七略》著録此書應爲一百三十四篇。

《漢志・小學》："凡小學十家，四十五篇。入揚雄、杜林二家二篇。"按，《小學》類典籍著録揚雄、杜林著作共四部，分别爲"《訓纂》一篇。揚雄作。……揚雄《蒼頡訓纂》一篇。杜林《蒼頡訓纂》一篇。杜林《蒼頡故》一篇"。對此姚振宗認爲"二篇"當爲"四篇"，而顧實則言"小學入揚雄、杜林二家三篇"，合於《六藝略》大序所言"入三家"之數[④]。根據班固的著録格式，三篇之數應符合實際的情況。班固在"《訓纂》一篇"下自注曰"揚雄作"，此與班固直接吸收《七略》的典籍格式相同，如同是《小學》類典籍，有"《凡將》一篇。司馬相如作"，"《元尚》一篇。成

---

① (清)周壽昌：《漢書注校補》，《二十五史三編》本第3册，岳麓書社1994年版，第562頁。

② (清)王先謙：《漢書補注》，上海古籍出版社2008年版，第2911頁。

③ 《漢書》，第1757頁。

④ 《六藝略》大序言："凡六藝一百三家，三千一百二十三篇。入三家，百五十九篇；出重十一篇。"顧實認爲："至班注入三家云云，《書》入劉向《稽疑》一篇，並入《五行傳記》，則不計家。故《禮》入司馬法一家，百五十五篇；小學入揚雄、杜林二家，三篇；適符三家，一百五十九篇之數。"

帝時將作大匠李長作”,而並未將司馬相如等置於書名前,故《小學》類新增入者當爲“揚雄《蒼頡訓纂》一篇、杜林《蒼頡訓纂》一篇及杜林《蒼頡故》一篇。

班固總計《六藝略》典籍:“凡六藝一百三家,三千一百二十三篇。入三家,一百五十九篇;出重十一篇。”①“入三家”爲《司馬法》一家,一百五十五篇;揚雄、杜林二家三篇,計一百五十八篇,加上劉向《稽疑》一篇,共計一百五十九篇,此部分非《七略》所録,需要剔除。而出重部分爲《樂》類典籍出淮南、劉向等《琴頌》七篇,以及《春秋》類《太史公》四篇,合計十一篇,需要著録在《六藝略》典籍中。綜上,《七略》當在《六藝略》著録一百家,兩千九百七十五篇。

2.《七略·諸子略》,一百八十九家,四千三百一十一篇。

《漢志·儒家》:“右儒五十三家,八百三十六篇。入揚雄一家三十八篇。”②按,班固收録《揚雄所序》三十八篇,其自注三十八篇分别爲“《太玄》十九,《法言》十三,《樂》四,《箴》二”③。

《漢志·雜家》:“右雜二十家,四百三篇。入兵法。”④按,“入兵法”表示增入兵法類相關典籍入雜家。

班固總計《諸子略》典籍:“凡諸子百八十九家,四千三百二十四篇。出《蹴鞠》一家,二十五篇。”此處,班固自注未指出儒家類典籍增入的三十八篇,剔除此部分,並補足調出的《蹴鞠》,則家數仍爲一百八十九家,而篇數則應調整爲四千三百一十一篇。

3.《七略·詩賦略》,一百零六家,二百六十六篇。

《漢志·陸賦之屬》:“右賦二十一家,二百七十四篇。入揚雄八篇。”⑤按,此略僅此類著録存在篇目變動。班固總計《詩賦略》典籍亦有體現,其言:“凡詩賦百六家,千三百一十八篇。入揚雄八篇。”⑥在《陸賦之屬》中,班氏著録《揚雄賦》十二篇,則剔除八篇後的二百六十六篇當爲《七略》著録此類的篇目數,結合班固總計所言,《七略·詩賦

①⑤ 《漢書》,第1750頁。

②③ 《漢書》,第1727頁。

④ 《漢書》,第1741頁。

⑥ 《漢書》,第1755頁。

略》應著録一百零六家,二百六十六篇。

4.《七略・兵書略》,六十三家,一千一百九十一篇,圖四十三卷。

《漢志・兵權謀》:"右兵權謀十三家,二百五十九篇。省伊尹、太公、《管子》《孫卿子》《鶡冠子》《蘇子》、蒯通、陸賈、淮南王二百五十九種,出《司馬法》入禮也。"[①]按,省《管子》《鶡冠子》等書中的篇章即代表删除,諸如《管子》中《兵法》《制分》與兵書相關,《荀子》中有《議兵》,《淮南子》有《兵略》,此類部分均從《兵權謀》删除,共計九家二百五十九篇。對於"出《司馬法》入禮",上文統計《六藝略》已言,《軍禮司馬法》一百五十五篇由《兵書略》調入《六藝略》,表明班氏又删除一家,合計此書,共删除十家四百一十四篇。

《漢志・兵技巧》:"右兵技巧十三家,百九十九篇。省《墨子》重,入《蹴鞠》也。"[②]按,"省《墨子》重",根據班固記載《兵書略》共"省十家,二百七十一篇重",則《兵技巧》省《墨子》一家,其餘九家當爲《兵權謀》"省伊尹"諸家。後者爲二百五十九篇,則《墨子》删除的部分當爲十二篇[③],方合二百七十一篇的數目。"入《蹴鞠》",上文已言班固由《諸子略》調出《蹴鞠》二十五篇,正調入《兵技巧》。

關於《兵書略》著録及變化情況,班固稱:"凡兵書五十三家,七百九十篇,圖四十三卷。省十家,二百七十一篇重,入《蹴鞠》一家二十五篇,出《司馬法》百五十五篇入《禮》也。"[④]"省十家"即是《兵權謀》九家,《兵技巧》一家,由於入《蹴鞠》一家,出《司馬法》一家,則《七略・兵書略》應著録兵書六十三家,而篇數的合計則需要補足"出、省"的部分,並删除"入"的部分,共計一千一百九十一篇,外加未有變化的圖四十

---

① 《漢書》,第1757頁。

②④ 《漢書》,第1762頁。

③ 陶憲曾:"省《墨子》重者,蓋《七略・墨子》七十一篇入墨家,又擇其中言兵技巧者十二篇,重收入此,而班省之也"。(見(漢)班固,(清)王先謙:《漢書補注》第六册,上海古籍出版社2008年版,第3038頁。)李零考證:"《墨子》城守各篇共20篇,今存11篇,亡9篇。班志所省12篇,疑即《備高臨》(存)、《備鉤》(亡)、《備沖》(亡)、《備梯》(存)、《備堙》(亡)、《備水》(存)、《備火》(亡)、《備突》(存)、《備穴》(存)、《備蛾傅》(存)、《備轒輼》(亡)、《備軒車》(亡)。"(見李零:《兵以詐立——我讀〈孫子〉》,中華書局2006年版,第141—153頁。)

三卷。

5.《七略・數術略》,一百九十家,二千五百二十八卷。

班固總計《數術略》言:"凡數術百九十家,二千五百二十八卷。"① 按,此略典籍未有著録的變動,故《七略・數術略》的著録情況仍按照班固所記謄録。

6.《七略・方技略》,三十六家,八百六十八卷。

班固總計《數術略》言:"凡方技三十六家,八百六十八卷。"②按,此略典籍未有著録的變動,故《七略・方技略》的著録情況仍按照班固所記謄録。

綜上,六略著録的典籍,僅《數術略》與《方技略》班固未作調整,而其他四略均經過"出、入、省"的調整方式對篇目進行了内容的删減合並。推其原因蓋與典籍内容單一的專業性相關,如《數術略》著録的主要是天文、占卜、曆法等數術類典籍,而《方技略》則多是醫經、經方、房中等醫書類典籍,即是如此。後世流傳過程中二略典籍多數已亡佚,亦是受其内容具有單一專業性特點的影響。然縱觀《六藝略》《諸子略》等著録的典籍在内容上則具備繁復的特點,如《兵書略》中删除的《管子》《孫卿子》《鶡冠子》《蘇子》等典籍源自《諸子略》中儒家、道家類的典籍。由於内容上的交叉性,故著録時需調整卷數以求目録精簡。

(二) 提要

《别録》由單篇書録組成,其收録的每部著作有完整的篇目著録及介紹,而根據《漢志》及殘存的《七略》佚文可以發現,《七略》在著録典籍的同時則是簡短的提要性文字,起到簡明記述著者及内容的作用。然至今未有完整的一部帶有提要文字著録的書目流傳,故而本節選取數條《七略》佚文以説明其提要部分的内容。

上文在研究《别録》内容時,總結了其在篇目著録及記録校勘部分之外,有書名的定義、著者學術思想、交遊及典籍内容評價等内容。由於《七略》的提要性文字取自《别録》,則諸如此類的内容多被選擇性的保存。

①② 《漢書》,第1762頁。

學術方面,如《初學記》卷二十一《文部》:"劉歆《七略》曰:'《尚書》,直言也,始歐陽氏先君名之,大夏侯、小夏侯復立於學官,三家之學於今尤爲詳。'"①

按,《初學記》此處徵引的《七略》所言及的歐陽氏及大小夏侯爲今文《尚書》的傳習者,爲學術的流傳的記録。鑒於此句重點在記述與今文《尚書》有關的問題,與《六藝略・書》著録的"《(尚書)經》二十九卷。大、小夏侯二家。《歐陽經》三十二卷"②相合,則此條《七略》佚文當出自《尚書經》條目。

書名釋義,如《文選》卷五十九《任彦昇〈齊竟陵文宣王行狀〉》李善注:"七略曰:'宣皇帝時行射禮,博士后倉爲之辭,至今記之,曰《曲臺記》。'"③

按,《六藝略・禮》著録"《曲臺后倉》九篇",如淳注曰:"行禮射於曲臺,后倉爲記,故名曰《曲臺記》。"如淳此語與李善注引《七略》語較爲相近。根據如淳注《漢書》時曾引《七略》之先例,如其注《漢志》"於是建藏書之策"即言:"劉歆《七略》曰:'外則有太常、太史、博士之藏,内則有延閣、廣内、秘室之府。'"以此例推之,如淳注《曲臺后倉》語極有可能節略《七略》而來。由於《七略》所言與《曲臺后倉》書名釋義相關,故而此佚文當出自劉歆提要《曲臺后倉》的文字中。

生平事跡的介紹,如《漢志》顔師古注:"《七略》云:'商陽陵人,治《易》,事五鹿充宗,後事劉向,能屬文,後與孟柳俱待詔,頗序列傳,未卒,病死。'"

按,《漢書》卷五十九《張湯傳》顔師古注亦引《七略》記述馮商事跡諸語,其言:"劉歆《七略》云:'商,陽陵人,治《易》,事五鹿充宗,能屬文,博通强記,與孟柳俱待詔,頗序列傳,未卒,會病死。'"由於顔師古注引劉歆語正訓釋《六藝略・春秋》著録的"馮商所續《太史公》",故而此處關於馮商的介紹諸語當出自此條書目的提要介紹。

---

① 《初學記》,第 500 頁。

② 《漢書》,第 1705 頁。

③ 《文選》,第 2572 頁。

第四節 典籍徵引問題

現存的劉向撰寫的書録,有《戰國策書録》《晏子書録》《管子書録》《孫卿書録》等,分析内容構成,約可分爲三部分,即釐定篇目、記述著者事跡及對典籍内容進行相關評述。在後兩部分中劉向多吸取他書所言以達到補充説明,總結强調等目的。除此之外,在單句的佚文中亦有劉向明引或暗引的典籍。同樣,在編纂《七略》的過程中,作爲提要體目録,劉歆在總論性質的《輯略》部分,數引《易經》《尚書》類經學典籍。梳理了劉向歆父子的引書問題,能夠明晰書録的組成來源,及關於學術思想的傾向。

一、徵引的類別

劉向團隊校書各有分工,根據《漢志》記載"劉向校經傳諸子詩賦,步兵校尉任宏校兵書,太史令尹咸校數術,侍醫李柱國校方技",這就表示校書是存在分工的,並非每一部典籍都校於劉向之手,但"每一書已,向輒條其篇目,撮其指意,録而奏之",則表明每一篇書録需要有由劉向進行撰寫。那麽,在對材料的取捨編排上、語言的使用上當存在統一性,這也是通過現存的少量書録和殘篇斷句研究劉向撰寫書録諸問題的前提條件。鑒於《漢志》吸收《七略》共著録六藝、諸子、詩賦、兵書、數術、方技六類典籍,本書以六分法分類標準對劉向、劉歆引文進行歸納。

(一)六藝略典籍

1.《易經》

《漢書》卷三十《藝文志》六藝略《易》小序:"《易》曰:'宓戲氏仰觀象於天,俯觀法於地,觀鳥獸之文,與地之宜,近取諸身,遠取諸物,於是始作八卦,以通神明之德,以類萬物之情。'"

按,此爲班固拆分《輯略》散入《易》類的小序,"《易》"後所引取自《易經·繫辭下》:"古者包犧氏之王天下也,仰則觀象於天,俯則觀法於地,觀鳥獸之文,與地之宜,近取諸身,遠取諸物,於是始作八卦,以通神明之德,以類萬物之情。”①

《漢書》卷三十《藝文志》數術略《蓍龜家》小序:“《易》曰:‘定天下之吉凶,成天下之亹亹者,莫善於蓍龜。’‘是故君子將有爲也,將有行也,問焉而以言,其受命也如向,無有遠近幽深,遂知來物。非天下之至精,其孰能與於此!’”

按,此語分别取自《易經·繫辭上》:“定天下之吉凶,天下之亹亹者。是故變化云爲,吉事有祥。象事知器,占事知來。天地設位,聖人成能。”②《易經·繫辭上》:“《易》有聖人之道四焉:以言者尚其辭,以動者尚其變,以制器者尚其象,以卜筮者尚其占。是以君子將有爲也,將有行也,問焉而以言。其受命也如響,無有遠近幽深,遂知來物。非天下之至精,其孰能與于此?”③

《漢書》卷三十《藝文志》數術略《雜占家》小序:“《易》曰:‘占事知來。’”

按,此語取自《易經·繫辭下》:“定天下之吉凶,天下之亹亹者。是故變化云爲,吉事有祥。象事知器,占事知來。天地設位,聖人成能。”④

《漢書》卷三十《藝文志》數術略總序:“《易》曰:‘苟非其人,道不虚行。’”

按,此語取自《易經·繫辭下》:“無有師保,如臨父母。初率其辭而揆其方,既有典常。苟非其人,道不虚行。《易》之爲書也,原始要終,以爲質也。”⑤

2.《易説》

《太平御覽》卷四《天部》:“劉向《七略》曰:‘京房《易説》云:月與星至陰也,有形無光,日照之乃有光,喻如鏡照日,即有影見。月初光見西方,望已後光見東方,皆日所照也。’”⑥

按,劉向言“京房《易説》云”,表明“月與星”諸語引自此書,其記載

① 《周易正義》,第350、351頁。

②④ 《周易正義》,第377頁。

③ 《周易正義》,第333頁。

⑤ 《周易正義》,第371、372頁。

⑥ 《太平御覽》,第22頁。

了京房對月亮與星星的光源來自於太陽的認識,屬於京氏對天體現象的客觀描述。唐代《開元占經》亦有京房利用天象預示吉凶災異的論述,如卷十《日占六・日六甲蝕三》有言:"京房曰:'丁卯日蝕,諸侯欲弑君。在北方,後有蝗蟲之殃。'"又卷十六《月占六・月暈石氏中官一》言:"京房曰:'庚子夜月暈軒轅,後甲子有大赦。'"《漢志》六藝略《易》著録"《易傳災異孟氏京房》六十六篇"應屬此類典籍,那麽,根據劉向引用京房《易説》内容與天象相關,且典籍中記有京房以天象預吉凶的闡述,《易説》内容當是與《易經》驗占吉凶相關,故歸入六藝略。

3.《尚書》

《漢書》卷三十《藝文志》六藝略《詩》小序:"《書》曰:'詩言志,歌詠言。'"

按,此語取自《尚書・虞書・舜典》:"詩言志,歌永言,聲依永,律和聲。八音克諧,無相奪倫,神人以和。"①

《漢書》卷三十《藝文志》數術略《五行家》小序:"《書》云:'初一曰五行,次二曰羞用五事。'"

按,此語取自《尚書・周書・洪範》:"初一曰五行,次二曰敬用五事,次三曰農用八政,次四曰協用五紀,次五曰建用皇極,次六曰乂用三德,次七曰明用稽疑,次八曰念用庶徵,次九曰嚮用五福。威用六極。"②

《漢書》卷三十《藝文志》數術略《蓍龜家》小序:"《書》曰:'女則有大疑,謀及卜筮。'"

按,此語取自《尚書・周書・洪範》:"汝則有大疑,謀及乃心,謀及卿士,謀及庶人,謀及卜筮。汝則從,龜從,筮從,卿士從,庶民從,是之謂大同。"③

4.《韓詩外傳》

《漢書》卷三十《藝文志》顔師古注:"劉向《别録》云:'神輸者,王道失則災害生,得則四海輸之祥瑞。'"④

---

① 《尚書正義》,第95頁。

② 《尚書正義》,第355頁。

③ 《尚書正義》,第372頁。

④ 《漢書》,第1704頁。

按,《韓詩外傳》卷七言:"善爲政者、循情性之宜,順陰陽之序,通本末之理,合天人之際,如是則天氣奉養而生物豐美矣。不知爲政者,使情厭性,使陰乘陽,使末逆本,使人詭天。氣鞠而不信,鬱而不宣。如是則災害生,怪異起,群生皆傷,而年穀不熟。"

《韓詩外傳》較爲詳盡地闡發了善政、不善政與祥瑞災異的關係,《别録》"(王道)得"對應《韓詩外傳》"善爲政","四海輸之祥瑞"對應"天地奉養、生物豐美","王道失"對應"不知爲政","災害生"則當對應"災害生、怪異起"。由此可看出,二者在表達結構與表達主旨上均相近。由於《韓詩外傳》成書早於劉向所處時代,那麽,劉向著書時則有可能吸收其内容。

5.《禮記明堂陰陽録》

《文選》卷一《班孟堅〈西都賦〉》李善注:"《七略》曰:'王者師天地,體天而行,是以明堂之制,内有太室,象紫微宫;南出明堂,象太微。'"①

《後漢書》卷四十上《班彪列傳》李賢注:"劉向《七略》曰:'明堂之制:内有太室,象紫宫;南出明堂,象太微。'"②

按,李善及李賢注所引明堂之事,與《太平御覽》卷五百三十三《禮儀部十二》"明堂"條引《禮記明堂陰陽録》語相近,其言:

> 明堂陰陽,王者之所以應天也。明堂之制,周旋以水,水行左旋以象天。内有太室,象紫宫。南出明堂,象太微……王者承天統物,亦於其方以聽國事。③

此言"王者之所以應天地"與李善注引文中的"王者師天地,體天而行"表達相近,而"明堂之制""象紫宫""南出明堂"等行文則與李善、李賢注引文相同。可以看出,《禮記明堂陰陽録》與注語間存在明顯地繼承

① 《文選》,第11頁。
② 《後漢書》,第1342頁。
③ 《太平御覽》,第2418頁。

與借鑒關係。覈檢《漢志》,在六藝略《禮》家著録的典籍中有“《明堂陰陽》”一書,正與“《禮記明堂陰陽録》”名稱相近,且内容上班固言其爲“古明堂之遺事”,亦與注語所言“明堂之制”等内容相符,則注語所引之《七略》當與《明堂陰陽》有關。對於《明堂陰陽》與《禮記明堂陰陽録》的關係,劉曉東在《〈大戴禮記〉佚篇考辨》中亦指出《禮記明堂陰陽録》“蓋本古《記》之一……原屬《漢志》‘《明堂陰陽》三十三篇’中”①。如此,則注語的引文應出自劉向吸收《禮記明堂陰陽録》後撰寫的《明堂陰陽書録》。

6.《左傳》

《鄧析子書録》:“於《春秋左氏傳》昭公二十年而子產卒,子太叔嗣爲政,定公八年,太叔卒,駟歂嗣爲政,明年乃殺鄧析,而用其《竹刑》。君子謂:“子然於是乎不忠,苟有可以加於國家,棄其邪可也。《静女》之三章,取彤管焉,《竿旄》‘何以告之’,取其忠也,故用其道,不棄其人,《詩》云:‘蔽芾甘棠,勿剪勿伐,召伯所憩。’思其人,猶愛其樹也,況用其道,不恤其人乎?子然無以勸能矣。”②

按,《鄧析子書録》諸語旨在論述非子產殺鄧析,其分别取材自《左傳》,昭公二十年:“鄭子產有疾,謂子大叔曰‘我死,子必爲政’……疾數月而卒。大叔爲政。”定公八年:“鄭駟歂嗣子大叔爲政。”定公九年:“鄭駟歂殺鄧析,而用其《竹刑》。君子謂:‘子然於是不忠。苟有可以加於國家者,棄其邪可也。《静女》之三章,取彤管焉。《竿旄》“何以告之”,取其忠也。故用其道,不棄其人。《詩》云:“蔽芾甘棠,勿翦勿伐,召伯所茇。”思其人,猶愛其樹,況用其道而不恤其人乎!子然無以勸能矣。’”

7.《論語》

《戰國策書録》:“孔子曰:‘能以禮讓爲國乎?何有?……’孔子曰:‘道之以政,齊之以刑,民免而無恥;道之以德,齊之以禮,有恥且格。’”③

① 《中國典籍與文化》編輯部編:《中國典籍與文化論叢》,第5輯,中華書局2000年版,第47—55页。

② 《文獻學論著輯要》,第10頁。

③ 《文獻學論著輯要》,第1—3頁。

按，兩處"子曰"分别見於《論語・里仁篇》："子曰：'能以禮讓爲國乎？何有？不能以禮讓爲國，如禮何？'"《論語・爲政篇》："子曰：'道之以政，齊之以刑，民免而無恥；道之以德，齊之以禮，有恥且格。'"①

《管子書録》："微管仲，吾其被髮左衽矣。"②

按，此語取自《論語・憲問篇》："子貢曰：'管仲非仁者與？桓公殺公子糾，不能死，又相之。'子曰：'管仲相桓公，霸諸侯，一匡天下，民到於今受其賜。微管仲，吾其被髮左衽矣。豈若匹夫匹婦之爲諒也，自經於溝瀆而莫之知也。'"③

《漢書》卷三十《藝文志》六藝略《春秋》小序："仲尼思存前聖之業，乃稱曰：'夏禮吾能言之，杞不足徵也；殷禮吾能言之，宋不足徵也。文獻不足故也，足則吾能徵之矣。'"

按，此語取自《論語・八佾篇》："子曰：'夏禮，吾能言之，杞不足徵也；殷禮，吾能言之，宋不足徵也。文獻不足故也，足，則吾能徵之矣。'"④

《漢書》卷三十《藝文志》六藝略《小學》小序："故孔子曰：'吾猶及史之闕文也，今亡矣夫！'"

按，此語取自《論語・衛靈公篇》："子曰：'吾猶及史之闕文也，有馬者借人乘之。今亡矣夫！'"⑤

《漢書》卷三十《藝文志》諸子略《儒家》小序："孔子曰：'如有所譽，其有所試。'"

按，此語取自《論語・衛靈公篇》："子曰：'吾之於人也，誰毁誰譽？如有所譽者，其有所試矣。斯民也，三代之所以直道而行也。'"⑥

《漢書》卷三十《藝文志》諸子略《名家》小序："孔子曰：'必也正名乎！名不正則言不順，言不順則事不成。'"

按，此語取自《論語・子路篇》："子路曰：'衛君待子而爲政，子將

---

① 楊伯峻：《論語譯注》，中華書局 2009 年版，第 37、11 頁。

② 《文獻學論著輯要》，第 5 頁。

③ 《論語譯注》，第 149 頁。

④ 《論語譯注》，第 26 頁。

⑤⑥ 《論語譯注》，第 165 頁。

奚先?'子曰:'必也正名乎!'子路曰:'有是哉,子之迂也!奚其正?'子曰:'野哉由也!君子於其所不知,蓋闕如也。名不正,則言不順;言不順,則事不成;事不成,則禮樂不興;禮樂不興,則刑罰不中;刑罰不中,則民無所措手足。故君子名之必可言也,言之必可行也。君子於其言,無所苟而已矣。'"①

《漢書》卷三十《藝文志》諸子略《縱横家》小序:"孔子曰:'誦《詩》三百,使於四方,不能顓對,雖多亦奚以爲?'"

按,此語取自《論語·子路篇》:"子曰:'誦詩三百,授之以政,不達;使於四方,不能專對;雖多,亦奚以爲?'"②

《漢書》卷三十《藝文志》諸子略《農家》小序:"孔子曰:'所重民食。'"

按,此語取自《論語·堯曰篇》:"興滅國,繼絶世,舉逸民,天下之民歸心焉。所重:民、食、喪、祭。"③

《漢書》卷三十《藝文志》諸子略《小説家》小序:"孔子曰:'雖小道,必有可觀者焉,致遠恐泥,是以君子弗爲也。'"

按,此語取自《論語·子張篇》:"子夏曰:'雖小道,必有可觀者焉;致遠恐泥,是以君子不爲也。'"④

《漢書》卷三十《藝文志》詩賦略總序:"故孔子曰'不學《詩》,無以言'也。"

按,此語取自《論語·季氏篇》:"陳亢問於伯魚曰:'子亦有異聞乎?'"對曰:"未也。嘗獨立,鯉趨而過庭。曰:'學詩乎?'對曰:'未也。''不學詩,無以言。'"⑤

《漢書》卷三十《藝文志》兵書略總序:"孔子曰爲國者'足食,足兵','以不教民戰,是謂棄之'"。

---

① 《論語譯注》,第131、132頁。

② 《論語譯注》,第133頁。

③ 《論語譯注》,第206、207頁。

④ 《論語譯注》,第198頁。

⑤ 《論語譯注》,第176頁。

按,語出《論語·顔淵篇》:“子貢問政。子曰:‘足食。足兵。民信之矣。’”[①]《論語·子路》:“子路問曰:‘何如斯可謂之士矣?’……子曰:‘以不教民戰,是謂棄之。’”[②]

8.《史記》

《管子書録》:“管子者,潁上人也,名夷吾,號仲父。少時嘗與鮑叔牙遊,鮑叔知其賢,管子貧困,常欺叔牙,叔牙終善之。鮑叔事齊公子小白,管子事公子糾,及小白立爲桓公,子糾死,管仲囚,鮑叔薦管仲。管仲既任於齊,齊桓公以霸,九合諸侯,一匡天下,管仲之謀也。故管仲曰:‘吾始困時,與鮑叔分財,多自予,鮑叔不以我爲貪,知吾貧也。嘗爲鮑叔謀事而更窮困,鮑叔不以我爲愚,知吾有利有不利也。公子糾敗,召忽死之,吾幽囚受辱,鮑叔不以我爲無恥,知吾不羞小節,而恥功名不顯於天下也。生我者父母,知我者鮑叔。’鮑叔既進管仲,而己下之,子孫世禄於齊,有封邑者十餘世,常爲名大夫。管子既相,以區區之齊在海濱,通貨積財,富國强兵,與俗同好丑,故其書稱曰:‘倉廩實而知禮節,衣食足而知榮辱,上服度則六親固,四維不張,國乃滅亡。下令猶流水之原,令順人心,故論卑而易行。俗所欲,因予之;俗所否,因去之。其爲政也,善因禍爲福,轉敗爲功,貴輕重,慎權衡。’桓公怒少姬,南襲蔡,管仲因伐楚,責包茅不入貢於周室。桓公北徵山戎,管仲因而令燕修召公之政。柯之會,桓公背曹沫之盟,管仲因而信之,諸侯歸之。管仲聘於周,不敢受上卿之命,以讓高國,是時諸侯爲管仲城穀,以爲之乘邑。《春秋》書之,褒賢也。管仲富擬公室,有三歸反坫,齊人不以侈。管子卒,齊國遵其政,常强於諸侯。孔子曰:‘微管仲,吾其被髮左衽矣。’太史公曰:‘余讀管氏《牧民》《山高》《乘馬》《輕重》《九府》,詳哉言之也。’又曰:‘將順其美,匡救其惡,故上下能相親愛,豈管仲之謂乎。’《九府》書民間無有,《山高》一名《形勢》。”[③]

---

① 《論語譯注》,第124頁。

② 《論語譯注》,第141、142頁。

③ 《文獻學論著輯要》,第4—5頁。

按,此書録取材自《史記》卷六十二《管晏列傳》:

管仲夷吾者,潁上人也。少時常與鮑叔牙遊,鮑叔知其賢。管仲貧困,常欺鮑叔,鮑叔終善遇之……已而鮑叔事齊公子小白,管仲事公子糾。及小白立爲桓公,公子糾死,管仲囚焉。鮑叔遂進管仲。管仲既用,任政於齊,齊桓公以霸,九合諸侯,一匡天下,管仲之謀也。管仲曰:"吾始困時,嘗與鮑叔賈,分財利多自與,鮑叔不以我爲貪,知我貧也。吾嘗爲鮑叔謀事而更窮困,鮑叔不以我爲愚,知時有利不利也……公子糾敗,召忽死之,吾幽囚受辱,鮑叔不以我爲無恥,知我不羞小節而恥功名不顯於天下也。生我者父母,知我者鮑子也。"鮑叔既進管仲,以身下之。子孫世禄於齊,有封邑者十余世,常爲名大夫……既任政相齊,以區區之齊在海濱,通貨積財,富國强兵,與俗同好惡。故其稱曰:"倉廩實而知禮節,衣食足而知榮辱,上服度則六親固。四維不張,國乃滅亡。下令如流水之原,令順民心。"故論卑而易行。俗之所欲,因而予之;俗之所否,因而去之。其爲政也,善因禍而爲福,轉敗而爲功。貴輕重,慎權衡。桓公實怒少姬,南襲蔡,管仲因而伐楚,責包茅不入貢於周室。桓公實北徵山戎,而管仲因而令燕修召公之政。於柯之會,桓公欲背曹沫之約,管仲因而信之,諸侯由是歸齊……管仲富擬於公室,有三歸、反坫,齊人不以爲侈。管仲卒,齊國遵其政,常强於諸侯。……太史公曰:吾讀管氏牧民、山高、乘馬、輕重、九府,及晏子春秋,詳哉其言之也……語曰"將順其美,匡救其惡,故上下能相親也"。豈管仲之謂乎……①

經過比對,劉向書録所言與《史記》記載管仲諸語,大體相同。

又《晏子書録》:"晏子名嬰,謚平仲,萊人。萊者今東萊地也。晏子博聞强記,通於古今,事齊靈公、莊公、景公,以節儉力行,盡忠極諫道齊國。"②

---

① 《史記》(修訂本),第2593—2599頁。

② 《文獻學論著輯要》,第6頁。

按,此語取材自《史記》卷六十二《管晏列傳》:"晏平仲嬰者,萊之夷維人也。事齊靈公、莊公、景公,以節儉力行重於齊。"①

又《孫卿書録》:"孫卿,趙人,名況。方齊宣王、威王之時,聚天下賢士於稷下,尊寵之,若鄒衍、田駢、淳于髡之屬甚衆,號曰列大夫,皆世所稱,咸作書刺世。是時孫卿有秀才,年五十始來遊學,諸子之事,皆以爲非先王之法也。孫卿善爲《詩》《禮》《易》《春秋》。至齊襄王時,孫卿最爲老師,齊尚修列大夫之缺,而孫卿三爲祭酒焉。齊人或讒孫卿,乃適楚。楚相春申君以爲蘭陵令。人或謂春申君曰:'湯以七十里,文王以百里,孫卿,賢者也,今與之百里地,楚其危乎?'春申君謝之。孫卿去之趙。後客或謂春申君曰:'伊尹去夏入殷,殷王而夏亡。管仲去魯入齊,魯弱而齊强。故賢者所在,君尊國安。今孫卿天下賢人,所去之國,其不安乎?'春申君使人聘孫卿。孫卿遺春申君書,刺楚國,因爲歌賦以遺春申君。春申君恨,復固謝孫卿。孫卿乃行,復爲蘭陵令。春申君死而孫卿廢,因家蘭陵。"②

按,此段文字見於《史記》卷七十四《孟子荀卿列傳》:"荀卿,趙人。年五十始來遊學於齊。騶衍之術迂大而閎辯,奭也文具難施。淳于髡久與處,時有得善言。故齊人頌曰:'談天衍,雕龍奭,炙轂過髡。'田駢之屬皆已死。齊襄王時,而荀卿最爲老師。齊尚修列大夫之缺,而荀卿三爲祭酒焉。齊人或讒荀卿,荀卿乃適楚,而春申君以爲蘭陵令。春申君死而荀卿廢,因家蘭陵。"

又《春秋左傳》卷一《序》孔穎達正義:"據劉向《别録》云:'左丘明授曾申,申授吴起,起授其子期,期授楚人鐸椒。鐸椒作《抄撮》八卷,授虞卿。虞卿作《抄撮》九卷,授荀卿。荀卿授張蒼。'"③

按,關於左丘明師授的記述在《史記》卷十四《十二諸侯年表》亦曾提及:

---

① 《史記》(修訂本),第2597頁。
② 《文獻學論著輯要》,第12、13頁。
③ 《春秋左傳正義》,第2頁。

> 魯君子左丘明懼弟子人人異端,各安其意,失其真,故因孔子史記具論其語,成《左氏春秋》。鐸椒爲楚威王傅,爲王不能盡觀《春秋》,採取成敗,卒四十章,爲《鐸氏微》。趙孝成王時,其相虞卿上采《春秋》,下觀近勢,亦著八篇,爲《虞氏春秋》。吕不韋者,秦莊襄王相,亦上觀尚古,删拾《春秋》,集六國時事,以爲八覽、六論、十二紀,爲《吕氏春秋》。及如荀卿、孟子、公孫固、韓非之徒,各往往捃摭《春秋》之文以著書,不可勝紀。①

比對《别録》與《史記》即可發現,《史記》言左丘明、鐸椒、虞卿、荀卿,而《别録》所載爲左丘明、曾申、吴起、吴期、鐸椒、虞卿、荀卿、張蒼,此當是吸收了《史記》,並在其基礎上略作增補,如曾申、吴起、吴期即填補了左丘明與鐸椒之間較長的師授間隔。

(二)數術略典籍

《山海經》

《山海經書録》:"孝宣皇帝時,擊磻石於上郡,陷,得石室。其中有反縛盜械人。時臣秀父向爲諫議大夫,言此貳負之臣也。詔問何以知之,亦以《山海經》對。其文曰:'貳負殺窫窳,帝乃梏之疏屬之山,桎其右足,反縛兩手。'"②

按,書録中所引取自《山海經》卷六:"貳負之臣曰危,危與貳負殺窫窳。帝乃梏之疏屬之山,桎其右足,反縛兩手與發,係之山上木。"

二、徵引的特點

1. 標注的多元性

劉向處理他書引文的方式主要分爲三類,有言書名者,如《鄧析子書録》引《春秋左氏傳》;有某某曰者,如《戰國策書録》中"子曰""孔子曰"即是出自《論語》;亦有未提及書名、著者,而直接採納編入書録者,如保存在孔穎達《春秋左傳正義》中關於左丘明一脈的師授關係,未有

---

① 《史記》(修訂本),第648頁。

② 《文獻學論著輯要》,第16頁。

體現其源自《史記》的記載。縱觀現存的書録及佚文來看,劉向較少提及其所用的典籍,這從現存的書録中涉及有人物事跡記載的書録即可看出,三者中僅有一次《管子書録》提及了太史公論及篇目的部分,而其餘兩篇書録存在採納自《史記》的部分,但卻未有任何提示。相較之下,劉歆作爲提要體目録,其引書多集中在被班固拆分成小序的輯略中,其多稱"《易》曰""《書》曰"或孔子曰,標注相對統一,且多取自經書以達到引經據典的目的。

2. 博採群書

此問題需要從兩個方面來看,其一即是劉向、劉歆校書種類繁多,這就決定了撰寫書録取材應蒐羅範圍廣泛。其二則是其體例結構決定了其需博採諸書,除釐定篇章部分不涉及引書外,記述著者及評價内容,則直接或間接引用他書及所校典籍進行補充論述。雖然已不能確切的統計劉向撰寫書録時所引書目,但僅就上舉數種典籍即可看出,亦可窺見其採摭群書的特點。

3. 簡化與補充

在劉向引用時,有未加删減而徵引者,如《戰國策書録》"孔子曰'道之以政,齊之以刑,民免而無恥;道之以德,齊之以禮,有恥且格'",此引文與《論語·爲政》相同。但縱觀現存的引書諸例,多存在引書簡化與補充。推其原因,簡化源於奏上御覽當力求語言的簡潔,若能取關鍵詞概括書録所要表達的内容,劉氏則多截取徵引的典籍,如《神輸》之例"王道失則災害生"則是對《韓詩外傳》"不知爲政者……則災害生,怪異起,群生皆傷,而年穀不熟"的簡化。而劉向選擇補充徵引的典籍,多是由於所參考的典籍有未盡之處,故而選擇相關事跡進行擴充記述,若《孫卿書録》中關於孫卿事跡的記載是在《史記》的基礎上進行完善,其有部分内容不見於《史記》,如"孫卿遺春申君書,刺楚國,因爲歌賦以遺春申君。春申君恨,復固謝孫卿"當是見於漢時其他典籍,而被劉向整合融入《史記》的内容中。

4. 典籍徵引的經學化

通過上舉徵引典籍出處的考辯可以發現,劉向、劉歆多徵引《六藝略》經書類典籍,現存的《山海經書録》保存有劉向徵引《數術略》刑法家《山海經》内容。其中劉向徵引諸如《史記》的内容是撰寫人物簡介的需要,在漢代劉向歆整理典籍時後世的史部典籍被列在六藝略春秋類中,故而《史記》在劉向看來,仍爲六藝略經部典籍。那麽,綜合劉向、歆父子引書來看,徵引的經學化爲其引書的主要特點。在劉向的書録中,典籍是否符合儒家經義是劉向評價其内容的重要標準,如《管子書録》"凡《管子》書,務富國安民,道約言要,可以曉合經義",《晏子書録》"其書六篇,皆忠諫其君,文章可觀,義理可法,皆和六經之義……又有頗不合經術,似非晏子言",即明言是否曉合經義。推其原因,與武帝之後獨尊儒術影響下經學的高度發展密切相關。引用經書,既可以維護經學家研習經學的學術正統性,亦可以增加論説的可信性。

三、徵引的作用

1. 豐富内容

《管子書録》引"太史公"對於《管子》篇目的介紹,即是劉向用以説明中外書的篇目差異問題與篇名的異名問題。又如劉向徵引《易説》,記録了京房的思想學説;劉歆引《山海經》旨在補充其父劉向答對宣帝的史實細節。此類材料的徵引,在一定程度上豐富了書録的内容。

2. 總結强調、區别異説

在表達觀點時,劉向往往通過徵引先哲名儒之説,用以强調佐證己説,如《戰國策書録》即數引孔子《論語》,以强調禮教的作用。同時,對於存在異説的史事,劉向則選取經典所載,予以考辨,以經典加强論説的可信度,如《鄧析子書録》即用《左傳》記載的關於子産和鄧析死亡的時間駁斥了子産殺鄧析的異説。而若劉歆選取《易經》《尚書》等經書語句作爲六藝略每一小類的開篇語,用以凸顯經書的地位。

3. 提升效率

根據《漢志》的記載,劉向負責六略典籍中六藝略、諸子略、詩賦略典籍的校對工作,而經班固統計《六藝略》典籍共計一百三家、三千一百二十三篇,《諸子略》典籍計一百八十九家、四千三百二十四篇,《詩賦略》典籍一百六家、一千三百一十八篇,《兵書略》五十三家、七百九十篇,《數術略》一百九十家、二千五百二十八卷,《方技略》三十六家、八百六十八卷。前三略劉向負責校對部分的數量遠超後三略典籍,由此可以看出劉向校書任務的繁重。而劉向校書,“每一書已……條其篇目,撮其指意,録而奏之”,即爲每一部校對完成的典籍撰寫一篇書録以便奏上御覽。如此一來,劉向的校書撰寫任務繁重,雖有校書團隊輔助校書,但亦需要利用其他典籍的記載,以提升撰寫書録的效率,尤其是書録中記述著者生平或評述典籍思想内容的部分即需要將他書所言經過删減、增補等途徑,編爲書録,爲己所用。如劉向整合吸收《史記》中列傳的部分,爲己提供了人物生平的素材,節約了查找資料的時間。如《管子書録》篇幅短小,大段内容與《史記》記載相合,則是吸收《史記》以達到事半功倍的效果。

綜合來看,劉向徵引典籍後,在内容上以及功能方面均對書録撰寫增益頗多。得益於劉向的引用,先秦及漢代亡佚的衆多典籍,可藉由他在書録中的徵引,保存著佚書的殘篇斷句。

第二章　《别録》《七略》亡佚問題研究

《别録》《七略》自漢代成書以來不斷地被稱引，如同時代的《漢書》《風俗通義》等。自此以降，在目録分類方法上，學者開始以二書六分法爲開端，逐漸整合完善向四分法過渡，同時不斷徵引書中所記載的内容，主要集中在唐宋注疏、類書編纂的興盛期。且著録隋唐時期典籍的書目亦載有此二書，如《隋書・經籍志》："《七略别録》二十卷。劉向撰。""《七略》七卷。劉歆撰。"《舊唐書・經籍志》："《七略别録》二十卷。劉向撰。""《七略》七卷。劉歆撰。"《新唐書・藝文志》："劉向《七略别録》二十卷。""劉歆《七略》七卷。"然有關宋代書目的目録學著作諸如《崇文總目》《郡齋讀書志》與《直齋書録解題》等不見著録，故而關於二書的亡佚學界多有争論，有唐末、北宋、南宋諸説。爲進一步確定亡佚時間，本章將唐宋目録著録與這一時期典籍對於《别録》《七略》文字徵引相結合，進行亡佚的相關研究。

第一節　亡佚諸説概況

關於《别録》《七略》亡佚的時間，學者多概括稱亡於唐宋之際，若細分則以鐘肇鵬推斷的"唐神龍説"爲二書最早的亡佚時間，諸如章學誠、姚振宗、程千帆等主張的"唐末五代説"，梁啟超的"北宋説"，章太炎、張滌華等認爲的"南宋説"則在不斷調整二書亡佚時間的下限。

一、唐神龍説

鐘肇鵬在《七略别録考》[①]一文中論及《别録》《七略》的撰成和亡佚

① 鐘肇鵬：《七略别録考》，《文獻》1985 年第 3 期，第 59—73 頁。

時代的過程中,主張二書"雖著録於《隋書·經籍志》及兩《唐志》,但流傳不廣",並從徵引的角度佐證此説,總結而言約爲三點:

其一,李善注《文選·魏都賦》轉引《風俗通》引劉向語;

其二,顔師古對《漢志》亡佚不可考的典籍,多未引《别録》爲證;

其三,司馬貞與劉知幾言及《七略》論述《子夏易傳》語,分别轉引自《七志》《漢志》。

基於此論,鐘肇鵬又從兩唐志來源的角度推斷亡佚時間,其言:

《新唐書·藝文志》是根據《舊唐書·經籍志》編輯的,而《舊唐志》又是鈔録毋煚的《古今書録》。《古今書録》是根據開元九年(721)重修的《群書四部録》删減而成,所以《古今書録》所載只反映了開元以前唐朝中秘所藏的書籍……開元録於開元九年編成,它收的都是神龍(705—706)以前中秘所藏的書,這是實際貯藏《七略》《别録》最晚的著録。

此處鐘肇鵬從文獻稱引及追溯目録來源的角度進行推斷,將《别録》《七略》亡佚時間定爲神龍年間之後。此説早於唐末五代及南宋諸説。

二、唐末五代説

章學誠在《校讎通義·序》論及亡佚時間時言:"《七略别録》之書,久已失傳。《唐志》尚存,《宋志》已逸,嗣是不得復見。"[①]章氏以《唐志》著録,而《宋志》不著,推斷《七略别録》亡與唐宋之際。至姚振宗在輯録《别録》《七略》佚文,編制輯本時,稱亡於"唐末五代",其言:

《别録》自《唐藝文志》著録之後,後史無傳焉,雖亦見於《通志·藝文略》、焦氏《經籍志》,皆虚列其目,非實有其書。蓋亡於唐末五代之亂,宋初人已不及見矣。[②]

① 《文史通義校注》,第1101頁。

② (清)姚振宗,鄧駿捷校補:《七略别録佚文、七略佚文》,上海古籍出版社2008年版,第6頁。

> 《七略》自《唐藝文志》之後,《崇文總目》《遂初堂書目》《晁志》《陳録》《通考》《宋志》皆不著録,蓋與《别録》同亡於唐末五代。①

後又有黄紹箕《跋古文舊書考》云"其書亡於唐末",今人程千帆《〈别録〉、〈七略〉、〈漢志〉源流異同考》言"顧《録》《略》之書,《隋志》《唐志》雖皆著録,而迄唐季五代之亂,其書遂亡"②,均屬主張"唐末五代説"。

三、北宋説

梁啟超在《圖書大辭典簿録之部・管録及史志》中介紹《别録》時稱:"此書及《七略》,唐人各經史注疏徵引甚多,《太平御覽》亦尚有遺文,惟《崇文總目》已不著録,似亡於北宋。"③梁氏依以北宋類書《太平御覽》尚有徵引,而同時期官修目録《崇文總目》則不載,進而推斷《别録》《七略》亡於"北宋"。

四、南宋説

除"唐末五代説"外,"南宋説"亦是學界較爲主流的觀點,如章太炎《七略别録佚文徵》稱:"始班氏爲《藝文志》,删要備篇,南宋至今,奏録既不可覩,而佚者往往見於他書。"④後顧實在《漢書藝文志講疏》亦主此説,其言:"南宋而後,二書盡亡。"並自注曰:"《七略》七卷,《通志》著録,《通考》不載。"相較於章、顧二人,今人張滌華撰文《〈别録〉的亡佚及其輯本——〈别録〉考索之二》⑤,則進一步展開論述此説,總結而言,共有三點論證:

---

① 《七略别録佚文、七略佚文》,第85頁。

② 程千帆:《〈七略〉〈别録〉〈漢志〉源流異同考》,見葉繼元《南京大學百年學術精品》(圖書館學卷),南京大學出版社2002年版,第906—924頁。

③ 梁啟超:《圖書大辭典簿録之部》,《梁啟超全集》本(第9册),北京出版社1999年版,第5131頁。

④ (清)章太炎,沈延國、湯志鈞點校:《七略别録佚文徵》,《章太炎全集》本,上海人民出版社2014年版,第322頁。

⑤ 張滌華:《〈别録〉的亡佚及其輯本——〈别録〉考索之二》,《阜陽師範學院學報(社會科學版)》,1982年第2期,第1—10頁。

其一,《崇文總目》每類有序,每書有釋,純有劉向的成規,則王堯臣編制《崇文總目》當得見《别録》;

其二,宋初類書,若《太平御覽》之類,多引《别録》,引文有與宋代流傳的古書很不相同的引文,則當直引《别録》而來;

其三,宋刊本《晏子》《荀子》《列子》卷首各有書録一篇,前列篇目,後敘指意,完整保存了劉向奏上的舊式,約從《别録》録出,而元本罕見、明本未見;

其四,南宋學者未有徵引《别録》者。

基於此論,張氏結合靖康二年(1127),圖書曾遭受過災難,推斷《别録》即亡佚南宋靖康二年。

第二節 亡佚時間考

觀以上諸説,大多數從著録角度考察亡佚時間,此雖是考察書籍是否有流傳的重要途徑,但亦不排除互相傳抄的可能,如鐘肇鵬指出《舊唐志》《新唐志》著録《别録》《七略》即源自於《群書四部録》。梁啟超以《崇文總目》是否著録《别録》《七略》,用以判斷二書亡佚時間,則失於嚴謹。因此書後來從《永樂大典》輯出,亦非全本,那麽,其亦有著録的可能。張滌華關注到引文,及敘録刻録的問題,較之於其他諸説,論述角度更爲豐富,然亦有值得商榷處,若二書於唐代亡佚,則《崇文總目》有序有釋,可根據唐代流傳單篇書録的影響,仿照其成規著録典籍,而宋本刻印篇目、書録正文,亦有其與唐代朝代相近,故而得以完整刊刻的可能,此類論述,均尚需進一步明確。

通過比對諸家所言,提及的亡佚時間,默認《别録》《七略》統一亡佚於某時間段,均忽視了二書的散佚是均有動態性,即是部分書録在流傳過程中逐步散佚不見。如魏晉以來學者已不能明晰《子夏易傳》的著者問題,即源於此書書録殘缺不全。王儉《七志》引劉向《七略》云:"《易傳子夏》,韓氏,嬰也。"《經典釋文》卷一《序録》論及此書時言:"卜商,字子夏,衛人,孔子弟子,魏文侯師。《七略》云:'漢興,韓嬰傳。'《中經簿録》云:'丁寬所作。'張璠云:'或馯臂子弓所作,薛虞記。虞,

不詳何许人。'”[①]即是例證。又如北宋邢昺在《論語注疏》亦主此説,其言:

> 成帝詔校經傳諸子詩賦,每一書已,向輒條其篇目,撮其指意,録而奏之,著《别録》《新序》。此言“《魯論語》二十篇,皆孔子弟子記諸善言也”,蓋出於彼,故何晏引之。[②]

邢昺先言劉向奉詔校書,著有《别録》,而後推斷《論語集解敘》“劉向言《魯論語》二十篇,皆孔子弟子記諸善言也”[③]蓋出於彼,“彼”即指《别録》。縱觀整段分析,邢氏的論證忽略了與《漢志》篇目的比對,及《别録》語例的分析,故難以得出確論。進一步分析,邢氏不確定性反映了劉向撰寫的《論語魯書録》此時已經散佚,若此篇書録仍在,那麽欲説明何晏語來源的邢昺作爲“受詔與杜鎬、舒雅、孫奭、李慕清、崔偓佺等校定《周禮》《儀禮》《公羊》《穀梁春秋傳》《孝經》《論語》《爾雅義疏》”[④]的學者,蒐求到《别録》當無問題。然實際上其並未見到書録並核對,唯一的可能即是此時《論語魯書録》已亡佚不見。

故而此處我們要探討的亡佚時間,是《别録》《七略》的集中散佚期。由於典籍亡佚後,是否有新徵引者,引文是否規範等均可幫助判斷亡佚的時間,故除了需要考察二書著録情況外,亦需要考察有關二書文字的徵引情況,主要包括兩個方面:一是是否開始大量徵引前代引文,二是引文是否規範與嚴謹。同時,亦需要兼顧在南宋時期學者對於二書價值取向的轉變。

一、唐宋時期的目録著録

由於有關《别録》《七略》的亡佚時間的推斷多集中於唐宋時期,故

---

① 《經典釋文》,第7頁。

② (魏)何晏注,(宋)邢昺疏:《論語注疏》,十三經注疏繁體標點本,北京大學出版社2000年版,第3頁。

③ 《論語集解義疏》,第1頁。

④ (元)脱脱等:《宋史》,中華書局1977年版,第12798頁。

爲明晰二書流傳情況,現將這一時期的著録情況列表如下:

撰　者	名　稱	著録情況
(唐)魏徵	《隋書·經籍志》	《七略别録》二十卷。劉向撰。 《七略》七卷。劉歆撰。
(後晉)劉昫	《舊唐書·經籍志》	《七略别録》二十卷。劉向撰。 《七略》七卷。劉歆撰。
(北宋)王堯臣	《崇文總目》	無。
(北宋)宋祁等	《新唐書·藝文志》	《七略别録》二十卷。劉向撰。 《七略》七卷。劉歆撰。
(南宋)晁公武	《郡齋讀書志》	無。
(南宋)鄭樵	《通志·藝文略》	《七略别録》二十卷。劉向撰。 《七略》七卷。劉歆撰。
(南宋)尤袤	《遂初堂書目》	無。
(南宋)陳振孫	《直齋書録解題》	無。
(南宋)王應麟	《玉海》	《七略别録》二十卷。劉向撰。 《七略》七卷。劉歆撰。
(元)脱脱	《宋史·藝文志》	無。
(清)倪燦	《宋史藝文志補》	無。

縱觀表中的著録情況,宋代目録中《新唐書·藝文志》《通志·藝文略》及《玉海》著有《别録》《七略》,細察之均本之隋唐時期書目的著録,如《新唐書·藝文志》本之《舊唐書·經籍志》,《通志·藝文略》屬序列其目,至《玉海》王應麟則明言"據唐志載",表明其録自唐志。脱脱撰《宋史·藝文志》亦博採《三朝國史藝文志》《兩朝國史藝文志》《四朝國史藝文志》《中興國史藝文志》編纂而成,亦未見著録《别録》《七略》。由此可以確定的是,唐時二書尚有流傳散布。

二、北宋時期典籍的徵引

北宋典籍中《太平御覽》《琴史》《崇文總目》《唐會要》《太平寰宇記》及《孝經》邢昺疏等均有稱引。其中《太平御覽》作爲類書,由於在典籍徵引方面具有豐富性的特點,決定了其在現存的北宋的典籍中,徵引次數較多,而其餘典籍如《太平寰宇記》等則徵引數例。由於《太平御覽》具有典型性,故而本條例證分析,以此書爲主,並輔助其他典籍。

縱觀《太平御覽》的引文時有不見於唐及唐前的引文,又有引文相近,但存在差異的部分。以下試舉諸例以説明問題。如:

> 《漢書》卷九《元帝紀》顔師古注:"劉向《别録》云:'申子學號刑名。刑名者,以名責實,尊君卑臣,崇上抑下。宣帝好觀其《君臣篇》。'"①
>
> 《太平御覽》卷二二一《職官部》:"劉向《七略》曰:'孝宣皇帝重申不害《君臣篇》,使黄門郎張子喬正其字。'"②

由於《别録》在流傳過程中有稱《七略别録》者,又有從此簡稱《七略》者,故易與劉歆《七略》相混,此稱"劉向《七略》"即是《七略别録》的省稱。如《藝文類聚》卷六十七《衣冠部》:"劉向《别録》曰:'鶡冠子常居深山,以鶡爲冠,故號鶡冠子。'"③《太平御覽》卷六百八十五《服章部二》:"劉向《七略》曰:'鶡冠子常居深山,以鶡爲冠,故號冠子。'"④即是如此。觀《太平御覽》及顔注《元帝紀》引文,雖同引《别録》,但二者所言既有重合部分,亦有不同表述,結合二者引文來看,其引文各有側重,當是截取了書録的不同部分,若還原來看,當如下圖所示:

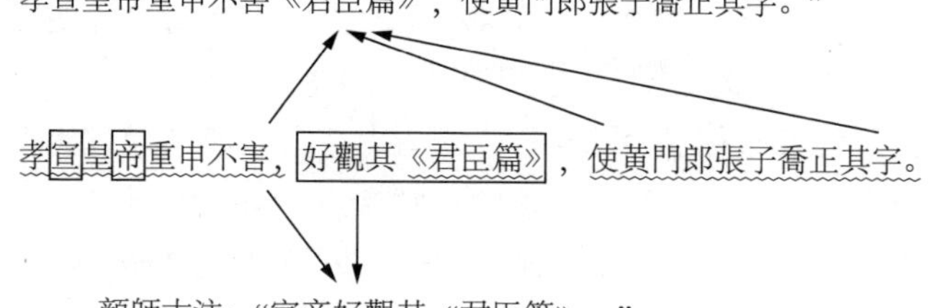

① 《漢書》,第 278 頁。
② 《太平御覽》,第 1052 頁。
③ 《藝文類聚》,第 1184 頁。
④ 《太平御覽》,第 3058 頁。

可以看出,《太平御覽》徵引了與顔師古注不同的部分,並未重復徵引。除此之外,亦有僅保存於《太平御覽》中,而不見於北宋前典籍的引文,如:

《太平御覽》卷四六四《人事部》:"劉向《别録》曰:'鄒奭者,頗采鄒衍之術,迂大而閎辯,文俱難勝,齊人美之,頌曰談天鄒。'"①

《太平御覽》卷九百八十《菜茹部》:"劉向《别録》曰:'尹都尉書有《種芥》《葵》《蓼》《韮》《蔥》諸篇。'"②

同時,北宋其他典籍中亦保存有不同於前代典籍或不見於前代典籍的引文,如:

《崇文總目》卷三"儒家類":"《賈子》十九卷。原釋:漢賈誼撰,本七十二篇,劉向刪定爲五十八篇。"

《太平寰宇記》卷十八《河南道》:"劉向《别録》云:'齊有稷門,齊之城西門也。'"③

《崇文總目》提及的《賈子》"本七十二篇",經"劉向刪定爲五十八篇",表示未釐定篇目前爲"七十二篇",而"五十八篇"爲校訂後定著的篇數,此合於《漢志》諸子略儒家著録的"《賈誼》五十八篇"④。由此可以看出,《崇文總目》此語雖未稱"《别録》云(或'曰')",但其出處當是本之劉向《别録》。又《太平寰宇記》引述劉向闡述"稷門"之語,《史記》三家注亦有徵引,但與之不同,如《史記》卷四十六《田敬仲完世家》裴駰集解:"劉向《别録》曰:'齊有稷門,城門也。談説之士期會於稷下也。'"⑤《史記》卷四十六《田敬仲完世家》司馬貞索隱:"劉向《别録》

① 《太平御覽》,第2134頁。

② 《太平御覽》,第4340頁。

③ (宋)樂史,王文楚等點校:《太平寰宇記》,中華書局2007年版,第353頁。

④ 《漢書》,第1726頁。

⑤ 《史記》(修訂本),第2297頁。

曰:‘齊有稷門,齊城門也。談説之士期會於其下。’”[①]包括《文選·曹子建〈與楊祖德書〉》李善注引《七略》言:“齊有稷,城門也。齊談説之士,期會於稷下者甚衆。”[②]亦與之不同。

通過以上諸例可以看出,北宋典籍徵引《别録》亦時有出唐及唐前典籍之外的引文,説明這一時期典籍仍有流傳。然受制於類書編纂的影響,《太平御覽》時有與唐代類書徵引的引文相近者,如:

《初學記》卷二十五《器用部》:“劉向《七略别録》曰:‘臣向與黄門侍郎歆所校《烈女傳》,種類相從爲七篇,以著禍福榮辱之效,是非得失之分,畫之於屏風四堵。’。”[③]

《太平御覽》卷七百一《服用部三》:“劉向《七略别傳》曰:‘臣與黄門侍郎歆,以《列女傳》種類相從爲七篇,以著禍福榮辱之效,是非得失之分,畫之於屏風四堵。’”[④]

此處《太平御覽》除“臣向”作“臣”,“所校《烈女傳》”作“以《烈女傳》”外,二者全同。因劉向所言提及了畫《列女傳》於屏風之上,故而《初學記》將涉及屏風之語收入“器用部”、《太平御覽》收入“服用部”,二者歸類相同。因相同歸類,而引文相近者。又如:

《北堂書鈔》卷一百三十五《服飾部》:“劉向《别傳》曰:‘淮南王有《熏籠》之賦。’”

《太平御覽》卷七百一十一《服用部》:“劉向《别録》曰:‘淮南王有《薰籠賦》。’”

《别傳》即《别録》,除此之外《太平御覽》較之《北堂書鈔》少一“之”字,

① 《史記》(修訂本),第2297頁。
② 《文選》,第1903頁。
③ 《初學記》,第599頁。
④ 《太平御覽》,第3128頁。

其餘全同。因薰籠作爲古代烘烤的用具,用於熏被、熏衣等,故而二者將淮南王寫有《薰籠賦》一事,分别收入"服飾部"與"服用部",歸類相近。

由於《太平御覽》與《北堂書鈔》《初學記》同爲類書,故而在編制相同或相近内容時,因取材的便捷性,可轉引前代類書的徵引,從上舉兩組例證中引文大致相近來看,《太平御覽》應是轉引了《初學記》等,故而引文起始相近,且無新增部分。可以看出,《太平御覽》有不見於北宋前典籍徵引的《别録》文字,亦有轉引前代的引文。

三、南宋時期典籍的徵引

至南宋時期的典籍徵引《别録》《七略》,如《漢藝文志考證》《玉海》《困學紀聞》《海録碎事》《容齋隨筆》《橘山四六》《古今合璧事類備要續集》《山堂考索》《尚書要義》等,則開始大量轉引唐及唐前典籍的引文,而如《容齋續筆》續筆卷十四"劉歆云'其學本於黄老,居稷下,與宋鈃、彭蒙、田駢等同學於公孫龍'"[①]之類的新引者,較爲少見。由於王應麟《漢藝文志考證》及《玉海》藝文部分與典籍著録及《漢志》密切相關,書中多頻繁徵引《别録》《七略》以進行典籍或著者的補充,故而用此二書説明這一時期的引文狀況較爲典型。通過發現,其引文多同唐代及唐前引文,如:

《初學記》卷二十一《文部》:"劉向《别録》……又曰'所校讎中《易傳古五子書》,除復重,定著十八篇。分六十四卦,著之日辰,自甲子至於壬子,凡五子,故號曰《五子》'。"[②]

《玉海》卷三十五《易》:"劉向《别録》曰……所校讎中《古五子書》,除復重,定著十八篇。分六十四卦,著之日辰,自甲子至於壬子,凡五子。《初學記》。"

---

① (宋)洪邁,穆公校點:《容齋隨筆》,上海古籍出版社2014年版,第154頁。
② 《初學記》,第499頁。

《初學記》徵引了劉向定著《古五子書》篇目及釋義"五子"之語,王應麟在徵引時即明確標注"《初學記》",指示"凡五子"諸語轉自此書,對比之下,省略了"易傳"二字,及"凡五子"後的"故號曰《五子》"五字。其在《漢藝文志考證》①同樣徵引此語,未標注出處,然通過其簡省若《玉海》所引,亦當本之《初學記》。

此爲簡省者,縱觀王應麟引文,亦有全同者,如《史記》卷一《五帝本紀》司馬貞索隱:"劉向《别録》云:'孔子見魯哀公。問政,比三朝,退而爲此記,故曰《三朝》。凡七篇,並入《大戴記》。'"②《漢藝文志考證》③、《玉海》④引文全同司馬貞語,其中後者明言"《索隱》曰",指示其文字轉自司馬貞。又:

> 《春秋左傳》卷一《序》孔穎達正義:"據劉向《别録》云:'左丘明授曾申,申授吴起,起授其子期,期授楚人鐸椒。鐸椒作《抄撮》八卷,授虞卿。虞卿作《抄撮》九卷,授荀卿。荀卿授張蒼。'"⑤

此處孔穎達引劉向記述左丘明與後世傳《春秋》學者在的師授淵源關係,至《漢藝文志考證》中,王應麟則將其拆分,分别注解"《鐸氏微》"與"《虞氏微傳》",其言:

> 劉向《别録》云:"左丘明授曾申,申授吴起,起授其子期,期授楚人鐸椒,鐸椒作《抄撮》八卷,授虞卿。"⑥
>
> 劉向《别録》云:"虞卿作《抄撮》九卷,授荀卿,荀卿授張蒼。"⑦

---

① (宋)王應麟,張三夕、楊毅典校:《漢制考、漢藝文志考證》,中華書局 2011 年版,第 127 頁。

② 《史記》(修訂本),第 5 頁。

③ 《漢制考、漢藝文志考證》,第 189 頁。

④ 武秀成,趙庶洋:《玉海藝文校證》(修訂本),鳳凰出版社 2017 年版,第 1123 頁。

⑤ 《春秋左傳正義》,第 2 頁。

⑥⑦ 《漢制考、漢藝文志考證》,第 178 頁。

將兩段文字與孔疏所引《别録》進行比對,可以發現王氏引文與孔疏引《别録》相同。

除徵引唐代學者的引文外,北宋時期的稱引《别録》諸語亦被王氏所吸收,如《漢藝文志考證》卷七言"劉向《别録》云'《尹都尉書》有《種芥》《葵》《蓼》《韭》《葱》諸篇'"①,即是本之《太平御覽》卷九百八十《菜茹部》:"劉向《别録》曰:'尹都尉書有《種芥》《葵》《蓼》《韭》《葱》諸篇。'"②

那麽,除王應麟外,其他南宋典籍徵引,亦多本之前代引文,如:

> 《尚書》卷一《序》孔穎達正義:"《别録》曰:'武帝末,民有得《泰誓》書於壁内者,獻之。與博士使讀説之,數月皆起,傳以教人。'"③

章如愚《山堂考索》④及魏了翁《尚書要義序》⑤論及《泰誓》篇均言及《别録》此語,二書引文除"博"作"愽"這一異體字使用上的差别外,其餘均與孔《疏》相同。

又如《古今姓氏書辯證》卷二十六"我氏"條言:"《漢·藝文志》有《我子》一篇。劉向云:'爲墨子之學。'"⑥此即與顔師古引劉向語相同。又如上舉《列女傳》"畫之於屏風四堵"諸語,《錦繡萬花谷續集》卷六"屏風"條徵引《别録》此段記述,僅省去"四堵"二字⑦,其餘全同。

綜上可以看出,北宋典籍爲了便捷時有轉引,至南宋時則多轉引前代引文,幾乎未有新出,而不見於前代引文者,即使闡發内容相同,亦未有新增文字。

---

① 《漢制考、漢藝文志考證》,第257頁。

② 《太平御覽》,第4340頁。

③ 《尚書正義》,第14頁。

④ (宋)章如愚:《山堂考索》,中華書局1992年版,第936頁。

⑤ (宋)魏了翁:《尚書要義》,《文淵閣四庫全書》本,上海人民出版社1999年版。

⑥ (宋)鄧名世,王力平點校:《古今姓氏書辯證》,江西人民出版社2006年版,第395頁。

⑦ (宋)佚名:《錦繡萬花谷》,影《文淵閣四庫全書》本,上海古籍出版社1991年版,第854頁。

四、两宋典籍徵引的比較

歷來徵引《别録》《七略》即存在節引、意引等徵引方式,不同的典籍或由於所用版本不同,或徵引者主觀節略,會導致個别用字、文句間存在差異。即使同一典籍徵引,亦存在差異,如《太平御覽》卷十六《時序部》:"劉向《别録》曰:'鄒子在燕,燕國有黍谷,地美而寒,不生五穀,鄒子居之,吹律而温氣至,今名黍谷。'"①《太平御覽》卷三十四《時序部》:"劉向《别録》曰:'燕地寒谷,不生五穀,鄒衍吹律以暖之,乃生禾黍,因名黍谷。'"②可以説引文規範的缺乏,古已有之。但由於典籍尚存,可藉此核對引文,或重新徵引,故而即使存在差異亦能根據不同的徵引,考證文字間的差異。綜合分析南宋時期的引文,在大量轉引前代文字的基礎上,還呈現出了引文欠缺統一性、改動文字順序、替换文字等特點。如王應麟在《玉海》及《漢藝文志考證》中時有不統一者,如:

> 《史記集解序》司馬貞《史記索隱》:"劉向云:'《世本》,古史官明於古事者之所記也。録黄帝已來帝王諸侯及卿大夫係、謚、名、號,凡十五篇也。'"③
>
> 《漢藝文志考證》卷三《春秋》:"劉向曰:'《世本》,古史官明於古事者所記,録黄帝以來帝王、諸侯及卿大夫係、謚、名、號,凡十五篇。'"④
>
> 《玉海藝文校證》卷十六《譜牒》:"劉向曰:'《世本》,古史官明於古事者所記,録黄、顓以來至春秋時王侯諸國世卿大夫名字號,與左氏合。'"

現存典籍中司馬貞最早徵引了劉向關於《世本》内容及篇目等情況的記述。至王應麟在編著《漢藝文志考證》時,則引劉向此語,通過對比即可看出其幾與《史記索隱》相同。然其在《玉海》同樣稱引"《世本》"諸語,

① 《太平御覽》,第82頁。
② 《太平御覽》,第162頁。
③ 《史記》(修訂本),第4036頁。
④ 《漢制考、漢藝文志考證》,第180頁。

卻在"録黄、顓"以下異於其在《漢藝文志考證》所引,二者相比,改動較多,如其作"黄、顓以來至春秋時",即與"黄帝以來"表述不同,且脱"凡十五篇也",新增"與左氏合也"。

而觀南宋時期其他典籍徵引《别録》,亦多有改動,如:

《海録碎事》卷十六《音樂部》:"漢時有魯人虞公,善雅歌,發聲清哀,蓋動梁塵。劉向《别録》。"①

《記纂淵海》卷七十八《樂部》:"漢時有魯人虞公,善雅歌,發聲清哀,響動梁塵。劉向《别録》。"②

《古今合璧事類備要》卷十一《音樂門》:"漢興以來,善歌魯人虞公,發聲清哀,拂動梁塵,學者莫能及也。劉向《别録》。"③

自唐以來,《藝文類聚》《文選》李善注、《太平御覽》及《事類賦》吴淑注多有徵引"虞公"諸語者,如:

《藝文類聚》卷四十三《樂部三》:"劉向《别録》曰:'有麗人歌賦,漢興以來,善雅歌者魯人虞公,發聲清哀,蓋動梁塵。'"④

《文選》卷十八《成公子安〈嘯賦〉》李善注:"劉向《别録》曰:'有人歌賦楚,漢興以來,善雅歌者魯人虞公,發聲清哀,遠動梁塵,其世學者莫能及。'"⑤

《太平御覽》卷五百七十二《樂部十》:"劉向《别録》曰:'漢興已來,善歌者魯人虞公,發聲清哀,蓋動梁塵,受學者莫能及也。'"⑥

---

① (宋)葉廷珪:《海録碎事》,影明萬曆卓顯卿刻本,上海辭書出版社 1989 年版,第 487 頁。

② (宋)潘自牧:《記纂淵海》,《文淵閣四庫全書》本,上海人民出版社、迪志文化出版公司 1999 年版。

③ (宋)謝維新:《古今合璧事類備要外集》,《文淵閣四庫全書》本,上海人民出版社、迪志文化出版公司 1999 年版。

④ 《藝文類聚》,第 771 頁。

⑤ 《文選》,第 870 頁。

⑥ 《太平御覽》,第 2584 頁。

《事類賦》卷十一《樂部》吴淑注:"劉向《别録》曰:'漢興以來,善歌者魯人虞公,發聲清哀,蓋動梁塵,受學者莫能及也。'"①

對比之下,即可看出,北宋時期的《太平御覽》及《事類賦》注,無"有麗人歌賦(或'有人歌賦楚')"句,"善歌者"同李善注,"蓋動梁塵"同《藝文類聚》,李善注"其世學者",而北宋二書作"受學者",雖有文字差異,大體可與唐代引文相合,且語句順序不變。至南宋諸書所引文字則改動較多,如"漢興以來,善雅歌者,魯人虞公",《海録碎事》及《記纂淵海》已經意引作"漢時有魯人虞公",並將"善雅歌者"改作"善雅歌"挪至"虞公"後。另,"蓋"字,《記纂淵海》改作"響",而《古今合璧事類備要》改作"拂"。如此種種,即可看出南宋時期的引文多改動較大,包括意引、改動文字順序、替换文字等。

此類例子,如鄧名世《古今姓氏書辯證》卷十六言:"《漢藝文志》有成公生,與李斯子由同時而不仕。"②此即節略顔注引劉向語:"劉向云:'與李斯子由同時。由爲三川守,成公生遊談不仕。'"又《史記》卷三十二《齊太公世家》裴駰集解:"劉向《别録》曰:'師之,尚之,父之,故曰師尚父。父亦男子之美號也。'"③南宋學者孫逢吉《職官分紀》卷二"尚父"明言"劉向《别録》",但其引文卻作"父亦男子之稱"④,改字的同時,亦脱"美"字。

另有,因王應麟主觀改動,而誤將他人之語或意引《别録》語,直接變作劉向所言,如:

《漢書》卷三十《藝文志》顔師古注:"韋昭曰:'馮商受詔續《太史公》十餘篇,在班彪《别録》。商字子高。'"⑤

① (宋)吴淑,冀勤、王秀梅、馬蓉校點:《事類賦注》,中華書局1989年版,第217頁。
② 《古今姓氏書辯證》,第237頁。
③ 《史記》(修訂本),第1792頁。
④ (宋)孫逢吉:《職官分紀》,影《文淵閣四庫全書》本,中華書局1988年版,第19頁。
⑤ 《漢書》,第1715頁。

《玉海》卷四十六《正史》:"韋昭曰:'馮商受詔續太史公十餘篇,在《别録》。商字子高。'"①

顔師古作"班彪《别録》",清晰地表明此《别録》非劉向之《别録》,至宋王應麟《玉海》引用韋昭語則不見"班彪"二字,經其删改極易使人誤以"商字子高"爲劉向《别録》語。又:

《水經》卷二十六《淄水》酈道元注:"劉向《别録》以稷爲齊城門名也。談説之士,期會于稷門下,故曰稷下也。"②

《漢藝文志考證》卷六"《田子》"條:"劉向《别録》曰:'稷,齊城門名。談説之士,期會於稷門下,故曰稷下。'"③

王應麟將酈道元"《别録》以稷爲齊城門名"改作"劉向《别録》曰:'稷,齊城門名'",徑直將意引改作直引,"故曰"爲注語總結用語,王氏改爲直引後,極易誤收意引过程中轉述的《别録》語及類似"故曰"的訓釋總結用語。

綜上,北宋時期雖未有書目收録二書,但結合唐時《别録》《七略》尚有流傳,及北宋時期除轉引外,仍有新引者,北宋時當未亡佚。而至南宋時期出現的文字替换、脱訛,稱引上不規範的情況,加之如王應麟者,因無從核對典籍,故而隨意改動前代佚文,增添二書引文流傳的復雜性,則説明了二書亡於南宋時期更符合目録著録及文字徵引的現狀。

第三節 亡佚原因考

《别録》《七略》自成書以來,即受到了同時代諸如班固、應劭等人的吸收採納,自魏晉隋唐以來注疏及類書編纂的興起,學者不斷地稱引

---

① 《玉海藝文校證》(修訂本),第526頁。
② 陳橋驛校證:《水經注校證》,中華書局2007年版,第627頁。
③ 《漢制考、漢藝文志考證》,第230頁。

二書,致使具有附屬性與功能性的校書成果——《别録》《七略》在獨立性較弱的情況下,被進一步削弱。至南宋大量轉引前代引文,引文規範性及準確性的缺乏,則是二書散佚不見,獨立性削弱殆盡最直觀的體現。

一、獨立性的削弱

(一)《漢書》對於二書的吸收

《七略》節略《别録》而成,至班固編纂漢書時則吸收《七略》,編爲《藝文志》,且在撰寫《漢書》其他部分時,亦時有徵引《别録》語。開啟了削弱二書獨立性的進程。由於《漢書》自魏晉以來重視程度較高,流傳廣泛,如在魏晉時期《漢書》即受到統治階層的重視,研習之風盛行,地位逐漸提升,如《三國志》卷三十二《先主傳》裴松之注載劉備遺詔劉禪"可讀《漢書》《禮記》,閒暇歷觀諸子及《六韜》《商君書》,益人意智"①,又卷五十九《孫登傳》載孫權"欲登讀《漢書》,習知近代之事"②。劉知幾在《史通》卷十二《古今正史》中對於《漢書》受重視程度曾有"至於專門受業,遂與《五經》相亞"③的評價。那麼,受此影響,《别録》《七略》文字被《漢書》徵引後,提高了使用的便捷性,但取而代之的則是對《别録》《七略》關注的減弱。

(二)注疏、類書的稱引及轉引的便捷性

由於魏晉以來注疏、類書編纂的興起,至唐宋時期達到興盛期,《别録》《七略》作爲漢代的文獻資料,不斷地被徵引,進一步削弱了《别録》《七略》流傳的獨立性。若前代有典籍稱引,即爲後世學者增加了引用的途徑,若顔師古注《漢書》徵引《别録》《七略》後,同爲唐代《册府元龜》即吸收《漢書》及顔注,這其中既包括顔氏稱引的劉向、劉歆語。而如《太平御覽》徵引唐代類書亦是如此。受此便捷性的影響,二書在流傳過程中即會被忽視,影響其流傳的獨立性。

---

① (晉)陳壽,(南朝宋)裴松之注:《三國志》,中華書局1959年版,第891頁。

② 《三國志》,第1363頁。

③ (唐)劉知幾,(清)浦起龍釋:《史通通釋》,上海古籍出版社1978年版,第339頁。

（三）附屬的内容特質

劉向、劉歆封詔校書，其撰寫的與校書相關的文字需奏上御覽，以便於統治者能在濃縮的書録中了解所校典籍的内容情況及著者思想、個人事跡，以及在目録中了解典籍的數量與分類。這就意味著從成書之初，《别録》《七略》内容即具有附屬性與功能性。换言之，脱離《别録》《七略》並不影響所校典籍的流傳，但若所校典籍散佚後，則直接影響人們對於相關書録的重視，這也是爲什麽現存書録中，未有脱離所校典籍而單獨流傳者。

二、目録價值的反思與轉變

（一）《七略》分類的反思

南宋時期文獻學家亦有針對《七略》的分類問題進行反思者，如鄭樵《通志·校讎略·編次必謹類例論六篇》：

> 《七略》者，所以分書之次，即《七略》不可以明書。欲明天者在於明推步，欲明地者在於明遠邇，欲明書者在於明類例。噫！類例不明，圖書失紀，有自來矣。臣於是總古今有無之書爲之區别，凡十二類。①

鄭樵對《七略》的分類體系提出質疑，認爲其類例不明晰，不易於"明書"，並提出了十二分法，以此"可以盡百家之學"②。同樣，晁公武在《郡齋讀書志》卷一中亦質疑了《七略》的分類法，其言：

> 今公武所録書，史集居其半，若依《七略》，則多寡不均，故亦分之爲四焉。③

---

① （宋）鄭樵撰；王樹民點校：《通志二十略》，中華書局1995年版，第1804頁。

② 《通志二十略》，第1804頁。

③ （宋）晁公武撰；孫猛校證：《郡齋讀書志校證》，上海古籍出版社2011年版，第1頁。

晁氏認爲《七略》的分類體系已難以適應宋世的書籍分類。綜合來看,鄭樵選擇的十二分法,晁公武選擇的四分法,雖然在分類上存在著差異,但二者共通之處在於指出《七略》的分類法已然不能滿足書籍歸類的需求。二者作爲南宋時期具有影響力的學者,其對於《七略》不足的反思,在一定程度上代表了時人學者對於《七略》的認知。《七略》節略《别録》而來,推而廣之,《别録》在南宋的受重視程度亦應呈現衰減的態勢。

《别録》《七略》成書後,即受到了同時代的重視與關注,如班固吸收《七略》編爲《漢志》,又如應劭《風俗通義》等時有徵引。自此以降,在目録分類方法上,學者開始以二書六分法爲開端,逐漸整合完善向四分法過渡,同時不斷徵引書中所記載的内容,主要集中在唐宋注疏、類書編纂的興盛期。可以説,學者除了關注二書的目録分類,更多的是重視劉向或劉歆記述的内容。其中,北宋時期,雖有如《太平御覽》等典籍依然在徵引《别録》内容,但亦出現了學者關注劉向創製的敘録體例所承載的學術價值。至南宋時期,大量轉引前代引文,且幾乎不見徵引新的文字,到稱引的嚴謹性與準確性弱化,使得學者在稱引《别録》《七略》内容的同時,亦更多的重視校書成果的文獻學價值。

(二) 疑經辨古的學風

我國的經學發展存在漢、宋之争,前者重經籍字句的訓詁注解,後者則重經義的闡發。這表明宋代的學術呈現了不同於漢魏隋唐以來的學術研究傳統。唐太宗以"經籍去聖久遠,文字多訛謬"[①],詔令顔師古、孔穎達確定《易》《書》《詩》《禮》《春秋》五經定本,並爲之注解。此外,諸如顔師古《漢書注》、司馬貞《史記索隱》亦是唐初影響較爲深遠的注疏著作,是漢代學術傳統的延續。至唐中晚期以及宋代的學者,則多有質疑經典之説,對於此種轉變,内藤湖南在《概括性的唐宋時代觀》中曾言:

> 到唐初爲止,猶承漢魏六朝之風,經學重家法或曰師法。雖然允許敷衍發展舊來的成説,但一般而言卻是禁止變更師法,另立新

---

① (唐)吴兢:《貞觀政要》,上海古籍出版社 1978 年版,第 220 頁。

説的……然而唐代中期以後,人們開始對古來的注疏發生疑問,樹立一己的意見了。最早出現的就是關於《春秋》的新説。其後到了宋代,這種傾向極端發達起來,學者自稱從遺經中發現了千古不傳的遺義,完全以自己的見解作出新的解釋,成爲了普徧的風氣。①

由此可見,宋代學術呈現了疑經及創制新説的特點。據葉國良《宋人疑經改經考》統計,北宋得四十四人,南宋得八十六人,"是南宋疑經改經承繼北宋而烈於北宋"②。

《别録》《七略》作爲漢儒劉向、歆父子的學術成果,在宋代尤其是南宋疑經辨古學風的影響下,必然會影響二書的流傳。

(三) 價值取向的轉變

前文已言,北宋時期依然有《太平御覽》等典籍大量徵引《别録》《七略》述及篇章内容、著者思想等部分,這代表當時文字的徵引依然爲實現二書價值的主流途徑。然在這一時期學者在文字内容外,亦有關注《别録》體例方面的學術價值。如曾鞏曾因主持校勘過《戰國策》《中論》《南齊書》等典籍,其在校書過程中有依劉向《别録》體例撰寫的敘録,王三槐在《南豐先生文集序》即稱曾鞏"自負要似劉向"③,如《徐干〈中論〉目録序》(部分)有言:

臣始見館閣及世所有徐干《中論》二十篇,以謂盡於此。及觀《貞觀政要》,怪太宗稱嘗見干《中論·復三年喪篇》,而今書此篇闕。因考之《魏志》,見文帝稱干著《中論》二十餘篇,於是知館閣及世所有干《中論》二十篇者,非全書也。干字偉長,北海人,生於漢、魏之間。魏文帝稱干"懷文抱質,恬淡寡欲,有箕山之志"……干獨能考六藝,推仲尼、孟軻之旨,述而論之。求其辭,時若有小失者;要其歸,不合於道者少矣。④

① [日]内藤湖南:《東洋文化史研究》,復旦大學出版社 2016 年版,第 110 頁。

② 楊世文:《走出漢學:宋代經典辨疑思潮研究》,四川大學出版社 2008 年版,第 213 頁。

③ (宋)曾鞏,陳杏珍等點校:《曾鞏集》,中華書局 1984 年版,第 810 頁。

④ 《曾鞏集》,第 190 頁。

曾鞏在此篇敘録中評價了《中論》的思想主旨並交代了篇目及作者等情況,效仿了劉向撰寫敘録的模式,包括運用是否合乎道義這一標準評判所校書籍的思想内容。這代表北宋時已有脱離稱引二書内容的趨勢,轉而採納《别録》的體例與延續其撰述宗旨,增加實現《别録》價值的途徑。

劉向撰寫書録約有三部分組成,即校勘情況、著者介紹、典籍評述。自魏晉以迄北宋,徵引内容多本之後兩部分,而關於校勘情況則鮮有單獨稱引者。至南宋時期,道教類的典籍中保存了《老子書録》中釐定篇章的部分,分别見於《混元圣紀》與《道德經集解》:

《混元圣紀》卷三:"劉歆《七略》曰:'劉向讎校中《老子》書二篇,太史書一篇,臣向書二篇,凡中外書五篇一百四十二章。除復重三篇六十二章,定著二篇八十一章。上經第一,三十七章;下經第二,四十四章。'"①

《道德經集解·序説》:"劉歆《七略》云:'劉向定著二篇八十一章,上经三十四章,下经四十七章。'"②

前者爲謝守灝撰寫關於老子的神仙傳記,後者則是董思靖注解老子《道德經》的著作。若將謝、董二人所引比之現存劉向書録中校訂篇章的部分,即可發現其中存在的問題,如:

《管子書録》:"護左都水使者、光禄大夫臣向言:所校讎中《管子》書三百八十九篇,大中大夫卜圭書二十七篇,臣富參書四十一篇,射聲校尉立書十一篇,太史書九十六篇,凡中外書五百六十四篇,以校除復重四百八十四篇,定著八十六篇。"③

---

① (清)閻永和:《道藏輯要》,影清光緒三十二年(1906年)成都二仙庵重刻本,第3册,巴蜀書社1995年版,第18頁。

② 文物出版社,上海書店,天津古籍出版社:《道藏》,第12册,上海書店1988年版,第821頁。

③ 《文獻學論著輯要》,第4頁。

觀《混元圣紀》《道德經集解》引文,其所述内容涉及釐定篇章的部分,當是劉向《别録》語。然二書標注引文出自"劉歆《七略》",書録正文中自稱"劉向",均爲訛誤。上文已言《别録》流傳過程中有稱《七略别録》者,亦有簡省作《七略》《七録》者。由於南宋時期《别録》《七略》亡佚,謝守灝、董思靖等已不能核對此段文字具體出自《七略》或是《别録》,故見前代典籍徵引僅言《七略》,即以之爲劉歆所作,此實屬張冠李戴之誤。作爲奏上御覽的書録,劉向均自稱"臣向",如《戰國策書録》言"臣向以爲戰國時遊士輔所用之國"[①],《孫卿書録》"臣向昧死上言"[②],稱"劉向"則不合禮數。

又《混元圣紀》引文所言"讎校"一詞非劉向習用語,依據書録文例多稱"校讎",偶有省作"校"者,如《鄧析子書録》"以相較除復重"[③],《孫卿書録》"所校讎中《孫卿》書"[④],疑作"讎校"者爲"校讎"之倒文。此處二書引文的諸多訛誤,若能從當時見存的書録殘篇了解《别録》文例,則能訂正文字及出處的訛誤。

分析二者致誤之因,當是源於《别録》《七略》亡佚不見,無從核對。然更深層次的原因則是謝守灝、董思靖看重劉向校書的事實,欲藉以説明《老子》流傳有序。换言之,即是劉向系統地整理先秦與漢代典籍,具有承上啟下的重要地位,故而二者提及其釐定篇目,旨在整理源頭上强調老子學術發展的一脈相承。至於其出自劉歆《七略》還是劉向《七略别録》簡省的《七略》,文中應稱"臣向"還是"劉向",已不再是其關注的重點。這説明南宋時期的學者已注意發掘《别録》《七略》藴含的學術史價值,而不是單純地徵引文字内容,用以注解字詞或成爲類書編纂的條目。此種重視二書流傳問題的意識,亦可視作明代"覈之《七略》以觀其緒"辨僞理論總結的先聲。

---

① 《文獻學論著輯要》,第1頁。
② 《文獻學論著輯要》,第13頁。
③ 《文獻學論著輯要》,第10頁。
④ 《文獻學論著輯要》,第12頁。

第三章　《别録》《七略》輯本問題研究

自清代以來，關於《别録》《七略》的輯本共有十一種，其中章宗源本亡佚不見，餘下十種輯本分别爲洪頤煊《經典集林》本（下文簡稱洪本）、嚴可均《全漢文》本（下文簡稱嚴本）、顧觀光《武陵山人遺稿》本（下文簡稱顧本）、馬國翰《玉函山房輯佚書》本（下文簡稱馬本）、陶濬宣《稷山館輯補書》本（下文簡稱陶本）、王仁俊《玉函山房輯佚書續編》本（下文簡稱王本）、張選青《受經堂叢書》本（下文簡稱張本）、姚振宗《師石山房叢書》本（下文簡稱姚本）、章太炎《章太炎全集》本（下文簡稱章本）、鄧駿捷《七略别録佚文校補》本（下文簡稱鄧本）等諸家輯本流行於世。綜觀諸家輯本，數量雖衆，然並非各自獨立，自成一派，而是相互關聯，形成不同系統。其中又以洪本、馬本、姚本三家在數量和體例上具有開創性，影響最大，後出輯本踵其成法，增訂校補，進而形成洪本系、馬本系、姚本系等系統，故本章擬從諸家輯本流傳系統、體例沿革、弊端優長等方面系統梳理輯本間關係，總結成書體例，品評輯本優劣。

第一節　洪系輯本考

洪頤煊的《經典集林》中輯有《别録》《七略》，其後嚴可均撰輯的《全上古三代秦漢三國六朝文》中的《全漢文》部分則繼承洪氏輯本，並略作補充，至陶濬宣《稷山館輯補書》本則補輯、訂正嚴本。由於嚴本及陶本均在洪本的基礎上擴展完善，且延續了洪本的體例與内容，故本節以“洪系輯本”關聯三種輯本，以體現輯本流傳的本源。

一、洪系的構成

洪系輯本包括三種輯本，即：《經典集林》本、《全上古三代秦漢三國六朝文》本、《稷山館輯補書》本。

(一) 洪頤煊及《經典集林》

洪頤煊(1765—1837)，清台州臨海縣(今浙江省臨海市)人，字旌賢，號筠軒，晚號倦舫老人，曾作爲阮元、孫星衍等學者的幕僚著書治學。洪氏博通經史，長於校勘考訂，對於金石學亦有所涉獵，其一生著述頗多，著有《平津讀碑記》《漢志水道疏證》《諸史考異》《鄭康成年譜》《管子義證》《倦舫書目》《倦舫碑目》《讀書叢録》《經典集林》《筠軒詩鈔》《筠軒文鈔》等典籍。其事跡可詳參陳洪森編纂的《洪頤煊年譜》。

在洪氏的衆多著作中，《經典集林》爲洪氏輯佚古佚書的合集，共有三十二卷(其中不包含卷首的《總目》一卷)，蒐輯佚書三十種，分别爲：《歸藏》《春秋決獄》《石渠禮論》《喪服變除》《五經通義》《五經要義》《六藝論》《春秋土地名》《汲冢瑣語》《楚漢春秋》《茂陵書》《别録》《七略》《蜀王本紀》《漢武故事》《鄭玄别傳》《臨海記》《子思子》《公孫尼子》《魯連子》《太公金匱》《氾勝之書》《黄帝問玄女兵法》《靈憲》《渾天儀》《師曠占》《范子計然》《夢書》《白澤圖》《地鏡圖》。[①]

現存最早的《經典集林》刻本在卷三十二卷尾處刻有“嘉慶辛未歲臨海洪震煊承德孫豫謙孫豫晉同校於問經堂”，即清嘉慶十六年(1811)《問經堂叢書》本。至民國十五年(1926)，陳乃乾鑒於《經典集林》具有輯佚學價值，且流傳稀少，“名貴何啻宋刻明槧”[②]，故於慎初堂影印刊行嘉慶十六年(1811)本。此二本均藏於上海市圖書館。後《續修四庫全書》本(第1200册)收録的《經典集林》即據上海市圖書館藏清嘉慶間承德孫馮翼(即孫彤)刊《問經堂叢書》本影印。

---

① (清)洪頤煊：《經典集林》，《續修四庫全書》本影清嘉慶十六年(1811)《問經堂叢書》刻本，上海古籍出版社1996年版，第377—450頁。

② 胡道静：《片段回憶業師陳乃乾》，見中華書局編輯部《學林漫録》(第4集)，中華書局1981年版，第47頁。

（二）嚴可均及《全漢文》

嚴可均(1762—1843),清烏程(今浙江湖州)人,初名萬里,字景文,號鐵橋。嚴氏博聞强記,長於考據校勘,曾與姚文田共治《説文解字》,撰有《説文校議》《説文類考》《説文類聲》等著作。後又與孫星衍、洪頤煊、俞正燮等學者多有交往。嚴可均一生著述頗多,著有《鐵橋漫稿》《鐵橋詩梅》《平津館金石萃編》《抱樸子校勘記》《唐石經校文》《全上古三代秦漢三國六朝文》等典籍,據嚴章福《鐵橋漫稿敘録》記載嚴可均"生平無他嗜好,飲食寢寐在破書堆中將六十載,所校輯撰著積七十餘種,合編爲《四録堂類集》千二百餘卷"①。其事跡可詳參陳韻珊、徐德明的《清嚴可均事蹟著述編年》②及李士彪、吴雨晴《輯佚大家——嚴可均傳》③。

在嚴可均的著作中,《全上古三代秦漢三國六朝文》集中彙集了嚴氏蒐求的唐前佚書及散見篇章,對於編纂此書的緣由,其在《全上古三代秦漢三國六朝文總敘》中有言"嘉慶十三年開《全唐文》館,不才越在草茅,無能爲役,慨然曰'唐之文盛矣哉！唐已前要當有總集,斯事體大,是不才之責也'"。全書七百四十六卷,共分爲十五集,分别爲:《全上古三代文》《全秦文》《全漢文》《全後漢文》《全三國文》《全晉文》《全宋文》《全齊文》《全梁文》《全陳文》《全後魏文》《全北齊文》《全後周文》《全隋文》《先唐文》。其中,《别録》《七略》的輯本即見於《全漢文》。

《全上古三代秦漢三國六朝文》,始編於清嘉慶十三年(1808),至道光十五年(1835)書成。光緒年間,王毓藻主管廣雅書局,"暇與柳橋太守語及此書,太守言曾以五百金購得原稿。余假而閲之,點竄塗乙,丹墨紛如,皆廣文手筆",得此書稿本④,並開始整理。歷經數年,先後有光緒十九年及光緒二十年黄冈王毓藻广州刻本刊行,經過比對,二者爲同一版本。至民國十九年(1930)无锡丁福保縮小影印光緒二十年黄冈王

① (清)嚴可均:《鐵橋漫稿》,《清代詩文集彙編》本,第 470 册,上海古籍出版社 2010 年版,第 596 頁。

② 陳韻珊,徐德明:《清嚴可均事蹟著述編年》,臺灣藝文印書館 2008 年版。

③ 李士彪,吴雨晴:《輯佚大家——嚴可均傳》,浙江人民出版社 2008 年版。

④ 《全上古三代秦漢三國六朝文》稿本現藏於上海市圖書館。

毓藻刻本，後《續修四庫全書》(第1603—1608册)收録此書即據丁福保本影印。今中華書局本以王毓藻爲底本斷句影印，頁端附有校記。

清嘉慶十六年(1811年)，《經典集林》校於問經堂，並刊入《問經堂叢書》。同年嚴可均聞此書刻板于廣州，未及寄語，故爲《集林》作跋，題作《書〈經典集林〉後》：

> 《經典集林》三十二卷，臨海洪頤煊校輯。末卷爲總目，云"臨海記"，史志俱不著録，未詳撰人名氏。余按《北堂書鈔》一百五十八引孫詵《臨海記》，《南史·丘巨源傳》："孫詵，字休群，太原中都人。"别有沈瑩《臨海水土物志》，見隋、唐《志》《史通》，非即此。又總目《白澤圖》引《抱朴子·内篇·登涉》，余按《吴志》諸葛恪云此事在《白澤圖》，出《抱朴子》前。聞此書既刻板于廣州，未及寄語也。頤煊號筠軒，浙士之善讀書者。①

嚴可均謂洪頤煊"浙士之善讀書者"，言語間于洪本極爲推崇。故至其編纂《全漢文》時即吸收了洪氏所輯《别録》《七略》。時人陸心源《與繆筱山太史書》曾謂嚴氏"所輯《全上古三代六朝文》，以《百三名家集》、梅氏《文紀》爲藍本，增益無多。而以洪筠軒《經典集林》及從《群書治要》中輯出各種附益之，餘所無得"②，亦指明了嚴氏對於洪氏輯佚成果的繼承。且對比嚴本、洪本所輯佚文可知，嚴氏悉數將《經典集林》中的《别録》《七略》佚文及按語收入《全漢文》，惟《别録》部分增補《文選·王康琚反招隱詩》注"劉向《列子目録》曰：至於《力命篇》，一推分命"一條，《七略》部分增加《文選·爲範始興求立太宰碑表》注"子夏西河，燕趙之間"一條，佚文編次略有調整，承襲關係明顯。

（三）陶濬宣及《稷山館輯補書》

陶濬宣(1846—1912)，會稽(今浙江紹興)人，原名祖望，字文沖，號心雲、東湖居士、稷山居士。曾先後任職於廣東廣雅書院、湖北志書局。

---

① (清)嚴可均，孫寶點校：《嚴可均集》，浙江古籍出版社2013年版，第277頁。

② (清)陸心源，鄭曉霞輯校：《儀顧堂集輯校》，廣陵書社2015年版，第70頁。

其善詩文,著有《百首論書詩》《稷廬文集》等典籍。又精書學,以魏碑見長。同時,陶氏對於文獻的著録與蒐輯亦有所關注,如《國朝紹興詩録》輯録了清代紹興詩人的諸多詩作,《稷山館輯補書》則是蒐輯佚書的典籍。

《稷山館輯補書》僅存稿本,現藏於上海市圖書館。此書共輯佚六種典籍,分别爲:《四民月令》一卷、《劉向别録》一卷、《劉歆七略》一卷、《隋經籍志考證》一卷、《蔡邕月令章句》三卷、《周書時訓》一卷。然《中國叢書總録》(第一册)著録《稷山館輯補書》爲七種,在《隋經籍志考證》一卷下又著録"《七略别録》二十卷,(漢)劉向撰"①。若將此與章宗源《隋經籍志考證》其他部分相比,此當爲《隋經籍志考證》部分的内容,如《考證》"《姓苑》一卷。何氏撰。《廣韻》引何氏《姓苑》最多……",此對應《隋書》卷三十三《經籍志》"《姓苑》一卷。何氏撰"。同樣,以《隋書·經籍志》所載"《七略别録》二十卷,劉向撰"比之《中國叢書總録》所列條目,正相合。且在此條目下,有"簿録類"與"《漢藝文志》曰'成帝詔劉向校經傳、諸子、詩賦……'諸語",此明顯爲考證《别録》所言,而非《别録》佚文。查閲《稷山館輯補書》即可發現此誤受陶濬宣單列章宗源考證《七略别録》諸語,而未緊稱其他條目的影響,致使《中國叢書總録》在編纂過程中誤以陶氏輯有《别録》一卷與二十卷兩種版本。近來學者亦多延續此誤,如喻春龍《清代輯佚者及其輯佚書彙考》在列舉《稷山館輯補書》的篇目時即列爲七種②,應予以訂正。

《稷山館輯補書》收録《别録》《七略》,其明言"濬宣用嚴本輯補"。縱觀嚴本諸刊本,以光緒十三年(1887 年)廣雅書局刻本較爲值得關注。該本題記有"光緒丁亥刻于廣州廣雅書局,癸巳九月刻竟,會稽陶濬宣題記"之文。時陶濬宣校書於廣雅書局,曾得見嚴本,故借鑒吸收,編入已書。

縱觀陶本所輯佚文幾乎與嚴本同,只于個别條目增加批注,改易文字,如嚴本"有《騏麟角杖賦》",陶本則易"騏"爲"麒"等,略異。陶本訂

① 上海圖書館:《中國叢書綜録》,上海古籍出版社 1982 年版,第 255、256 頁。
② 喻春龍:《清代輯佚研究》,上海古籍出版社 2010 年版,第 473、474 頁。

補嚴本,或在批注中表達異於嚴可均輯録的觀點,如嚴本:"《易》家有救民之法。(《史記·淮南王列傳》索隱)"陶本曰:"王應麟《漢志考證》引作救氏注,節去之字。今本《史記》或訛作'救民之法'。"以示異議。

二、洪系的體例

洪頤煊所輯《别録》《七略》作爲二書最早的輯本,共輯得《别録》佚文100條,附録6條,《七略》佚文51條。至嚴本則僅增加了兩條於《文選》輯録的佚文(見上文),而陶本所輯佚文幾乎與嚴本同,只于個别條目增加批注,改易文字。在佚文數量上,二者幾與洪本相同。在佚文編排方面,亦延續了洪本的體例,未作改動。受洪本早出的影響,其不僅在佚文内容及數量上爲諸輯本奠定了基礎,在輯佚體例上亦影響了後出的輯本。

(一)標注出處

梁啟超在《中國近三百年學術史》中曾以輯本是否清楚地注明佚文出處評價其優劣,其言"佚文出自何書,必須注明;數書同引,則舉其最先者。能確遵此例者優,否則劣"①。洪本在諸條佚文之下即標注出處,對於覈檢佚文具有指示性作用,易於查找。如:

> 洪本:"鶡冠子,常居深山,以鶡爲冠,故號《鶡冠子》。(《藝文類聚》六十七,《文選·劉孝標〈辨命論〉》注,《太平御覽》六百八十五)"
>
> 洪本:"(《黄帝·泰素》)或言韓諸公孫之所作也。言陰陽五行,以爲黄帝之道也,故曰《泰素》。(《漢書·藝文志》注)"

《鶡冠子》條佚文,因見於《藝文類聚》《文選》李善注及《太平御覽》,故洪本則標注三種出處,而《泰素》條佚文因僅見於《漢書》顔師古注,則僅録一種。

(二)加注按語

由於佚文存在數書徵引的情況,故偶有文字異同。洪本在輯録佚

---

① 梁啟超:《中國近三百年學術史》,上海三聯書店2006年版,第241頁。

文過程中,對此情況多通過按語辨正説明,以供校勘。如:

> 洪本:"孔子見魯哀公。問政,比三朝,退而爲此記,故曰《三朝》。凡七篇,竝入《大戴禮》。(《史記·五帝本紀》索隱,《三國志·秦宓傳》注,《北堂書鈔》九十九,《藝文類聚》五十五。案,《三國志》注、《藝文類聚》引作"孔子三見哀公,作《三朝》七篇,今在《大戴禮》")"

此處洪本的按語即指示了數書徵引的不同,爲便於説明問題,現列四部典籍徵引情況如下:

> 《三國志》卷三十八《許麋孫簡伊秦傳》裴松之注:"劉向《七略》曰:'孔子三見哀公,作《三朝記》七篇,今在《大戴禮》。'"①
>
> 《北堂書鈔》卷九十九《藝文部五》:"劉向《七略》云:'孔子三見哀公,作《三朝記》七篇,今在《大戴記》。'"②
>
> 《藝文類聚》卷五十五《雜文部一》:"劉向《七略》曰:'孔子三見哀公,作《三朝記》七篇,今在《大戴禮》。'"③
>
> 《史記》卷一《五帝本紀》司馬貞索隱:"劉向《别録》云:'孔子見魯哀公。問政,比三朝,退而爲此記,故曰《三朝》。凡七篇,並入《大戴記》。'"④

通過對比,洪本輯録佚文作"孔子見魯哀公"諸語,本之司馬貞《史記索隱》,而《三國志》注及《藝文類聚》引文作"孔子三見哀公"等,則與之不同,故洪本在按語中特别强調,以指示佚文徵引間的差異。比對四種出處,《北堂書鈔》亦與《三國志》注、《藝文類聚》相同,洪本遺漏未予以並列指出。

---

① 《三國志》,第974頁。
② 《北堂書鈔》,第377頁。
③ 《藝文類聚》,第983頁。
④ 《史記》(修訂本),第5頁。

（三）以附録兼收與佚文相關者

洪本在輯録佚文時，偶有將與劉向校書相關而非出於《别録》的記載，以附録形式收入輯本。如：

> 洪本："朔之文辭，有《封泰山》《責和氏璧》，及《皇太子生禖》《屏風》《殿上柏柱》《平樂觀賦獵》，八言、七言上下，《從公孫弘借車》，凡劉向所録朔書具是矣。師古曰：'劉向《别録》所載。'（《漢書·東方朔傳》）"

洪本將《漢書·東方朔傳》中班固意引劉向記録東方朔所著篇目諸語，及顔師古指示班固所記篇目出自《别録》的記載，按照附録的形式收録，以示其非佚文。

洪本作爲《别録》《七略》首出輯本，在體例上具有一定的開創性，唯重蒐輯而輕分類，遂致體例失當。然洪本終究爲草創之本，體例上尚存諸多不完善之處。具體如佚文分類不清，排列順序前後顛倒。此外，佚文收輯遺漏、出處著録不全等情況亦有發生。嚴本、陶本沿襲，未作改動，略爲遺憾。

三、洪系的訛誤

（一）失校

1.《太平御覽》卷四有劉向《七略》引京房《易説》云："月與星，至陰也，有形無光，日照之，乃有光。"

按，洪本、嚴本等易"月"爲"日"。對比後文"至陰"及"有形無光"表述，當以"月"爲正，"日""月"形近而訛。洪本等於佚文未加校勘，故録文致誤。

2.《史記》卷一百一十八《淮南衡山列傳》司馬貞《史記索隱》："劉向《别録》云：'《易》家有救氏注也。'"①

① 《史記》（修訂本），第3761頁。

按,洪本、嚴本、陶本:"《易》家有救民之法。"《史記索隱》單行本中,如《文淵閣四庫全書》本、清光緒十九年(1893)廣雅書局本等均作"《易》家有救氏注"。而合注本,如明萬曆間凌稚隆刻《史記評林》本、清乾隆武英殿刻本等作"《易》家有救民之法"。誠如王叔岷所言:"黄善夫本、殿本《索隱》,'救氏注也'並誤作'救民之法也'。"此即爲失校。

3.《北堂書鈔》卷一百九《樂部九》:"劉向《别録》云:'師氏雅琴者,名志,東海下邳人。傳云,言師曠之後,至今邳俗猶多好琴也。'"①

按,洪系輯本作"名志"。而陳禹謨校訂的《北堂書鈔》作"忠"。根據《漢志》著録:"《雅琴師氏》八篇。"班固自注曰:"名中,東海人,傳言師曠後。"②則當作"師中"爲確,蓋流傳過先訛作同音的"忠"字,後"忠"與"志"形近易訛。

(二)臆改

《漢志》顔師古注:"《别録》云:'鄭人,不知姓名。'"③

按,顔師古引作"不知姓名",至洪本、嚴本等誤改作"不知其名"。

(三)虚增

《史記》卷七十四《孟子荀卿列傳》裴駰集解:"《别録》曰'過'字作'輠'。輠者,車之盛膏器也。炙之雖盡,猶有餘流者。言淳于髡智不盡如炙輠也。'"④

按,《史記·孟子荀卿列傳》司馬貞索隱與此表述相近,其言:"劉向《别録》'過'字作'輠'。輠,車之盛膏器也。炙之雖盡,猶有餘津,言髡智不盡如炙輠也。'"⑤對比而言,《史記集解》中"曰"爲衍文,洪本等以之爲《别録》語,究其原因即是受裴駰《史記集解》中"曰"字的誤導。至司馬貞著《史記索隱》補充訂正《史記集解》時即删掉了"曰"字,以消除"'過'字作'輠'"誤爲《别録》的可能。

---

① 《北堂書鈔》,第419頁。

② 《漢書》,第1711頁。

③ 《漢書》,第1732頁。

④⑤ 《史記》(修訂本),第2853頁。

第二節　馬系輯本考

在洪本之外，馬本也是《别録》《七略》重要輯本之一[①]，輯得《别録》佚文 90 條，其中雜入部分《七略》佚文。後有王仁俊《玉函山房輯佚書補編》、章太炎《七略别録佚文徵》對其進行輯補完善，又有張選青於《受經堂叢書》中翻刻馬本，三種輯本均以馬本爲宗，故本節以“馬系輯本”關聯此四種輯本，進行體例、内容等方面的考辨。

一、馬系的構成

馬系輯本共包含四種輯本，即《玉函山房輯佚書》《玉函山房輯佚書補編》《七略别録佚文徵》與《受經堂叢書》。

（一）馬國翰及《玉函山房輯佚書》

馬國翰（1794—1857），歷城（今山東濟南）人，字詞溪，號竹吾。先後歷任石泉、雲陽知縣，隴州知州等官職。喜收羅古籍，長於輯佚，《續修歷城縣志》記載馬國翰“家貧好學，自爲秀才時，每見異書，手自鈔録，及成進士爲縣令，廉俸所入悉以購書，所積至五萬七千卷”。馬氏一生勤勉治學，著述頗多，有《紅藕花軒泉品》《玉函山房詩集》《玉函山房輯佚書》《玉函山房目耕帖》《玉函山房文集》《夏小正詩自注》等著作傳世。其事跡可詳參王重民《馬國翰年表》及《續歷城縣志》等。

《玉函山房輯佚書》作爲馬國翰代表性的輯佚學著作，共收佚書五百九十四種，計爲七百零八卷，全書分經、史、子三部，以經部最爲完善。在《玉函山房輯佚書》史編目録類輯有劉向《七略别録》一卷。

---

① 馬本大致成書于道光十八年（1838 年）至二十九年（1849 年）間，晚于嘉慶十六年（1811 年）刊刻之洪本。這種時間上的先後，也引發了對洪本、馬本關係的關注。然稽查諸史，不見二者關係之直接證據。不過，耐人尋味的是，馬國翰曾經收藏有孫彤所刊之《問經堂》，若《世本》一卷、《淮南子許慎注》一卷等。如果考慮到洪本早于馬本，以及馬氏對《問經堂》之鍾愛，加之相同書目輯佚，馬氏似有可能接觸過洪本，以之爲參照。然此事多爲推測，暫存疑。

該書版本衆多,同治十年(1871)濟南皇華館書局補刻本;光緒九年(1883)娜嬛館本,《續修四庫全書》(第 1200—1205 册)据此本影印;光緒十年(1884)楚南湘源堂重刊本,其牌記爲"光緒甲申春日楚南書局重刊",1990 年廣陵古籍刻印社(後更名爲廣陵書社)即影印此版刊行,至 2004 年又再次刊印;光緒十五年(1889)繡江李氏補刻本;光緒十八年(1892)湖南思賢書局巾箱本。以上諸本除思賢書局本,均本之皇華館本①。

(二) 王仁俊及《玉函山房輯佚書補編》

王仁俊(1866—1914),吴縣(今江蘇蘇州)人,字捍鄭,一字感蒓,號籀許。早年受業於俞樾,與黄彭年、張之洞多有交往,曾爲蘇州存古學堂、京師大學堂教授。王氏博覽群書,好治經史,亦涉及敦煌等相關研究,著述繁富,有《敦煌石室真跡録》《西夏藝術文志》《群經疑義》《格致精華録》《説文解字考異訂》《周秦諸子述録》《淮南子萬畢術輯證》《金石迫考》《白虎通義集校》《周秦諸子學術源流考》《漢書藝文志考正校補》《補宋書藝文志》《玉函山房輯佚書續編》《玉函山房輯佚書補編》《經籍佚文》等。

其中,《玉函山房輯佚書續編》《玉函山房輯佚書補編》《經籍佚文》爲王氏補馬國翰《玉函山房輯佚書》闕疑,而蒐輯的三種佚文合集,共輯書五百二十三種。稿本均藏於上海市圖書館。1989 年由上海古籍出版社編爲《玉函山房輯佚書續編三種》出版印行。

對於編著《玉函山房輯佚書續編》緣由,王仁俊在自敘略有記載,其言:

> 歷城馬氏國翰輯唐以前佚書,凡五百八十餘種,爲卷六百有奇。其有目無書者闕四十餘種,其散見各敘,所謂已有著録者,如陸希聲《周易傳》之類,九種,今亦無之。匡君源所謂待後之君子

① 趙晨:《馬國翰研究》,山东大學 2015 年博士學位論文,第 173 頁。據趙晨轉引邱麗玟《馬國翰及其〈玉函山房藏書簿録〉研究》稱:"臺北'中央'研究院中國文哲研究所圖書館藏有思賢書局本,書首題'重刻玉函山房輯佚書',牌記爲'光緒壬辰湖南思賢書局印行'。此本與其他版本差異較大,自成一版。"

> 蒐補焉。仁俊幼耆蒐輯奇書碩記,露鈔雪纂,馬編之外,時多弋獲……揆厥名類,不在馬後,仍題《玉函》者,依元例也,稱《續編》者,别于馬書之《補編》也。①

王氏此語表明其遵循馬本體例編制己書。觀王氏輯本,在馬本基礎上,增輯《七略》佚文 1 條,《七略别録》9 條,《别録補遺》1 條,共計 11 條。雖數量有限,但亦是對馬本的增補與完善。

(三) 章太炎及《七略别録佚文徵》

章太炎(1869—1936),浙江餘杭人,名炳麟,字枚叔,别号太炎。曾受業於俞樾讀書治學,研究範圍博涉小學、歷史、哲學、政治等學科的研究,著述頗豐,撰有《膏蘭室劄記》《詁經劄記》《七略别録佚文徵》《春秋左傳讀》《訄書》《國故論衡》《新方言》《葑漢微言》《齊物論釋》《莊子解故》《太史公古文尚書説》等。其事跡可詳參姜義華《章炳麟評傳》②及許壽裳《章炳麟傳》③。

《七略别録佚文徵》爲章氏家藏未刊稿本,後由上海人民出版社編入《章太炎全集》刊印發行。在《七略别録佚文徵・序》章太炎提及其與馬本關係,其言:

> 歷城馬國翰綜輯其文,繁省不斠,時有奪漏……以其父子同業,不可割異,故仍題《七略别録》。④

章氏此語表明,其旨在訂補馬本不足。觀章氏輯本,在增輯佚文至佚文 108 條(包含補遺 8 條)之外,更側重對於馬本佚文的訂正。若《漢志》顔師古注:"劉向《别録》云:'神輸者,王道失則災害生,得則四海輸之祥瑞。'"馬本脱"害"字,章本據顔注訂正。

---

① (清)王仁俊:《玉函山房輯佚書續編三種》,上海古籍出版社 1989 年版,第 1 頁。
② 姜義華:《章炳麟評傳》,南京大學出版社 2002 年版。
③ 許壽裳:《章炳麟傳》,中國言實出版社 2015 年版。
④ 《七略别録佚文徵》,第 322 頁。

（四）張選青及《受經堂叢書》

張選青,漢州（今四川廣漢）人,曾任尊經書院監院[1],受經堂爲其刊刻典籍的書坊。其事跡可參閱閆平凡《張選青〈七略別録〉輯本考述》[2]。

張氏《受經堂叢書》本坊間流傳無多。姚振宗《七略別録佚文·敘》曾謂"漢州張選青《受經堂叢書》本,與馬氏本同"。今見内蒙古圖書館藏張本,内容與馬本盡同,爲張本之翻刻本,是證姚説不誣。

馬本遵循《別録》分類之法,將總論佚文歸入輯略,其他佚文歸以六類,並標注佚文所屬篇卷,彌補了洪本無分類、無標目的體例缺憾,使體例編排在《別録》《七略》佚文整理中逐漸受到重視。此後,章本又致力於馬本佚文訛誤,使馬本價值逐漸彰顯。比較之下,王本雖曰《續編》,徒增佚文數條,張本又翻刻馬本,故此係以馬本爲宗。

二、馬系的體例

馬本踵繼洪本所出,於諸條佚文皆標明來源,並按照《漢志》體例,將佚文分類歸置。在分類體例改進之外,馬本又增補了佚文書名及篇數。前文已言,馬本系中還有張本、王本及章本諸家。其中張本爲翻刻,王本依馬本體例,未有改進,不足論説。

（一）依《漢書·藝文志》體例編排佚文

馬氏依照《漢志》所記《七略》的内容,即輯略、六藝略、諸子略、詩賦略、兵書略、數術略、方技略,編排佚文,如其輯録輯略 3 條;六藝略 26 條;諸子略 42 條;詩賦略 10 條;兵書略 5 條;數術略 3 條;方技略 1 條。以《諸子略》爲例:

> 馬本:"《孫子》十六篇。《孫子》,書以殺青,簡編以縹絲繩。(《北堂書鈔》卷一百四)"

---

① 張遠東,熊澤文:《經學大師廖平》,上海書店出版社 2015 年版,第 67 頁。

② 閆平凡:《張選青〈七略別録〉輯本考述》,見廖明春《顯微闡幽:古典文獻的探故與求新》,汕頭大學出版社 2016 年版,第 259—266 頁。

馬本:"《郎中嬰齊》十二篇。故待詔,不知其姓,數從遊觀,名能爲文。(《漢書·藝文志》)"

馬本:"《鄭長者》一篇。鄭人,不知姓名。(《漢書·藝文志》)"

馬氏在《諸子略》道家類佚文中《孫子》《郎中嬰齊》《鄭長者》的順序正合《漢志》"《孫子》十六篇""《郎中嬰齊》十二篇""《鄭長者》一篇"的編排順序。

(二) 標注篇目與篇數

洪本、嚴本輯録佚文時無篇目標注,馬本則進行體例創新,增加《漢志》所記篇目與篇數信息,如:

馬本:"《伊尹》五十一篇。《史記》伊尹從湯,言素王及九主之事。九主者,有法君、專君,授君、勞君、等君、寄君、破君、國君、三歲社君,凡九品,圖畫其形。(《史記·殷本紀》集解)"

馬氏此條佚文輯自《史記》卷三《殷本紀》裴駰集解:"劉向《别録》曰:'九主者,有法君、專君、授君、勞君、等君、寄君、破君、國君、三歲社君,凡九品,圖畫其形。'"①其言《伊尹》的篇數即本之《漢志》諸子略道家著録的"《伊尹》五十一篇"。

王本依馬氏體例輯補,張本翻刻自馬本,故篇目的標注與馬本相同。至章本則於佚文篇目與卷數之間,標注出處,如:

章本:"《太公》二百三十七篇。(《藝文志》)師之尚之父之,故曰師尚父。(《詩·大雅·大明》正義)太公金版玉匱,雖近世之文,然多善者。(《文選·王文憲集序》注)"

"《太公》二百三十七篇。(《藝文志》)"即指明《太公》二百三十七篇輯自《漢志》。突出篇目等信息著録取自《藝文志》,使其與佚文部分相區

① 《史記》(修訂本),第123頁。

分。僅就此舉而言,章本則優於馬本、洪本、嚴本等。

又馬本體例雖逐漸完善,亦有未妥之處。如將《别録》《七略》佚文相混淆,皆統以六略,分類標準尚需斟酌,如:

> 馬本:"商,陽陵人,治《易》,事五鹿充宗,後事向,能屬文,後與孟柳俱待詔,頗序列傳,未卒,病死。(《漢書·藝文志》注師古引《七略》)"

《漢志》顔師古注:"《七略》云:'商,陽陵人,治《易》,事五鹿充宗,後事劉向,能屬文,後與孟柳俱待詔,頗序列傳,未卒,病死。'"①又卷五十九顔師古注《張湯傳》引劉歆《七略》云:"商,陽陵人,治《易》,事五鹿充宗,能屬文,博通强記,與孟柳俱待詔,頗序列傳,未卒,會病死。"②則此句爲劉歆《七略》佚文,而馬氏輯入劉向《别録》佚文,多有不妥。章本言:"商,陽陵人,治《易》,事五鹿充宗,後事劉向,能屬文,博通强記。(此句,《張湯傳》注有)後與孟柳俱待詔,頗序列傳,未卒,病死。(《藝文志》師古注、《張湯傳》師古注)"亦延續馬本誤輯,未予以删除。

三、馬系的訛誤

(一) 虚增

1.《漢志》:"劉向以中古文校歐陽、大小夏侯三家經文,《酒誥》脱簡一,《召誥》脱簡二。率簡二十五字者,脱亦二十五字,簡二十二字者,脱亦二十二字,文字異者七百有餘,脱字數十。"③

按,此爲六藝略《書》類小序,其記載了劉向以中書古文《尚書》校今文《尚書》脱誤,及竹簡容字不同,脱字亦不同的問題。换言之,此段文字是對劉向校今文《尚書》過程的描述,及校書過程中發現的脱誤規律的記載,與現存書録敘述範式多有不同,如:"所校中書《晏子》十一

---

① 《漢書》,第1715頁。
② 《漢書》,第2657頁。
③ 《漢書》,第1706頁。

篇，臣向謹與長社尉臣參校讎，太史書五篇，臣向書一篇，臣參書十三篇，凡中外書三十篇，爲八百三十八章。除復重二十二篇六百三十八章，定著八篇二百一十五章。外書無有三十六章，中書無有七十一章，中外皆有以相定。中書以'夭'爲'芳'，'又'爲'備'，'先'爲'牛'……（《晏子書録》）"①馬本誤輯爲佚文，當删除。

2.《漢志》："《京氏段嘉》十二篇。"顔師古注："嘉，即京房所從受《易》者也。見《儒林傳》及劉向《别録》"。

按，馬本、章本等録"嘉即京房所從受《易》者也"。據《漢書·儒林傳》載"京房受《易》梁人焦延壽，……房授東海殷嘉、河東姚平、河南乘弘，皆爲郎、博士。由是《易》有京氏之學"。對比顔注，可知顔氏所言爲約略事蹟，同理亦適用於《别録》。故此顔注爲注文，非爲佚文。

3.《隋志》："至劉向考校經籍，檢得一百三十篇，向因第而敘之。"

按，章太炎輯作："《記》百三十一篇。（《藝文志》）檢得一百三十篇。（《隋·經籍志》引劉向）"此源於《隋書》論述古文《記》二百十四篇時提及了劉向得一百三十篇之事。《漢志》六藝略《禮》家載"《記》百三十一篇"，《隋書》所言爲敘述劉向總理篇章之語，非《别録》原文，不當輯爲佚文，然由於其與劉向校書相關，可收爲附録。

（二）脱文

《春秋左傳》卷一《序》孔穎達正義："據劉向《别録》云：'左丘明授曾申，申授吴起，起授其子期，期授楚人鐸椒。鐸椒作《抄撮》八卷，授虞卿。虞卿作《抄撮》九卷，授荀卿。荀卿授張蒼。'"②

按，馬本"作《抄撮》八卷"前脱"鐸椒"二字，張本翻刻馬本，延續此誤。至章本依據《春秋左傳正義》補足脱文。

（三）失校

《北堂書鈔》卷一百九《樂部九》："劉向《别録》云：'師氏雅琴者，名志，東海下邳人。傳云，言師曠之後，至今邳俗猶多好琴也。'"③

① 《文獻學論著輯要》，第6頁。

② 《春秋左傳正義》，第2頁。

③ 《北堂書鈔》，第419頁。

按,馬系輯本作“名忠”,而根據《漢志》著録:“《雅琴師氏》八篇。”班固自注曰:“名中,東海人,傳言師曠後。”①則當改作“中”。

第三節　姚系輯本考

在《别録》《七略》諸家輯本中,姚本爲集大成者,條目衆多,體例完備,於後世影響最大。關於姚本成書,姚氏《七略别録佚文・序》記敘詳悉:“洪頤煊輯本一卷,今未得見。近有嚴氏可均《全漢文編》、馬氏國翰《玉函山房》輯本,各一卷。又有漢州張選青《受經堂叢書》本,與馬氏本同。”姚本成書後,漸爲學界所重,遂成《别録》《七略》代表性輯本。今人鄧駿捷以姚本爲據,校以古注、類書,是爲姚本的校補本,故本節以“姚系輯本”關聯姚本與鄧本,從而進行體例、内容等方面的考辨。

一、姚系的構成

姚系輯本共包含兩種輯本,即《師石山房叢書》及鄧駿捷校補姚本所著的《七略别録佚文、七略佚文》。

(一) 姚振宗及《師石山房叢書》

姚振宗(1842—1906),山陰(浙江紹興)人,字海槎,建有“師石山房”藏書樓。其博稽書目,精於考證,致力於目録學、校勘學的研究,著有《汲古閣刊書目録》《師石山房書録》《百宋一廛書録》《湖北通志・藝文志》《快閣師石山房叢書》等書。其事跡可參閲陶存熙《姚海槎先生年譜》。

在姚氏的著作中,《快閣師石山房叢書》包含七種考辨藝文目録類的專著,分别爲:《七略别録佚文》一卷、《七略佚文》一卷、《漢書藝文志拾補》六卷、《漢書藝文志條理》八卷、《隋書經籍志考證》五十二卷、《後漢藝文志》四卷、《三國藝文志》四卷。今存《快閣師石山房叢書》輯録《别録》及《七略》的版本主要有四種,即稿本,現藏於復旦大學圖書館,

---

① 《漢書》,第1711頁。

《續修四庫全書》(第916册)即影印此本;清宣統三年清鈔藍格底稿本;民國十八年(1929)浙江圖書館鉛印珍本叢書本,民國三十五年(1936)開明書店鉛印本。姚本在諸本基礎上,輯得佚文156條、附録20條、敘録8篇,《七略》佚文則依據《漢志》補足。

(二)鄧駿捷及《七略别録佚文、七略佚文》

鄧駿捷,澳門大學中國語言文學系教授,專著有《明清文學與文獻考論》《劉向校書考論》《澳門古籍藏書》等。整理的典籍包括《忠經集校》《兩漢全書》《七略别録佚文、七略佚文》《澳門大學圖書館古籍特藏圖録》等。

其整理的《七略别録佚文、七略佚文》共有兩種版本,分别於2007年由澳門大學出版中心出版、2008年由上海古籍出版社出版。鄧駿捷以稿本、鈔稿本、浙圖本及開明本《師石山房叢書》四種版本對姚氏所輯《别録》《七略》進行互校。鄧本在校勘之餘,共補輯佚文3條,敘録4篇。

二、姚系的體例

姚本成書時,嚴、馬二本已刊行於世,故能綜合利用嚴本、馬本佚文材料,汲取二家體例之長,並在此基礎上進一步優化《别録》《七略》的輯録體例。

(一)標注篇目與卷數

姚本繼承了馬系輯本於《漢志》吸收的篇目及卷數信息,並標注於相關佚文前的體例,至鄧本校補時亦延續了此標注方式。如:

> 姚本:"《孝經古孔氏》一篇。二十二章。古文字也。《庶人章》分爲二也,《曾子敢問章》爲三,又多一章,凡二十二章。(嚴本、馬本)"
>
> 鄧本:"《孝經古孔氏》一篇。二十二章。古文字也。《庶人章》分爲二也,《曾子敢問章》爲三,又多一章,凡二十二章。(嚴本、馬本。《漢書·藝文志》注)"

《漢志》顔師古注:"劉向云:'古文字也。《庶人章》分爲二也,《曾子敢問章》爲三,又多一章,凡二十二章。'"顔師古引劉向言即注解《漢志》六藝略《孝經》家"《孝經古孔氏》一篇"。有鑒於此,馬本、姚本等標注"《孝經古孔氏》一篇。二十二章"。此處,班固自注爲"二十二章",正對應劉向言"凡二十二章",故此處遂未言《别録》,仍可斷其出自《孝經古孔氏書録》。

(二) 出處標注區分舊輯與新輯"嚴本、馬本"

在佚文出處標注上。但凡佚文見於嚴、馬二本者,皆標注"嚴本、馬本",以示承襲。至鄧本則在姚本基礎上,補明出處,使姚本更趨完善。如:

> 嚴本:"徐子,外黄人也。(《史記·魏世家》集解)"
>
> 馬本:"《徐子》四十二篇。徐子,外黄人也。外黄時屬宋。(《史記·魏世家》集解)"
>
> 姚本:"《徐子》四十二篇。徐子,外黄人也。外黄時屬宋。(嚴本、馬本)"
>
> 鄧本:"《徐子》四十二篇。徐子,外黄人也。外黄時屬宋。(嚴本、馬本。《史記·魏世家》集解)"

《史記》卷四十四《魏世家》裴駰集解:"劉向《别録》曰:'徐子,外黄人也。'外黄時屬宋。"[①]《史記集解》中保存了劉向記録徐子的籍貫信息。因嚴本、馬本已於《史記集解》中輯録此佚文,故姚本則標注"嚴本、馬本"。鄧本校補時則録有"《史記·魏世家》集解",以補充姚本未標注的佚文出處。

對於不見於嚴、馬二本者,姚氏則直接标明佚文来源。如:

> 姚本:"臣向《説老子》四篇。《老子》,臣向定著二篇八十一章,上經三十四章,下經四十七章。(宋董思靖《老子集解敘説》:

---

① 《史記》(修訂本),第2231頁。

"《老子》,劉向定著二篇"云云。下文云:"葛洪又加損益,從此遂失中壘舊制矣。"董蓋及見《老子敘録》,故能言分篇上下及章次數目如此)"

董思靖《道德經集解・序説》引劉歆《七略》云:"劉向定著二篇八十一章,上经三十四章,下经四十七章。"①姚本所輯即本於《道德經集解》。此佚文未見於其他輯本,故姚氏直録出處。

對舊輯佚文與新輯佚文進行區分,爲姚本所創,此舉雖不甚便於引用者查校佚文所出,但在尊重前賢之態度、遵守學術之規範上,卻值得稱道。至鄧本補足出處,則使得姚本在出處著録上更加趨於完善。

(三)依《漢書・藝文志》體例編排

在佚文編排順序上,姚本參考《漢志》體例,對佚文進行體系編排,力求恢復《别録》《七略》原貌。如《七略别録》佚文156條,書録8篇,附録20條,其中輯略35條,附録1條;六藝略35條,書録1篇,附録13條;諸子略70條,書録6篇,附録6條;詩賦略12條;兵書略1條;數術略2條,書録1篇;方技略1條。以下以《六藝略・易》類佚文爲例:

姚本:"《易傳服氏》二篇。服氏,齊人,號服光。(嚴本、馬本。《漢書・藝文志》注。《釋文・敘録》引作"服先")"

姚本:"《易傳韓氏》二篇。名嬰。《易傳子夏》,韓氏,嬰也。(《唐會要》七十七。詳後《七略》易家)"

姚本:"《易傳古五子》十八篇。臣向所校讎中《易傳古五子書》,除復重,定著十八篇。分六十四卦,著之日辰,自甲子至於壬子,凡五子,故號曰《五子》。(嚴本、馬本)"

① 《道藏》,第12册,第821頁。

姚氏在《六藝略》佚文中首輯《易》類佚文,且從《易傳服氏》《易傳韓氏》《易傳古五子》的順序正合《漢志》"《服氏》二篇""《韓氏》二篇""《古五子》十八篇"的編排順序。

又姚本將劉向《戰國策敘録》等七篇及劉歆《上山海經表》一篇收入輯本,相比其他諸家輯本,極有創見。《戰國策敘録》等原係《别録》《七略》之文,但諸家輯本習慣於蒐輯漢唐注疏及史籍類書中所見二書殘篇散句而對《敘録》諸篇有所忽略。嚴可均雖有關注,卻將諸敘録收入《全漢文》,未並録於《别録》《七略》輯本,較爲遺憾。

三、姚系的訛誤

(一) 虚增

1.《漢紀 · 孝成皇帝紀》卷二十五云:"劉向典校經傳,考集異同,云《易》始自魯商瞿子木受於孔子,以授魯橋庇子庸,子庸,王孫授江東馯臂子弓。"

按,文中有"劉向……云……",姚本遂將"云"後篇章輯入《别録》"輯略"條下。姚本中此類佚文甚多,不一一列舉。荀悦《漢紀》本删略《漢書》改編而成。上舉篇章内容即出自《漢書 · 儒林傳》:"自魯商瞿子木受《易》孔子,以授魯橋庇子庸,子庸授江東馯臂子弓。"班固敘述諸家授受淵源,並未提及此爲劉向語,荀悦略作改動,始冠以劉向之名。姚氏於此未作深考,遂以爲劉向之語,並輯入《别録》。此外,《别録》是否有總論性質之"輯略",尚需研究考證,姚氏徑直録作《别録》"輯略"佚文,有失審慎。

2.《春秋左傳》卷一《序》孔穎達正義:"據劉向《别録》云:'左丘明授曾申,申授吴起,起授其子期,期授楚人鐸椒。鐸椒作《抄撮》八卷,授虞卿。虞卿作《抄撮》九卷,授荀卿。荀卿授張蒼。'"①

按,姚本輯録作:"又曰:'左邱明授曾申,申授衛人吴起,起授其子期,期授楚人鐸椒。鐸椒作《鈔撮》八卷,授趙人虞卿。虞卿作《鈔

① 《春秋左傳正義》,第2頁。

撮》九卷,授同郡荀卿。荀卿授武威張倉。'(《春秋正義》,據《釋文·敘録》校補)"此姚本虚增籍貫乃源於《經典序録》"左丘明作《傳》以授曾申,申授衛人吴起,起傳其子期,期傳楚人鐸椒,椒傳趙人虞卿,卿傳同郡荀卿名況,況傳武威張蒼,蒼傳洛陽賈誼,誼傳至其孫嘉,嘉傳趙人貫公……"[①]今鄧本從之,未予訂正。

(二)臆改

《漢志》:"劉向以中古文《易》經校施、孟、梁丘經,或脱去'無咎''悔亡',唯費氏經與古文同。"[②]

按,姚本輯録時則改"劉向"爲"臣向",鄧本亦從其誤。又《漢志》:"《氾勝之》十八篇。"班固自注:"成帝時爲議郎。"顔師古注:"劉向《别録》云:'使教田三輔,有好田者師之,徙爲御史。'"此佚文亦入諸家輯本,其中姚本于佚文前妄加"氾勝之時爲議郎",以補足文義。此類臆改,於佚文閲讀有益,可適當爲之,唯須作特殊標注。

第四節　其他系

這一部分主要包括章宗源輯本及顧觀光輯本。章宗源本流傳不廣,蓋已散佚。顧本輯得《别録》佚文99條,《七略》52條,編排、按語等異於他本,不在前文所言三係輯本系統之中,故與章宗源本單列入"其他係"。

章宗源(1752—1800),山陰(今浙江紹興)人,字逢之。其採摭群書,輯録唐宋以來亡佚古書,如輯録《尸子》《古史考》《别録》《七略》等。然其書稿多散落不見,其中包括其蒐輯的《别録》《七略》佚文,今未有版本流傳。其事跡可參閲孫星衍《章宗源傳》[③]。

---

① 《經典釋文》,第17、18頁。

② 《漢書》,第1704頁。中華書局點校本《漢書》作"《易經》十二篇",而張舜徽先生指出"漢人援引《詩》《書》《禮》《樂》《易》《春秋》之文,亦不連'經'字爲名",此處應作"《易》,經十二篇"。(張舜徽:《漢書藝文志通釋》,湖北教育出版社1990年版,第10頁。)

③ (清)章宗源:《隋書經籍志考證》,《二十五史補編》第4册,中華書局1955年版,第4943頁。

顧觀光(1799—1862),金山(今上海)人,字賓王,號尚之。其博通天文曆算、經史與醫學,著有《九數外録》《周髀算經校勘記》《幾何原本六和六較淺解》《開方餘義》《對數衍》《求對數法》《對數還原法》《八線對數還原法》《七國地理考》《戰國策編年》等書。除撰述專著外,顧氏亦致力於蒐集散佚古籍,如《華陽國志》《帝王世紀》《七緯》《別録》《七略》等。其著作多編入《武陵山人遺書》《武陵山人雜著》《武陵山人遺稿》。其事跡可參閱《清史稿》卷五百七[①]及李解民《顧觀光的〈別録〉〈七略〉輯本》。

相比其他家輯本,顧本屬於另類,體例雖然大致遵循《漢志》系統,但不標明"六藝"、"諸子"等歸類名目,佚文編排相對失序。不過,對於佚文篇目卷數,顧本多能依據《漢志》等補全,並將其與佚文區分開來,較之馬本、姚本等更爲嚴謹。此外,在佚文出處標注上,顧本亦能增補別本遺漏。如"督亢,燕膏腴之地"條,分見《史記·荆軻傳》索隱、《續漢書·郡國志》注,及《太平寰宇記》卷七十。諸本標注出處只言《史記》及《後漢書》,顧本則補充《太平寰宇記》爲備。

且顧本在輯録佚文過程中亦存在訛誤及錯誤歸類的情況,如顧本:"《王制》,文帝所造,有《本制》《兵制》《服制》篇。(《史記·封禪書》《索隱》)"根據《史記》卷二十八《封禪書》司馬貞索隱:"劉向《七録》云:'文帝所造書,有《本制》《兵制》《服制》篇。'"顧本即脱"書"字。又顧本:"孝宣皇帝重申不害《君臣篇》,使黄門郎張子喬正其字。(《御覽》二百二十一)"此本之《太平御覽》卷二二一《職官部》引劉向《七略》曰:"孝宣皇帝重申不害《君臣篇》,使黄門郎張子喬正其字。"[②]顧本因《太平御覽》言"劉向《七略》",誤將佚文輯入劉歆《七略》,忽略了《別録》在流傳過程中,有《七略別録》之稱,亦有從此省作《七略》者。

---

① 趙爾巽等:《清史稿》,《二十四史》(附清史稿),第12卷,中州古籍出版社1998年版,第2224頁。

② 《太平御覽》,第1052頁。

附:《别録》《七略》輯本系統圖

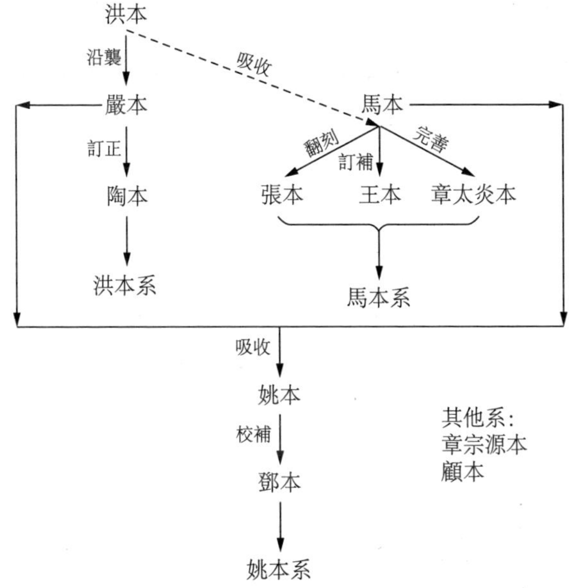
洪本
沿襲
吸收
嚴本
馬本
訂正
翻刻
訂補
完善
陶本
張本
王本
章太炎本
洪本系
馬本系
吸收
姚本
校補
鄧本
姚本系
其他系:
章宗源本
顧本

第四章　《别録》佚文辨僞問題研究

《别録》《七略》自南宋亡佚後，其流傳形態分爲兩種，其一是保存于古注、類書文集中的單句佚文，其二是《别録》相對完整的單篇書録。自清代至今，二書共計十一種輯本，其中章宗源輯本散佚不見，剩餘十種輯本。這十種輯本中有輯録單句者，如洪頤煊、馬國翰等，亦有單句與書録並收者，如姚振宗、鄧駿捷等。然在佚文收録的過程中，多有非《别録》語者而被輯佚學家不加考辨地收入輯本中，這其中即包含單句佚文的訛誤、虚增、誤輯等問題，以及整篇佚文的作僞問題。相較之下，由於整篇書録具備結構的完整性，對其進行研究則有助於學者了解書録的行文結構及劉向的撰寫慣例等問題，故而辨别書録真僞，應是書録研究的重要組成部分。今存書録較有争議的有《列子書録》《鄧析子書録》《韓非子書録》，故本章即以此三篇書録的真僞問題爲研究對象，探討《别録》佚文辨僞問題。

第一節　《列子書録》辨僞問題

《漢志·諸子略·道家》著録："《列子》八篇。"班固自注："名圄寇，先莊子，莊子稱之。"[①]自劉向整理《列子》而被《漢志》著録後，此書散佈不廣，幾近失傳，至張湛爲其作注，始流傳有序，這其中即包含《列子書録》。也正因張湛整理後《列子》始有流傳，故歷來學者對於《列子》的真僞問題多有討論，受此影響，《列子書録》是否爲劉向所著亦備受争議。縱觀論證《列子書録》爲僞作者，以馬敘倫證僞結論影響較廣，後世

① 《漢書》，第1730頁。

主書録爲真的學者多圍繞馬氏之説展開論述,這就極易忽視掉馬氏所談論問題之外的其他有助於考辨真僞的因素,故本節内容以《列子書録》爲研究對象,試圖對《列子書録》的真僞進行探討。

一、《列子書録》辨僞概況

張湛在《列子》序言中詳細地記載了《列子》及《列子書録》發現的過程,其言:

> 吾先君與劉正輿、傅穎根,皆王氏之甥也,並少遊外家。舅始周,始周從兄正宗、輔嗣皆好集文籍,先並得仲宣家書,幾將萬卷。傅氏亦世爲學門。三君總角競録奇書。及長,遭永嘉之亂,與穎根同避難南行,車重各稱力,並有所載。而寇虜彌盛,前途尚遠。張謂傅曰:"今將不能盡全所載,且共料簡世所稀有者,各各保録,令無遺棄"穎根於是唯賫其祖玄、父咸子集。先君所録書中有《列子》八篇。及至江南,僅有存者。《列子》唯余《楊朱》《説符》《目録》三卷。比亂,正輿爲揚州刺州,先來過江,復在其家得四卷。尋從輔嗣女婿趙季子家得六卷。參校有無,始得全備。①

通過張湛序言可以了解到,《列子》八篇爲己家所存三卷,劉正輿家所存四卷及趙季子家六卷參校有無後釐定的篇數。正因此書經過戰亂後,由張氏整理成書,故後世學者對於《列子》所載真實性多有評論。如柳宗元《辨列子》指出此書"多增竄,非其實"②,並疑《列子書録》"鄭繆公"爲"魯繆公",但此時柳宗元並未指證二者爲僞,只是表明書中有後人之説竄入,書録中亦存在訛誤。然由此開端,卻開啟了後世學者辨别《列子》是否爲僞書,以及《列子書録》是否爲僞作的風氣。爲便於論述,兹列《列子書録》如下:

---

① 楊伯峻:《列子集釋》,中華書局 1979 年版,第 278、279 頁。

② 《列子集釋》,第 287 頁。

右新書定著八章。護左都水使者光禄大夫臣向言:所校中書《列子》五篇,臣向謹與長社尉臣參校讎。太常書三篇,太史書四篇,臣向書六篇,臣參書二篇,内外書凡二十篇,以校除復重十二篇,定著八篇。中書多,外書少。章亂布在諸篇中。或字誤,以盡爲進,以賢爲形,如此者衆。及在新書有棧。校讎從中書已定,皆以殺青,書可繕寫。列子者,鄭人也,與鄭繆公同時,蓋有道者也。其學本于黄帝老子,號曰道家。道家者,秉要執本,清虚無爲,及其治身接物,務崇不競,合於六經。而《穆王》《湯問》二篇,迂誕恢詭,非君子之言也。至於《力命篇》,一推分命,《楊子》之篇,唯貴放逸,二義乖背,不似一家之書。然各有所明,亦有可觀者。孝景皇帝時貴黄老術,此書頗行於世。及後遺落,散在民間,未有傳者,且多寓言,與莊周相類,故太史公司馬遷不爲列傳。謹第録。臣向昧死上。護左都水使者光禄大夫臣向所校《列子書録》。永始三年八月壬寅上。[①]

(一)疑僞

上文已指出,柳宗元《辯列子》未言《列子》及《列子書録》出自張湛僞造,但後世學者卻由此從史實、漢語史等角度不斷闡發延伸,指證二者爲僞作,如高似孫《子略》卷二[②]、黄震《黄氏日鈔》卷五十五[③]、姚際恒《古今僞書考》[④]、錢大昕《十駕齋養新録》卷八[⑤]、梁啟超《古書真僞及其年代》[⑥]、馬敘倫《〈列子〉僞書考》[⑦]、楊伯峻《從漢語史的角度來鑒定

① 《列子集釋》,第 277 頁。

② (宋)高似孫,張豔云、楊朝霞校點:《史略、子略》,遼寧教育出版社 1998 年版,第 17 頁。

③ (宋)黄震:《黄氏日抄》,《文淵閣四庫全書》本,上海人民出版社、迪志文化出版公司 1999 年版。

④ 《古籍考辨叢刊》,第 234—235 頁。

⑤ (清)錢大昕,楊勇軍整理:《十駕齋養新録》,上海書店出版社 2011 年版,第 215 頁。

⑥ 梁啟超:《古書真僞及其年代》,中華書局 1962 年版,第 8、9 頁。

⑦ 羅根澤:《古史辨》,第 4 册,上海古籍出版社 1982 年版,第 520—529 頁。

中國古籍寫作年代的一個實例——〈列子〉著述年代考》[①]。這其中尤以姚際恒與馬叙倫所説影響最廣，姚氏指出《列子》書中内容多爲後人所附益，談及《列子書録》，稱"向之序亦安知不爲其人所托而傳乎？夫向博極群書，不應有鄭繆公之謬，此亦可證其爲非向作也"[②]。至馬叙倫又言"蓋《列子》書出晚而亡早，故不甚稱于作者，魏晉以來，好事之徒，聚斂《管子》《晏子》《論語》《山海經》《墨子》《莊子》《尸佼》《韓非》《吕氏春秋》《韓詩外傳》《淮南》《説苑》《新序》《新論》之言，附益晚説，成此八篇，假爲向叙以見重"[③]，並列舉二十條例證以證《列子》爲僞作，其中第一條及第二條與《列子書録》辨僞相關[④]，總結而言約爲三點：

其一，書録所言"鄭繆公"非列子同時代人，博學如劉向，不當有此誤，故書録爲誤。

其二，書録稱《穆王》《湯問》"迂誕恢詭"、《力命》《楊子》"二義乖背，不似一家之書"，爲《書録》作僞者掩飾之辭。

其三，書録既稱"頗行於世"，何故司馬遷當不爲之作傳，而"漢初人引《列子》書者，又何寡"，此明顯與實際不符，故爲僞。

自馬叙倫以來，進一步坐實了《列子》與《列子書録》僞造的事實。後世主僞者，亦圍繞這三方面論述，多未跳出馬氏的論述框架而另有新證，如顧實《〈漢書藝文志〉講疏》[⑤]從馬叙倫之説，以書録爲僞，吕思勉《經子解題・列子》言"篇首劉向校語，更不可信。凡古書劉向序，大都僞物"[⑥]，陳旦《〈列子・楊朱篇〉僞書新證》考證《力命》《楊朱》二篇同出一源，指出其蜕化襲取之跡可考，並言"實則向叙乃僞造《列子》者假託以見重，而又故設迷離恍惚之辭，以亂人目"[⑦]，均是如此。然程水金、

---

① 《列子集釋》，第 323—348 頁。

② 《古籍考辨叢刊》，第 234 頁。

③ 《古史辨》，第 529 頁。

④ 《古史辨》，第 521—523 頁。

⑤ 顧實：《漢書藝文志講疏》，上海古籍出版社 2009 年版，第 119—120 頁。

⑥ 吕思勉：《經子解題》，《吕思勉全集》第 16 册，上海古籍出版社 2016 年版，第 155 頁。

⑦ 陳旦：《〈列子・楊朱篇〉僞書新證》，《國學叢刊》1924 年第 1 期，第 62—73 頁。

馮一鳴《〈列子〉考辨述評與〈列子〉僞書新證》①一文著重分析《列子書録》釐定篇目、校訂文字訛誤的文字,以此佐證書録爲僞,總結而言,約爲兩點:

其一,"内外書凡二十篇"記載有誤,劉向書録均稱"中書",且"凡"應置於句首。

其二,書録前後矛盾,前言"中書"五篇,"外書"共計十五篇,而後文言"中書多,外書少"。

(二)非僞

由於疑僞的諸家中,姚際恒、馬敘倫影響較大,故而主《列子》爲真者,如武内義雄《列子冤詞》②、嚴靈峰《〈列子〉辯誣及其中心思想》③、馬達《〈列子〉真僞考辨》④等針對姚、馬提出的論點進行駁證,其中證明《列子書録》不僞的論述,總結而言亦爲三點:

其一,對於姚際恒、馬敘倫以一字之訛指證書録爲僞,武内義雄直言"因一字之誤,而疑《序》之全體,頗不合理"⑤。馬達等人更是指出唐初成玄英注莊子時載列子"姓列,名禦寇,鄭人也,與鄭繻公同時",則有"繻"這一正確版本流傳,"繻"傳寫過程中誤爲"繆",即宋林希逸《列子口義》言"其曰與鄭繆公同時,必'繻'字傳寫之誤"。

其二,劉向作爲儒生,且校書需奏上御覽,故典籍中所載是否"曉合經義"爲重要評價標準,如《晏子書録》"又有破不合經術,似非晏子言,疑後世辯士所爲者,故不敢遺失"等。書録中稱"迂誕恢詭""二義乖背,"即屬對於思想内容的評價,且"不似一家之書"已指明《力命》等篇與書中其他篇章不相類,故特别提出,而非掩飾不合道家學説之篇章。

其三,馬敘倫等訓"頗"爲"甚",馬達等根據《廣雅·釋詁》"頗,少

① 程水金,馮一鳴:《〈列子〉考辨述評與〈列子〉僞書新證》,《中國哲學史》2007年第2期,第40—48頁。

② [日]武内義雄:《老子原始》,弘文堂書房1926年版,第175—192頁。

③ 嚴靈峰:《列子辯誣及其中心思想》,時報文化出版事業有限公司1983年版,第3—5頁。

④ 馬達:《〈列子〉真僞考辨》,北京出版社2000年版,第5—19頁。

⑤ 《老子原始》,第178頁。

也”,訓書録中“頗行與世”,即在“貴黄老術”的影響下,稍微流行開來,故而未立傳可能之一即是流傳有限,後散落未有傳者。並指出漢初《淮南子》徵引《列子》有二十多例,亦不算少者,從而逐條駁證馬敘倫之説。

近來學者支持《列子書録》爲真者,亦多與馬達論述相近,如安東《劉向〈列子敘録〉真僞考辨》[①]、馮廣宏《〈列子〉真僞疑辨》[②]等,多旨在駁斥馬敘倫的論點,如此一來,則容易忽視其他角度的論述,例如早於馬達的李解民《劉氏書録研究》[③]有不同的論證角度:

其一,根據張湛序,其所見有《列子》目録一卷,則此目録爲劉向《列子書録》。

其二,李善《文選》注兩次徵引劉向言及列子語均與《列子書録》相合,根據李善屢次徵引《别録》,足證不僞。

其三,書録結尾“永始三年八月壬寅上”,根據《二十史朔閏表》三年八月朔日爲丁醜,壬寅即是二十六日,合乎當時的時間記載。

二、《列子書録》非僞的佐證

對於程文的觀點,亦有值得商榷之處。如《北堂書鈔》引《鄴中記》作“内外四望皆通徹”,而《太平御覽》引文則作“中外四望皆通徹”,則“内”與“中”存在訛誤的情況。對於“凡”的位置,亦存在抄録時變更了位置。且何以知此例不爲變例。又,對於第二點,實則其句讀有問題,“内外書凡二十篇,以校除復重十二篇,定著八篇。中書多,外書少。章亂布在諸篇中。或字誤以“盡”爲“進”,以“賢”爲“形”,表明在定著的八篇中,中書留存的篇章多,而外書留存的篇章少。

而對於李解民的論説,前兩點均不足以支撑《列子書録》爲真,如張氏雖言及目録,亦不排除自己僞造後,在序中有所提及,而第二點李善作爲唐人,其徵引的若爲晉人張湛僞造版本,以此證《列子書録》不僞,

---

① 安東:《劉向〈列子敘録〉真僞考辨》,《井岡山學院學報》2009 年第 2 期,第 51—53 頁。

② 馮廣宏:《〈列子〉真僞疑辨》,《文史雜誌》2016 年第 2 期,第 28—32 頁。

③ 李解民:《劉氏書録研究》,見《古籍整理與研究》(第 7 期),中華書局 1992 年版,第 112—121 頁。

則論據不足。相較之下,第三點論據則更具可信性。根據宋本《説苑》《新序》有記載上奏時間的記録,此精確到日的記述應爲劉向語。關於時間的問題,下文將作進一步探討,故此不贅述。

可以看出,由於馬敘倫的論僞之作,影響較大,故有馬達逐條駁證,這也導致了後出成果多圍繞此二者論述展開,或贊同,或非議。而像李解民一樣,能擺脱二馬的論述框架,選取新的角度證明書録爲真,則屬少數。爲豐富論證,下文將從行文結構、魏晉時期書録體例弱化趨勢等角度展開論述,以證《列子書録》爲真。

《列子書録》辨僞受馬敘倫等人的影響,集中于"鄭繻公""鄭繆公"之辨,以及《力命》篇等與全書思想不一致等問題的論述。缺乏對於書録結構及其所包含的内容相近性與相異性、語料的時代性及脱離漢代學術背景後《别録》地位變化的重視。

(一)行文結構

從書録結構上來看,《列子書録》主要包含了校書篇目的釐定情況、著者籍貫、學術思想、《列子》書中内容評述,其用語與現存的書録的行文、撰述結構相近。

首先,劉向在撰寫書録時,首段即記述書籍定名、中外書篇目差異、最終釐定篇目,以及試舉一二例校書過程中發現的文字訛誤問題:

> 護左都水使者光禄大夫臣向言:所校中書《列子》五篇,臣向謹與長社尉臣參校讎。太常書三篇,太史書四篇,臣向書六篇,臣參書二篇,内外書凡二十篇,以校除復重十二篇,定著八篇。中書多,外書少。章亂布在諸篇中。或字誤,以盡爲進,以賢爲形,如此者衆。及在新書有棧。校讎從中書已定,皆以殺青,書可繕寫。

而《晏子書録》《管子書録》等開篇亦是此類問題的記述,如《晏子書録》言:

> 護左都水使者光禄大夫臣向言,所校中書《晏子》十一篇,臣向謹與長社尉臣參校讎,太史書五篇,臣向書一篇,參書十三篇,凡中

外書三十篇,爲八百三十八章,除復重二十二篇,六百三十八章,定著八篇二百一十五章,外書無有三十六章,中書無有七十一章,中外皆有以相定。中書以"夭"爲"芳","又"爲"備","先"爲"牛","章"爲"長",如此類者多,謹頗略　前,皆已定,以殺青,書可繕寫。①

對比而言,二者均從"臣向言"開始,而後論及中外書篇目,定著篇目,文字訛誤及最後殺青繕寫。這其中關於文字訛誤的用例,需特别關注。《列子書録》言"以'盡'爲'進',以'賢'爲'形',如此者衆",此即屬劉向總結典型文字訛誤之語,上古音中"盡"爲從母真韻,"進"爲精母真韻,"賢"爲匣母真韻,"形"爲匣母耕韻字,或韻部相同,或聲母相同,存在訛誤的可能。此例即爲音近致訛,除此之外,劉向總結訛誤用例時還包括形近致訛、訛脱部首等,如《戰國策書録》"本字或誤脱爲半字,以'趙'爲'肖',以'齊'爲'立',如此字者多",《晏子書録》"中書以'夭'爲'芳','又'爲'備','先'爲'牛','章'爲'長',如此類者多"等。

此處《列子書録》所舉音近致訛的例子,經統計,《列子》中共出現"盡"31次,"進"24次,"賢"34次,"形"76次②。從此四字出現的頻率較高,以及讀音相近的情況來看,易産生大量訛誤,這也與劉向所謂的"如此者衆"相符。且張湛注《列子》,亦發現了四字的訛誤確實不在少數,如《天瑞篇》"終進乎不知也",張氏注曰"'進'當爲'盡',此書'盡'字例多作'進'也",《天瑞篇》"又有人踵賢世",張氏注曰"鐘賢世,宜言重形生"。那麽,從張氏的行文措辭來看,"多作""宜言"即呼應了劉向書録所言。然若爲張湛僞造,其先需要校注完畢《列子》,而後發現相同文字訛誤多者,進而總結成例,編入書録中,如此,何以解釋其校證"鐘賢世"時稱"宜言重形生",此處其稱"宜言"明顯是有文字訛例作參考,故有此推測之語。

① 《文獻學論著輯要》,第6頁。

② 香港中文大系中國文化研究所編:《列子逐字索引》,商務印書館有限公司1996年版,第132、238、243頁。

其次,《列子書録》篇尾"永始三年八月壬寅上",異于其他現存劉向撰寫的書録。上舉李解民根據《二十史朔閏表》指出漢成帝永始三年八月有壬寅日,爲此月的二十六日。故可以確定的是,此時間記載無誤。然記録上奏時間的部分,不見於其他現存的劉向書録中,而出現在現存宋本《説苑》《新序》每卷卷首,如陸心源《儀顧堂題跋》卷六《宋本新序跋》言"《新序》十卷每卷題曰'陽朔元年二月癸卯護左都水使者、光禄大夫臣劉向上'"①,同樣的記録方式亦見於宋咸淳元年(1265年)鎮江府學刻元明遞修本《説苑》每卷卷首中,其言"鴻嘉四年三月己亥護左都水使者光録大夫臣劉向上"②。二者省改後作"陽朔元年二月癸卯上""鴻嘉四年三月己亥上",對比之下《列子書録》"永始三年八月壬寅上"則與之表述相同。這説明劉向校書時需要記録上奏的時間,但記録於書録中,還是記於每卷中,二者之間有著本質的區别。

這里需要明晰一個概念:即書録所載是爲《别録》,而記録於典校書籍中的内容,則非《别録》語,二者不可混爲一談。上舉宋本保存在卷首的上奏時間即爲記録於典籍中的内容。那麽,記載時間的位置,是如《列子書録》寫於書録之中,而宋人刊刻時改於每卷卷首,還是此語寫於卷首,而在流傳過程中竄入書録正文,則需略作探討。根據現存較爲完整的《戰國策書録》末句言"護左都水使者、光禄大夫臣向所校《戰國策書録》"及《孫卿書録》末句載"護左都水使者、光禄大夫臣向言所校讎中《孫卿書録》",可以看出,此爲劉向結束書録之語,且其中即包含職官資訊,而宋本《説苑》等記載的上奏時間中,與此格式相近,亦包含職官資訊,若其爲《别録》固定結構,緊接於"某某書録"後,則兩句均包含劉向職官,如此一來,相連的句子則出現了兩次職官的記録,語義重復。

且前言"臣向昧死上",其中"上"表明上奏之義,末句再言"上"則亦屬語義重複。這也是多數末句未有"護左都水使者……書録"作結的書録,多以"謹第(録)上"或"昧死上"作結的緣故,且末尾僅有此"上"

① (清)陸心源:《儀顧堂題跋·續跋》,《清人書目題跋叢刊》(第2册)影光緒十六年刻本,中華書局1990年版,第72頁。

② (漢)劉向:《宋本説苑》,影宋咸淳元年(1265)鎮江府學刻元明遞修本,國家圖書館出版社2017年版,第11頁。

字,如《管子書録》"向謹第録上"、《晏子書録》"臣向昧死上"、《鄧析子書録》"僅第上"均是如此。綜上所述,劉向記載奏上的時間當在每卷中,而不在書録中記録。既然有記録於卷首的時間,這就説明《列子》中有劉向校對整理過的部分,結合阮孝緒《七録序》"昔劉向校書,輒爲一録……隨竟奏上,皆載在本書",亦在一定程度上佐證了當時應有書録的流傳。

（二）語詞的考辨

探討書録的真僞,除考證所載篇章内容及史實是否合乎漢世的記載外,書録所用語詞,是否見於漢或漢前典籍,或見於魏晉時期亦可爲研究書録真僞,提供新的視角。以下試舉諸例以探討《列子書録》所用的語詞。

1. 頗行於世

"此書頗行於世"中"頗"字,上文已言争議較大,主僞者訓"頗"爲"甚",認爲既然流行甚廣,則與後文所言"未有傳者""司馬遷不爲列傳"不符,而主真者根據《廣雅》訓"頗"爲"少也",以順接後文"遺落""未傳"諸語。對於二者之義,似各有依據,然核查典籍荀悦《漢紀》卷二十五《孝成皇帝紀二》有與此相近的表述:

> 故南郡太守馬融著《易解》,頗生異説。及臣悦叔父故司徒爽著《易傳》。據爻象承應陰陽變化之義,以十篇之文解説經意。由是兖、豫之言《易》者咸傳荀氏學,而馬氏亦頗行於世。①

根據荀悦記載,兖、豫地區之人"咸傳荀氏學",表明荀氏之學流傳較廣。馬融與荀爽同傳《易》,荀悦言"亦頗行於世"則表達了馬融之説亦廣爲流傳。由此,當如主僞者訓爲"甚",但對於其與後文相矛盾則有待商榷。《隋書》卷三十二《經籍志》"馬融注《周易》一卷,亡"②,至《經典釋文》卷一《敘録》言"馬融《(易)傳》十卷,《七録》云'九卷'"③。

---

① (漢)荀悦,張烈點校:《漢紀》,中華書局2002年版,第438頁。
② 《隋書》,第909頁。
③ 《經典釋文》,第7頁。

可以看出,雖散佈較廣,但在後世亦有《隋志》以其亡佚不見。此蓋與荀悦所言"頗生異説"相關。《列子書録》與其傳播情況存在相似之處,孝景皇帝時因"貴黄老術,此書頗行於世",即在重視黄老道家學説的背景下,《列子》廣爲傳播。而"及後遺落,散在民間,未有傳者"則在時間上與《列子》流傳甚廣的狀態形成對比。推其原因蓋受到武帝獨尊儒術、及書中存在迂誕恢詭,唯貴放逸的内容等諸因素的影響。故而遺落後"未有傳者",並不矛盾。至於太史公不爲列傳,劉向已給出《列子》"且多寓言,與莊周相類"這一原因,與其是否流傳廣泛無關。

另,除漢代典籍見此語外,魏晉時期亦有此用法,如《三國志》卷四《魏書・三少帝紀》裴松之注曰"惟頒撰《魏晉世語》,蹇乏全無宫商,最爲鄙劣,以時有異事,故頗行於世"[①],《三國志》卷六十三《吴書・吴范劉惇趙達傳》裴注曰"臣松之以爲葛洪所記,近爲惑衆,其書文頗行世,故撮取數事,載之篇末也"[②]。

2. 秉要執本

《列子書録》言"秉要執本",與《漢志》諸子略道家類小序"道家者流……然後知秉要執本,清虚以自守"[③]相近。《南齊書》卷五十四《高逸傳》有言"然則道教執本以領末,佛教救末以存本"[④]。

3. 治身接物

"治身"見於《史記・太史公自序》"内可以治身,外可以應變"[⑤];"接物"見於《新書》卷八"道者,所從接物也。其本者謂之虚,其末者謂之術"[⑥],此爲見於漢代典籍者。魏晉時期,《抱樸子内篇》卷十《明本》"夫道者,内以治身,外以爲國"[⑦],《聲無哀樂論》"夫喜、怒、哀、樂、愛、憎、慚、懼,凡此八者,生民所以接物傳情,區别有屬,而不可溢者也"[⑧]。

---

① 《三國志》,第133頁。
② 《三國志》,第1428頁。
③ 《漢書》,第1732頁。
④ (梁)蕭子顯:《南齊書》,中華書局1972年版,第934頁。
⑤ 《史記》(修訂本),第4019頁。
⑥ (漢)賈誼:《新書》,鳳凰出版社2011年版,第17頁。
⑦ (晉)葛洪,王明校釋:《抱樸子内篇校釋》,中華書局1980年版,第168頁。
⑧ 吉聯抗:《嵇康〈聲無哀樂論〉》,人民音樂出版社1982年版,第27頁。

4. 務崇不競

“務”表示“致力”,“崇”表示“推崇”,二字同義連用,《左傳·成公二年》“明德,務崇之之謂也”[①];“不競”,表示“不争逐”,見於《管子》卷七《大匡》“君不競於德,而競於兵”[②]。此二詞亦見於記載魏晉史事的典籍中,如《晉書·杜預傳》“自近及遠,凡所施論,務崇大體”[③],《晉書》卷六十五《王薈傳》“不競榮利”[④]。

5. 迂誕恢詭

“迂誕”“恢詭”分别見於《漢志》“《黄帝説》四十篇。迂誕依託”[⑤],《莊子》卷《齊物論》“恢恑譎怪,道通爲一”[⑥]。《晉書·裴秀傳》“或荒外迂誕之言”[⑦]。

6. 乖背

“乖背”一詞表示違背,其中“乖”與“背”均表示“違背,背離”義,此爲同義連用,《三國志》卷三十五《蜀書·諸葛亮傳》裴松之注即見此詞,其言“雖聞見異辭,各生彼此,然乖背至是,亦良爲可怪”[⑧]。其雖不見於漢及漢前典籍,但“乖”與“背”表示“違背”義則分别見於漢代典籍,如《韓詩外傳》卷二“寇盜並起,上下乖離”[⑨],《漢書》卷八十六《何武王嘉師丹傳》“背人臣之義”[⑩]。

7. 莊周

見於《史記》卷七十四《孟子荀卿列傳》“莊周等又猾稽亂俗”[⑪],《抱樸子内篇》卷十四《勤求》“俗人見莊周有大夢之喻”[⑫]。

---

① 《春秋左傳正義》,第 809 頁。
② 黎翔鳳,梁運華:《管子校注》,中華書局 2004 年版,第 354 頁。
③ (唐)房玄齡等:《晉書》,中華書局 1974 年版,第 1026 頁。
④ 《晉書》,第 1759 頁。
⑤ 《漢書》,第 1744 頁。
⑥ (清)郭慶藩,王孝魚點校:《莊子集釋》,中華書局 2012 年版,第 75 頁。
⑦ 《晉書》,第 1039 頁。
⑧ 《三國志》,第 914 頁。
⑨ 屈守元:《韓詩外傳箋疏》,巴蜀書社 2012 年版,第 60 頁。
⑩ 《漢書》,第 3500 頁。
⑪ 《史記》(修訂本),第 2853 頁。
⑫ (晉)葛洪,王明校釋:《抱樸子内篇校釋》,中華書局 1980 年版,第 230 頁。

通過分析以上諸例可以看到,《列子書録》的遣詞造句雖多數可在魏晉時期典籍或記載魏晉史實的典籍中可找到與之對應者,但此類詞彙亦見於漢代及漢前典籍中,諸如"秉要執本"的連用,及"恢詭"一詞不見魏晉時人使用。故而從語詞角度判斷,此書録應著于漢時較爲合理。

(三)體例的弱化

《别録》作爲漢人在學術方面的總結,其承載的内容爲劉向對於漢世及漢前學術思想、價值等方面的認知。那麽,《别録》作爲漢代學術背景下的産物,與《史記》《漢書》等同爲漢代文獻的組成部分,而被時人及後世學者轉述稱引,如應劭《風俗通義》、皇侃《論語義疏》、裴駰《史記集解》等均是如此。可以説,《别録》自成書起,學者對其内容的重視程度多於對其形式的關注。根據現存書録來看,《别録》校書篇目的釐定,奏上御覽等内容多有删削。脱離了漢代的學術背景,書籍的散佚,碎片化的徵引逐步消解了《别録》獨立性,致使體例形式的關注度降低。换言之,書録書寫形式作爲書録流傳的載體,其呈現弱化趨勢,在一定程度上推動了《别録》諸篇的亡佚。如魏晉學者對於《子夏易傳》著者的衆説紛紜,便是書録亡佚後導致的認知不清。同時,這一時期出現的質疑劉向《别録》的分類,亦反映了《别録》體例在魏晉時期呈現弱化的趨勢,如仲長氏撰《尹文子序》言:

> 尹文子者,蓋出於周之尹氏。齊宣王時居稷下,與宋鈃、彭蒙、田駢同學[先]于公孫龍,公孫龍稱之。著書一篇,多所彌綸。《莊子》曰:"不累於[俗,不飾於]物,不苟於人,不忮於衆,願天下之安寧以活民命,人我之養畢足而止之,以此白心";"見侮不辱"。此其道也。而劉向亦以其學本于黄老,大較刑名家也。近爲誣矣。余黄初末始到京師,繆熙伯以此書見示。意甚玩之,而多脱誤,聊試條次,撰定爲上、下篇,亦未能究其詳也。山陽仲長氏撰定。①

① 董英哲:《先秦名家四子研究》,上海古籍出版社2014年版,第472頁。

仲長氏序文雖短，但卻反映了《别録》不同于漢時的學術地位的變化。通過其表述可以看到，劉向認爲尹文子學術思想雖學本黄老，但大體上是屬名家一類，這與《漢志》諸子略名家著録《尹文子》事實相符。在"大較刑名家也"後，仲長氏言"近爲誣矣"，表示時人已對劉向的分類産生了質疑。加之仲長氏看到的《尹文子》多有脱誤，故有其"聊試條次，撰定爲上下篇"之舉，這就相當於重新釐定了篇次。由此可見，從質疑分類到篇章散亂脱訛的再編次，反映了劉向整理的典籍傳至魏晉時期已錯訛較多，同時魏晉時人的質疑也説明了劉向認知的影響力在逐步減弱。

另，整個序言的撰寫中，與劉向撰寫書録的體例已然産生了較大的變化，如不見校勘中外書篇目差異、文字訛誤示例之語。由於不涉及奏上御覽，故亦不見奏上時所要指出的書中内容是否曉合經義等部分。然從其介紹尹文子的事蹟、學術思想，到其得書來源及釐定篇目的緣由等，均可看出其受《别録》的影響，但形式亦大有不同。可以説，從對於劉向認知的質疑，到重新分章定篇，及對類似於書録性質的序言的撰寫的改變，都表明了劉向其人以及《别録》體例與形式上呈現了弱化的趨勢。根據《三國志・劉劭傳》載"繆襲亦有才學"，裴松之注曰"襲字熙伯"，則繆熙博爲三國時人，而仲長氏亦是，那麼，張湛與之同時相近，其完全仿造《别録》體例，編纂《列子書録》，與《别録》在魏晉時期不僅在内容、觀點上受到質疑，其體例亦呈現了弱化趨勢的情況不相符。

三、《列子書録》辨僞的總結

藉由分析《列子書録》辨僞，可以發現其深受《列子》辨僞的影響，這就涉及書録的真僞與對應書籍之間的關係。爲了保證辨僞論證的充分性，在辨僞過程中，除關注辨僞書録所載史實、典籍評價是否合乎實際情況外，亦需要注意將其與現有《别録》佚文進行横向比對，並利用劉向校書相關記載，考辨真僞。同時，書録自成書至消亡，歷代學者對於其認知的變化，亦可用於書録辨僞研究。然現有考辨《列子書録》者，多關注書録内容與列子其人及《列子》之間的關係，而忽視或者説未能充分從縱横兩個維度考辨書録的真僞，致使辨僞的結論難以形成共識。總結而言,此類問題亦是《别録》《七略》辨僞過程中需要注意的問題。

（一）注意區分點校書籍與對應書録之間的關係

因劉向撰寫書録,需集中反映著者相關信息以及分析評價書中的内容等,故可與對應的典籍互爲佐證,如《列子書録》中評價的《穆王》《力命》等篇目即爲《列子》所有,但這不代表二者之間存在必然的聯繫,故不可因典籍之僞而疑書録必僞,反之亦然。因典籍與書録流傳過程中不排除典籍部分或全部散佚而獨有書録流傳,或書録散佚而有對應典籍流傳的可能性。换言之,若利用二者之間的關係考辨真僞,需謹慎對待,不可斷然地判斷真僞。如姚際恒等疑《列子》爲僞,推此及彼,又以其書録必僞,並以"繻"傳寫過程中訛作"繆"爲主要論據,未全面地考辨《列子書録》,且忽視其與剩餘諸篇書録的關係,强行建立聯繫,屬主觀臆斷。

（二）重視横向比對現存校書記載,總結書録體例

因《别録》《七略》散佚,這就決定了其佚文内容多不具備完整性,故而辨僞過程中除了需要參考"並世之言"與"異世之言",考辨文字記載準確與否外,亦需"覈之文,以觀其體",綜合現有《别録》《七略》佚文及相關校書記載進行横向比對考察,總結規律,以求最大程度還原《别録》《七略》原貌,進而來判斷書録的真僞。如辨别《列子書録》真僞時,學者多以偏概全地集中關注"鄭繆公""不似一家之書"等問題,而忽視文字訛誤用例,以及書録中有不見於其他書録的上奏時間等問題,致使研究成果多重復論證,而無法深入展開,若將其與其他校書相關記載比對,則會增加書録辨僞研究的深度。

（三）關注《别録》《七略》學術地位的變化

通過姚際恒、馬敘倫、馬達等人對於《列子書録》的辨僞,我們可以看到,考辨的重點多集中於書録内容的考辨,如文字的訛誤,史實記載是否準確,書録内容是否合於對應的典籍,而疏於考慮《别録》《七略》在離開漢代學術背景下地位的變化。若要充分論證一篇書録的真僞,需要同時兼顧書録内容的考辨以及不同時代人對於《别録》《七略》的認知。

（四）注意佐證文獻與疑僞文獻的先後順序

通過"異世之言"的文獻徵引考辨書録真僞,需要考慮文獻的時間先後的問題。若被疑僞文獻在前,以後世稱引向前推導,則難以排除其稱引是源自於被疑僞典籍的可能。如上文李解民以李善稱引劉向記述列子語見於《列子書録》,用以佐證此書録不僞,即忽略了文獻的先後順序問題。《别録》《七略》的亡佚是不斷持續的過程,這就意味著不是所有書録均得以完整的流傳到唐代。誠然李善所處唐代可見到《别録》,且多引用書録語,但這並不能證明其所徵引的不是張湛發現的《列子書録》,若依此爲據證明書録真僞,則不具備可信性。

第二節 《鄧析子書録》辨僞問題

至今流傳的八篇敘録中,除《列子書録》《韓非子書録》真僞問題時有被討論外,《鄧析子書録》因其殘篇結構及文字與《左傳》《列子》等記載相近,故而關於其真僞及撰者的研究學者争論較多。今流傳的《鄧析子書録》均根據明代刻本整理,然清同治十一年(1872 年)江山劉氏覆刻的宋刊本存在殘篇《鄧析子書録》,可用于考證《鄧析子書録》。故本節擬對宋本殘篇略作考辨,以理清書録的流傳及著者等問題。

一、《鄧析子書録》辨僞概況

因《崇文總目》卷三言:"鄧析子,戰國時人。《漢志》二篇。初,析著書四篇,劉歆有目有一篇,凡五。歆復校爲二篇。"①致使有學者主張書録出於劉歆之手。而《左傳・定公九年》:"鄭駟歂殺鄧析,而用其《竹刑》。君子謂:'子然於是不忠。苟有可以加於國家者,棄其邪可也。《静女》之三章,取彤管焉。《竿旄》'何以告之',取其忠也。故用其道,不棄其人。《詩》云:'蔽芾甘棠,勿翦勿伐,召伯所茇。'思其人,猶愛其樹,況用其道而不恤其人乎! 子然無以勸能矣。'"②與《列子》卷六《力

① 《崇文總目》,第 140 頁。

② 《春秋左傳正義》,第 1818—1820 頁。

命篇》所載:"鄧析操兩可之説,設無窮之辭,當子産執政,作《竹刑》,鄭國用之,數難子産之治。子産屈之。子産執而戮之,俄而誅之。"①這兩處記載所言均可在《鄧析子書録》中找到與之相近的表述,由此便引發了關於書録辨僞的争論。

（一）疑僞

疑僞派認爲此書録爲後世所僞造,而非劉向、劉歆所著,如孫次舟《鄧析子僞書考》②即羅列三點證據指明此書録與"劉氏父子之文不相類""非漢人之舊",其言:

其一,書録通篇剽竊僞《列子》與《左傳》;

其二,書録未有"護左都水使者光録大夫臣向言"標注著者名之語,與其他書録體例不同;

其三,否認書録"其論《無厚》者言之異同,與公孫龍同類"的觀點。

（二）劉歆

《鄧析子書録》首句言"中《鄧析書》四篇,臣敘書一篇,凡中外書五篇,以相校,除復重爲一篇",而《漢志》著録"《鄧析子》二篇",二者記載篇數相異,故《崇文總目》言"析著書四篇,劉歆有目有一篇,凡五。歆復校爲二篇"以調和兩處篇數記載的不同。自此開始,明代刊刻《鄧析子書録》正文前時有提及《崇文總目》此語者,如明萬曆四至五年(1576—1577)南京國子監刊《子彙》本、民國八年(1919)《四部叢刊》影上海涵芬樓借江南圖書館藏明初刊本③,均是如此。清代以來不乏學者贊成此觀點,如王啟湘在《鄧析子校詮》中稱《鄧析子書録》作"《漢劉歆校上〈鄧析子敘〉》"④,王愷鑾《鄧析子校正》稱"《劉歆進書表》"⑤,張心澄《僞書通考》稱"《劉歆校上〈鄧析子序〉》"⑥。

---

① 《列子集釋》,第 201、202 頁。

② 孫次舟:《鄧析子僞書考》,見羅根澤《古史辨》(第 6 册),上海古籍出版社 1982 年版,第 207—219 頁。

③ 方勇:《子藏·鄧析子卷》,國家圖書館出版社 2016 年版,第 305 頁。

④ 王啟湘:《周秦名家三子校詮》,古籍出版社 1957 年版,第 17 頁。

⑤ 王愷鑾:《鄧析子校正》,商務印書館 1935 年版,第 25 頁。

⑥ 張心澄:《僞書通考》,上海書店出版社 1998 年版,第 784 頁。

（三）劉向

上文已言，明代刊本中不乏將崇文總目刻於書録前，以示其撰述者爲劉歆的版本，但亦有提及崇文總目，但卻注明書録撰于劉向者，如明萬曆三十年（1602）綿眇閣刊《先秦諸子合編》本在書録後單列一行刻有"崇文總目鄧析著書二篇，劉向書目一篇，歆復校爲二篇"①。至清代嚴可均收集劉向著述的篇章，姚振宗輯録《别録》佚文收入《鄧析子書録》，張舜徽編輯《文獻學論著輯要》從姚本亦收録此書録，均主劉向之説。後有余嘉錫《四庫提要辨證》②理順《崇文總目》之誤、李解民《劉氏書録研究》③質疑孫次舟疑僞説，以及董英哲《〈鄧析書録〉作者考辨》④以專文形式彙總嚴可均、余嘉錫等諸説，並補充相應論證，主張書録著于劉向之手。這一派觀點，總結起來約爲四點：

其一，唐馬總《意林》、楊倞《荀子》注，及宋高子孫均有稱引劉向記述鄧析子語。

其二，《崇文總目》未理解書録首句所言，誤以"臣敘書一篇"爲劉歆撰敘録一篇，且爲調和書録與漢志的記載，以劉向"除復重爲一篇"，而《漢志》二篇之數則爲劉歆復校的結果。

其三，書録中擷取相關文獻，爲劉向撰寫書録的慣例。且書録缺少著者、職官等記載，爲脱落造成。若以此質疑書録爲僞，則忽略了作僞者亦可僞造此部分的了麽和，如《關尹子書録》《子華子書録》均有"護左都水使者"諸言。

其四，鄧析子與公孫龍子同列於《漢志》諸子略名家，且漢時以《長笛賦》二者並舉，以證書録所言"類同"爲確。

二、《鄧析子書録》成篇於劉向

通過上文總結諸家對於《鄧析子書録》撰者的認知，可以看出，學者

---

① 《子藏·鄧析子卷》，第 21 頁。

② 余嘉錫：《四庫提要辨證》，中華書局 1980 年版，第 614 頁。

③ 李解民：《劉氏書録研究》，見《古籍整理與研究》編輯部《古籍整理與研究》（第 7 期），中華書局 1992 年版，第 112—121 頁。

④ 《先秦名家四子研究》，第 96 頁。

多從體例、文獻徵引、書録内容等角度佐證己説。其中主真者已較爲全面地反對了僞造説與劉歆説,但仍有需要説明與補充之處。

（一）唐宋之際書録的流傳

首先,《崇文總目》作爲宋代的目録書,其著録《鄧析子》諸語,誤解書録所言,並調和書録與《漢志》所載篇數差異,至明代偶有被刻于《鄧析子書録》前,擾亂了學者對於《鄧析子書録》著者的認知。故而明晰《鄧析子書録》在宋代的散佈,及元明清諸本對其繼承的狀況,有助於探討書録的著者及真僞問題。

現存《鄧析子書録》最早見於清同治十一年(1872年)江山劉氏覆刻的宋刊本[①],其中有大段文字脱落,並有個别文字只殘留部分偏旁,如"鄧析者"之"鄧",僅餘部首"阝","相校"之"相"則剩作"柤"等。爲便於論述,現録文如下:

> □□□書四篇,臣敘書一篇,凡中□□□□,□相校,除復重爲一篇,皆定,□□□□□□□。鄧析者,鄭人也。好刑名,□□□□□,□□□之辭,當子産之世,□□□□□□□。□□□子産起而戮□,□□□□□□□□□□十年而□□□,□□□□□□□,□□□□,□□□,□□□□□,□□□□□□□,□□□□□。□□□:"□□於是乎不忠,□□□□□□□□家,棄其邪可也。《静女》之三章,□□□□,《竿旄》'何以告之',取其忠也,故用□□,□棄其人。《詩》之'蔽芾甘棠勿翦勿伐□□所茇',思其人,猶愛其樹也,況用其道不恤其人乎?然無以勸能矣。"《竹刑》,簡法□,久遠,世無其書。子産卒後,二十年而鄧析死,傳説或稱子産誅鄧析,非也。其論《無厚》者,言之異同與公孫龍同類。謹第一。

此殘本書録,其"棄其邪可也。《静女》之三章"諸語,與《左傳》定公九年表述相近:

---

① 《子藏·鄧析子卷》,第203頁。

鄭駟歂殺鄧析，而用其《竹刑》。君子謂："子然於是不忠。苟有可以加於國家者，棄其邪可也。《静女》之三章，取彤管焉。《竿旄》'何以告之'，取其忠也。故用其道，不棄其人。《詩》云：'蔽芾甘棠，勿翦勿伐，召伯所茇。'思其人，猶愛其樹，況用其道而不恤其人乎！子然無以勸能矣。"

横線標識部分即是與殘本相同的部分。依據書録後半部分所言，此處當是藉由《左傳》記載史實，考證鄧析非子産所殺。鄧析死於定公時期，而明代流傳的完整版書録言"記或云子産起而戮之，于《春秋左氏傳》昭公二十年而子産卒"，則其於昭公二十年卒，根據定公繼昭公之位，則子産先于鄧析而死。此與唐馬總在《意林》中提及的"劉向云'非子産殺鄧析，推《春秋》驗之'"的觀點相合。馬總提及"劉向云"即表示其取材自《别録》。結合這一徵引規律來看①，此處提及"劉向云"的觀點與涉及的《春秋左傳》均見於宋本書録，則《意林》此語當是意引概括《鄧析子書録》而來。這也説明了宋本書録的流傳有緒。

又唐代楊倞注《荀子》提及的劉向記述鄧析子語，亦有部分可與殘本書録相合，其言：

劉向云："鄧析好刑名，操兩可之説，設無窮之辭，數難子産爲政。子産執而戮之。"②

此處楊氏言"劉向云"與馬總表述慣例相同，雖未言《别録》，但其文字内容合于《鄧析子書録》。這也與唐代注疏盛行，學者多徵引劉向《别録》的實際情況相符合，如李善注《文選》、李賢注《後漢書》、司馬貞《史記索隱》、顔師古注《漢書》等均見稱引。通過分析馬總、楊倞徵引劉向記述鄧析的文字，我們可以確定在唐時有《鄧析子書録》流傳。且將二者引文與清代所見的宋本殘篇書録相比，唐代流傳的書録應未脱文若此。

① 詳見下文《韓非子書録》辨僞部分。
② （清）王先謙：《荀子集解》，中華書局1988年版，第38、39頁。

（二）宋以後書録的殘缺

那麽,這里需要明晰一下宋本書録的殘缺是在宋代既已脱文,還是在宋以後才出現的文字脱落。觀察此宋本的版式,根據書録内容中完整的一列及《鄧析子》正文每列的容字情況,若無特例,則每列均刻十五字,像書録末句"謹第一"一列,多刻"一"字,乃是因"一"字筆劃簡略,且占刻字空間較小,故而未另起一列,僅在刻"與公孫龍同類"時留出其刊刻空間即可。

宋本書録刊刻完畢後,又另起一列刻"鄧析子卷上"六字,未有空格,表示下文即開始刻録《鄧析子》正文部分,與書録進行區分。如此,書録作爲與正文並列的部分,其亦當頂格刊刻。現宋本書録第一列僅餘"序"字,與後文文字相比,其前面可容納三個字,根據此書録爲《鄧析子書録》,且後文有"鄧析子卷上""鄧析子卷下",則此處補足"鄧析子",正合三字容量。若是宋本刊刻時已殘缺,則頂格單刻"序"字或補足"鄧析子"均可,而此處未有,應是後世脱落不見。且後文的殘字亦可佐證此説,如第四列"析者"前僅殘留部首"阝",此明顯爲"鄧"字的右半邊部首,同理在第二頁,"子産卒後二十年而"下"癶"爲"鄧"殘缺的上半部分。若宋代刻印時所見版本此字已殘,則刻書時可根據下文及殘缺的部首補足"鄧"字,而不至於刻殘字流傳。

由此可知,宋本書録在後世流傳過程中産生了脱文,其在宋時當是完整的。從個别文字的殘缺的狀況來看,應是紙張的殘缺導致了文字脱落與缺誤。需要明晰一點,這里我們所强調的完整是介於現存清代覆刻宋本與宋本刻印之初差異相比而言,而非表示從漢代至宋代的完整流傳。根據現存較爲完整的書録來看,如《管子書録》《晏子書録》等書録起句應爲職官的記述,《鄧析子書録》不見此類記述,僅通過這一部分的缺失,亦可判斷其非漢時原貌。

那麽,通過分析我們可以確定宋本《鄧析子書録》是完整的,至於其何時殘缺不全,仍難做出明確判斷。但通過自元末明初開始,明代刻《鄧析子》多附有合于宋本書録的鄧析子《序》的情況來看,如民國十六年(1927 年)上海商務印書館排印《説郛》本、明萬曆四至五年南京國子監刊《子彙》本首句作"中鄧析書四篇",末句作"謹第上",與宋本殘篇書録“□□□書四篇”“謹第一”相合,可知明代諸書所載《鄧析子書録》當承宋本書録而來。爲便於比對,現將宋本與《説郛》本對比如下:

清同治十一年(1872年)江山劉氏覆宋刊本	民國十六年(1927年)上海商務印書館排印《説郛》本
□□□書四篇,臣敘書一篇,凡中□□□□,□相校,除復重爲一篇,皆定,□□□□□□□。鄧析者,鄭人也。好刑名,□□□□□,□□□之辭,當子産之世,□□□□□□,□□□子産起而戮□。□□□□□□□□□十年而□□□,□□□□□□,□□□□□□□,□□□□□,□□□□□□,□□□□□。□□□:“□□於是乎不忠,□□□□□□□家,棄甚邪可也。《静女》之三章,□□□□,《竿旄》‘何以告之’,取其忠也。故用□□,□棄其人。《詩》之‘蔽芾甘棠勿翦勿伐□□所茇’,思其人,猶愛其樹也,況用其道不恤其人乎?然無以勸能矣。”《竹刑》,簡法□,久遠,世無其書。子産卒後二十年而鄧析死,傳説或稱子産誅鄧析,非也。其論《無厚》者,言之異同與公孫龍同類。謹第一。	中《鄧析》書四篇,臣敘書一篇,凡中外書五篇,以相校,除復重爲一篇,皆可定,殺而書可繕寫也。鄧析者,鄭人也。好刑名,操兩可之説,設無窮之辭,當子産之世,數難子産之法,記或云子産起而戮之。于《春秋左氏傳》昭公二十年而子産卒,子太叔嗣爲政,定公八年太叔卒,駟歂嗣爲政,明年乃殺鄧析,而用其《竹刑》。君子謂:“子然於是乎不忠,苟有可以加於國家,棄其邪可也。《静女》之三章,取彤管焉,《竿旄》‘何以告之’,取其忠也。故用其道,不棄其人。《詩》云:‘蔽芾甘棠,勿剪勿伐,召伯所憩。’思其人,猶愛其樹也,況用其道,不恤其人乎?子然無以勸能矣。”《竹刑》,簡法也,久遠,世無其書。子産卒後二十年而鄧析死,傳説或稱子産誅鄧析,非也。其論《無厚》者,言之異同與公孫龍同類。謹第上。

對比之下,除宋本書録殘缺外,亦有幾處文字表述上略有不同,如前者作“皆定”,後者作“皆可定”,又前者作“甚邪”,後者作“其邪”,前者作“所茇”,後者作“所憩”,前者作“謹第一”,後者作“謹第上”等。雖有個别文字存在差異,但仍可通過整體敘述看出二者的相似性。然明代刻本中,如前文所舉的民國八年(1919)《四部叢刊》影上海涵芬樓借江南圖書館藏明初刊本、明萬曆四至五年南京國子監刊《子彙》本等刻本前刻有《崇文總目》諸語。蓋《崇文總目》涉及鄧析子篇目及劉歆復校一事與書録有關,明代刻本爲體現其與書録記載的差異,故而一併謄録,以存其異。

綜上,從唐代的注疏有引用劉向《鄧析子書録》,到宋代仍有刊刻,以至於明清以來《鄧析子》的頻出,可以較爲清晰地理順此書録自唐以來的流傳有序的傳播軌跡。以其爲僞造及出於劉歆之手,則屬誤説。

三、《鄧析子書録》辨僞的總結

(一)注意《别録》的撰寫體例

《崇文總目》以爲"中《鄧析》書四篇"爲鄧析著書四篇,"臣敘書一篇"爲劉歆所著,而實際上"中《鄧析》書"爲中秘藏書,"臣敘書"則代表"敘"所藏典籍,表示外書。由於王堯臣等未能明晰劉向撰寫《别録》的體例,從而影響了後世學者對於《鄧析子書録》的理解。故而綜合地將現有的書録進行横向比對,總結規律,了解《别録》的體例,有益於準確地分析考辨與《别録》相關的問題。

(二)重視書録流傳的版本

學者考辨《鄧析子書録》時均以明代諸刊本爲研究基礎,而忽略了比照宋代的刊本。宋本《鄧析子書録》與《鄧析子》原文共同刊刻流傳,這説明在宋代刊刻的過程中是有書録流傳的。作爲早於明代的刻本,以其作爲考辨《鄧析子書録》的真僞則能更有説服力。

第三節　《韓非子書録》辨僞問題

《韓非子書録》最初稱作《韓非子序》(以下簡稱《序》),由於其内容近於《史記》原文,與劉向撰寫書録有吸收《史記》的慣例相合,加之《韓非子》未被質疑爲作僞等原因,故自清代以來,學者多以其爲劉向所著,如嚴可均、姚振宗、余嘉錫等。而因其幾乎全篇謄録司馬遷原文,故而亦有學者以其非劉向書録,如王先慎即主此説,後有學者如陳奇猷、李解民、武秀成等延續此説,並提出其爲宋人撰寫的不同觀點,試圖從書録體例及文獻徵引的角度進行論證,推動了《韓非子書録》辨僞的研究。然證僞的相關問題仍有未明晰處,如劉向徵引《史記》的慣例、書録體例的組成部分、《序》的來源問題及《意林》所引劉向語是否爲《别録》語等。有鑒於此,本節通過總結書録體例、比對文獻異同與核檢《序》出現源頭等方面對《韓非子書録》進行考辨。

一、《韓非子書録》辨僞概況

現存最早的《韓非子》刻本刻於南宋乾道元年,其書中有《韓非子序》一篇,在其結尾處有牌記曰"乾道改元中元日黄三八郎印"。"黄三八郎"爲建寧府(今福建建甌)刻書家,其書坊即名"黄三八郎書鋪",這在其刻印《鉅宋廣韻》的《序》後言"己丑建寧府黄三八郎書鋪印行"①,即有所體現。因此《序》記述了韓非子生平事蹟,學術思想等,與劉向書録記載著者相關資訊相近,故而在後世流傳過程中改爲《韓非子書録》,至今學者多以此《序》爲《别録》的殘存書録,然因其幾近謄録《史記》原文,學者中亦不乏質疑其非出於劉向之手,以其編於宋代,而非撰寫於漢代。總結來説,《韓非子序》撰者之争分爲劉向撰序與宋人撰序兩種觀點。

(一) 劉向

由於《序》與書録記載内容的相似性,在通篇未提及劉向、目録、敘録情況下,清嚴可均收入《全漢文·劉向集》中始改稱作"《韓非子書録》",然其並不能確認其著者爲劉向,故仍注明"宋本不著名,疑是劉向作"②。但也由此影響了同時代的學者以之爲《别録》殘篇,如姚振宗輯録《别録》佚文時即將其收入在諸子略法家類佚文中,同時其在《隋書經籍志考證》言"《别録》佚文,今所傳尚有《戰國策》《管子》《晏子》《孫卿子》《韓非子》《列子》《鄧析子》諸敘奏……諸家輯本皆未録入"③,亦視《韓非子書録》爲劉向語。由此,改稱爲《韓非子書録》的《序》文經姚振宗收入《别録》輯本,坐實了此段文字出自劉向之手。

此後又有張舜徽編著《文獻學論著輯要》,收録《韓非子書録》爲《别録》散佚的篇章④,白壽彝《中國史學史教本》總結劉向、劉歆在典籍

---

① (宋)陳彭年:《鉅宋廣韻》,上海古籍出版社 1983 年版,第 20 頁。

② (清)嚴可均:《全上古三代秦漢三國六朝文》,中華書局 1958 年版,第 333 頁。

③ (清)姚振宗:《隋書經籍志考證》,《二十五史藝文經籍志考補萃編》第 15 卷,清華大學出版社 2011 年版,第 178 頁。

④ 《文獻學論著輯要》,第 14 頁。

校讎上的貢獻時即强調了現存的八篇書録對於了解書録體例的重要性,其中即包含《韓非子書録》。[①]受目録學家、文獻學家影響,近來學者亦不乏持此觀點者,如董英哲在《先秦名家四子研究》中證明《鄧析子書録》非僞時即言“况且,有些書雖不標作者之名,卻可能是劉向所作。《韓非子書録》就是這樣……《韓非子書録》缺頭少尾,蓋殘篇也,所以無有作者之名”[②],均主此説。

(二) 黄三八郎

縱觀《韓非子書録》所言,幾與《史記》卷六十三《老子韓非列傳》所載全同,故清代亦有反對此書録非劉向所著者,如王先慎《韓非子集解》注解《韓非子序》時言其“全鈔《史記・列傳》,不得爲序”[③],後陳奇猷《韓非子集釋》收録此序並稱“此篇乃删節《史記・韓非傳》,當係黄三八郎所爲,今存於此,以見乾道本之舊”[④],指出其出於宋人之手,至周勛初《〈韓非子〉劄記・〈韓子〉的編者》言此《序》“和劉向的其他一些書録的格局差别太大”[⑤],質疑其體例異于現存書録。可以看出,王先慎等人主張此《序》删節《史記》而成,不可以之爲劉向語,並提出了宋人撰寫的觀點。由於以上諸説缺乏詳細論證,故李解民《劉氏書録研究》以及武秀成《劉向〈韓非子書録〉辨僞》[⑥]等則撰文進一步補充論據,以證此序出自黄三八郎之手。總結來説,主要從書録體例與文獻稱引等方面進行論證:

其一,李解民指出《序》篇首無篇目次第,校讎之語,末尾無“謹第録”等校勘習語,不合劉向書録體例。

其二,武秀成通過將《序》與《史記》《資治通鑒》對比後,指出所謂的《韓非子書録》爲黄三八郎吸收《史記・韓非傳》及《資治通鑒》潤色

① 白壽彝:《中國史學史教本》,北京師範大學出版社 2000 年版,第 68 頁。

② 《先秦名家四子研究》,第 99 頁。

③ (清)王先慎,鍾哲點校:《韓非子集解》,中華書局 1998 年版,第 16 頁。

④ 陳奇猷:《韓非子集釋》(增訂本),中華書局 1958 年版,第 3 頁。

⑤ 周勛初:《〈韓非子〉劄記》,江蘇人民出版社 1980 年版,第 13 頁。

⑥ 武秀成:《劉向〈韓非子書録〉辨僞》,見曹順慶《歲久彌光——楊明照教授九十華誕慶典暨中國古典文獻學國際學術研討會論文集》,巴蜀書社 2000 年版,第 268—276 頁。

後的文字。

其三,二者均徵引《意林》卷一引劉向云“秦始皇重韓非書,曰:‘寡人得與此人遊,死不恨矣。’李斯、姚賈害之,與藥令自殺,始皇悔,遣救之,已不及”,以示其與《序》記載韓非子自殺文辭之間的異同。

通過對比可以看出,主《序》爲劉向所著者,是從劉向取材《史記》慣例的角度分析,而反對者言及有無校勘等部分佐證己説。兩種觀點同時關注了體例問題,但選取的角度不一。同時,主黄三八郎撰述者亦通過文獻徵引的對比,考辨《序》的來源及其與劉向記述韓非子用語的異同,提供了文獻方面的佐證。

二、《韓非子書録》非書録佐證

上舉主“劉向説”與“黄三八郎説”的學者,雖各有證據證成己説,但仍有疏於考證的地方。對於前者,需明晰爲何清人會將“序”等同于劉向撰寫的書録,以及需要根據現存的書録總結劉向取材的慣例。對於後者,其亦從體例的角度反對,這就需要綜合考察的書録的體例,而非選取體例的某個角度分析真僞。同時,運用《意林》稱引劉向語辨明《序》與書録的差異,應先確認其是否爲《别録》語,而後方可用於論證。若其非出自《别録》,則以誤説證僞,得出的觀點則難以使人信服。

(一)書録的體例

《韓非子序》中並未有提及《韓非子目録》、劉向或書録等内容,此與現存的宋代刻本中完整或部分保存書録的記述不同,如宋本《説苑》言“《説苑》目録”“護左都水使者光禄大夫臣向言”“臣向昧死”,宋本《戰國策》言“《新雕重校戰國策》目録”“護左都水使者光録大夫臣向言所校中《戰國策書》”“臣向所校《戰國策》書録”。這説明若爲劉向撰寫書録,應有與校書相關的記述,或職官、或上奏諸語,但是《韓非子序》不見此類記述,故而姚振宗等認爲《序》不見此部分當是脱落不見。然縱觀劉向書録,除去篇首的官職、篇尾的“昧死上”“謹第録”等作爲指示書録體例的標誌外,劉向在行文中亦會對所校典籍的内容是否合乎儒家經義,語言風格如何略作評價,如:

> 雖不可以臨國教化兵革,救急之勢也。皆高才秀士,度時君之所能行,出奇策異智,轉危爲安,運亡爲存,亦可喜,皆可觀。(《戰國策書録》)①
>
> 凡《管子》書,務富國安民,道約言要,可以曉合經義。(《管子書録》)②
>
> 其書六篇,皆忠諫其君,文章可觀,義理可法,皆合六經之義。(《晏子書録》)③
>
> 觀孫卿之書,其陳王道甚易行,疾世莫能用。其言悽愴,甚可痛也……其書比與記傳,可以爲法。(《孫卿書録》)④

比之現存諸書録,若校書釐定篇章、記述職官之語存在脱文的可能,何以連評述内容及語言的部分一並脱落不見,僅余無任何劉向總結概括或表達觀點的語句。較爲合理的解釋,即是《序》非劉向書録,故而不存在劉向校勘、評述之語。姚氏忽略體例中評述之語,又以脱文解釋《序》中不見校勘的原因,實有主觀臆斷之嫌。

書録體例的考辨中,除比對篇目釐定的校勘用語及評述内容等部分外,亦需要分析劉向徵引《史記》的慣例,這就包括引文的多寡以及劉向對於吸收内容的補充或評述等部分。如《管子書録》有言:

> 太史公曰:"余讀管氏《牧民》《山高》《乘馬》《輕重》《九府》,詳哉其言之也。"又曰:"將順其美,匡救其惡,故上下能相親愛。豈管仲之謂乎?"《九府》書民間無有,《山高》一名《形勢》。凡《管子》書,務富國安民……⑤

此段文字中,兩"曰"字後引文即引自《史記》卷六十二《管晏列傳》:

---

① 《文獻學論著輯要》,第3頁。

②⑤ 《文獻學論著輯要》,第5頁。

③ 《文獻學論著輯要》,第7頁。

④ 《文獻學論著輯要》,第13頁。

太史公曰:“吾讀管氏《牧民》《山高》《乘馬》《輕重》《九府》,及《晏子春秋》,詳哉其言之也”……語曰:“將順其美,匡救其惡,故上下能相親也。豈管仲之謂乎?”①

對比之下即可發現,劉向徵引《史記》記載《管子》中《牧民》《九府》篇章,是爲表達外書《九府》篇章的缺失,及《山高》篇章異名的問題,即“《九府》書民間無有,《山高》一名《形勢》”,而引“匡救其惡”諸語,則爲了説明《管子》書中的“務富國安民”的思想。又如《孫卿書録》:

孫卿,趙人,名況。方齊宣王、威王之時,聚天下賢士於稷下,尊寵之,若鄒衍、田駢、淳于髡之屬甚衆,號曰列大夫,皆世所稱,鹹作書刺世。是時孫卿有秀才,年五十始來遊學,諸子之事,皆以爲非先王之法也。孫卿善爲《詩》《禮》《易》《春秋》。至齊襄王時,孫卿最爲老師,齊尚修列大夫之缺,而孫卿三爲祭酒焉。齊人或讒孫卿,乃適楚。

楚相春申君以爲蘭陵令。人或謂春申君曰:“湯以七十里,文王以百里,孫卿,賢者也,今與之百里地,楚其危乎?”春申君謝之。孫卿去之趙。後客或謂春申君曰:“伊尹去夏入殷,殷王而夏亡。管仲去魯入齊,魯弱而齊强。故賢者所在,君尊國安。今孫卿天下賢人,所去之國,其不安乎?”春申君使人聘孫卿。孫卿遺春申君書,刺楚國,因爲歌賦以遺春申君。春申君恨,復固謝孫卿。孫卿乃行,復爲蘭陵令。春申君死而孫卿廢,因家蘭陵。②

此段文字中加下劃線者見於《史記》卷七十四《孟子荀卿列傳》:

荀卿,趙人。年五十始來遊學于齊。騶衍之術迂大而閎辯,奭也文具難施。淳於髡久與處,時有得善言。故齊人頌曰:“談天衍,

① 《史記》(修訂本),第2599頁。
② 《文獻學論著輯要》,第12、13頁。

> 雕龍奭,炙轂過髡。"田駢之屬皆已死。齊襄王時,而荀卿最爲老師。齊尚修列大夫之缺,而荀卿三爲祭酒焉。齊人或讒荀卿,荀卿乃適楚,而春申君以爲蘭陵令。春申君死而荀卿廢,因家蘭陵。①

"孫"與"荀"古音相同,劉向爲避宣帝劉詢諱,故改"荀卿"稱"孫卿"。兩段引文相比,劉向部分吸收了《史記》,同時亦補充了其未論及的荀卿爲蘭陵令的過程等内容。

通過對比可以看出,雖然劉向確有取材自《史記》的慣例,但其多有補充或個人評述,而被認爲《韓非子書録》的《韓非子序》則無劉向補充的新史料及相關評述,且通篇幾與《史記》相近,可以説是等同於全部襲用司馬遷語。那麽,此種大量徵引他書引文,而未有相關評述者,明顯不合于劉向撰寫書録的體例。故而僅憑藉劉向徵引過《史記》,而不多加比對辨其異同,則容易以偏概全。

（二）文獻的徵引

在考辨的過程中,除體例因素被首先考慮外,亦可比對不同時代文獻記載的差異,如武秀成指出《韓非子序》與《史記》與《資治通鑒》間的因襲關係,即是文獻徵引角度的考察。同時,其與李解民共同使用了《意林》引劉向語論證《序》非劉向所著,這一前提即是《意林》引文出自《别録》,然書中未言《别録》,若以"一般視作《别録》",而忽略相應的考證,則有欠妥當。若此語可判定爲《别録》語,則其便是除《序》之外,唯一一句見存的與《别録》記述韓非子有關的材料,可作爲證僞的有力證據。故而需對《意林》引文略作考辨。核檢《意林》,馬總不止一次提及"劉向云",如卷一《鄧析子》條下言:

> 劉向云:"非子産殺鄧析,推春秋驗之。"②

對比今存《鄧析子書録》,其中記載了劉向根據《春秋左氏傳》證明鄧析

① 《史記》(修訂本),第2852頁。

② 《意林》,第17頁。

非子産所殺，其言："鄧析者，鄭人也……記或云子産執而戮之。于《春秋左氏傳》昭公三十年而子産卒，子太叔嗣爲政。定公八年太叔卒，駟顓嗣爲政。明年，乃殺鄧析，而用其《竹刑》……子産卒後二十年而鄧析死。傳説或稱子産誅鄧析，非也。"①正與《意林》引文相合，可以看出，馬總所言是對劉向觀點的概括，此爲意引《鄧析子書録》語。又如卷二《申子》條言：

> 劉向云："申子，名不害，河東②人。鄭時賤臣，挾術以幹韓昭侯，秦兵不敢至。學本黄老。急刻無恩，非霸王之事。"③

覈檢典籍，《史記》卷六十三《老子韓非列傳》有與劉向此語相近的表述，其言：

> 申不害者，京人也，故鄭之賤臣。學術以幹韓昭侯，昭侯用爲相。内修政教，外應諸侯，十五年。終申子之身，國治兵强，無侵韓者。④

對比而言，劉向此語，應吸收了司馬遷語，並略作改動，如"國治兵强，無侵韓者"，劉向則言"秦兵不敢至"。分析《意林》引文，主要記述了申子

---

① 《文獻學論著輯要》，第10頁。

② 申子的籍貫，張守節《史記正義》引《括地志》注解"京人"，其言"京縣故城在鄭州滎陽縣東南二十里，鄭之京邑也"，此符合"鄭時賤臣"的記載。班固《漢書》自注中亦言申子"名不害，京人"，與史記所載相。加之司馬貞《史記索隱》注解申子"京人"時引《别録》云"京，今河南京縣也"，上條佚文已分析，此與《晏子書録》"萊者，今東萊地也"結構相同，均爲劉向對於地名古今差異的補充。那麽，通過司馬貞的引文可以推測出書録中劉向記載申子的籍貫即稱"京"，故有對"京"在漢時屬河南郡的釋義，此與《史記》《漢書》稱申子爲"京人"相合。《意林》稱"河東人"，明顯與《漢書》及《申子書録》不相符。疑此處爲文字訛誤，"京"字在魏晉南北朝時期的石刻文獻中多作俗字"亰"，如《北魏元浚嬪耿氏墓誌》《北魏元願平妻王氏墓誌》等。傳抄時蓋訛作"東"，因無"東人"這一地名，故馬總以其脱"河"字，遂補足爲"河東人"。换言之，從"京人"到"河東人"經歷兩次訛誤。

③ 《意林》，第37頁。

④ 《史記》（修訂本），第2611頁。

名、號、籍貫、個人事蹟以及對於學術思想的評價。此類内容多見於劉向撰寫的書録,如《孫卿書録》"孫卿,趙人,名況。方齊宣王時、威王之時,聚天下賢士於稷下,尊崇之……是時,孫卿有秀才,年十五始來遊學",《鄧析子書録》"鄧析者,鄭人也。好刑名,操兩可之説,設無窮之辭……其論無厚者,言之異同,與公孫龍同類"。又,魏晉時人仲長氏撰《尹文子序》言"劉向亦以其學本于黄老,大較刑名家也"①,可知劉向撰《尹文子書録》時有提及尹文子學本黄老之類的表述,此正與《意林》所引相近。而"急刻無恩,非霸王之事"與刑名之法相關,亦見於漢代典籍,如《淮南子》卷一《原道訓》"夫峭法刻誅者,非霸王之業也"②,《鹽鐵論》卷二《非鞅》"峭法盛刑,以虐戾爲俗,欺舊交以爲功,刑公族以立威,無恩于百姓"③。可以看出,此類評價合乎漢代獨尊儒術後漢世對於法家學説的評價,劉向言"急刻無恩"即是以是否曉合儒家經義來評判申子的學説。故而從記述姓名、個人事蹟,到對法家學説不合經義的評判,均合與劉向撰寫書録的慣例。

以此二例觀之,《意林》卷一"韓子"引"劉向云:'秦始皇重韓非,書曰:'寡人得與此人遊,死不恨矣。'李斯、姚賈害之,與藥令自殺,始皇悔,遣救之,已不及。'"④事關韓非子被害致死的記載,當是引自《韓非子書録》。將其内容與《史記》原文相比,即可看出劉向採納的部分,以及總結概括的地方,如《史記》言"李斯、姚賈害之……李斯使人遺非藥,使自殺。韓非欲自陳,不得見。秦王後悔之,使人赦之,非已死矣"⑤,至劉向則簡略作"李斯、姚賈害之,與藥令自殺,始皇悔,遣救之,已不及"。

(三)"序"與"書録"的區分

"序"作爲一種記述著者生平、創作主旨、創作經過等内容的文體,已見於漢代學者的著述中,如司馬遷即著有《太史公自序》,後世亦有爲他人作序者,記載得書緣由、評價著者及書中内容等,如仲長氏的《尹文

---

① 《尹文子》,第1頁。

② 何寧:《淮南子集釋》,中華書局1998年版,第32頁。

③ 王利器校注:《鹽鐵論校注》,中華書局1992年版,第96頁。

④ 《意林》第23頁。

⑤ 《史記》(修訂本),第2621、2622頁。

子序》、韓愈《送李願歸盤穀序》等。然根據《漢志》諸子略儒家類著録“劉向所序六十七篇”，班固自注曰“《新序》《説苑》《世説》《列女傳頌圖》也”①，可知劉向用“序”字，有序次、編排之義，取其動詞之義，而並非表示一種文體，加之《戰國策書録》“所校《戰國策》書録”，《孫卿書録》“所校讎中《孫卿》書録”，均言“書録”，亦表明劉向稱作“書録”，而非稱作“序”。

但是由於劉向撰寫的書録中包含的著者生平事蹟的記述以及對於書中内容的評價等部分，與“序”所記述的内容具有相似性，故而學者在表述時亦將書録與文體之“序”相混，如《直齋書録解題》卷九“《説苑》二十卷”條下言“劉向撰。序言‘臣向所校中書《説苑雜事》’”②，“序”即是文體，又同是卷九“《荀子》注二十卷”下有言“唐大理評事楊倞注。案劉向序，校中書三百二十二篇”③，此處“序”又訓爲序次義。可以看出，“書録”與作爲文體之“序”在内容上相近性，以及劉向運用“序”的動詞義——“序次”，均易使人産生劉向撰寫“書録”可稱作“序”的誤解。

另觀宋代刊刻的典籍中，有書前撰寫“序”的刻本，如《管子》在劉向《管子目録》前即有《管子序》，而《孔叢子》目録前有《孔叢子序》一篇。那麽，黄三八郎的刻本中刻印一篇介紹韓非子的《序》，合于宋時的刻書慣例。且其刻印《鉅宋廣韻》目録前分别刻有陸法言、長孫訥言論《切韻》的文字及《陳州司法孫愐唐韻序》，亦可佐證黄三八郎書前刻《序》的慣例。基於此論，可以推想出黄三八郎在不見劉向《韓非子書録》的情況，截取《史記》等書對於韓非子的記載以成《韓非子序》。

此處需要注意的是，因無其他佐證證明此《序》成于黄三八郎之手，根據《序》截取《史記》《資治通鑒》而成的情況來看，稱作宋人編纂較爲穩妥。

---

① 《漢書》，第1727頁。

② （宋）陳振孫，徐小蠻，顧美華點校：《直齋書録解題》，上海古籍出版社2015年版，第271頁。

③ 《直齋書録解題》，上海古籍出版社2015年版，第270頁。

三、《韓非子書録》辨僞的總結

綜上所述,學者在考證真僞時,基本遵循了"覈之文以觀其體""覈之異世之言"的辨僞方法,即體例與文獻徵引兩個角度。但體例分析多以偏概全,如主劉向撰《序》者,知其有取材《史記》的慣例,卻疏于考辨劉向徵引後對於史實的補充和對於《史記》的省改等。同時,根據現有流傳的書録,其體例因素除包含校勘、上奏用語、著者名號、籍貫、生平外,還有對典籍内容、語言風格的評價,若李解民僅以體例中無校勘部分,判斷其非劉向書録,則缺少對體例的全面考察。相較諸家體例考辨的片面性,比對《史記》《資治通鑒》《意林》與《韓非子序》四種文獻間記載的差異,則更全面地説明序言來源問題,及其與劉向撰寫書録間的不同。

然受制於體例、文獻徵引考辨,諸家多忽略此序最初稱作《韓非子序》,而非《韓非子書録》的刊刻情況,雖有武秀成指出《韓非子書録》一名改自嚴可均,但亦未能從宋本名其作《韓非子序》角度考辨分析。雖然宋人如陳振孫等在行文中時有模糊"序"與"書録"的界限,但結合宋本《管子》《説苑》等典籍稱書録爲"目録",且同時存在"序言"的情況來看,宋人在刻書時對於"序"與"書録"有著清楚的界限。總結來説,辨僞時除了需要多角度的考辨内容外,亦需要確保辨僞對象與其流傳之初的形式保持一致,即確認在流傳過程中其是否被改動過。

綜上,藉由分析劉向的引用慣例、撰寫書録主要要素,以及對文獻的稱引的比對,可以確定的是記述韓非子學術思想、生平事蹟的《韓非子序》,不類劉向書録體例,實爲宋人因襲《史記》等典籍而來,後因嚴可均等人以之爲劉向語,始誤《韓非子序》爲《韓非子書録》。

第五章　《别録》《七略》多元學術價值形成問題研究

西漢末年，劉向奉詔典校群書，並將校書成果以敘録形式上奏皇帝，後"别集衆録"①而成《别録》。據今存《戰國策》等敘録，劉向所撰敘録格式較爲固定，每篇大致包含篇目及錯訛等校勘情況、作者生平、書籍内容、思想評價、學術源流考辨等内容，爲後世敘録體目録的寫作確定了範式。後劉歆繼卒父業，在《别録》的基礎上著成《七略》，首以輯略論述成書大略，次以六藝略、諸子略、詩賦略、兵書略、數術略、方技略歸類周秦西漢之典籍，成爲我國第一部圖書分類目録。《别録》《七略》作爲向歆父子的校書實踐成果對於後世目録學、版本學、校勘學等學科的發展均産生了深遠的影響。

由於《别録》《七略》研究價值的多元性，自成書以來，便不斷地引起學者的研究與關注。從最初的目録體例的整合，到文辭片段徵引，再到理論的總結與昇華，在不同的歷史時期内，學者對於二書的研究呈現了不同的學術轉向。然目前學界對於《别録》《七略》的研究多集中目録學或輯佚學等單方面的探討，缺乏對二書發展脈絡的總結與研究。2009 年張世磊的《〈别録〉〈七略〉研究》②是目前較爲系統研究二書的論文，亦未能對《别録》《七略》發展脈絡做進一步梳理，故本章擬通過分析二書經過魏晉流傳與目録體例的整合、唐宋融入典籍後的散佚、明清辨僞理論與佚文輯録的並重以及近現代多元研究的融合這四個階段學術價值的改變，探究《别録》《七略》的多元學術價值的形成，明晰二書的學術研究的發展脈絡。

---

① 《七録輯證》，第 3 頁。

② 張世磊：《〈七略〉〈别録〉研究》，吉林大學 2009 年碩士學位論文。

第一節　魏晉流傳與目録體例的整合

《七略》作爲我國首部圖書分類目録,以六略三十八種的"六分法"編成圖書目録,具有開創性意義。除去總論性質的輯録,其他六略分别是六藝略、諸子略、詩賦略、兵書略、數術略、方技略。章學誠在《校讎通義·敘》稱"劉向父子部次條别,將以辨章學術,考鏡源流"①,闡明二者編目的深遠影響,洵爲至論。自六分法確立以來,班固、荀勖、李充、王儉、阮孝緒等人在此基礎上不斷地對目録分類體系進行吸收、整合與歸納,至隋代《隋書·經籍志》"經、史、子、集"四分法的最終確定,結束了目録體例整合期。這一時期有關《别録》《七略》的研究與關注,主要滲透在目録體例由六分法逐漸向四分法的整合過程中。

一、局限性的顯現

班固著《漢書》删取《七略》編爲《藝文志》,其價值不僅體現在保存了《七略》的大貌,使之得以流傳,更在於其將反映學術演進的目録學内容納入史書編纂的範疇。《漢志》作爲班固吸收並傳播向歆父子校書成果的集中體現,它不僅是關注與利用《别録》《七略》的發端之作,亦是二書獨立性削弱的開始。由於《别録》《七略》的分類編目反映的是漢代宗儒宗經的學術思想,東漢班固、傅毅等尚可"依《七略》而爲書部"②,但在脱離了漢代學術的背景下,二書的局限性開始顯現。如圖書分類的變化,書籍的亡佚,篇章的散落等使得魏晉時期的學者重新審視與使用《别録》,這從仲長氏撰寫的《尹文子序》即可看出,其言:

> 尹文子者,蓋出於周之尹氏。齊宣王時居稷下,與宋鈃、彭蒙、田駢同學[先]于公孫龍,公孫龍稱之。著書一篇,多所彌綸。《莊子》曰:"不累於[俗,不飾於]物,不苟於人,不忮於衆,願天下之安

① 《文史通義校注》,第1101頁。

② 《隋書》,第906頁。

> 寧以活民命,人我之養畢足而止之,以此白心";"見侮不辱"。此其道也。而劉向亦以其學本于黄老,大較刑名家也。近爲誣矣。余黄初末始到京師,繆熙伯以此書見示。意甚玩之,而多脱誤,聊試條次,撰定爲上、下篇,亦未能究其詳也。山陽仲長氏撰定。①

此序雖短,但卻反映了《别録》不同于漢時的學術地位變化。通過其表述可以看到,劉向認爲尹文子學術思想雖學本黄老,但大體上是屬名家一類,這與《漢志》諸子略名家著録《尹文子》事實相符。在"大較刑名家也"後,仲長氏言"近爲誣矣",表示時人已對於劉向的分類産生了質疑。加之仲長氏看到的《尹文子》多有脱誤,故有其"聊試條次,撰定爲上下篇"之舉,這就相當於重新釐定了篇次。

縱觀整個序言的撰寫,與劉向撰寫書録的體例已然産生了較大的變化,如不見校勘中外書篇目差異、文字訛誤示例的用語。由於不涉及奏上御覽,故亦不見奏上時所要指出的書中内容是否曉合經義等部分。然從其介紹尹文子的事蹟、學術思想,到其得書來源及釐定篇目的緣由等,可看出其受《别録》的影響,但形式亦大有不同。可以説,從對於劉向認知的質疑,到重新分章定篇,及類似於書録性質序言撰寫的改變,均表明了《别録》出現了局限性。

二、四分法的確立

魏晉南北朝結束了漢代統一的政權,開啟了長達三百多年的政權分裂期。這一時期,玄學的興起,佛教與道教的長足發展,都衝擊著漢以來確立的儒學獨尊的地位,學術文化發展由此進入了巨變時期。與漢世相比,圖書種類及數量均發生了變化,舊有體例很難滿足這一時期的目録編制,故而目録編制者開始了對《别録》《七略》體制的改造。西晉荀勖作爲改造的先行者,據《七録・序》記載其"因魏《中經》,更著《新簿》,雖分爲十有餘卷,而總以四部别之"②,記述相對簡略。至《隋

① 《先秦名家四子研究》,第472頁。
② 《七録輯證》,第2頁。

書・經籍志》則詳細記載了荀氏分部情況:

> 魏秘書郎鄭默,始制《中經》,秘書監荀勖,又因《中經》,更著《新簿》,分爲四部,總括群書。一曰甲部,紀六藝及小學等書;二曰乙部,有古諸子家、近世子家、兵書、兵家、術數;三曰丙部,有史記、舊事、皇覽簿、雜事;四曰丁部,有詩賦、圖贊、汲冢書。[①]

荀勖在鄭默《中經》的基礎上編制了《中經新簿》(以下簡稱《新簿》),首次以甲乙丙丁即"經、子、史、集"四分法總括群書[②],對《七略》六分法進行了分合調整:首先,將《漢志》六藝略大部分歸入甲部,獨立出六藝略中的春秋類史書與新出現的類書合爲丙部;其次,將兵書略、數術略、部分方技略與諸子略合爲乙部;最後,將部分方技略與詩賦略合爲丁部。

荀勖四分法的創始以及將史部分離單列成部,均具有開創性意義,對後世的編目産生了深遠的影響。雖然荀勖依據當時的藏書情況對六分法進行了調整,但據《晉書・荀勖傳》記載,其"與中書令張華依劉向《别録》,整理記籍"[③],依然仿照《别録》整理典籍。主觀上荀勖並未忽略向歆父子的校書成果,但客觀上《中經新簿》的成書,四分法的出現卻在一定程度上加速了《别録》《七略》獨立性削弱的進程。

東晉時期,李充"因荀勖舊《簿》四部之法"[④]編制《晉元帝四部目録》(以下簡稱《晉録》),延續了《新簿》的四部分類體系,但卻調整了《新簿》的四部之序。《七録・序》稱李充"换其乙丙之書,没略衆篇之

---

① 《隋書》,第906頁。

② 由於史書對於鄭默《中經》記載簡略,加之此書已經散佚,關於其體例問題,則無從考證,目前尚無定論。荀勖在《中經》基礎上編制《中經新簿》,有學者認爲《中經》即是四分法體例,荀勖沿襲了這一體例,亦有學者主張《中經》延續《七略》六分法,四分法爲荀勖改進而成。鑒於現有史料,本書傾向于荀勖首創甲乙丙丁四分法。(可參看張固也:《四部分類法起源于荀勖説新證》,見張固也《古典目録學研究》,華中師範大學出版社2014年版,第1—10頁。)

③ 《晉書》,第1154頁。

④ 《七録輯證》,第2頁。

名,總以甲乙爲次"[①],指出《晉録》雖仍稱甲乙丙丁四部,但卻取消了四部之下具體的分類,並更改了史部和子部的順序。李充的這一調整奠定了後世"經、史、子、集"的部次之序。至《隋書·經籍志》成書這一編排順序才得以最終確定,故唐房玄齡等人在編制《晉書·李充傳》時,即稱"充删除煩重,以類相從,分作四部,甚有條貫,秘閣以爲永制"[②],補足了李充撰寫《晉録》對於四部之序確立的歷史影響,然從李充的實踐到《隋志》的確立,中間曾一度出現了"七分法"的分類體系。

南朝齊王儉所著《七志》依據《别録》《七略》的分類體系開創了七分法。《文選·任彦升〈王文憲集序〉》稱王儉"依劉歆《七略》,更撰《七志》"[③],《七録·序》亦載"儉又依《别録》之體,撰爲《七志》"[④],並説明了《七志》的編目情況:

> 王儉《七志》改六藝爲經典,次諸子,次詩賦爲文翰,次兵書爲軍書,次數術爲陰陽,次方伎爲術藝。以向、歆雖云《七略》,實有六條,故别立圖譜一志,以全七限。其外又條《七略》及二《漢·藝文志》《中經簿》所缺之書,並方外之經,佛經道經,各爲一録。雖繼《七志》之後,而不在其數。[⑤]

王儉編制《七志》繼承《七略》的同時亦有所改進。首先,其延續《七略》六分法之序,並重新命名分類名目,除諸子之名未改,其他五略依次命名爲經典志、文翰志、軍書志、陰陽志、術藝志、廢棄四分法。爲補足《七略》"七"之數,王儉又增加圖譜志以改造六分法。其次,王儉以更加細緻的分類編制書目,將佛道二家文獻以附録形式獨立列出,給予充分的關注。雖然王儉編制《七志》未採納"四分法",但其編制的《宋元徽元年四部目録》則是以"四分法"編制的目録,這説明此時《别録》《七略》

① ④ 《七録輯證》,第2頁。

② 《晉書》,第2391頁。

③ (梁)蕭統,(唐)李善注:《文選》,上海古籍出版社1986年版,第2075頁。

⑤ 《七録輯證》,第3頁。

對於目録編制的影響在逐漸減弱。

梁阮孝緒著《七録》延續了王儉的七分法,調整了分類,並稱"今所撰《七録》,斟酌王、劉"[①]而來,故爲了明晰分類沿革問題,阮氏梳理了《别録》《七略》的承繼關係以及從《七略》到《七志》分類内容的發展變化。據《七録・序》記載,阮氏將《七志》經典志中史部分至紀傳録,其他爲經典録,合諸子志與軍書志爲子兵録,文翰志改爲文集録,術藝志改爲術技録,附録佛經列爲佛經録,道經列爲仙道録,共爲七録。[②]在分類編目上阮氏採取的七分法,從順序到名目,均與最開始的《七略》有了很大的區别。至《隋書・經籍志》四分法的回歸,"經、史、子、集"四部分類法始成爲定制。

這一時期,在六分法向四分法整合的過程中,雖然短暫地出現了以六分法爲基礎的七分法,但並未改變四分法主流的整合趨勢。《别録》《七略》作爲單純的目録學著作,在目録分類不斷産生變革的整合過程中,學者對於二書的關注多集中在目録學層面,然整合的過程即是二書目録學價值減弱的過程,學者的關注亦呈減弱趨勢。至《隋書・經籍志》四分法成爲定制,目録編制系統趨於穩定,學者對二書目録學價值的關注開始轉向對二書的史料價值的運用。

第二節 唐宋融入典籍後的散佚

在目録體例的整合過程中,南北朝時期已有少數學者開始引用《别録》《七略》注解典籍,發揮二書的史料價值。如皇侃《論語義疏敍》:"劉向《别録》云'魯人所學謂之《魯論》,齊人所學謂之《齊論》,合壁所得謂之《古論》'。"[③]《史記・殷本紀》裴駰《集解》曰:"劉向《别録》曰'九主者,有法君、專君、授君、勞君、等君、寄君、破君、國君、三歲社君,凡九品,圖畫其形'。"酈道元《水經・淄水注》:"劉向《别録》以稷爲齊

① 《七録輯證》,第3頁。
② 《七録輯證》,第4頁。
③ 《論語集解義疏》,第4頁。

城門名也。談説之士,期會于稷門下,故曰稷下也。"[①]此時對於《别録》《七略》的史料價值關注較少,但文字徵引的出現已然提供了二書目録學價值以外的另一種使用趨勢。進入唐宋時期,由於四分法的確立,學者對於《别録》《七略》目録學價值的使用逐漸淡化,取而代之的是大興典籍編纂背景下自身所具有的史料價值。

一、典籍注疏的引用

由於魏晉南北朝時期政權的更迭分裂,社會動蕩不安,古籍在流傳過程中開始出現異本及訛誤,且成書久遠的古籍後世已難理解,這些都加大了後世學者對舊注古義理解的難度,也使古書重新校訂注疏成爲必要。隨著隋唐大一統政權的到來,經濟文化得到發展,政治亦逐步穩定,此時唐代統治者亟需文化上的統一,以維護自身的統治,故而積極宣導典籍整理與編纂。如唐太宗以"經籍去聖久遠,文字多訛謬"[②],詔令顔師古奉詔考訂五經,梳理版本及文字之誤。杜希德在談到這一問題時即指出唐代統治者意圖通過資料的整合歸類"使出現於分裂割據時期的歧義解經傳統歸於有序一致"[③]。加之科舉制的施行都在一定程度上促進了典籍編撰與整理工作的展開,這一時期的典籍整理主要集中於注疏古籍以及編纂類書兩大方面。由於《别録》《七略》具有較高的史料價值與學術價值,典籍編撰者開始大量徵引二書内容。

孔穎達在顔師古五經定本的基礎上,採摭諸家之説,疏證《詩》《書》《禮》《易》《春秋》,編著《五經正義》,在其所引的諸多典籍中即包含了《别録》《七略》。如《尚書正義·序》:"《别録》曰'武帝末,民有得《泰誓》書於壁内者,獻之。與博士使讀説之,數月皆起,傳以教人。'"[④]。《春秋左氏傳正義·序》:"劉向《别録》云:'左丘明授曾申,

① 《水經注校證》,第627頁。

② 《貞觀政要》,第220頁。

③ [英]杜希德,黄寶華譯:《唐代官修史籍考》,上海古籍出版社2015年版,第74頁。

④ 《尚書正義》,第14頁。

申授吴起,起授其子期,期授楚人鐸椒。鐸椒作《抄撮》八卷,授虞卿;虞卿作《抄撮》九卷,授荀卿;荀卿授張蒼。'"[①]《周禮注疏·冬官考工記·匠人》卷四十一:"劉向《别録》云'路寢在北堂之西,社稷宗廟在路寢之西'。"[②]此外,如《史記》司馬貞《索隱》,《漢書》顔師古注,《文選》李賢注等史書、文集的注解中,亦不同程度的援引了《别録》《七略》,如《史記·老子韓非列傳》司馬貞《索隱》:"《别録》云'作人姓名,使相與語,是寄辭於其人,故《莊子》有《寓言》篇'。"[③]《漢志》顔師古注:"劉向《别録》云'神輸者,王道失則炎害生,得則四海輸之祥瑞。'"[④]《文選·劉孝標〈辨命論〉》李賢注:"《七略》'鶡冠子者,蓋楚人也。常居深山,以鶡爲冠,故號鶡冠。'"[⑤]

二、類書編纂的徵引

與注疏保存引文相同,唐代類書的編纂亦大量徵引了《别録》《七略》。類書在編纂時需要引用摘録大量典籍,並按照一定的標準進行編排。因其内容的專題性,查閲的便捷性,逐漸受到人們的青睞。類書起源于魏晉時期,至唐代科舉取試,以及作詩賦文盛行的背景下,因其資料彙編的特點,可"爲作家覓取文學精華與典故的範例打開一條簡捷的途徑"[⑥]而獲得極大的發展,故而出現了諸如《北堂書鈔》《藝文類聚》《初學記》等類書,其中即保存了部分《别録》《七略》的内容。如《北堂書鈔》卷一百九:"劉向《别録》云'師氏雅琴者,名志。東海下邳人。傳云:言師曠之後,至今邳俗猶多好琴也'。"[⑦]《藝文類聚》卷五十五:"劉向《七略》曰'孔子三見哀公,作《三朝記》七篇'。"[⑧]《初學記》卷二十

---

① 《春秋左傳正義》,第2頁。

② (漢)鄭玄注,(唐)賈公彦疏:《周禮注疏》,十三經注疏繁體標點本,北京大學出版社2000年版,第1346頁。

③ 《史記》(修訂本),第2609頁。

④ 《漢書》,第1704頁。

⑤ 《文選》,第2345頁。

⑥ 《唐代官修史籍考》,第74頁。

⑦ 《北堂書鈔》,第419頁。

⑧ 《藝文類聚》,第983頁。

一:"劉歆《七略》曰'《詩》以言情,情者,信之符也,書以決斷,斷者,義之證也'。"[①]這一時期典籍編纂的興盛,促使學者更多關注《别録》《七略》的史料價值,忽略目録價值的使用,一方面部分保存了二書的校書成果,但另一方面也加速削弱了二書的整體性與獨立性。

受唐代典籍編纂風氣的影響,至宋代,學者仍主要從資料性角度使用《别録》《七略》,多見於宋初《太平御覽》《太平寰宇記》《事類賦注》《唐會要》等類書或史書中。如《太平御覽》卷五七九:"劉向《别録》曰'雅琴之意,事皆出龍德《諸琴雜事》中'。"[②]《太平寰宇記》卷一八:"劉向《别録》云'齊有稷門,齊之城西門也。'"[③]《唐會要》:"劉歆《七略》有《易傳子夏》,但此書不行已久,今所存者,多非真本。"[④]相較于唐代類書及史書注解大量的徵引,宋代除《太平御覽》徵引較多外,其他典籍徵引二書内容相對較少。此後宋代的書目中仍有關於二書的徵引,如《崇文總目》卷三儒家類"《賈子》十九卷"下著録:"本七十二篇,劉向删定爲五十八篇。"[⑤]而《遂初堂書目》《郡齋讀書志》等目録著録均未收録二書,學者多推斷二書約在唐宋之際散佚。[⑥]

三、目録分類的反思

在徵引文字的主流趨勢中,宋代亦有學者選擇關注《别録》《七略》的學術價值及學術影響。如曾鞏除賦詩作文外,亦主持校勘過諸如《戰國策》《烈女傳》《中論》《南齊書》等典籍,王三槐在《南豐先生文集序》中介紹曾鞏時即稱"先生自負要似劉向"[⑦],其在實際校書過程中依劉向《别録》撰寫敘録,如《徐幹〈中論〉目録序》(節選):

---

① 《初學記》,第500頁。

② 《太平御覽》,第2613頁。

③ 《太平寰宇記》,第353頁。

④ (宋)王溥:《唐會要》,中華書局1955年版,第1409頁。

⑤ 《崇文總目》,第128頁。

⑥ 姚振宗認爲《别録》《七略》同亡於唐末五代時期,張滌華認爲《别録》在南宋以後才真正亡佚。

⑦ 《曾鞏集》,第810頁。

> 臣始見館閣及世所有徐幹《中論》二十篇,以謂盡於此。及觀《貞觀政要》,怪太宗稱嘗見幹《中論·復三年喪篇》,而今書此篇闕。因考之《魏志》,見文帝稱幹著《中論》二十餘篇,於是知館閣及世所有幹《中論》二十篇者,非全書也。幹字偉長,北海人,生於漢、魏之間。魏文帝稱幹"懷文抱質,恬淡寡欲,有箕山之志"……幹獨能考六藝,推仲尼、孟軻之旨,述而論之。求其辭,時若有小失者;要其歸,不合於道者少矣。①

曾鞏在此篇敘録中評價了《中論》思想主旨並交代了篇目及作者等情況,效仿了劉向撰寫敘録的模式,包括運用是否合乎道義這一標準評價所校書籍的思想内容。

至南宋時期文獻學家開始針對《七略》的分類問題進行反思,如鄭樵《通志·校讎略·編次必謹類例論六篇》:

> 《七略》者,所以分書之次,即《七略》不可以明書。欲明天者在於明推步,欲明地者在於明遠邇,欲明書者在於明類例。噫!類例不明,圖書失紀,有自來矣。臣於是總古今有無之書爲之區别,凡十二類。②

鄭樵對《七略》的分類體系提出質疑,認爲其類例不明晰,不易於"明書",並提出了十二分法,以此"可以盡百家之學"③。同樣晁公武在《郡齋讀書志》卷一中亦曾提及"今公武所録書,史集居其半,若依《七略》,則多寡不均,故亦分之爲四焉"④。晁氏認爲《七略》的分類體系已難以適應宋世的書籍分類。鄭樵選擇十二分法,晁公武選擇四分法,雖然在分類上有著較大的差别,但二者均指出《七略》作爲目録分類的源頭之作已然不能滿足歸類書籍的需求。可以説,宋代曾鞏、鄭樵等人對於敘

① 《曾鞏集》,第190頁。

②③ 《通志二十略》,第1804頁。

④ 《郡齋讀書志校證》,第1頁。

録體例的仿照、目録體例的反思在一定程度上開啟了後世學者對於《別録》《七略》目録體例及理論的關注及應用。

第三節 明清辨僞理論與佚文輯録的並重

唐宋時期學者對於《別録》《七略》研究與關注呈現出碎片化傾向，其直接影響即是帶來整體性研究的缺失，加速了二書獨立性的削弱直至亡佚。如上所述，部分宋代學者已經開始從整體的研究視角運用向歆父子的校書成果，如關注《別録》《七略》目録體例與敘録體例等，並逐漸將二書的使用提升至理論的高度。同時，隨著明清輯佚學的發展，學者們亦試圖輯録二書的佚文以求最大限度恢復二書原貌，重新審視二書的學術價值。

一、辨僞價值的關注

明代胡應麟在《四部正譌》中系統總結了辨僞的方法，其中前兩條即明確了《七略》對於辨僞的價值，其言"凡覈僞書之道，覈之《七略》以觀其源，覈之群《志》以觀其緒"，意在從目録著録的源流角度對古籍進行辨僞，將《七略》的使用提升至辨僞學理論的高度。清代朱彝尊在《〈崇文書目〉跋》一文中則談到了敘録體目録的可取之處：

> 書籍自劉《略》、荀《簿》、王《志》、阮《録》以來，不僅條其篇目而已，必稍述作者之旨，以詔後學。故贊《七略》者，或美其"剖判藝文"，或稱其"略序洪烈"……辭不費而每書之本末具見，法至善矣。①

朱彝尊對《崇文總目》"法至善"的高評價，實質上是對向歆父子創制的既有編目又有敘述"作者之旨"的敘録體目録的認可。朱氏認爲此種編排方法的可取之處在於其編目的同時亦能明晰"每書之本末"，起到梳

① (清)朱彝尊：《曝書亭集》，商務印書館1935年版，第733頁。

理學術的作用。章學誠論及鄭樵删《崇文總目》敘録時稱"鄭樵删去《崇文》敘録,乃使觀者如閲甲乙簿注,而更不識其討論流別之義焉"[①],亦重視目録"辨章學術、考鏡源流"的作用。對於《别録》《七略》理論的歸納與總結,章氏以之爲"校讎"之學,其在《信摭》中稱:

> 校讎之學,自劉氏父子,淵源流别,最爲推見古人大體,而校訂字句,則其小焉者也。絶學不傳,千載而後,鄭樵始有窺見,特著校讎之略,而未盡其奥,人亦無由知之。世之論校讎者,惟争辨於行墨字句之間,不復知有淵源流别矣。近人不得其説,而於古書有篇卷參差,敘例同異,當考辨者,乃謂古人别有目録之學,真屬詫聞。[②]

章學誠延續鄭樵之説,從廣義的角度以"校讎"之名統攝向歆父子的校書實踐活動,包括校訂訛誤,篇卷差異,考論得失等内容,涉及了校勘、版本、目録等諸方面,以校書活動整體爲對象進行理論的總結。

得益於明清時期對於二書理論的重視,加之輯佚學的發展,推動了《别録》《七略》回歸目録學研究的進程。如姚振宗及章太炎在整理輯本時,已開始針對二書的成書問題做相應的論述,如就成書先後問題,姚振宗提出《别録》成於《七略》勒成之際[③],而章太炎則認爲《别録》先成[④]。因姚章二人的重點在輯録佚文,故對於成書諸問題的研究均淺嘗輒止,未能深入。

二、佚文整合的輯録

清代學者治學著書,摒棄了明代盛行的空疏學風,取而代之的是效法漢儒,並以考證訓詁爲主要治學之法。在考據學興起的影響下,輯佚學得到了長足的發展,文獻學家在考證研究傳世文獻的同時,亦致力於散佚文獻的蒐集整理。得益于唐宋時期古書注解以及類書等典籍中保

---

① 《文史通義校注》,第1118頁。
② (清)章學誠:《章學誠遺書》,文物出版社1985年版,第367頁。
③ 《七略别録佚文、七略佚文》,第8頁。
④ 《七略别録佚文徵》,第321頁。

存的《别録》《七略》的佚文，文獻學家陸續著力於輯録與整理二書佚文的工作，並取得了豐碩的成果，先後共出現了十種輯本，分别是洪頤煊《經典集林》本、嚴可均《全上古三代秦漢三國六朝文》本、顧觀光《武陵山人遺稿》本、馬國翰《見玉函山房輯佚書》本、陶濬宣《稷山館輯補書》本、王仁俊《玉函山房輯佚書續編》本、張選青《受經堂叢書》本、章宗源輯本、姚振宗《快閣師石山房叢書》本、章太炎《七略别録佚文徵》，加之今人鄧駿捷校補姚振宗本，目前已知共有十一種輯本。

諸本中，以洪本出現時間最早，共輯得《别録》佚文 101 條，《七略》佚文 53 條，附録 6 條，作爲首出之輯本，雖然佚文數量不多，但爲後出諸本奠定了基礎，其不足之處即無分類、無標目。諸本中嚴本承襲洪本，僅增加了《文選・王康琚反招隱詩》中徵引的"劉向《列子目録》曰'至於《力命篇》，一推分命'"[①]一條佚文。陶本則訂正嚴本，於存在疑義處增加評注，改正文字，如"《易》家有救民之法(《史記・淮南王列傳・索隱》)"，陶氏批注曰"《易》家有救氏之注。《史記・衡山王列傳》索隱引。王應麟《漢志考證》引作'救氏注'，節去'之'字。今本《史記》或訛作'救民之法'"[②]。從本質上嚴本、陶本均爲洪本的延續。馬本輯録劉向《七略别録》佚文 90 條，間雜有《七略》佚文，此爲不足之處，然馬本對佚文進行標目及分類則彌補了洪本之不足。諸本中章本輯佚文 108 條(包括補遺 8 條)，王本輯得《七略别録》9 條，《七略》佚文 1 條，《别録補遺》1 條，共計 11 條，均爲訂補馬本之作。如章太炎在"《尚書》五十八篇"條下補充了"《尚書》有青絲編目録(《文選・爲範始興作求立太宰碑表》注)"[③]一條佚文。加之張選青本爲馬本翻刻本[④]，三者均爲馬本的延續。姚本集衆家之長，吸收嚴、馬兩家輯本，並新增補數條佚文，共輯得《别録》佚文 156 條、附録 20 條、敘録 8 篇，《七略》佚文依據《漢志》補足，今人鄧駿捷校補姚本，補全每條佚文的出處，並新補輯佚文 3 條，

---

① 引文出自上海圖書館藏《稷山館輯補書》。

② 《文選》，第 1031 頁。

③ 《七略别録佚文徵》，第 324 頁。

④ 閆平凡：《張選青〈七略别録〉輯本考述》，見廖明春《顯微闡幽：古典文獻的探故與求新》，汕頭大學出版社 2016 年版，第 259—266 頁。

敘録4篇。另有較爲晚出的顧本輯得《别録》佚文99條,《七略》52條,在編排、校按等方面與諸本不同。章宗源輯本,見於姚本序言,今不見流傳,蓋已散佚。縱觀此十一種輯本,他們之間的逐步完善存在遞進性與關聯性,構成了相對完整的輯本體系。

《别録》《七略》亡佚後,二書即獲具了輯佚學研究屬性。至清代輯佚學發展,輯本的出現,不僅推動了二書從唐宋典籍注疏、類書編纂的從屬地位中重新獨立出來,也爲二書目録學研究的回歸提供了文本支援。由於《别録》《七略》中蘊含的豐富文獻學思想,文獻學家們多以後世諸如目録、輯佚、校勘等文獻學思想發端於二書,如王禮培在《目録板本學原始》談論向歆父子時即稱《别録》《七略》"實爲板本學之濫觴……亦爲目録學之濫觴"①,故而明清以降的學者不僅關注二書目録學價值,亦致力於發掘二書對於辨僞學、版本學、校勘學等的影響,著重從理論的角度探討與使用。

餘論:近現代多元研究的融合

漢代以迄至隋代四分法體系確定前,《别録》《七略》的學術價值集中體現在目録學領域。至《漢志》删取《七略》,成爲史志目録。隨著後世史籍數量的增加,史書的獨立成部,學者對於史書的關注逐漸增多。《七略》被《漢志》吸收,成爲史書中的一部分,爲學者使用《七略》提供了另一種選擇的可能性,一定程度上影響了《七略》的傳播。這一時期目録體例的整合,四分法的確立過程即是二書目録學價值取向被削弱的過程。唐宋時期,二書作爲資料性内容成爲古籍編纂吸收的對象,推動了二書亡佚的進程,加之受到宋代疑經改經學風的影響,終至南宋時期亡佚不見。自其散佚後,以迄明清時期,學者開始從理論的角度關注二書的價值,並且有賴於前代著作保存的引文,及在清代輯佚學興起的背景下,《别録》《七略》輯本始出,湧現了洪頤煊、嚴可均、馬國翰等輯佚學家整理的輯本,逐漸恢復了唐宋以來《别録》《七略》喪失的獨立

① 易新農,夏和順:《近代藏書家王禮培》,岳麓書社2015年版,第278頁。

性。得益於輯本的出現，學者開始重新審視《别録》《七略》學術價值，這包括其自身具備的目録學價值，以及在散佚後所具備的輯佚學與辨僞學的研究屬性。

《别録》《七略》作爲目録學著作，學者多研究其目録學價值。如余嘉錫《目録學發微》、姚名達《中國目録學史》、程千帆《〈别録〉〈七略〉〈漢志〉源流異同考》、吕紹虞《中國目録學史稿》、來新夏的《古典目録學淺説》等研究成果均延續了清人有關《别録》《七略》的目録學闡釋，並對成書以及學術影響等諸問題展開了激烈争論，奠定了今人探究《别録》《七略》目録學價值的基礎。至清代輯本的出現，學者對於輯本得失的評價、輯本體例的構建等多有關注，在一定程度上深化著二書輯佚學價值的探究。而學者圍繞《列子書録》《鄧析子書録》《韓非子書録》展開的真僞論争，所使用的方法與選取視角的不斷更新，亦豐富了《别録》《七略》辨僞研究的相關内容。

隨著學者对《别録》《七略》多元化的研究，使得二書的研究内容更加具體豐富，但由於關注點多集中於單一問題的個案研究，仍缺乏系統深入的總結研究。目前雖有張世磊《〈别録〉〈七略〉研究》較爲系統地研究二書的體例、編纂問題及學術影響等，但其仍缺乏對於佚文輯録與辨僞問題的研究，多總結歸納前賢諸説確是目前的研究現狀。究其原因在於缺少了佚文的文本整理，難以充分地運用材料展開研究。故雖然近現代以來，多元化的研究取得了豐碩的成果，但若要進一步深化《别録》《七略》的研究，延續這一研究方向，則需以佚文的整理作爲展開《别録》《七略》目録學、辨僞學及輯佚學多元研究的基礎。

下　編

《别録》《七略》佚文彙編

凡　例

一、本書校訂佚文所用清代九種輯本包括：洪頤煊《問經堂叢書》本（洪本），上海古籍出版社編《續修四庫全書》影印上海圖書館藏清嘉慶間《問經堂叢書》刊本，2002；嚴可均《全上古三代秦漢三國六朝文》本（嚴本），中華書局影印清光緒十九年黄岡王毓藻刊本，1958；馬國翰《玉函山房輯佚書》本（馬本），上海古籍出版社編《續修四庫全書》影印清光緒九年（1883）嫏嬛館刊本，2002；姚振宗《快閣師石山房叢書》本（姚本），上海古籍出版社編《續修四庫全書》影印清稿本，2002；陶濬宣《稷山雜纂》本（陶本），上海市圖書館藏清稿本；張選青《受經堂叢書》本（張本），内蒙古圖書館藏清刊本；王仁俊《玉函山房輯佚書續編》本（王本），上海古籍出版社影印清光緒二十年（1894）稿本，1989；顧觀光《武陵山人遺書》本（顧本），北京市圖書館藏清稿本；章太炎《〈七略别録〉佚文徵》本（章本），上海人民出版社編《章太炎全集》整理章氏家藏未刊清稿本，2014；今人一種：鄧駿捷《七略别録佚文、七略佚文》校補本（鄧本），上海古籍出版社，2008。

二、本書按照《漢書·藝文志》六大類三十八小類順序編排《别録》《七略》的佚文。

三、每條佚文校訂按照佚文出處、輯本排列，並以"【】"區别標注。

四、"出處"部分，主要搜求《别録》《七略》在南宋亡佚前保存於典籍中的引文。

五、"輯本"部分，按照凡例第一條的順序羅列諸本，並以"（）"標示佚文出處。

六、與劉向、劉歆校書相關的記載，非《别録》《七略》佚文者，若輯本誤輯作佚文，則標作"誤輯佚文"，並附以考辨；若未輯作佚文，則標作

“附録佚文”。

七、對於輯本綴合的多條佚文,在逐條輯録佚文時標注“﹏﹏”以示區别。

八、對於常出現的典籍,僅在第一次使用時標注全稱,若後文再次出現則以簡稱代之,如《漢書·藝文志》(以下簡稱《漢志》)。

《别録》

一、六藝略

《易》

佚文一

【出處】《漢書》卷三十《藝文志》顔師古注:“劉向《别録》云:‘服氏,齊人,號服光。’”①

《經典釋文》卷一《序録》:“劉向《别録》云:‘服氏,齊人,号服先。’”②

【輯本】洪本:“服氏,齊人,號服光。(《漢書·藝文志》注、《釋文·序録》。案,《釋文·序録》引作‘服先’。)”

嚴本:“服氏,齊人,號服光。(《漢書·藝文志》注、《釋文·序録》。案,《釋文·序録》引作‘服先’。)”

馬本:“《服氏》二篇。服氏,齊人,號服光。(《漢書·藝文志》。)”

姚本:“《易傳服氏》二篇。服氏,齊人,號服光。(嚴本、馬本。《漢書·藝文志》注。《釋文·敘録》引作‘服先’。)”

陶本:“服氏,齊人,號服光。(《漢書·藝文志》注、《釋文·序録》。案,《釋文·序録》引作‘服先’。)”

張本:“《服氏》二篇。服氏,齊人,號服光。(《漢書·藝文志》。)”

章本:“《服氏》二篇。(《藝文志》)服氏,齊人,號服光。(《藝文志》師古注。)”

---

① 《漢書》,第1704頁。

② 《經典釋文》,第6頁。

顧本:“服氏,齊人,號服光。(《漢志》注。又宋本《釋文·序録》引作‘服先’。)”

鄧本:“《易傳服氏》二篇。服氏,齊人,號服光。(嚴本、馬本。《漢書·藝文志》注。《釋文·敘録》引作‘服先’。)”

佚文二

【出處】《文苑英華》卷七六六《議》引《唐會要》:“劉向《七略》云:‘《易傳子夏》,韓氏,嬰也。’”①

【輯本】洪本:“《子夏易傳》。(《唐會要》七十七。)”

嚴本:“《子夏易傳》。(《唐會要》七十七。)”

姚本:“《易傳韓氏》二篇。名嬰。《易傳子夏》,韓氏,嬰也。(《唐會要》七十七。詳後《七略·易》家。)”

陶本:“《子夏易傳》。(《唐會要》七十七。)”

鄧本:“《易傳韓氏》二篇。名嬰。《易傳子夏》,韓氏,嬰也。(《唐會要》七十七。詳後《七略·易》家。)”

佚文三

【出處】《初學記》卷二十一《文部》:“劉向《别録》……又曰‘所校讎中《易傳古五子書》,除復重,定著十八篇。分六十四卦,著之日辰,自甲子至於壬子,凡五子,故號曰《五子》。’”②

【輯本】洪本:“所校讎中《易傳古五子書》,除復重,定著十八篇。分六十四卦,著之日辰,自甲子至於壬子,凡五子,故號曰《五子》。(《初學記》二十一。)”

嚴本:“所校讎中《易傳古五子書》,除復重,定著十八篇。分六十四卦,著之日辰,自甲子至於壬子,凡五子,故號曰《五子》。(《初學記》二十一。)”

馬本:“《古五子》十八篇。所校讎中《易傳古五子書》,除復重,定

① (宋)李昉等:《文苑英華》,中華書局1966年版,第4035頁。

② 《初學記》,第499頁。

著十八篇。分六十四卦,著之日辰,自甲子至於壬子,凡五子,故號曰《五子》。(徐堅《初學記》卷二十一。)”

姚本:“《易傳古五子》十八篇。臣向所校讎中《易傳古五子書》,除復重,定著十八篇。分六十四卦,著之日辰,自甲子至於壬子,凡五子,故號曰《五子》。(嚴本、馬本。)”

陶本:“所校讎中《易傳古五子書》,除復重,定著十八篇。分六十四卦,著之日辰,自甲子至於壬子,凡五子,故號曰《五子》。(《初學記》二十一。)”

張本:“《古五子》十八篇。所校讎中《易傳古五子書》,除復重,定著十八篇。分六十四卦,著之日辰,自甲子至於壬子,凡五子,故號曰《五子》。(徐堅《初學記》卷二十一。)”

顧本:“所校讎中《易》傳《古五子》書,除復重,定著十八篇。分六十四卦,著之日辰,自甲子至於壬子,凡五子,故號曰《五子》。(《初學記》二十一。)”

章本:“《古五子》十八篇。(《藝文志》)所校讎中《易傳》《古五子書》,除復重,定箸十八篇。分六十四卦,箸之日辰,自甲子至於壬子,凡五子,故號曰《五子》。(《初學記》卷二十一。)”

鄧本:“《易傳古五子》十八篇。臣向所校讎中《易傳古五子書》,除復重,定著十八篇。分六十四卦,著之日辰,自甲子至於壬子,凡五子,故號曰《五子》。(嚴本、馬本。《初學記》卷二一。)”

佚文四

【出處】《初學記》卷二十一《文部》:“劉向《別録》曰:‘所校讎中《易傳淮南九師道訓》,除複重,定著十二篇。淮南王聘善爲《易》者九人,從之採獲,署曰《淮南九師書》。’”①

《太平御覽》卷六百九《學部三》:“劉向《別傳》曰:‘所校讎中《易傳淮南九師道訓》,除復重,定著十二篇。淮南王聘善爲者九人,從之採

① 《初學記》,第499頁。

獲,故中書署曰《淮南九師書》’。”①

【輯本】洪本:“所校讎中《易傳淮南九師道訓》,除復重,定著十二篇。淮南王聘善爲《易》者九人,從之採獲,故中書署曰《九師書》。(《初學記》二十一、《太平御覽》六百九。案,《太平御覽》引作‘劉向《别傳》’。《九師書》上有‘淮南’二字。)”

嚴本:“所校讎中《易傳淮南九師道訓》,除復重,定著十二篇。淮南王聘善爲《易》者九人,從之採獲,故中書署曰《九師書》。(《初學記》二十一、《御覽》六百九。案,《御覽》引作‘劉向《别傳》’。《九師書》上有‘淮南’二字。)”

馬本:“《淮南道訓》十二篇。所校讎中《易傳淮南九師道訓》,除復重,定著十二篇。淮南王聘善爲《易》者九人,從之採獲,署曰《淮南九師書》。(同上②、《太平御覽》卷六百六。案,《漢志》云《淮南道訓》二篇,今依《别録》‘二’上增‘十’字。)”

姚本:“《易傳淮南道訓》十二篇。臣向所校讎中《易傳淮南九師道訓》,除復重,定著十二篇。淮南王聘善爲《易》者九人,從之採獲,故中書署曰《淮南九師書》。(嚴本、馬本。)”

陶本:“所校讎中《易傳淮南九師道訓》,除復重,定著十二篇。淮南王聘善爲《易》者九人,從之採獲,故書中署曰《淮南九師書》。(《初學記》二十一、《御覽》六百九。案,《御覽》引作‘劉向《别傳》’。《九師書》上有‘淮南’二字。陶批:此誤,書中當作中書,中秘書也。《初學記》亦有淮南二字,与《御覽》所引同。)

張本:“《淮南道訓》十二篇。所校讎中《易傳淮南九師道訓》,除復重,定著十二篇。淮南王聘善爲《易》者九人,從之採獲,署曰《淮南九師書》。(同上③、《太平御覽》卷六百六。案,《漢志》云《淮南道訓》二篇,今依《别録》‘二’上增‘十’字。)”

---

① 《太平御覽》,第2739頁。

② 馬國翰所言“同上”,即指其輯本中位於此條佚文上一條的“《易傳古五子書書録》”佚文所標注的“徐堅《初學記》卷二十一”。

③ 張本翻刻馬本,其所言“同上”,即指輯本中位於此條佚文上一條的“《易傳古五子書書録》”佚文馬國翰所標注的“徐堅《初學記》卷二十一”。

顧本："所校讎中《易》傳《淮南九師道訓》，除復重，定著十二篇。淮南王聘善爲《易》者九人，從之採獲，故中書署曰《淮南九師書》。(《初學記》二十一、《御覽》六百九。)"

王本："所校讎中《易傳淮南九師道訓》，除復重，定著十二篇。淮南聘善爲《易》者九人，從之採獲，故書中署曰《淮南九師書》。(《御覽》六百九引劉向《别傳》。按，'傳'乃'録'之訛。馬氏據六百六引采入。按，六百六無此條。有異文，今正。)"

章本："《淮南道訓》十二篇。(《藝文志》本作二篇，從《記》《覽》正)所校讎中《易傳》《淮南九師道訓》，除復重定箸十二篇，淮南王聘善爲《易》者九人，從之採獲，故書中署曰《淮南九師書》。(《初學記》二十一、《御覽》六百九。)"

鄧本："《易傳淮南道訓》十二篇。臣向所校讎中《易傳淮南九師道訓》，除復重，定著十二篇。淮南王聘善爲《易》者九人，從之採獲，故中書署曰《淮南九師書》。(嚴本、馬本。《初學記》卷二一、《太平御覽》卷六〇九。)"

佚文五

【出處】《漢書》卷三十《藝文志》顔師古注："劉向《别録》云：'神輸者，王道失則災害生，得則四海輸之祥瑞。'"①

【輯本】洪本："神輸者，王道失則災害生，得則四海輸之祥瑞。(《漢書·藝文志》注。)"

嚴本："神輸者，王道失則災害生，得則四海輸之祥瑞。(《漢書·藝文志》注。)"

馬本："《神輸》五篇，圖一。神輸者，王道失則災生，得則四海輸之祥瑞。(《漢書·藝文志》。)"

姚本："《易傳雜災異》三十五篇，《神輸》五篇、圖一。神輸者，王道失則災害生，得則四海輸之祥瑞。(嚴本、馬本。)"

陶本："神輸者，王道失則災害生，得則四海輸之祥瑞。(《漢書·藝

① 《漢書》，第1704頁。

文志》注。)”

張本:“《神輸》五篇,圖一。神輸者,王道失則災生,得則四海輸之祥瑞。(《漢書·藝文志》。)”

顧本:“神輸者,王道失則灾害生,得則四海輸之祥瑞。(《漢志》注。)”

章本:“《神輸五篇圖》一。(《藝文志》)神輸者,王道失則災害生,得則四海輸之祥瑞。(《藝文志》師古注。)”

鄧本:“《易傳雜災異》三十五篇,《神輸》五篇、圖一。神輸者,王道失則災害生,得則四海輸之祥瑞。(嚴本、馬本。《漢書·藝文志》注。)”

佚文六

【出處】《太平御覽》卷四《天部》:“劉向《七略》曰:‘京房《易説》云:‘月與星至陰也,有形無光,日照之乃有光,喻如鏡照日,即有影見。月初光見西方,望已後光見東方,皆日所照也。’’”①

【輯本】洪本:“京房《易説》云:‘日與星,至陰也,有形無光,日照之,乃有光。喻如鏡照日,即有影見。月初光見西方,望已後光見東者,日所照也。’(《太平御覽》四。案,引作‘劉向《七略》’,各書所引《别録》《七略》多同,今以題‘劉向’者,俱入于《别録》。)”

嚴本:“京房《易説》云:‘日與星至陰也,有形無光,日照之乃有光,喻如鏡照日,即有影見。月初光見西方,望已後光見東,皆日所照也。’(《御覽》四。案,引作‘劉向《七略》’,各書所引《别録》《七略》多同,今以題‘劉向’者,俱入於《别録》。)”

馬本:“京房《易説》云:‘日與星至陰也,有形無光,日照之乃有光,喻如鏡照日,即有影見。月初光見西方,望已後光見東,皆日所照也。’(《太平御覽》卷四。)”

姚本:“《易傳孟氏京房》十一篇。《易傳灾異孟氏京房》六十六篇。京房《易説》云:‘月與星至陰也,有形無光,日照之乃有光,喻如鏡照日,即有影見。月初光見西方,望已後光見東,皆日所照也。’(嚴本、馬本。

① 《太平御覽》,第22頁。

《太平御覽》卷四。按,《别録》引京氏《易傳》此一條,其上本下文必有所申説,今不可知矣。)"

陶本:"京房《易説》云:'日與星至陰也,有形無光,日照之乃有光,喻如鏡照日,即有影見。月初光見西方,望已後光見東,皆日所照也。'(《御覽》四。案,引作'劉向《七略》',各書所引《别録》《七略》多同,今以題'劉向'者,俱入於《别録》。)"

張本:"京房《易説》云:'日與星至陰也,有形無光,日照之乃有光,喻如鏡照日,即有影見。月初光見西方,望已後光見東,皆日所照也。'(《太平御覽》卷四。)"

顧本:"京房《易》説云:'月與星至陰也,有形無光,日照之乃有光,喻如鏡照日,即有影見。月初光是①西方,望已後光見東,皆日所照也。'(《御覽》四。)"

章本:"《孟氏京房》十一篇。(《藝文志》)京房《易説》云:'月與星至陰也。有形無光,日照之乃有光,喻如鏡照日,即有影見,月初光見西方,望已後光見東,皆日所照也。'(《御覽》四。)"

鄧本:"《易傳孟氏京房》十一篇。《易傳災異孟氏京房》六十六篇。京房《易説》云:'月與星,至陰也,有形無光,日照之,乃有光。喻如鏡,照日即有影見。月初,光見西方;望已後,光見東,皆日所照也。'(嚴本、馬本。《太平御覽》卷四。按,《别録》引京氏《易傳》此一條,其上下文必有所申説,今不可知矣。)"

佚文七

【出處】《漢書》卷三十《藝文志》顔師古注:"嘉即京房所從受《易》者也,見《儒林傳》及劉向《别録》。"②

【輯本】洪本:"段嘉,即京房所從受《易》者也,見《儒林傳》及劉向《别録》。(《漢書·藝文志》注。)"

---

① 李解民指出顧本原作"是",據《太平御覽》卷四當改作"見"。顧本此條佚文輯録在《七略》。

② 《漢書》,第1704頁。

嚴本:“段嘉,即京房所從受《易》者也,見《儒林傳》及劉向《别録》。(《漢書·藝文志》注。)”

馬本:“《京氏段嘉》十二篇。嘉即京房所從受《易》者。(同上①。)”

姚本:“《京氏段嘉》十三篇。嘉即京房所從受《易》者也。(馬本。)”

陶本:“段嘉,即京房所從受《易》者也,見《儒林傳》及劉向《别録》。(《漢書·藝文志》注。)”

張本:“《京氏段嘉》十二篇。嘉即京房所從受《易》者。(同上。)”

顧本:“嘉,即京房所從受《易》者也。(《漢志》注约《别録》文。)”

章本:“《京氏段嘉》十二篇。(《藝文志》)嘉即京房所從受《易》者也。(《藝文志》師古注。)”

鄧本:“《京氏段嘉》十二②篇。嘉即京房所從受《易》者也。(馬本。《漢書·藝文志》注。)”

佚文八

【出處】《史記》卷一百一十八《淮南衡山列傳》司馬貞《史記索隱》:“劉向《别録》云:‘《易》家有救氏注也。’”③

【輯本】洪本:“《易》家有救民之法。(《史記·淮南王列傳》索隱。)”

嚴本:“《易》家有救民之法。(《史記·淮南王列傳》索隱。)”

馬本:“《易》家有救氏之法。(《史記·淮南衡山王傳》司馬貞索隱。)”

姚本:“又曰:‘《易》家有救民之注。’(嚴本、馬本。或引作‘救民之法’,非是。)”

陶本:“《易》家有救民之法。(《史記·淮南王列傳》索隱。陶批:《易》家有救氏之注。《史記·衡山王列傳》索隱引。王應麟《漢志考

① 馬本此條佚文置於“《神輸》”條佚文下,其在“《神輸》”佚文下標注“《漢書·藝文志》”,故此言“同上”即指“《漢書·藝文志》”。下舉張本,翻刻馬本,其標注同上亦指“《漢書·藝文志》”。

② 鄧駿捷校勘記指出“‘十二’原誤作‘十三’,今據鈔稿本、浙圖本、開明本、《漢書·藝文志》改。”

③ 《史記》(修訂本),第3761頁。

證》引作救氏注,節去之字。今本《史記》或訛作'救民之法'。)"

張本:"《易》家有救氏之法。(《史記·淮南衡山王傳》司馬貞索隱。)"

顧本:"《易》家有救民之法。(《史記·衡山王傳》索隱。)"

章本:"《易》家有救氏之法。(《史記·淮南衡山列傳》索隱。)"

鄧本:"又曰:'《易》家有救氏之注。'(嚴本、馬本。《史記·淮南衡山列傳》索隱。或引作'救民之法',非是。)"

誤輯佚文一

【出處】《漢書》卷三十《藝文志》:"劉向以中古文《易》經校施、孟、梁丘經,或脱去'無咎'、'悔亡',唯費氏經與古文同。"[①]

【輯本】馬本:"《易》,經二篇,施、孟、梁邱三家。向以中古文《易》經校施、孟、梁邱經,或脱去'無咎'、'悔亡',唯費氏經與古文同。(《漢書·藝文志》引劉向。)"

姚本:"《易》,經十二篇。(施、孟、梁邱三家)臣向以中古文《易》經校施、孟、梁邱經,或脱去'無咎'、'悔亡',唯費氏經與古文同。(馬本。)"

張本:"《易》,經二篇,施、孟、梁邱三家。向以中古文《易》經校施、孟、梁邱經,或脱去'無咎'、'悔亡',唯費氏經與古文同。(《漢書·藝文志》引劉向。)"

鄧本:"《易》,經十二篇。(施、孟、梁丘三家)臣向以中古文《易》經校施、孟、梁丘經,或脱去'無咎'、'悔亡',唯費氏經與古文同。(馬本。《漢書·藝文志》。)"

按,《漢志》小序原作"劉向以中古文……",而劉向撰寫書録需奏上御覽,故其多稱"臣向"以示尊君卑臣的禮數,定不會自稱"劉向"。觀現存完整的書録,未有單稱"向"者,如《晏子書録》"護左都水使者、光録大夫臣向言:所校中書《晏子》十一篇……"[②],《鄧析子書録》"臣敘

---

① 《漢書》,第1704頁。中華書局點校本《漢書》作"《易經》十二篇",而張舜徽先生指出"漢人援引《詩》《書》《禮》《樂》《易》《春秋》之文,亦不連"經"字爲名",此處應作"《易》,經十二篇"。(《漢書藝文志通釋》,第10頁。)

② 《文獻學論著輯要》,第6頁。

書一篇"①,均是如此。由此可見,馬本在吸收《漢志》小序時即有意删去"劉"字,至姚本吸收馬本則在其基礎上繼續臆改,在"向"前補填"臣"字,使之既符合奏上的禮數,又符合劉向作爲書録撰寫主體言"臣向"的代稱慣例,均爲不當。班固所言"劉向以中古文《易》經校施、孟、梁丘經……"數語是劉向校書成果的概括和總結,非《别録》之文。

誤輯佚文二

【出處】《漢書》卷八十八《儒林傳》:"至成帝時,劉向校書,考《易》説,以爲諸《易》家説皆祖田何、楊叔、丁將軍,大誼略同,唯京氏爲異,黨焦延壽獨得隱士之説,託之孟氏,不相與同。"②

【輯本】章本:"諸《易》家説皆祖田何、楊叔、丁將軍大誼略同,唯京氏爲異黨,焦延壽獨得隱士之説,託之孟氏,不相與同。(《儒林傳》引劉向。)"

按,章本因《儒林傳》中記述了劉向校《易》後對於派别的評述,故輯入佚文。因其並未言《别録》,不可盲目地輯爲佚文。

《書》

佚文一

【出處】《尚書》卷二《堯典》孔穎達正義:"馬融、鄭玄、王肅、《别録》題皆曰《虞夏書》。"③

【輯本】洪本:"《虞夏書》。(《尚書·堯典》正義。)"

嚴本:"《虞夏書》。(《尚書·堯典》正義。)"

姚本:"《虞夏書》。(嚴本。按,此條下文若爲《古文尚書》而發,則有如《正義》所引鄭注《尚書序》,謂《虞夏書》二十篇、《商書》四十篇、《周書》四十篇。若以今文言之,則《虞夏書》四篇,曰《堯典》,曰《皋陶謨》,曰《禹貢》,曰《甘誓》。)"

---

① 《文獻學論著輯要》,第10頁。

② 《漢書》,第3601頁。

③ 《尚書正義》,第23頁。

陶本:"《虞夏書》。(《尚書・堯典》正義。)"

鄧本:"《虞夏書》。(嚴本。《〈尚書・堯典〉正義》。按,此條下文若爲《古文尚書》而發,則有如《正義》所引鄭注《尚書序》,謂《虞夏書》二十篇、《商書》四十篇、《周書》四十篇。若以今文言之,則《虞夏書》四篇,曰《堯典》,曰《臯陶謨》,曰《禹貢》,曰《甘誓》。)"

佚文二

【出處】《尚書》卷一《序》孔穎達正義:"《别録》曰:'武帝末,民有得《泰誓》書於壁内者,獻之。與博士使讀説之,數月皆起,傳以教人。'"①

【輯本】洪本:"武帝末,民有得《泰誓》書於壁内者,獻之。與博士使讀説之,數月皆起,傳以教人。(《尚書序》正義。)"

嚴本:"武帝末,民有得《泰誓》書於壁内者,獻之。與博士使讀説之,數月皆起,傳以教人。(《尚書序》正義。)"

馬本:"武帝末,民有得《泰誓》書於壁内,獻之。與博士使讀説之,數月皆起,傳以數人。(《書》正義。)"

姚本:"《尚書經》二十九卷。(大小夏侯二家)《尚書歐陽經》三十二卷。武帝末,民有得《泰誓》於壁内者,獻之。與博士使就讀説之,數月皆起,傳以教人。(嚴本、馬本。)"

陶本:"武帝末,民有得《泰誓》書於壁内者,獻之。與博士使讀説之,數月皆起,傳以教人。《尚書序》正義。(陶批:刘向《七略》曰:'古文或誤以'見'爲'典',以'陶'爲'陰',如此類多。'《御覽》六百十八。)"②

張本:"武帝末,民有得《泰誓》書於壁内,獻之。與博士使讀説之,數月皆起,傳以數人。(《書》正義。)"

顧本:"武帝末,民有得《泰誓》書於壁内者,獻之,與博士,使讀説之,數月皆起,傳以教人。(《書序》疏。)"

---

① 《尚書正義》,第 14 頁。

② 劉向《七略》曰:"古文或誤以'見'爲'典',以'陶'爲'陰',如此類多。《御覽》六百十八。"陶濬宣將此條佚文與"師之尚之父之"條佚文均寫於白紙上,粘於佚文"武帝末"條佚文上方。

章本:"《經》二十九卷。(《藝文志》)武帝末,民有得《泰誓》書於壁内,獻之,與博士使讀。(《選》注作讚)説之數月,皆起傳以數人。(《尚書序》正義、《文選・移書讓太常博士》注。)"

鄧本:"《尚書經》二十九卷。(大小夏侯二家)《尚書歐陽經》三十二卷。武帝末,民有得《泰誓》於壁内者獻之。與博士,使讀説之,數月,皆起傳以教人。(嚴本、馬本。《孔安國尚書序》正義。)"

佚文三

【出處】《尚書》卷二《堯典》孔穎達正義:"劉向《别録》云:'五十八篇。'"①

【輯本】洪本:"五十八篇。(《尚書・堯典》正義。)"

嚴本:"五十八篇。(《尚書・堯典》正義。)"

馬本:"《尚書》五十八篇。(《書・堯典》孔穎達正義)古文或誤以見爲典,以陶爲陰,如此類多。(《太平御覽》卷六百七十。)"

姚本:"《尚書》古文經五十八篇。古文或誤以見爲典,以陶爲陰,如此類多。(嚴本、馬本。)"

陶本:"五十八篇。(《尚書・堯典》正義。)"

張本:"《尚書》五十八篇。(《書・堯典》孔穎達正義)古文或誤以見爲典,以陶爲陰,如此類多。(《太平御覽》卷六百七十。)"

章本:"《尚書》五十八篇。(《書・堯典》正義)古文或誤以見爲典,以陶爲陰,如此類多。(《御覽》卷六百十八)《尚書》有《青絲編目録》。(《文選・爲范始興作求立太宰碑表》注。)"

鄧本:"《尚書》古文經五十八篇。古文或誤以見爲典②,以陶爲陰,如此類多。(嚴本、馬本。《北堂書鈔》卷一〇一、《太平御覽》卷六一八。)"

佚文四

【出處】《漢書》卷三十《藝文志》顔師古注:"劉向云:'周時誥誓號

---

① 《尚書正義》,第24頁。

② 鄧駿捷《七略别録》校勘記言:"'以見爲典',《北堂書鈔》作'以典爲與'。"

令也,蓋孔子所論百篇之餘也。'"①

【輯本】洪本:"(《周書》)周時誥誓號令也,蓋孔子所論百篇之餘也。(《漢書·藝文志》注引劉向云。)"

嚴本:"(《周書》)周時誥誓號令也,蓋孔子所論百篇之餘也。(《漢書·藝文志》注引劉向云。)"

馬本:"《周書》七十五篇。周時誥誓號令也。(《漢書·藝文志》。)"

姚本:"《周書》七十一篇。周時誥誓號令也,蓋孔子所論百篇之餘也。(嚴本。)"

陶本:"(《周書》)周時誥誓號令也,蓋孔子所論百篇之餘也。(《漢書·藝文志》注引劉向云。)"

張本:"《周書》七十五篇。周時誥誓號令也。(《漢書·藝文志》。)"

顧本:"《周書》七十一篇(六字依《漢志》補)。周時誥誓號令也。(《志》注引劉向語。)"

章本:"《周書》七十一篇。(《藝文志》)周時誥誓號令也,蓋孔子所論百篇之餘也。(《藝文志》師古注。)"

鄧本:"《周書》七十一篇。周時誥誓號令也,蓋孔子所論百篇之餘也。(嚴本。《漢書·藝文志》注。)"

附録佚文

【出處】《尚書》卷二《堯典》孔穎達《尚書正義》:"百篇次第,於序孔、鄭不同……孔依壁内篇次及序爲文,鄭依賈氏所奏《别録》爲次。"②

【輯本】洪本:"百篇次第,於序孔、鄭不同,孔依壁内及序爲文,鄭依賈氏所奏《别録》爲次。(《尚書·堯典》正義。)"

嚴本:"百篇次第,於序孔、鄭不同,孔依壁内及序爲文,鄭依賈氏所奏《别録》爲次。(《尚書·堯典》正義。)"

陶本:"百篇次第,於序孔、鄭不同,孔依壁内及序爲文,鄭依賈氏所奏《别録》爲次。(《尚書·堯典》正義。陶批:於當作之。)"

---

① 《漢書》,第1706頁。

② 《尚書正義》,第23頁。

姚本:"《〈尚書·堯典〉正義》曰:'百篇次第,於序孔、鄭不同,孔依壁内篇次及《序》爲文,鄭依賈氏所奏《别録》爲次。'(嚴本。按,《正義》以僞《孔傳》之次第与鄭氏所注《尚書序》相比,自然不同。賈氏謂後漢書賈逵也,其所奏《别録》爲次,則《别録》中有百篇之條目,可知矣。)"

鄧本:"《〈尚書·堯典〉正義》曰:'百篇次第於《序》、孔、鄭不同,孔依壁内篇次及《序》爲文,鄭依賈氏所奏《别録》爲次。'(嚴本。《〈尚書·堯典〉正義》。按,《正義》以僞《孔傳》之次第與鄭氏所注《尚書序》相比,自然不同。賈氏謂後漢書賈逵也,其所奏《别録》爲次,則《别録》中有百篇之條目,可知矣。)"

誤輯佚文

【出處】《漢書》卷三十《藝文志》:"劉向以中古文校歐陽、大小夏侯三家經文,《酒誥》脱簡一,《召誥》脱簡二。率簡二十五字者,脱亦二十五字,簡二十二字者,脱亦二十二字,文字異者七百有餘,脱字數十。"①

【輯本】馬本:"《經》二十九卷。向以中古文校歐陽、大小夏侯三家經文,《酒誥》脱簡一,《召誥》脱簡二。率簡二十五字者,脱亦二十五字,簡二十二字者,脱亦二十二字,文字異者七百有餘,脱字數十。(《漢書·藝文志》引劉向。)"

張本:"《經》二十九卷。向以中古文校歐陽、大小夏侯三家經文,《酒誥》脱簡一,《召誥》脱簡二。率簡二十五字者,脱亦二十五字,簡二十二字者,脱亦二十二字,文字異者七百有餘,脱字數十。(《漢書·藝文志》引劉向。)"

姚本:"臣向以中古文校歐陽、大小夏侯三家經文,《酒誥》脱簡一,《召誥》脱簡二。率簡二十五字者,脱亦二十五字,簡二十五字者,脱亦二十二字,文字異者七百有餘,脱字數十。(馬本。)"

鄧本:"臣向以中古文校歐陽、大、小夏侯三家經文,《酒誥》脱簡一,

① 《漢書》,第1706頁。

《召誥》脱簡二。率簡二十五字者,脱亦二十五字,簡二十二[①]字者,脱亦二十二字。文字異者七百有餘,脱字數十。(馬本。《漢書·藝文志》。)"

按,諸本所輯佚文取自《漢志·六藝略·書》類小序,記載了劉向以中書古文《尚書》校今文《尚書》脱誤以及竹簡容字不同、脱字亦不同的問題。换言之,此段文字是對劉向校今文《尚書》過程的描述,及校書過程中發現的脱誤規律的記載,與現存書録敘述範式多有不同。諸本輯録鑒於劉向撰寫書録具有奏上御覽的特質,當稱"臣向"或"臣"以示尊君卑臣的禮數,故輯録時即改動了《漢志》原文,馬本、張本删去"劉"字,作"向以中古文……"。然觀現存殘篇斷句及整篇流傳的書録,未有單稱"向"者,若單稱劉向之名亦不符臣下奏上的禮數,如《晏子書録》"護左都水使者、光録大夫臣向言:所校中書《晏子》十一篇……"[②],《鄧析子書録》"臣敘書一篇"[③]。故馬本、張本的改動不符合劉向敘述方式,至姚本吸收馬本時則添加"臣",作"臣向"以使之符合劉向的表述習慣,鄧本從之。可以看出,隨著輯本的踵出的過程中,臆改的意識及不斷完善。此處,馬本、姚本、張本及鄧本均誤收,其中,張本作爲馬本的翻刻本,幾與馬本相同,未作改動,不涉及訂補和完善。而章本作爲馬本的訂補本,未收録此段録文,是爲可取。鄧本訂補姚本,未有分析説明,較爲遺憾。

《禮》

佚文一

【出處】《經典釋文》卷一《序録》:"劉向《别録》云:'古文《記》二百四篇。'"[④]

【輯本】洪本:"古文《記》二百四篇。(《釋文·序録》。)"

嚴本:"古文《記》二百四篇。(《釋文·序録》。)"

---

① 鄧駿捷校勘記指出:"'二十二'原作'二十五',據鈔稿本、浙圖本、開明本、《漢書·藝文志》改。

② 張舜徽:《文獻學論著輯要》,中國人民大學出版社 2011 年版,第 6 頁。

③ 張舜徽:《文獻學論著輯要》,第 10 頁。

④ 《經典釋文》,第 14 頁。

姚本:"《禮古記》百三十一篇。古文《記》二百四篇。(嚴本。按,二百四篇者,指五種古文《記》而言也。其一即此《禮古記》百三十一篇,其二《明堂陰陽記》三十三篇,其三《王史氏記》二十一篇,其四在《樂》類之《樂記》二十三篇,其五在《論語》類之《孔子三朝記》七篇,並見《隋書·經籍志》。凡此五種之書,實有二百十五篇,此云二百四篇者,其中篇數或有分合,無以詳知。《别録》此條上下文大抵言此百三十一篇爲《古文記》二百四篇之一,或中秘書通合二百四篇爲一種,《别録》始分别校定爲五種。)"

陶本:"古文《記》二百四篇。(《釋文·序録》。陶批:濬宣按,《周禮序論》云:'戴德删古《禮》二百四篇爲八十五篇,謂之《大戴禮》。戴聖删《大戴禮》爲四十九篇,是爲《小戴禮》。'《釋文·序録》又引鄭《六藝論》,可證。)"

章本:"古文記二百十四篇。(《經典释文序绿》脱十字。《隋·經籍志》曰:劉向考校經籍,檢得一百三十篇,向因第而敘之,而又得《明堂陰陽记》三十三篇、《孔子三朝記》七篇、《王氏史氏记》二十一篇、《樂記》二十三篇,凡五種,合二百十四篇。案此《隋志》所說其數正得二百十四篇,而《释文》但云二百四篇,又引陳邵《周禮論序》,亦言戴德删古禮二百四篇爲八十五篇,亦脱十字。今並據《隋志》補。《隋志》明言《記》一百三十一篇,向檢得一百三十篇。陳恭甫不除一篇之數,而云合二百十五篇,遂疑《樂記》二十三篇,其十一篇已具百三十一篇中,除之,故爲二百四篇,此大误也。)"

顧本:"古文《記》二百四篇。(《釋文·序録》。)"

鄧本:"《禮古記》百三十一篇。《古文記》二百四篇。(嚴本。《經典釋文·序録》。按,二百四篇者,指五種《古文記》而言也。其一即此《禮古記》百三十一篇,其二《明堂陰陽記》三十三篇,其三《王史氏記》二十一篇,其四在《樂》類之《樂記》二十三篇,其五在《論語》類之《孔子三朝記》七篇,並見《隋書·經籍志》。凡此五種之書,實有二百十五篇,此云二百四篇者,其中篇數或有分合,無以詳知。《别録》此條上下文大抵言此百三十一篇爲《古文記》二百四篇之一,或中秘書通合二百四篇爲一種,《别録》始分别校定爲五種。)"

佚文二

【出處】《禮記》卷四十三《雜記下》孔穎達疏:“《别録》:‘《王度記》云,似齊宣王時淳于髡等所説也。’”①

【輯本】洪本:“《王度記》,似齊宣王時淳于髡等所説也。(《禮記·雜記》正義。)”

嚴本:“《王度記》,似齊宣王時淳于髡等所説也。(《禮記·雜記》正義。)”

馬本:“《王度記》,似齊宣王時淳于髡等所説也。(《禮記·雜記》正義。)”

姚本:“《王度記》,似齊宣王時淳于髡等所説也。(嚴本、馬本。)”

陶本:“《王度記》,似齊宣王時淳于髡等所説也。(《禮記·雜記》正義。)”

張本:“《王度記》,似齊宣王時淳于髡等所説也。(《禮記·雜記》正義。)”

顧本:“《王度記》云似齊宣王時淳于髡等所説也。(《禮·雜記下》疏。)”

章本:“《王度記》,似齊宣王時淳于髡等所説也。(《禮記·雜記》正義。)”

鄧本:“《王度記》,似齊宣王時淳于髡等所説也。(嚴本、馬本。《禮記·雜記》正義。)”

佚文三

【出處】《史記》卷七十四《孟子荀卿列傳》裴駰集解:“《别録》曰‘過’字作‘輠’。輠者,車之盛膏器也。炙之雖盡,猶有餘流者。言淳于髡智不盡如炙輠也。’”②

《史記》卷七十四《孟子荀卿列傳》司馬貞索隱:“劉向《别録》‘過’

① (漢)鄭玄注,(唐)孔穎達疏:《禮記正義》,十三經注疏繁體標點本,北京大學出版社2000年版,第1416頁。

② 《史記》(修訂本),第2853頁。

字作'輠'。輠,車之盛膏器也。炙之雖盡,猶有餘津,言髡智不盡如炙輠也。'"①

【輯本】洪本:"(炙過髡)過字作輠,輠者,車之盛膏器也。炙之雖盡,猶有餘流者,言淳于髡智不盡如炙輠也。(《史記·荀卿列傳》集解。)"

嚴本:"(炙過髡)過字作輠,輠者,車之盛膏器也。炙之雖盡,猶有餘流者,言淯于髡智不盡如炙輠也。(《史記·荀卿列傳》集解。)"

馬本:"《鄒奭子》十二篇。鄒奭者,頗采鄒衍之術,迂大而閎辨,文具難勝,齊人美之,頌曰談天衍、雕龍奭、炙轂輠髡。(《太平御覽》卷四百六十四引至談天,'衍'作'鄒',下缺,據《史記·孟子荀卿列傳》補。)鄒衍之所言五德終始,天地廣大,盡言天事,故曰談天。騶奭修衍之文,若雕鏤龍文,故曰雕龍。炙轂輠,輠者,車之盛膏器也。炙之雖盡,猶有餘流者,言淳于髡智不盡,如炙輠也。(《史記·孟子荀卿列傳》集解。《文選·江文通〈别賦〉》注引至'雕龍奭',作'滸','文'上有衍字。《後漢書·崔駰傳》注引'言鄒奭修飾衍之文若至雕龍'。《北堂書鈔》卷一百引'公奭文若雕龍故曰雕龍'。)"

姚本:"《鄒奭子》十二篇。齊人……炙過髡,'過'字作'輠'。輠者,車之盛膏器也。炙之雖盡,猶有餘流者。(一引作'餘津'。)言淯于髡智不盡,如炙輠也。(嚴本、馬本。)唐卷子本《玉篇·車部》'輠'字注:'劉向《别録》以爲車釭盛膏之鍋字,音古禍反。'(按,《廣韻》作'鍋',注云:'車盛膏器'。)"

張本:"《鄒奭子》十二篇。鄒奭者,頗采鄒衍之術,迂大而閎辨,文具難勝,齊人美之,頌曰談天衍、雕龍奭、炙轂輠髡。(《太平御覽》卷四百六十四引至談天,'衍'作'鄒',下缺,據《史記·孟子荀卿列傳》補。)鄒衍之所言五德終始,天地廣大,盡言天事,故曰談天。騶奭修衍之文,若雕鏤龍文,故曰雕龍。炙轂輠,輠者,車之盛膏器也。炙之雖盡,猶有餘流者,言淯于髡智不盡,如炙輠也。(《史記·孟子荀卿列傳》集解。《文選·江文通〈别賦〉》注引至'雕龍奭',作'滸','文'上有衍字。《後漢書·崔駰傳》注引'言鄒奭修飾衍之文若至雕龍'。《北堂書鈔》

① 《史記》(修訂本),第2853頁。

卷一百引'公爽文若雕龍故曰雕龍'。)"

陶本:"(炙過髡)過字作輠,輠者,車之盛膏器也。炙之雖盡,猶有餘流者,言湻于髡智不盡如炙輠也。(《史記·荀卿列傳》集解。)"

顧本:"過字作輠,輠者,車之盛膏器也。炙之雖盡,猶有餘流。言淳于髡智不盡如炙輠也。(《史記·孟荀傳》集解。)"

章本:"《騶奭子》十二篇。(《藝文志》。)騶衍之所言五德終始,天地廣大,盡言天事,故曰談天。騶奭修衍之文,若雕鏤龍文,故曰雕龍。炙轂輠,輠者,車之盛膏器也。炙之雖盡,猶有餘流者,言淳于髡智不盡如炙輠也。(《史記·孟子荀卿列傳》集解)騶赫子,齊人,齊爲之語曰雕龍赫。赫言騶衍之術,文飾之若雕鏤龍文。(《文選·宣德皇后令》注引《七略》作'赫',又《别賦》注引《别録》作'赫'。案,'赫'、'奭'通借,《詩》之'韎韐有奭','奭'即'赫'矣。元帝諱奭,故二劉以'赫'代'奭'。乃其本文作'奭'者,後人以他書改正'赫'者,乃訛誤。)騶奭者,頗采騶衍之術,迂大而閎辯,文具難勝,齊人美之,頌曰談天騶。(《御覽》四百六十四。案,此蓋與《史記》異説,以奭傳衍術,故通稱二人曰談天騶,非有訛説也。)"

鄧本:"《騶奭子》十二篇。齊人……炙過髡,'過'字作'輠'。輠者,車之盛膏器也。炙之雖盡,猶有餘流者。(一引作'餘津'。)言淳于髡智不盡,如炙輠也。(嚴本、馬本。《史記·孟子荀卿列傳》集解。)唐卷子本《玉篇·車部》'輠'字注:'劉向《别録》以爲車釭盛膏之鍋字,音古禍反。(按,《廣韻》作'鍋',注云:'車盛膏器'。)"

佚文四

【出處】《經典釋文》卷一《序録》:"漢劉向《别録》有四十九篇,其篇次與今《禮記》同。"①

【輯本】陶本:"《禮記》四十九篇。《釋文·序録》。(陶批:濬宣按,陸氏《序録》云,漢劉向《别録》有四十九篇,其篇次与今《礼记》同,名爲他家書拾撰所取,不可謂之《小戴禮》。)"

① 《經典釋文》,第15頁。

佚文五

【出處】《文選》卷一《班孟堅〈西都賦〉》李善注:“《七略》曰:‘王者師天地,體天而行,是以明堂之制,内有太室,象紫微宫;南出明堂,象太微。’①

《後漢書》卷四十上《班彪列傳》李賢注:“劉向《七略》曰:‘明堂之制:内有太室,象紫宫;南出明堂,象太微。’”②

【輯本】洪本:“明堂之制,内有太室,象紫宫,南出明堂,象太微。(《後漢書·班固傳》注。案,《隋書·牛宏傳》云:‘案,劉向《别録》及馬宫、蔡邕等所見,當時有古文《明堂禮》《王居明堂禮》《明堂圖》《明堂大圖》《明堂陰陽》《太山通義》、魏文侯《孝經傳》等,並説古明堂之事,其書皆亡。’)”

嚴本:“明堂之制,内有太室,象紫宫,南出明堂,象太微。(《後漢書·班固傳》注。案,《隋書·牛宏傳》云:‘案,劉向《别録》,及馬宫蔡邕等所見,當時有古文《明堂禮》《王居明堂禮》《明堂圖》《明堂大圖》《陰陽》《太山通義》、魏文侯《孝經傳》等,並説古明堂之事,其書皆亡。’)”

姚本:“明堂之制,内有太室,象紫宫;南出明堂,象太微。(嚴本。)”

陶本:“明堂之制,内有太室,象紫宫,南出明堂,象太微。(《後漢書·班固傳》注。案,《隋書·牛宏傳》云:‘案,劉向《别録》,及馬宫蔡邕等所見,當時有古文《明堂禮》《王居明堂禮》《明堂圖》《明堂大圖》《陰陽》《太山通義》、魏文侯《孝經傳》等,並説古明堂之事,其書皆亡。’陶批:明堂陰陽。)”

顧本:“王者師天地,體天而行,是以明堂之制,内有太室象紫官,南出明堂象太微。(《後漢書·班固傳》注,《文選·西都賦》注‘紫’‘宫’之間有‘微’字。)”

鄧本:“明堂之制,内有太室,象紫宫;南出明堂,象太微。(嚴本。《後漢書·班彪傳》注。)”

---

① 《文選》,第 11 頁。

② 《後漢書》,第 1342 頁。

佚文六

【出處】《周禮》卷四十一《冬官考工記下・匠人》賈公彦疏:"劉向《别録》云:'路寢在北堂之西,社稷宗廟在路寢之西。'"①

【輯本】洪本:"路寢在北堂之西,社稷宗廟在路寢之西。(《周禮・匠人》疏。)"

嚴本:"路寢在北堂之西,社稷宗廟在路寢之西。(《周禮・匠人》疏。)"

馬本:"《陰陽明堂》三十三篇。路寢在北堂之西,社稷宗廟在路寢之西,左明堂辟雍,右宗廟社稷。(《周禮・考公記・匠人》賈公彦疏。)"

姚本:"《明堂陰陽記》三十三篇。古明堂之遺事……路寢在北堂之西,宗廟在路寢室之西。(嚴本、馬本。)"

陶本:"路寢在北堂之西,社稷宗廟在路寢之西。(《周禮・匠人》疏。)"

張本:"《陰陽明堂》三十三篇。路寢在北堂之西,社稷宗廟在路寢之西,左明堂辟雍,右宗廟社稷。(《周禮・考公記・匠人》賈公彦疏。)"

章本:"《明堂陰陽》三十三篇。(《藝文志》)路寢在北堂之西,社稷宗廟在路寢之西,左明堂辟雍,右宗廟社稷。(《周禮・考公記・匠人》疏。)"

鄧本:"《明堂陰陽記》三十三篇。古明堂之遺事……路寢在北堂之西,社稷宗廟在路寢室之西。②(嚴本、馬本。《周禮・冬官考工記・匠人》疏。)"

佚文七

【出處】《周禮》卷四十一《冬官考工記下・匠人》賈公彦疏:"又云:'左明堂辟雍,右宗廟社稷。'"③

【輯本】洪本:"左明堂辟雍,右宗廟社稷。(《周禮・匠人》疏。)"

嚴本:"左明堂辟雍,右宗廟社稷。(《周禮・匠人》疏。)"

---

①③ 《周禮注疏》,第1346頁。

② 鄧駿捷校勘記言:"'社稷'原脱,據浙圖本、開明本、《周禮・冬官考工記》疏補。"

馬本:"《陰陽明堂》三十三篇。路寢在北堂之西,社稷宗廟在路寢之西,左明堂辟雍,右宗廟社稷。(《周禮·考公記·匠人》賈公彦疏。)"

姚本:"《明堂陰陽記》三十三篇。古明堂之遺事……左明堂辟雍,右宗廟社稷。(嚴本、馬本。)"

鄭氏《三禮目録》曰:"《禮記·明堂位》《月令》於劉向《别録》屬'明堂陰陽'"。(按,言此二篇皆屬此記三十三篇中也。)

《隋書·牛弘傳》:"案劉向《别録》及馬宫、蔡邕等所見,當時有古文《明堂禮》《王居明堂禮》《明堂圖》《明堂大圖》《泰山通義》魏文侯《孝經傳》等,並説古明堂之事,其書皆亡。"(嚴本。按,此所舉六篇,或皆在此《記》三十三篇中。又按,《大戴記》之《夏小正》、蔡中郎《月令論》所引之《大學志》,或亦在於此《記》中。)

陶本:"左明堂辟雍,右宗廟社稷。(《周禮·匠人》疏。)"

張本:"《陰陽明堂》三十三篇。路寢在北堂之西,社稷宗廟在路寢之西,左明堂辟雍,右宗廟社稷。(《周禮·考公記·匠人》賈公彦疏。)"

章本:"《明堂陰陽》三十三篇。(《藝文志》)路寢在北堂之西,社稷宗廟在路寢之西,左明堂辟雍,右宗廟社稷。(《周禮·考公記·匠人》疏。)"

鄧本:"《明堂陰陽記》三十三篇。古明堂之遺事……左明堂辟雍,右宗廟社稷。(嚴本、馬本。《周禮·冬官考工記·匠人》疏。)"

鄭氏《三禮目録》曰:"《禮記·明堂位》《月令》於劉向《别録》屬'明堂陰陽'"。(按,言此二篇皆屬此記三十三篇中也。)

《隋書·牛弘傳》:"案劉向《别録》及馬宫、蔡邕等所見,當時有古文《明堂禮》《王居明堂禮》《明堂圖》《明堂大圖》《明堂陰陽》《泰山通義》魏文侯《孝經傳》等[①],並説古明堂之事,其書皆亡。"(嚴本。《隋書·牛弘傳》。按,此所舉六篇,或皆在此《記》三十三篇中。又按,《大戴記》之《夏小正》、蔡中郎《月令論》所引之《大學志》,或亦在於此《記》中。)

---

① 鄧駿捷校勘記言:"'明堂陰陽'原脱,據《隋書·牛弘傳》補。浙圖本、開明本作'陰陽'。"

佚文八

【出處】《漢書》卷三十《藝文志》顔師古注:"劉向《别録》云:'六國時人也。'"①

【輯本】洪本:"(王史氏)六國時人也。(《漢書·藝文志》注。)"

嚴本:"(王史氏)六國時人也。(《漢書·藝文志》注。)"

馬本:"《王史氏》二十二篇。六國時人也。(《漢書·藝文志》。)"

姚本:"《王史氏》二十一篇。七十子後學者。王史氏,六國時人也。(嚴本、馬本。)"

陶本:"(王史氏)六國時人也。(《漢書·藝文志》注。)"

張本:"《王史氏》二十二篇。六國時人也。(《漢書·藝文志》。)"

顧本:"王史氏(三字依《漢志》補),六國時人也。(《漢志》注。)"

章本:"《王史氏》二十一篇。(《藝文志》)六國時人也。(《藝文志》師古注。)"

鄧本:"《王史氏》二十一篇。七十子後學者。王史氏,六國時人也。(嚴本、馬本。《漢書·藝文志》注。)"

附録佚文

【出處】《隋書》卷三十二《經籍志》:"至劉向考校經籍,檢得一百三十篇,向因第而敘之。"

【輯本】章本:"《記》百三十一篇。(《藝文志》)檢得一百三十篇。(《隋·經籍志》引劉向。)"

《樂》

佚文一

【出處】《禮記》卷十九《樂記》孔穎達正義:"鄭目録云:'名曰《樂記》者,以其記樂之義。此於《别録》屬《樂記》。'蓋十一篇合爲一篇,謂有《樂本》、有《樂論》、有《樂施》、有《樂言》、有《樂禮》、有《樂情》、有《樂化》、有《樂象》、有《賓牟賈》、有《師乙》、有《魏文侯》。今雖合此,

---

① 《漢書》,第1710頁。

略有分焉……劉向所校二十三篇,著於《别録》。今《樂記》所斷取十一篇,餘有十二篇,其名猶在……其十二篇之名,案《别録》十一篇,餘次《奏樂》第十二,《樂器》第十三,《樂作》第十四,《意始》第十五,《樂穆》第十六,《説律》第十七,《季札》第十八,《樂道》第十九,《樂義》第二十,《昭本》第二十一,《招頌》第二十二,《竇公》第二十三是也。案《别録》:'《禮記》四十九篇,《樂記》第十九。'①則《樂記》十一篇入《禮記》也,在劉向前矣。至劉向爲《别録》時,更載所入《樂記》十一篇,又載餘十二篇,總爲二十三篇也。其二十三篇之目,今總存焉。"②

《史記》卷二十四《樂書》張守節正義:"鄭玄云:'以其記樂之義也。此於《别録》屬《樂記》,蓋十一篇合爲一篇。十一篇者,有《樂本》,有《樂論》,有《樂施》,有《樂言》,有《樂禮》,有《樂情》,有《樂化》,有《樂象》,有《賓牟賈》,有《師乙》,有《魏文侯》。今雖合之,亦略有分焉。'劉向校書,得《樂書》二十三篇,著於《别録》。今《樂記》惟有十一篇,其名猶存也。"③

【輯本】洪本:"鄭《目録》云:《樂記》者,以其記樂之義,此於《别録》屬《樂記》,蓋十一篇合爲一篇,謂有《樂本》,有《樂論》,有《樂施》,有《樂言》,有《樂禮》,有《樂情》,有《樂化》,有《樂象》,有《賓牟賈》,有《師乙》,有《魏文侯》。今雖合此,略有分焉。(《禮記·樂記》正義。案,《史記·樂書》正義云'劉向《别録》篇次與鄭《目録》同,而《樂記》篇次又不依鄭目'。《樂記》正義云'依《别録》所次,有《賓牟賈》,有《師乙》,有《魏文侯》。今此《樂記》有魏文侯,乃次《賓牟賈》《師乙》爲末,則是今之《樂記》與《别録》不同'。)劉向校書得《樂記》二十三篇,著於《别録》,今《樂記》所斷取十一篇,餘有十二篇,其名按《别録》十一篇餘次,《奏樂》第十二,《樂器》第十三,《樂作》第十四,《意始》第十五,《樂穆》第十六,《説律》第十七,《季札》第十八,《樂道》第十九,《樂義》第二十,《昭本》第二十一,《昭頌》第二十二,《竇公》第二十三,是也。(《禮

---

① 北京大學十三經注疏繁體標點本此處僅在"《别録》"後標點":",而未有引號,依據文義分析,此當爲孔疏引《别録》語,故應補足引號。

② 《禮記正義》,第1250頁。

③ 《史記》(修訂本),第1397頁。

記・樂記》正義。)”

嚴本:“鄭《目録》云:《樂記》者,以其記樂之義,此於《别録》屬《樂記》,蓋十一篇合爲一篇,謂有《樂本》,有《樂論》,有《樂施》,有《樂言》,有《樂禮》,有《樂情》,有《樂化》,有《樂象》,有《賓牟賈》,有《師乙》,有《魏文侯》。今雖合此,略有分焉。(《禮記・樂記》正義。案,《史記・樂書》正義云‘劉向《别録》篇次與鄭《目録》同,而《樂記》篇次又不依鄭目’。《樂記》正義云‘依《别録》所次,有《賓牟賈》,有《師乙》,有《魏文侯》。今此《樂記》有魏文侯,乃次《賓牟賈》《師乙》爲末,則是今之《樂記》與《别録》不同’。)劉向校書得《樂記》二十三篇,著於《别録》,今《樂記》所斷取十一篇,餘有十二篇,其名案《别録》十一篇餘次,《奏樂》第十二,《樂器》第十三,《樂作》第十四,《意始》第十五,《樂穆》第十六,《説律》第十七,《季札》第十八,《樂道》第十九,《樂義》第二十,《昭本》第二十一,《昭頌》第二十二,《竇公》第二十三,是也。(《禮記・樂記》正義。)”

馬本:“《禮記》四十九篇……屬樂記:《樂記》蓋十一篇,合爲一篇,有《樂本》、有《樂論》、有《樂施》、有《樂言》、有《樂禮》、有《樂情》、有《樂化》、有《樂象》、有《賓牟賈》、有《師乙》、有《魏文侯》。(正義。)《樂記》三十三篇。(《漢書・藝文志》引劉向)十一篇餘次,《奏》第十二,《樂器》第十三,《樂作》第十四,《意始》第十五,《樂穆》第十六,《説律》第十七,《季札》第十八,《樂道》第十九,《樂義》第二十,《昭本》第二十一,《昭頌》第二十二,《竇公》第二十三。(《禮記・樂記》正義。)”

姚本:“《樂記》二十三篇。《樂本》第一,《樂論》第二,《樂施》第三,《樂言》第四,《樂禮》第五,《樂情》第六,《樂化》第七,《樂象》第八,《賓牟賈》第九,《師乙》第十,《魏文侯》第十一,《奏樂》第十二,《樂器》第十三,《樂作》第十四,《意始》第十五,《樂穆》第十六,《説律》第十七,《季札》第十八,《樂道》第十九,《樂義》第二十,《昭本》第二十一,《昭頌》第二十二,《竇公》第二十三。(《禮記・樂記》正義云:‘劉向校書得《樂記》二十三篇,著於《别録》。’又曰:‘依《别録》所次,有《賓牟賈》,有《師乙》,有《魏文侯》。今此《樂記》有《魏文侯》,乃次《賓牟賈》,《師乙》爲末,則是今之《樂記》與《别録》不同云。’)”

鄭氏《三禮目録》曰:"《禮記·樂記》於劉向《别録》屬《樂記》。"按,即屬此《樂記》二十三篇中也,《小戴記》取十一篇合爲一篇,《奏樂》以下十二篇不取。

陶本:"鄭《目録》云:《樂記》者,以其記樂之義,此於《别録》屬《樂記》,蓋十一篇合爲一篇,謂有《樂本》,有《樂論》,有《樂施》,有《樂言》,有《樂禮》,有《樂情》,有《樂化》,有《樂象》,有《賓牟賈》,有《師乙》,有《魏文侯》。今雖合此,略有分焉。(《禮記·樂記》正義。案,《史記·樂書》正義云,劉向《别録》篇次與鄭《目録》同,而《樂記》篇次又不依鄭目。《樂記》正義云:'依《别録》所次,有《賓牟賈》,有《師乙》,有《魏文侯》,今此《樂記》有魏文侯,乃次《賓牟賈》《師乙》爲末,則是今之《樂記》與《别録》不同。')"

劉向校書得《樂記》二十三篇,著於《别録》,今《樂記》所斷取十一篇,餘有十二篇,其名按《别録》十一篇餘次,《奏樂》第十二,《樂器》第十三,《樂作》第十四,《意始》第十五,《樂穆》第十六,《説律》第十七,《季札》第十八,《樂道》第十九,《樂義》第二十,《昭本》第二十一,《昭頌》第二十二,《竇公》第二十三,是也。(《禮記·樂記》正義。陶批:"濬宣補,猶在二十四卷,《記》無所録也,其十二篇之名。")

張本:"《禮記》四十九篇……屬樂記:《樂記》蓋十一篇,合爲一篇,有《樂本》、有《樂論》、有《樂施》、有《樂言》、有《樂禮》、有《樂情》、有《樂化》、有《樂象》、有《賓牟賈》、有《師乙》、有《魏文侯》。(正義。)《樂記》三十三篇。(《漢書·藝文志》引劉向)十一篇餘次,《奏》第十二,《樂器》第十三,《樂作》第十四,《意始》第十五,《樂穆》第十六,《説律》第十七,《季札》第十八,《樂道》第十九,《樂義》第二十,《昭本》第二十一,《昭頌》第二十二,《實公》第二十三。(《禮記·樂記》正義。)"

顧本:"《樂記》二十三篇。《樂本》一,《樂論》二,《樂施》三,《樂言》四,《樂禮》五,《樂情》六,《樂化》七,《樂象》八(《史記》正義作'象法'),《賓牟賈》九,《師乙》十,《魏文侯》十一,《奏樂》十二,《樂器》十三,《樂作》十四,《意始》十五,《秦穆》十六,《説律》十七,《季札》十八,《樂道》十九,《樂義》二十,《昭本》二十一,《昭頌》二十二,《竇公》二十三。(《樂記》《疏》云:'《别録》《禮記》四十九篇,《樂記》第十九,則《樂記》十一篇入《禮記》在劉向前矣。至劉向爲《别録》時,更載所入《樂記》十一篇,又載餘十二篇,總爲二十三篇也。'二十三篇之目,今總存焉。)"

章本:"《樂記》蓋十一篇,合爲一篇,謂有《樂本》,有《樂論》,有《樂施》,有《樂言》,有《樂禮》,有《樂情》,有《樂化》,有《樂象》,有《賓牟賈》,有《師乙》,有《魏文侯》。(《禮記・樂記》正義引鄭目録。)《樂記》三十三篇。(《藝文志》)十一篇餘,次《奏樂》第十二,《樂器》第十三,《樂作》第十四,《意始》第十五,《樂穆》第十六,《説律》第十七,《季札》第十八,《樂道》第十九,《樂義》第二十,《昭本》第二十一,《招頌》第二十二,《竇公》第二十三。(《禮記・樂記》正義。)"

鄧本:"《樂記》二十三篇。《樂本》第一,《樂論》第二,《樂施》第三,《樂言》第四,《樂禮》第五,《樂情》第六,《樂化》第七,《樂象》第八,《賓牟賈》第九,《師乙》第十,《魏文侯》第十一,《奏樂》第十二,《樂器》第十三,《樂作》第十四,《意始》第十五,《樂穆》第十六,《説律》第十七,《季札》第十八,《樂道》第十九,《樂義》第二十,《昭本》第二十一,《昭頌》第二十二,《竇公》第二十三。(《禮記・樂記》正義云:'劉向校書得《樂記》二十三篇,著於《别録》。'又曰:'依《别録》所次,有《賓牟賈》,有《師乙》,有《魏文侯》。今此《樂記》有《魏文侯》,乃次《賓牟賈》,《師乙》爲末,則是今之《樂記》與《别録》不同云。')"

鄭氏《三禮目録》曰:"《禮記・樂記》於劉向《别録》屬《樂記》。"按,即屬此《樂記》二十三篇中也,《小戴記》取十一篇合爲一篇,《奏樂》以下十二篇不取。

佚文二

【出處】《禮記》卷十九《樂記》孔穎達正義:"《别録》:'《禮記》四十九篇,《樂記》第十九。'"①

按,觀孔疏的表述方式,當需援引某書佐證觀點時,書名後所接内容即引自此書,可直引,如《禮記正義・王制》:"《詩・小雅》'雨我公

① 《禮記正義》,第1250頁。北京大學十三經注疏繁體標點本此處僅在"《别録》"後標點":",而未有引號,依據文義分析,此當爲孔疏引《别録》語,故應補足引號。

田,遂及我私'"[1],即是《小雅·大田》[2];可直引加意引,如《禮記正義·王制》:"《周禮·大司樂》'掌成均之法,以教國子'"[3],即是《周禮·春官宗伯下·大司樂》"掌成均之法,以治建國之學政,而合國之子弟焉"[4]。以此觀孔氏引"《别録》:'《禮記》四十九篇,《樂記》第十九'"當是直引,故而當視之《别録》語。加之,此言《樂記》一事,可與《漢志》著録的《樂記》相關聯,故而將此句輯爲《樂記書録》佚文。

輯本中,而洪本、嚴本、姚本、陶本、鄧本則於《禮》家佚文按語中提及,而顧本在《樂記書録》佚文的按語中提及孔疏此語,均未將此收爲佚文,依照上文分析,當輯爲佚文較爲穩妥。

佚文三

【出處】《藝文類聚》卷四十三《樂部三》:"劉向《别録》曰:'有麗人歌賦,漢興以來,善雅歌者魯人虞公,發聲清哀,蓋動梁塵。'"[5]

《文選》卷十八《成公子安〈嘯賦〉》李善注:"劉向《别録》曰:'有人歌賦楚,漢興以來,善雅歌者魯人虞公,發聲清哀,遠動梁塵,其世學者莫能及。'"[6]

《太平御覽》卷五百七十二《樂部十》:"劉向《别録》曰:'漢興已來,善歌者魯人虞公,發聲清哀,蓋動梁塵,受學者莫能及也。'"[7]

《事類賦》卷十一《樂部》吴淑注:"劉向《别録》曰:'漢興以來,善歌者魯人虞公,發聲清哀,蓋動梁塵,受學者莫能及也。'"[8]

【輯本】洪本:"有麗人歌賦,漢興以來,善雅歌者魯人虞公,發聲清哀,遠動梁塵,受學者莫能及也。(《藝文類聚》四十三、《文選·嘯賦》注、

① 《禮記正義》,第463頁。

② (漢)毛亨傳,(漢)鄭玄箋,(唐)孔穎達疏:《毛詩正義》,十三經注疏繁體標點本,北京大學出版社2000年版,第996、997頁。

③ 《禮記正義》,第477頁。

④ 《周禮注疏》,第674頁。

⑤ 《藝文類聚》,第771頁。

⑥ 《文選》,第870頁。

⑦ 《太平御覽》,第2584頁。

⑧ 《事類賦注》,第217頁。

《事類賦》注十一。案,《初學記》十五:'魯人虞公。見劉向《别録》。')"

嚴本:"有麗人歌賦,漢興以來,善雅歌者魯人虞公,發聲清哀,遠動梁塵,受學者莫能及也。(《藝文類聚》四十三、《文選・嘯賦》注、《事類賦注》十一。案,《初學記》十五:'魯人虞公。見劉向《别録》。')"

馬本:"有麗人(《藝文類聚》有麗字)歌賦楚。(《文選》注有楚字)漢興以來,善雅歌者,魯人虞公,發聲清哀,遠(《藝文類聚》作'蓋')動梁塵,其世學者莫能及。(《文選・成公子安〈嘯賦〉》注、《藝文類聚》卷四十三引無末句。)"

姚本:"《雅歌詩》四篇。漢興以來,善雅歌者魯人虞公,發聲清哀,遠動梁塵,受學者莫能及也。(嚴本、馬本。)"

陶本:"有麗人歌賦,漢興以來,善雅歌者魯人虞公,發聲清哀,遠動梁塵,受學者莫能及也。(《藝文類聚》四十三、《文選・嘯賦》注、《事類賦注》十一。案,《初學記》十五:'魯人虞公。見劉向《别録》。')"

張本:"有麗人(《藝文類聚》有麗字)歌賦楚。(《文選》注有楚字)漢興以來,善雅歌者,魯人虞公,發聲清哀,遠(《藝文類聚》作'蓋')動梁塵,其世學者莫能及。(《文選・成公子安〈嘯賦〉》注、《藝文類聚》卷四十三引無末句。)"

顧本:"有人歌賦楚,漢興以來,善雅歌者魯人虞公,發聲清哀,遠動梁塵,其世受學者莫能及也。(《文選・嘯賦》注、《御覽》五百七十二,《事類賦注》十一。)"

章本:"有麗(此字《藝文類聚》有)人歌賦楚。(此字《選》注有)漢興以來,善雅歌者,魯人虞公,發聲清哀,遠(《藝文類聚》作'蓋')動梁塵,其世學者莫能及。(此句《選》注有)(《文選・嘯賦》注、《藝文類聚》卷四十三。)"

鄧本:"《雅歌詩》四篇。漢興以來,善雅歌者魯人虞公,發聲清哀,遠動梁塵,受學者莫能及也。(嚴本、馬本。[①]《藝文類聚》卷四三、《文選・成公子安〈嘯賦〉》注、《事類賦注》卷一一。)"

---

① 鄧駿捷校勘記言:"開明本有按語曰:'案,末句嚴本作"其世學者莫能及。'其中'嚴本'實爲'馬本'之誤。"

佚文四

【出處】《藝文類聚》卷四十四《樂部四》:"劉向《别録》曰:'雅琴之意、事,皆出龍德《諸琴雜事》中。趙氏者,渤海人趙定也。宣帝時,元康神爵間,丞相奏能鼓琴者渤海趙定、梁國龍德,皆召入見温室,使鼓琴待詔。定爲人尚清静,少言語,善鼓琴。時閒燕爲散操,多爲之涕泣者。'"①

《後漢書》卷七十九上《儒林列傳》李賢注:"劉向《别録》曰:'雅琴之意,事皆出龍德《諸琴雜事》中。'"②

《太平御覽》卷五百七十九《樂部十七》:"劉向《别録》曰:'雅琴之意、事,皆出龍德《諸琴雜事》中。趙氏者,渤海趙定人也。宣帝時,元康神爵間,丞相奏能皷琴者渤海趙定、梁國龍德,皆召入見温室,使皷琴。時閑燕爲散操,多爲之涕泣者也。'"③

《事類賦》卷十一《樂部》吴淑注:"劉向《别録》曰:'雅琴之意、事,皆出龍德《諸琴雜事》中。趙氏者,渤海趙定也。宣帝元康神爵間,丞相奏能鼓琴者渤海趙定、梁國龍德,皆召入見温室,使鼓琴。時閑燕爲散操,多爲之涕泣者。'"④

《琴史》卷三"趙定、龍德"條:"劉向云:'雅琴之意,皆出龍德《諸琴雜事》中。'"⑤

《白孔六帖》卷六十二"琴"條:"劉向《别録》:'漢有渤海趙定,國梁國龍德。'"⑥

【輯本】洪本:"雅琴之意、事,皆出龍德《諸琴雜事》中。趙氏者,勃海人趙定也,宣帝時,元康神爵間,丞相奏能鼓琴者勃海趙定、梁國龍德,皆召入見温室,使鼓琴待詔。定爲人尚清静,少言語,善鼓琴。時間

---

① 《藝文類聚》,第781頁。

② 《後漢書》,第2549頁。

③ 《太平御覽》,第2613頁。

④ 《事類賦注》,第235頁。

⑤ (宋)朱長文:《琴史》(外十種),上海古籍出版社1991年版,第27頁。

⑥ (唐)白居易,(宋)孔傳:《白孔六帖》,《文淵閣四庫全書》本,上海人民出版社1999年版。

燕爲散操,多爲之涕泣者。(《後漢書·劉昆傳》注、《初學記》十六、《藝文類聚》四十四、《白帖》六十二、《太平御覽》五百七十九、《事類賦》注十一。)"

嚴本:"雅琴之意、事,皆出龍德《諸琴雜事》中。趙氏者,勃海人趙定也,宣帝時,元康神爵間,丞相奏能鼓琴者勃海趙定、梁國龍德,皆召入見温室,使鼓琴待詔。定爲人尚清静,少言語,善鼓琴。時間燕爲散操,多爲之涕泣者。(《後漢書·劉昆傳》注、《藝文類聚》四十四、《白帖》六十二、《御覽》五百七十九、《事類賦注》十一。)"

馬本:"《趙氏雅琴》七篇。(同上)君子因雅琴之適,故從容以致思焉。其道閉邪。悲愁而作者,名其曲曰《操》,言遇災害不失其操也。(《後漢書·曹褒傳》章懷太子注)雅琴之意、事,皆出龍德《諸琴雜事》中。趙氏者,渤海人趙定也。宣帝時,元康神爵間,丞相奏能鼓琴者渤海趙定、梁國龍德,皆召入温室,使鼓琴。時閑燕爲散操,多爲之涕泣者。(歐陽詢《藝文類聚》卷四十四、《太平御覽》卷五百七十九。)"

姚本:"《雅琴趙氏》七篇。名定,勃海人。宣帝時丞相魏相所奏。趙氏者,勃海人趙定也。宣帝時,元康神爵間,丞相奏能鼓琴者勃海趙定、梁國龍德,皆召入見温室,使鼓琴待詔。定爲人尚清静,少言語,善鼓琴。時間燕爲散操,多爲之涕泣者。(嚴本。)"

陶本:"雅琴之意、事,皆出龍德《諸琴雜事》中。趙氏者,勃海人趙定也,宣帝時,元康神爵間,丞相奏能鼓琴者勃海趙定、梁國龍德,皆召入見温室,使鼓琴待詔。定爲人尚清静,少言語,善鼓琴。時間燕爲散操,多爲之涕泣者。(《後漢書·劉昆傳》注、《藝文類聚》四十四、《白帖》六十二、《御覽》五百七十九、《事類賦》注十一。)"

張本:"《趙氏雅琴》七篇。(同上)君子因雅琴之適,故從容以致思焉。其道閉邪。悲愁而作者,名其曲曰《操》,言遇災害不失其操也。(《後漢書·曹褒傳》章懷太子注)雅琴之意、事,皆出龍德《諸琴雜事》中。趙氏者,渤海人趙定也。宣帝時,元康神爵間,丞相奏能鼓琴者渤海趙定、梁國龍德,皆召入温室,使鼓琴。時閑燕爲散操,多爲之涕泣者。(歐陽詢《藝文類聚》卷四十四、《太平御覽》卷五百七十九。)"

顧本:"趙氏者,渤海人趙定也。宣帝元康、神爵間,丞相奏能鼓琴者。渤海趙定、梁國龍德皆召入見温室,使鼓琴待詔。定爲人尚清静,少言語,善鼓琴。時間燕爲散操,多爲之涕泣者。(《藝文》四十四、《白帖》六十二、《御覽》五百七十九、《事類注》十一。)"

章本:"《雅琴趙氏》七篇。(《藝文志》)雅琴之意,事皆出龍德諸琴雜事中。趙氏者,渤海人,趙定也。宣帝時,元康、神爵間,丞相奏能鼓琴者,渤海趙定、梁國龍德皆召入温室,使鼓琴,時閑燕爲散操,多爲之涕泣者。(《藝文類聚》四十四、《御覽》五百七十九。)"

鄧本:"《雅琴趙氏》七篇。名定,勃海人。宣帝時丞相魏相所奏。趙氏者,勃海人趙定也。宣帝時,元康、神爵間,丞相奏能鼓琴者勃海趙定、梁國龍德,皆召入見温室,使鼓琴待詔。定爲人尚清静,少言語,善鼓琴,時閒燕爲散操,多爲之涕泣者。(嚴本。《藝文類聚》卷四四、《白氏六帖》卷一八、《太平御覽》卷五七九、《事類賦注》卷一一。)"

佚文五

【出處】《後漢書》卷三十五《張曹鄭列傳》李賢注:"劉向《别録》曰:'君子因雅琴之適,故從容以致思焉。其道閉塞悲愁而作者名其曲曰操,言遇災害不失其操也。'"①

【輯本】洪本:"君子因雅琴之適,故從容以致思焉。其道閉塞悲愁而作者名其曲曰《操》,言遇灾害,不失其操也。(《後漢書·曹褒傳》注。)"

嚴本:"君子因雅琴之適,故從容以致思焉。其道閉塞悲愁而作者名其曲曰《操》,言遇灾害,不失其操也。(《後漢書·曹褒傳》注。)"

馬本:"《趙氏雅琴》七篇。(同上。②)君子因雅琴之適,故從容以致思焉。其道閉邪悲愁而作者名其曲曰《操》,言遇災害不失其操也。(《後漢書·曹褒傳》章懷太子注)雅琴之意、事,皆出龍德《諸琴雜事》中。趙氏者,渤海人趙定也。宣帝時,元康神爵間,丞相奏能鼓琴者渤海趙定、梁國龍德,皆召入温室,使鼓琴。時閑燕爲散操,多爲之涕泣

① 《後漢書》,第1201頁。

② "同上"即指馬本此條佚文上"《雅歌詩》四篇"所標注的出處"《隋書·音樂志》"。下舉張本言"同上",同此。

者。(歐陽詢《藝文類聚》卷四十四、《太平御覽》卷五百七十九。)"

姚本:"《雅琴龍氏》……君子因雅琴之適,故從容以致思也。其道閉塞(一作'閉邪')悲愁而作者,名其曲曰《操》,言遇災害不失其操也。"

陶本:"君子因雅琴之適,故從容以致思焉。其道閉塞悲愁而作者名其曲曰《操》,言遇灾害,不失其操也。(《後漢書・曹褒傳》注。)"

張本:"《趙氏雅琴》七篇。(同上)君子因雅琴之適,故從容以致思焉。其道閉邪悲愁而作者名其曲曰《操》,言遇災害不失其操也。(《後漢書・曹褒傳》章懷太子注)雅琴之意、事,皆出龍德《諸琴雜事》中。趙氏者,渤海人趙定也。宣帝時,元康神爵間,丞相奏能鼓琴者渤海趙定、梁國龍德,皆召入温室,使鼓琴。時閑燕爲散操,多爲之涕泣者。(歐陽詢《藝文類聚》卷四十四、《太平御覽》卷五百七十九。)"

顧本:"君子因雅琴之適,故從容以致思焉。其道閉塞,悲愁而作者,名其曲曰操,言遇災害不失其操也。(《後漢書・曹褒傳》注。)"

章本:"雅琴,琴之言禁也,雅之言正也,君子守正以自禁也。(《文選・長門賦》注)君子因雅琴之適,故從容以致思焉。其道閉塞悲愁,而作者名其曲曰《操》,言遇災害不失其操也。(《後漢書・曹褒傳》注)《雅暢》第十七。曰《琴道》:'曰《堯暢》,逸。'又曰:'堯,則達善天下,無不通暢,故謂之暢。'又曰:'《微子操》,微子傷殷之將亡,終不可奈何,見鴻鵠高飛,援琴作《操》。'(《文選・琴賦》注。案,《選》注屢引《琴道》,蓋其書與《琴操》相類,而作於西漢,故《七略》得引之。)"

鄧本:"《雅琴龍氏》……君子因雅琴之適,故從容以致思也。其道閉塞(一作'閉邪')悲愁而作者,名其曲曰《操》,言遇災害不失其操也。(《後漢書・張曹鄭列傳》注。)"

佚文六

【出處】《北堂書鈔》卷一百九《樂部九》:"劉向《别録》云:'師氏雅琴者,名志,東海下邳人。傳云,言師曠之後,至今邳俗猶多好琴也。'"①

【版本】洪本:"師氏雅琴者,名志,東海下邳人。傳云,言師曠之後,

① 《北堂書鈔》,第419頁。

至今邳俗猶多好琴也。(《北堂書鈔》一〇九。)”

嚴本:“師氏雅琴者,名志,東海下邳人。傳云,言師曠之後,至今邳俗猶多好琴也。(《北堂書鈔》一〇九。)”

馬本:“《師氏雅琴》八篇。(《隋書·音樂志》)師氏雅琴者,名忠,東海下邳人。言師曠後,至今邳俗猶多好琴也。(《北堂書鈔》卷一〇九。)”

姚本:“《雅琴師氏》八篇。名中,東海人,傳言師曠後。師氏雅琴者,名志,(一引云‘名忠’)東海下邳人。傳云,言師曠之後,至今邳俗猶多好琴也。(嚴本、馬本。)”

陶本:“師氏雅琴者,名志,東海下邳人。傳云,言師曠之後,至今邳俗猶多好琴也。(《北堂書鈔》一〇九。)”

張本:“《師氏雅琴》八篇。(《隋書·音樂記》)師氏雅琴者,名忠,東海下邳人。言師曠後,至今邳俗,猶多好琴也。(《北堂書鈔》卷一〇九。)”

顧本:“師氏雅琴者,名志。(《志》注名‘中’,疑‘志’乃‘忠’之誤。)東海下邳人,傳言師曠之後。至今邳俗猶多好琴也。(《書鈔》百九。)”

章本:“《師氏雅琴》八篇。(《藝文志》)師氏雅琴者,名忠。(案《志》作中)東海下邳人,言師曠後,至今邳俗,猶多好琴也。(《北堂書鈔》一〇九。)”

鄧本:“《雅琴師氏》八篇。名中,東海人,傳言師曠後。師氏雅琴者,名志。(一引云‘名忠’。)東海下邳人。傳云,言師曠之後,至今邳俗猶多好琴也。(嚴本、馬本。《北堂書鈔》卷一〇九。)”

佚文七

【出處】《漢書》卷三十《藝文志》顔師古注:“劉向《别録》云:‘亦魏相所奏也。與趙定俱召見待詔,後拜爲侍郎。’”

【輯本】洪本:“(雅琴龍氏)亦魏相所奏也。與趙定俱召見待詔,後拜爲侍郎。(《漢書·藝文志》注。)”

嚴本:“(雅琴龍氏)亦魏相所奏也。與趙定俱召見待詔,後拜爲侍郎。(《漢書·藝文志》注。)”

馬本:“《龍氏雅琴》百六篇。(《隋書·音樂志》)亦魏相所奏。與趙定俱召見待詔,後復拜爲侍郎。(《漢書·藝文志》。)”

姚本:“《雅琴龍氏》百六篇。名德,梁人。《隋書·音樂志》引《别録》云:‘《龍氏雅琴》百六篇。’按,《漢志》析出淮南、劉向等《琴頌》七篇,故止載九十九篇。雅琴龍氏亦魏相所奏也。與趙氏俱召見待詔,後拜爲侍郎。(嚴本、馬本。下二條並同①。)”

陶本:“(雅琴龍氏)亦魏相所奏也。與趙定俱召見待詔,後拜爲侍郎。(《漢書·藝文志》注。)”

張本:“《龍氏雅琴》百六篇。(《隋書·音樂記》)亦魏相所奏。與趙定俱召見待詔,後復拜爲侍郎。(《漢書·藝文志》。)”

顧本:“龍氏(二字依《漢志》補)亦魏相所奏也,與趙定召如見待詔,後拜爲侍郎。(《漢志》注。)”

章本:“《雅琴龍氏》九十九篇。(《藝文志》《隋·音樂志》述梁沈約奏引《别録》作《龍氏雅琴》百六篇)亦魏相所奏,與趙定俱召見待詔,後復拜爲侍郎。(《藝文志》師古注。安《志》言名德,而《王褒傳》則作龔德,或龍氏假借作龔歟?)”

鄧本:“《雅琴龍氏》百六篇。名德,梁人。《隋書·音樂志》引《别録》云:‘《龍氏雅琴》百六篇。’按,《漢志》析出淮南、劉向等《琴頌》七篇,故止載九十九篇。雅琴龍氏亦魏相所奏也。與趙定俱召見待詔②,後拜爲侍郎。(嚴本、馬本。《漢書·藝文志》注。下二條並同。)”

誤輯佚文

【出處】《隋書》卷十三《音樂志上》沈約答梁武帝稱:“向《别録》,有《樂歌詩》四篇、《趙氏雅琴》七篇、《師氏雅琴》八篇、《龍氏雅琴》百六篇。”③

【輯本】洪本:“《樂歌詩》四篇,《趙氏雅琴》七篇,《師氏雅琴》八篇,

---

① 姚本所言“下二條並同”,意指在此條佚文下的“雅琴之意”條、“君子因雅琴之適”條,統歸爲《雅琴龍氏》佚文。

② 鄧駿捷校勘記言:“‘趙定’原誤作‘趙氏’,今據鈔稿本、浙圖本、開明本、《漢書·藝文志》改。”

③ 《隋書》,第288頁。

《龍氏雅琴》百六篇。(《隋書・音樂志》。)”

嚴本:“《樂歌詩》四篇,《趙氏雅琴》七篇,《師氏雅琴》八篇,《龍氏雅琴》百六篇。(《隋書・音樂志》。)”

馬本:“《樂歌詩》四篇。(《隋書・音樂志》。)”

陶本:“《樂歌詩》四篇,《趙氏雅琴》七篇,《師氏雅琴》八篇,《龍氏雅琴》百六篇。(《隋書・音樂志》。)”

張本:“《樂歌詩》四篇。(《隋書・音樂記》。)”

章本:“《雅歌詩》四篇。(《藝文志》《隋・音樂志》述梁沈約奏引《别録》作《樂歌詩》四篇。)”

按,上舉六種輯本將《隋書・音樂志》沈約言及《别録》篇章語輯作佚文,多有不妥。沈氏明言“向《别録》有”,屬客觀陳述,雖沈氏提及的四部典籍的篇名與篇數見於《别録》,然此並非引用《别録》語,不當輯作佚文。且若按此類輯録方式,那麽,承襲《别録》《七略》而來的《漢志》所著録的典籍名稱均可録作佚文,此實爲不妥。洪本、嚴本、陶本取沈約“别録”後文字輯作佚文,而馬本、張本只録“《樂歌詩》四篇”,而未録《趙氏雅琴》等。究其原因在於《漢志》著録“《雅歌詩》四篇”,與《隋書》記“《樂歌詩》四篇”不同,而其他三部典籍名稱則可相互對應。“樂”與“雅”,二字中古音均爲疑母字,聲母相同可通,此當以《漢志》記載爲準,應作“雅”字,“樂”字應是“雅”字流傳過程中誤寫所致。章本訂正馬本時即以《漢志》爲據,改馬本“樂歌詩”作“雅歌詩”。

《春秋》

佚文一

【出處】《春秋左傳》卷一《序》孔穎達正義:“據劉向《别録》云:‘左丘明授曾申,申授吴起,起授其子期,期授楚人鐸椒。鐸椒作《抄撮》八卷,授虞卿。虞卿作《抄撮》九卷,授荀卿。荀卿授張蒼。’”①

【輯本】洪本:“左丘明授曾申,申授吴起,起授其子期,期授楚人鐸椒。鐸椒作《抄撮》八卷,授虞卿。虞卿作《抄撮》九卷,授荀卿。荀卿授

① 《春秋左傳正義》,第2頁。

張蒼。(《春秋左氏傳序》正義。)”

嚴本:“左丘明授曾申,申授吴起,起授其子期,期授楚人鐸椒。鐸椒作《鈔撮》八卷,授虞卿。虞卿作《鈔撮》九卷,授荀卿。荀卿授張蒼。(《春秋左氏傳序》正義。)”

馬本:“《左氏傳》三十卷。左邱明授曾申,申授吴起,起授其子期,期授楚人鐸椒,作《抄撮》八卷,授虞卿。虞卿作《抄撮》九卷,授荀卿。荀卿授張蒼。(《春秋左傳》正義。)”

姚本:“又曰:‘左邱明授曾申,申授衛人吴起,起授其子期,期授楚人鐸椒。鐸椒作《鈔撮》八卷,授趙人虞卿。虞卿作《鈔撮》九卷,授同郡荀卿。荀卿授武威張倉。’(《春秋正義》,據《釋文·敘録》校補。)”

陶本:“左丘明授曾申,申授吴起,起授其子期,期授楚人鐸椒。鐸椒作《抄撮》八卷,授虞卿。虞卿作《抄撮》九卷,授荀卿。荀卿授張蒼。(《春秋左氏傳序》正義。陶批:濬宣桉,太史公言吴起之屬,受業于子夏之倫。)”

張本:“《左氏傳》三十卷。左邱明授曾申,申授吴起,起授其子期,期授楚人鐸椒,作《抄撮》八卷,授虞卿。虞卿作《抄撮》九卷,授荀卿。荀卿授張蒼。(《春秋左傳》正義。)”

顧本:“左丘明授曾申,申授吴起,起授其子期,期授楚人鐸椒。鐸椒作《抄撮》八卷,授虞卿。虞卿作《抄撮》九卷,授荀卿。荀卿授張蒼。(《左傳序》疏。)”

章本:“《左氏傳》三十卷。(《藝文志》)左丘明授曾申,申授吴起,起授其子期,期授楚人鐸椒。鐸椒作《鈔撮》八卷,授虞卿。虞卿作《鈔撮》九卷,授荀卿。荀卿授張蒼。(《春秋序》正義。)”

鄧本:“又曰:‘左丘明授曾申,申授衛人吴起,起授其子期,期授楚人鐸椒。鐸椒作《鈔撮》八卷,授趙人虞卿。虞卿作《鈔撮》九卷,授同郡荀卿,荀卿授武威張倉。’(《春秋正義》,據《釋文·敘録》校補。)”

佚文二

【出處】《史記集解序》司馬貞《史記索隱》:“劉向云:‘《世本》,古史官明於古事者之所記也。録黄帝已來帝王諸侯及卿大夫係謚名號,凡十五篇也。'"①

【輯本】洪本:"《世本》,古史官明於古事者之所記也。録黄帝已來帝王諸侯及卿大夫係謚名號,凡十五篇也。(《史記集解序》索隱。)"

嚴本:"《世本》,古史官明於古事者之所記也。録黄帝已來帝王諸侯及卿大夫係謚名號,凡十五篇也。(《史記集解序》索隱。)"

姚本:"《世本》十五篇。《世本》,古史官明於古事者之所記也。録黄帝已來諸侯及卿大夫係謚名號,凡十五篇,與左氏合也。(嚴本、馬本。)"

陶本:"《世本》,古史官明於古事者之所記也。録黄帝已來帝王諸侯及卿大夫係謚名號,凡十五篇也。(《史記集解序》索隱。陶批:'集解'二字去不得。)"

鄧本:"《世本》十五篇。《世本》,古史官明於古事者之所記也。録黄帝已來帝王諸侯及卿大夫係謚名號,凡十五篇,與左氏合也。②(嚴本、馬本。《史記集解序》索隱。)"

佚文三

《東周第一》

《西周第二》

《秦一第三》

《秦二第四》

《秦三第五》

《秦四第六》

《秦五第七》

《齊一第八》

《齊二第九》

《齊三第十》

《齊四第十一》

---

① 《史記》(修訂本),第4036頁。

② 鄧駿捷校勘記言:"'帝王'原脱,今據《〈史記集解序〉索隱》補。又《史記索隱》無句末'與左氏合'四字。"

《齊五第十二》
《齊六第十三》
《楚一第十四》
《楚二第十五》
《楚三第十六》
《楚四第十七》
《趙一第十八》
《趙二第十九》
《趙三第二十》
《趙四第二十一》
《魏一第二十二》
《魏二第二十三》
《魏三第二十四》
《魏四第二十五》
《韓一第二十六》
《韓二第二十七》
《韓三第二十八》
《燕一第二十九》
《燕二第三十》
《燕三第三十一》
《宋衛第三十二》
《中山第三十三》
右定著三十三篇。

護左都水使者光禄大夫臣向言:所校中《戰國策》書,中書餘卷,錯亂相糅莒。又有國別者八篇,少不足。臣向因國別者,略以時次之,分別不以序者以相補,除復重,得三十三篇。本字多誤脱爲半字,以"趙"爲"肖",以"齊"爲"立",如此字者多。中書本號,或曰《國策》,或曰《國事》,或曰《短長》,或曰《事語》,或曰《長書》,或曰《脩書》。臣向以爲戰國時,遊士輔所用之國,爲之筴謀,宜爲《戰國策》。其事繼《春秋》以後,訖楚漢之起,二百四十五年間之事,皆定,以殺青書,可繕寫。

敘曰:周室自文、武始興,崇道德,隆禮義,設辟雍泮宫庠序之教,陳禮樂弦歌移風之化,敘人倫,正夫婦,天下莫不曉然。論孝悌之義,惇篤之行,故仁義之道滿乎天下,卒致之刑錯四十餘年。遠方慕義,莫不賓服,《雅》《頌》歌詠,以思其德。下及康、昭之後,雖有衰德,其綱紀尚明。及春秋時,已四五百載矣,然其餘業遺烈,流而未滅。五伯之起,尊事周室,五伯之後,時君雖無德,人臣輔其君者,若鄭之子産,晉之叔向,齊之晏嬰,挾君輔政,以並立於中國,猶以義相支持,歌説以相感,聘覲以相交,斯會以相一,盟誓以相救,天子之命,猶有所行,會享之國,猶有所耻。小國得有所依,百姓得有所息。故孔子曰:"能以禮讓爲國乎,何有?"周之流化,豈不大哉。及春秋之後,衆賢輔國者既没,而禮義衰矣。孔子雖論《詩》《書》,定禮樂,王道粲然分明,以匹夫無勢,化之者七十二人而已,皆天下之俊也,時君莫尚之。是以王道遂用不興。故曰:"非威不立,非勢不行。"

仲尼既没之後,田氏取齊,六卿分晉,道德大廢,上下失序。至秦孝公,捐禮讓而貴戰争,棄仁義而用詐譎,苟以取强而已矣。夫篡盜之人,列爲侯王,詐譎之國,興立爲强。是以傳相放效,後生師之,遂相吞滅,並大兼小,暴師經歲,流血滿野。父子不相親,兄弟不相安,夫婦離散,莫保其命,湣然道德絶矣。晚世益甚,萬乘之國七,千乘之國五,敵侔争權,蓋爲戰國。貪饕無耻,競進無厭,國異政教,各自製斷。上無天子,下無方伯,力功争强,勝者爲右,兵革不休,詐僞並起。當此之時,雖有道德,不得施謀,有設之强,負阻而恃固,連與交質,重約結誓,以守其國。故孟子、孫卿儒術之士,棄捐於世,而遊説權謀之徒,見貴於俗。是以蘇秦、張儀、公孫衍、陳軫、代、厲之屬,生縱横短長之説,左右傾側。蘇秦爲縱,張儀爲横;横則秦帝,縱則楚王,所在國重,所去國輕。然當此之時,秦國最雄,諸侯方弱,蘇秦結之,時六國爲一,以儐背秦,秦人恐懼,不敢闚兵於關中,天下不交兵者二十有九年。然秦國勢便形利,權謀之士,咸先馳之。蘇秦初欲横,秦弗用,故東合縱,及蘇秦死後,張儀連横,諸侯聽之,西向事秦。是故始皇因四塞之固,據崤函之阻,跨隴蜀之饒,聽衆人之筴,乘六世之烈,以蠶食六國,兼諸侯,並有天下。杖於謀詐之弊,終於信篤之誠,無道德之教,仁義之化,以綴天下之心。任刑罰以爲治,信小術以爲道,遂燔燒《詩》《書》,坑殺儒士,上小堯、舜,下邈三王。二世愈甚,惠不下施,情不上達。君臣相疑,骨肉相疏,化道淺薄,綱紀壞敗,民不見義,而懸於不寧,撫天下十四歲,天下大潰,詐僞之弊也。其比王德,豈不遠哉!

孔子曰:"道之以政,齊之以刑,民免而無恥;道之以德,齊之以禮,有恥且格。"夫使天下有所恥,故化可致也。苟以詐僞偷活取容,自上爲之,何以率下。秦之敗也,不亦宜乎。戰國之時,君德淺薄,爲之謀筴者,不得不因勢而爲資,據時而爲,故其謀扶急持傾,爲一切之權,雖不可以臨國教化,兵革救急之勢也。皆高才秀士,度時君之所能行,出奇筴異智,轉危爲安,運亡爲存,亦可喜,皆可觀。

護左都水使者光禄大夫臣向所校《戰國策書録》。

附録佚文

【出處】韋昭曰:"馮商受詔續《太史公》十餘篇,在班彪《别録》。商字子高。"

【輯本】洪本:"商,字子高。(《漢書・藝文志》注。)"

嚴本:"商,字子高。(《漢書・藝文志》注。)"

馬本:"馮商所續《太史公》七篇,商字子高。(《漢書・藝文志》。)商,陽陵人,治《易》,事五鹿充宗,後事向,能屬文,後與孟柳俱待詔,頗序列傳,未卒,病死。(《漢書・藝文志》注師古引七略。)"

姚本:"馮商所續《太史公》十一篇。(按,《藝文志》著録七篇。韋昭注曰:馮商受詔續《太史公》十餘篇。班氏注云:省《太史公》四篇。蓋所省即《馮商書》,著録七篇,省四篇,以是知《七略》所載實十一篇,《别録》亦猶是也。)商,字子高。(嚴本、馬本。)"

陶本:"商,字子高。(《漢書・藝文志》注。)"

張本:"馮商所續《太史公》七篇,商字子高。(《漢書・藝文志》。)商,陽陵人,治《易》,事五鹿充宗,後事向,能屬文,後與孟柳俱待詔,頗序列傳,未卒,病死。(《漢書・藝文志》注師古引七略。)"

章本:"馮商所續《太史公》七篇。(《藝文志》。)商字子高,(《藝文志》韋昭注。)商,陽陵人,治《易》,事五鹿充宗,後事劉向,能屬文,博通强記。(此句,《張湯傳》注有)後與孟柳俱待詔,頗序列傳,未卒,病死。(《藝文志》師古注、《張湯傳》師古注。)"

鄧本:"馮商所續《太史公》十一篇。(按,《藝文志》著録七篇。韋昭注曰:馮商受詔續《太史公》十餘篇。班氏注云:省《太史公》四篇。蓋所省即《馮商書》,著録七篇,省四篇,以是知《七略》所載實十一篇,《别録》亦猶是也。)商,字子高。(嚴本、馬本。《漢書・藝文志》注。)"

誤輯佚文

【出處】《漢書》卷三十《藝文志》班固注:"劉向分《國语》。"①

【輯本】馬本:"《新國語》五十四篇。向分《國語》。(《漢・藝文志》引劉向。)"

張本:"《新國語》五十四篇。向分《國語》。(《漢・藝文志》引劉向。)"

姚本:"《新國語》五十四篇。臣向分《國語》。(馬本。)"

鄧本:"《新國語》五十四篇。臣向分《國語》。(馬本。《漢書・藝文志》注。)"

按,此處班固自注對應的是《藝文志》著録的"《新國语》五十四篇"②。其標明"劉向"以區别于《藝文志》同時收録的左丘明著"《國語》二十一篇"。换言之,班固所言當指劉向校書過程中重新釐定篇目以成《新國語》,其側重敘述劉向分《國語》篇目一事,不當與劉向校書撰寫書録所言篇目混爲一談。對比劉向《别録》單句佚文及整篇書録,多以"凡××篇"或"除復重得××篇"言及篇目情況,如《鄧析子書録》"中《鄧析》書四篇,臣敘書一篇,凡中外書五篇,以相校除復重,爲一篇"③,《孫卿書録》"所校讎中《孫卿》書凡三百二十二篇,以相校除復重二百九十篇,定著三十二篇"④。可以看出涉及篇目時劉向即明確記載篇目的差異及釐定的情況,而無"分××"的表述方式。

---

①② 《漢書》,第1714頁。

③ 《文獻學論著輯要》,第10頁。

④ 《文獻學論著輯要》,第12頁。

馬本、張本、姚本、鄧本將此輯爲佚文,誤矣。馬本、張本改"劉向"作"向",雖標明"《漢·藝文志》引劉向",但已體現出臆改的意識。至姚本吸收馬本改爲"臣向",則使之更爲符合劉向撰寫書録的表述方式,鄧本從之,實爲不妥。綜上分析,此處不應録作佚文。

《論語》

佚文一

【出處】《論語集解義疏》何晏《論語集解敘》:"劉向言《魯論語》二十篇,皆孔子弟子記諸善言也。"①

《論語注疏》何晏《論語序》:"劉向言《魯論語》二十篇,皆孔子弟子記諸善言也。"②

【輯本】洪本:"《魯論語》二十篇,皆孔子弟子記諸善言也。(《論語·序》疏。)"

嚴本:"《魯論語》二十篇,皆孔子弟子記諸善言也。(《論語·序》疏。)"

姚本:"又曰:《魯論語》二十篇,皆孔子弟子記諸善言也。太子太傅夏侯勝、前將軍蕭望之、丞相韋賢及子玄成等傳之。《齊論語》二十二篇,其二十篇中章句頗多於《魯論》,琅邪王卿及膠東庸生、昌邑中尉王吉,皆以教之,故有《魯論》,有《齊論》。魯恭王時,嘗欲以孔子宅爲宫,壞,得古文《論語》。《齊論》有《問玉》《知道》,多於《魯論》二篇。《古論》亦無此二篇,分《堯曰》下章'子張問'以爲一篇,有兩《子張》,凡二十一篇,篇次不与齊、魯《論》同。(何晏《論語集解序》篇首稱'漢中壘校尉劉向言',知此一段皆《别録》文,亦與《藝文志》《釋文》相出入。)"

陶本:"《魯論語》二十篇,皆孔子弟子記諸善言也。(《論語·序》疏。)"

顧本:"《魯論語》二十篇,皆孔子弟子記諸善言也。(《論語序》引劉向語。)"

---

① 《論語集解義疏》,第1頁。

② 《論語注疏》,第3頁。

章本:"《魯論語》二十篇,皆孔子弟子記諸善言也。(《論語敘》引劉向,蓋《别録》文也。)"

鄧本:"又曰:《魯論語》二十篇,皆孔子弟子記諸善言也。太子太傅夏侯勝、前將軍蕭望之、丞相韋賢及子玄成等傳之。《齊論語》二十二篇,其二十篇中章句頗多於《魯論》,琅邪王卿及膠東庸生、昌邑中尉王吉,皆以教之,故有《魯論》,有《齊論》。魯恭王時,嘗欲以孔子宅爲宫,壞[壁],得古文《論語》。《齊論》有《問玉》《知道》,①多於《魯論》二篇。《古論》亦無此二篇,分《堯曰》下章'子張問'以爲一篇,有兩《子張》,凡二十一篇,篇次不與齊、魯《論》同。(何晏《論語集解序》篇首稱'漢中壘校尉劉向言',知此一段皆《别録》文,亦與《藝文志》《釋文》相出入。)"

佚文二

【出處】《論語集解義疏》黄侃《論語義疏敘》:"劉向《别録》云:'魯人所學,謂之《魯論》。齊人所學,謂之《齊論》。合壁所得,謂之《古論》。'"②

【輯本】洪本:"魯人所學謂之《魯論》,齊人所學謂之《齊論》,古壁所得謂之《古論》。(皇侃《論語義疏・序》。)"

嚴本:"魯人所學謂之《魯論》,齊人所學謂之《齊論》,古壁所傳謂之《古論》。(皇侃《論語義疏・序》。)"

姚本:"《論語古》二十一篇。出孔子壁中,兩《子張》。《論語齊》二十二篇。多《問玉》《知道》。《論語魯》二十篇。魯人所學謂之《魯論》,齊人所學謂之《齊論》,古壁所傳謂之《古論》。(嚴本。)"

陶本:"魯人所學謂之《魯論》,齊人所學謂之《齊論》,古壁所傳謂之《古論》。(皇侃《論語義疏・序》。)"

章本:"《論語》古二十一篇,《齊》二十二篇,《魯》二十篇,《齊説》二十九篇,《魯夏侯説》二十一篇,《魯安昌侯説》二十一篇。(《藝文志》)魯人所學,謂之《魯論》,齊人所學,謂之《齊論》,合壁所得,謂之《古論》。(案皇敘上文,亦言漢時合壁所得。稱孔壁爲合壁,其義未聞。)而

---

① 鄧駿捷校勘記言:"'問玉',《論語注疏・何晏〈論語集解序〉》作'問王'。"

② 《論語集解義疏》,第4頁。

《古論》爲孔安國所注,無傳其學者。《齊論》爲琅琊王卿等所學。《魯論》爲太子太傅夏侯勝及前將軍蕭望之少傅夏侯建等所學,以此教授於侯王也。晚有安昌侯張禹,就建學《魯論》,兼講《齊説》,擇善而從之,號曰張侯論,爲世所貴。(皇侃《論語流·敘》。案太子太傅夏侯勝,當作少府;少傅夏侯建,當作太子太傅。蓋皇侃録寫互譌,而少府又譌少傅耳。張禹與子政同時,故言晚也。西漢經之書,未有注稱孔安國所注,注字恐皇氏妄竄。)"

鄧本:"《論語古》二十一篇。出孔子壁中,兩《子張》。《論語齊》二十二篇。多《問玉》《知道》。[①]《論語魯》二十篇。魯人所學謂之《魯論》,齊人所學謂之《齊論》,古壁所傳謂之《古論》。(嚴本。皇侃《論語義疏序》。)"

佚文三

【出處】《三國志》卷三十八《許麇孫簡伊秦傳》裴松之注:"劉向《七略》曰:'孔子三見哀公,作《三朝記》七篇,今在《大戴禮》。'"[②]

《北堂書鈔》卷九十九《藝文部五》:"劉向《七略》云:'孔子三見哀公,作《三朝記》七篇,今在《大戴記》。'"[③]

《藝文類聚》卷五十五《雜文部一》:"劉向《七略》曰:'孔子三見哀公,作《三朝記》七篇,今在《大戴禮》。'"[④]

《史記》卷一《五帝本紀》司馬貞索隱:"劉向《别録》云:'孔子見魯哀公。問政,比三朝,退而爲此記,故曰《三朝》。凡七篇,並入《大戴記》。'"[⑤]

【輯本】洪本:"孔子見魯哀公。問政,比三朝,退而爲此記,故曰《三朝》。凡七篇,並入《大戴禮》。(《史記·五帝本紀》索隱、《三國志·秦宓傳》注、《北堂書鈔》九十九、《藝文類聚》五十五。案,《三

---

① 鄧駿捷校勘記言:"'問玉',《論語注疏·何晏〈論語集解序〉》作'問王'。"

② 《三國志》,第974頁。

③ 《北堂書鈔》,第377頁。

④ 《藝文類聚》,第983頁。

⑤ 《史記》(修訂本),第5頁。

國志》注、《藝文類聚》引作孔子三見哀公,作《三朝》七篇,今在《大戴禮》。)"

嚴本:"孔子見魯哀公。問政,比三朝,退而爲此記,故曰《三朝》。凡七篇,並入《大戴禮》。(《史記·五帝本紀》索隱、《三國志·秦宓傳》注、《北堂書鈔》九十九、《藝文類聚》五十五。案,《三國志》注、《藝文類聚》引作。孔子三見哀公,作《三朝》七篇,今在《大戴禮》。)"

馬本:"《孔子三朝記》七篇。孔子見魯哀公。問政,此三朝,退而爲此記,凡七篇,並入《大戴禮》。(《史記·五帝本紀》索隱、《蜀志·秦宓傳》裴松之注、《藝文類聚》卷五十五並引作孔子三見哀公作《三朝記》七篇,今在《大戴禮》。)"

姚本:"《孔子三朝記》七篇。孔子見魯哀公。問政,比三朝,退而爲此記,故曰《三朝》,凡七篇。(嚴本、馬本。按,《蜀志·秦宓傳》注、《藝文類聚》五十五引作'孔子三見哀公,作《三朝記》七篇,今在《大戴禮》'。按,末句是引者申説之辭,非《别録》本文。《别録》既以此篇編入《論語》類,無所謂《大戴禮》也。二家輯本皆取之,今删除。)"

陶本:"孔子見魯哀公問政,比三朝,退而爲此説,故曰《三朝》。凡七篇,竝入《大戴禮》。(《史記·五帝本紀》索隱、《三國志·秦宓傳》注、《北堂書鈔》九十九、《藝文類聚》五十五。案,《三國志》注、《藝文類聚》引作孔子三見哀公,作《三朝》七篇,今在《大戴禮》。)"

張本:"《孔子三朝記》七篇。孔子見魯哀公問政,此三朝,退而爲此記,凡七篇,並入《大戴禮》。(《史記·五帝本紀》索隱、《蜀志·秦宓傳》裴松之注、《藝文類聚》卷五十五並引作孔子三見哀公作《三朝記》七篇,今在《大戴禮》。)"

顧本:"孔子見魯哀公問政,比三朝,退而爲此記,故曰'三朝',凡七篇。(《史記·五帝紀》索隱。)"

章本:"《孔子三朝記》七篇。(《藝文志》)孔子見魯哀公問政,比三朝,退而爲此記,故曰《三朝》,凡七篇,並入《大戴禮》。(《史記·五帝紀》索隱,又《蜀志·秦宓傳》注、《藝文類聚》五十五並引此,皆不如《索隱》之詳。)"

鄧本:"《孔子三朝記》七篇。孔子見魯哀公問政,比三朝,退而爲此

《記》,故曰《三朝》,凡七篇。(嚴本、馬本。《北堂書鈔》卷九九、《藝文類聚》卷五五、《史記·五帝本紀》索隱、《三國志·蜀書·許麋孫簡伊秦傳》注。按,《蜀志·秦宓傳》注、《藝文類聚》五十五引作"孔子三見哀公,作《三朝記》七篇,今在《大戴禮》"。按,末句是引者申説之辭,非《别録》本文。《别録》既以此篇編入《論語》類,無所謂《大戴禮》也。二家輯本皆取之,今删除。)"

《孝經》

佚文一

【出處】《漢書》卷三十《藝文志》顔師古注:"劉向云:'古文字也。《庶人章》分爲二也,《曾子敢問章》爲三,又多一章,凡二十二章。'"

【輯本】洪本:"(《孝經》)古文字也。《庶人章》分爲二也,《曾子敢問章》爲三,又多一章,凡二十二章。(《漢書·藝文志》注引劉向云。)"

嚴本:"(《孝經》)古文字也。《庶人章》分爲二也,《曾子敢問章》爲三,又多一章,凡二十二章。(《漢書·藝文志》注引劉向云。)"

馬本:"《孝經古孔氏》一篇。古文字也。《庶人章(草)》分爲二也。《曾子敢問章》爲三,又多一章,凡二十二章。(《漢書·藝文志》。)"

姚本:"《孝經古孔氏》一篇。二十二章。古文字也。《庶人章》分爲二也,《曾子敢問章》爲三,又多一章,凡二十二章。(嚴本、馬本。)"

陶本:"(《孝經》)古文字也。《庶人章》分爲二也,《曾子敢問章》爲三,又多一章,凡二十二章。(《漢書·藝文志》注引劉向云。)"

張本:"《孝經古孔氏》一篇。古文字也。《庶人草》分爲二也。《曾子敢問章》爲三,又多一章,凡二十二章。(《漢書·藝文志》。)"

顧本:"《孝經》古孔氏一篇(七字依《漢志》補),古文字也。《庶人章》分爲二,《曾子敢問章》爲三,又多一章,凡二十二章。(《漢志》注引劉向語。)"

章本:"《孝經古孔氏》一篇。(《藝文志》)古文字也。《庶人草》分爲二也。《曾子敢問章》爲三,又多一章,凡二十二章。(《藝文志》師古注。)"

鄧本:"《孝經古孔氏》一篇。二十二章。古文字也。《庶人章》分爲二也,《曾子敢問章》爲三,又多一章,凡二十二章。(嚴本、馬本。《漢書·藝文志》注。)”

佚文二

【出處】《隋書》卷三十二《經籍志一》:“至劉向典校經籍,以顔本比古文,除其繁惑,以十八章爲定。”①

《孝經》卷一《開宗明義章》邢昺疏:“劉向校經籍,比量二本,除其煩惑,以十八章爲定,而不列名。”②

【輯本】章本:“《孝經》一篇。(《藝文志》)比量二本,除其煩惑,以十八章爲定,而不列名。(《孝經·開宗明義章》疏引,劉向不列名者,即謂不列‘開宗明義’等名也。)”

附録佚文

【出處】《經典釋文》卷一《序録》:“孔安國作《傳》,劉向校書定爲十八。”③

【輯本】姚本:“《孝經》一篇。十八章。《釋文·敘録》曰:‘《孝經》今文凡十八章,又有古文二十二章,劉向校書定爲十八。’(按,《釋文·敘録》言《孝經》,視《藝文志》爲詳,疑皆本之於《别録》,今無由識别矣。)”

鄧本:“《孝經》一篇。十八章。《釋文·敘録》曰:‘《孝經》今文凡十八章,又有古文二十二章,劉向校書定爲十八。’(按,《釋文·敘録》言《孝經》,視《藝文志》爲詳,疑皆本之於《别録》,今無由識别矣。)”

小　學

誤輯佚文

【出處】《文選》卷六《左太沖〈魏都賦〉》劉良注:“《風俗通》曰:‘案

---

① 《隋書》,第935頁。

② (唐)李隆基,(宋)邢昺疏:《孝經注疏》,十三經注疏繁體標點本,北京大學出版社2000年版,第1頁。

③ 《經典釋文》,第19頁。

劉向《别録》義曰:周宣王太史作大篆也。'"①

【輯本】洪本:"周宣王太史作大篆也。(《文選·魏都賦》注。)"

嚴本:"周宣王太史作大篆也。(《文選·魏都賦》注。)"

姚本:"《史籀》十五篇。周宣王太史作大篆也。(嚴本。)"

陶本:"周宣王太史作大篆也。(《文選·魏都賦》注。)"

鄧本:"《史籀》十五篇。周宣王太史作大篆。②(嚴本。《文選·左太沖〈魏都賦〉注》。)"

按,劉良引《風俗通》語注解《魏都賦》"讎校篆籀",李善注中亦有與此相近的引文,且注語更爲完整,其言:

> 《風俗通》曰:"案劉向《别録》,讎校,一人讀書,校其上下得謬誤,爲校;一人持本,一人讀書,若怨家相對。"《漢書音義》曰:"周宣王太史大篆也。籀,音胄。"③

比對劉注及李善注即可看出,劉注脱"讎校"至"漢書音"一段文字。胡克家《文選考異·魏都賦》即指出:"'讎校'下至'漢書音'。此三十一字袁本、茶陵本無。案,蓋二本脱誤。"④袁本即明嘉靖間袁褧刻本,茶陵本則爲元大德间茶陵陈仁子刻本,二者均爲《六臣注文選》本。如此,則此二本與上舉作爲出處的中華書局影《四部叢刊》本《六臣注文選》,均有脱文,惟李善注引文完整。

上舉諸本均當均從《六臣注文選》輯録佚文,其中鄧駿捷校勘記指出"《文選注》句首有'《漢書音義》曰'四字,又無'作'字",此即是意識

① (南朝梁)蕭統,(唐)李善、(唐)吕延濟等注:《六臣注文選》,中華書局2012年版,第133頁。

② 鄧驶捷校勘記言:"按,《文選注》句首有'漢書音義曰'四字,又無'作'字。"

③ 《文選》,第287頁。

④ 《文選》,第315頁。聞思亦根據《文選》注脱文指出《漢書音義》語不當視之爲《風俗通義》語。然其論證時徵引胡克家此語後,言"可見别的《文選》李善注本也有相同的文字脱訛情况",應是未核實袁本、茶陵本爲《六臣注文選》本,而非李善注本。且跟據茶陵本圖版可知,文中脱訛並非李善注,而是五臣注。(聞思:《〈風俗通義〉佚文甄别》,見《古籍整理與研究》第6期,中華書局1991年版,第287頁。)

到了李善注與《六臣注文選》的不同。然既已指出其爲"《漢書音義》"語,則應訂正姚本此誤,不當以《别録》語視之。

二、諸子略

儒　家

佚文一

《内篇諫上第一》,凡二十五章。

《内篇諫下第二》,凡二十五章。

《内篇問上第三》,凡三十章。

《内篇問下第四》,凡三十章。

《内篇雜上第五》,凡三十章。

《内篇雜下第六》,凡三十章。

《外篇重而異者第七》,凡二十七章。

《外篇不合經術者第八》,凡十八章。

右《晏子》凡内外八篇,總二百十五章。

護左都水使者光禄大夫臣向言:所校中書《晏子》十一篇,臣向謹與長社尉臣參校讎,太史書五篇,臣向書一篇,臣參書十三篇,凡中外書三十篇,爲八百三十八章,除復重二十二篇,六百三十八章,定著八篇二百一十五章,外書無有三十六章,中書無有七十一章,中外皆有以相定。中書以"夭"爲"芳","又"爲"備","先"爲"牛","章"爲"長",如此類者多,謹頗略椾,皆已定,以殺青書,可繕寫。

晏子名嬰,謚平仲,萊人。萊者,今東萊地也。晏子博聞强記,通於古今,事齊靈公、莊公、景公,以節儉力行,盡忠極諫道齊。國君得以正行,百姓得以附親。不用則退耕於野,用則必不詘義,不可脅以邪,白刃雖交胸,終不受崔杼之劫。諫齊君,懸而至,順而刻。及使諸侯,莫能詘其辭。其博通如此,蓋次管仲。内能親親,外能厚賢,居相國之位,受萬鐘之禄,故親戚待其禄而衣食五百餘家,處士待而舉火者亦甚衆。晏子衣苴布之衣,麋鹿之裘,駕敝車疲馬,盡以禄給親戚朋友,齊人以此重之。晏子蓋短。其書六篇,皆忠諫其君,文章可觀,義理可法,皆合六經之義。又有復重,文辭頗異,不敢遺失,復列以爲一篇,又有頗不合經術,似非晏子言,疑後世辯士所爲者,故亦不敢遺失,復以爲一篇。凡八篇,其六篇可常置旁御觀,謹第録。臣向昧死上。

佚文二

【出處】《史記》卷七十四《孟子荀卿列傳》:"劉向《别録》曰:'楚有尸子,疑謂其在蜀。'今案尸子書,晉人也,名佼,秦相衛鞅客也。衛鞅商君謀事畫計,立法理民,未嘗不與佼規之也。商君被刑,佼恐並誅,乃亡逃入蜀。自爲造此二十篇書,凡六萬餘言。卒,因葬蜀。"①

【輯本】洪本:"楚有尸子,疑謂其在蜀。今案尸子書,晉人也,名佼,秦相衛鞅客也。衛鞅商君謀事畫計,立法理民,未嘗不與佼規也。商君被刑,佼恐並誅,乃亡逃入蜀。自爲造此二十篇,凡六萬餘言。卒,因葬蜀。(《史記·荀卿列傳》集解。)"

嚴本:"楚有尸子,疑謂其在蜀。今案尸子書,晉人也,名佼,秦相衛鞅客也。衛鞅商君謀事畫計,立法理民,未嘗不與佼規也。商君被刑,佼恐並誅,乃亡逃入蜀。自爲造此二十篇,凡六萬餘言。卒,因葬蜀。(《史記·荀卿列傳》集解。)"

馬本:"《尸子》二十篇。史記楚有尸子,疑謂其在蜀。今案尸子書,晉人也,名佼,秦相商鞅客也。衛鞅商君謀事畫計,立法理民,未嘗不與佼規之也。商君被刑,佼恐並誅,乃亡逃入蜀。自爲造此二十篇書,凡六萬餘言。卒,因葬蜀。(《史記·孟子荀卿列傳》集解。)"

姚本:"《尸子》二十篇。太史公曰:楚有尸子,疑謂其在蜀。今按《尸子》書,晉人也,名佼,秦相衛鞅客也。衛鞅商君謀事畫計,立法理民,未嘗不與佼規也。商君被刑,佼恐並誅,乃亡逃入蜀,自爲造此二十篇,凡六萬餘言。卒,因葬蜀。(嚴本、馬本。)"

陶本:"楚有尸子,疑謂其在蜀,今案尸子書,晉人也,名佼,秦相衛鞅客也。衛鞅商君,謀事畫計,立法理民,未嘗不與佼規也,商君被刑,佼恐並誅,乃亡逃入蜀,自爲造此二十篇,凡六萬餘言,卒,因葬蜀。

① 《史記》(修訂本),第2854頁。

(《史記・荀卿列傳》集解。)"

張本:"《尸子》二十篇。史記楚有尸子,疑謂其在蜀。今案尸子書,晉人也,名佼,秦相商鞅客也。衛鞅商君,謀事畫計,立法理民,未嘗不與佼規也。商君被刑,佼恐並誅,乃亡逃入蜀,自爲造此二十篇書,凡六萬餘言,卒因葬蜀。(《史記・孟子荀卿列傳》集解。)"

顧本:"楚有尸子,疑謂其在蜀。(《史記・孟荀傳》集解。)"

章本:"《尸子》二十篇。(《藝文志》)楚有尸子,疑謂其在蜀。今案尸子書,晉人也,名佼,秦相商鞅客也。衛鞅商君,謀事畫計,立法理民,未嘗不與佼規也。商君被刑,佼恐並誅,乃亡逃入蜀,自爲造此二十篇書,凡六萬餘言,卒因葬蜀。(《史記・孟子荀卿列傳》集解。)"

鄧本:"《尸子》二十篇。太史公曰:楚有尸子,疑謂其在蜀。今按《尸子》書,晉人也,名佼,秦相衛鞅客也。衛鞅商君謀事畫計,立法理民,未嘗不與佼規也。商君被刑,佼恐並誅,乃亡逃入蜀,自爲造此二十篇,凡六萬餘言。卒,因葬蜀。(嚴本、馬本。《史記・孟子荀卿列傳》集解。)"

佚文三

《勸學篇第一》
《修身篇第二》
《不苟篇第三》
《榮辱篇第四》
《非相篇第五》
《非十二子篇第六》
《仲尼篇第七》
《成相篇第八》
《儒效篇第九》
《王制篇第十》
《富國篇第十一》
《王霸篇第十二》
《君道篇第十三》
《臣道篇第十四》

《致仕篇第十五》
《議兵篇第十六》
《强國篇第十七》
《天論篇第十八》
《正論篇第十九》
《樂論篇第二十》
《解蔽篇第二十一》
《正名篇第二十二》
《禮論篇第二十三》
《宥坐篇第二十四》
《子道篇第二十五》
《性惡篇第二十六》
《法行篇第二十七》
《哀公篇第二十八》
《大略篇第二十九》
《堯問篇第三十》
《君子篇第三十一》
《賦篇第三十二》

護左都水使者光禄大夫臣向言,所校讎中《孫卿書》凡三百二十二篇,以相校,除復重二百九十篇,定著三十二篇,皆定,以殺青簡書,可繕寫。

孫卿,趙人,名况。方齊宣王威王之時,聚天下賢士於稷下,尊寵之。若鄒衍、田駢、淳于髡之屬甚衆,號曰列大夫,皆世所稱,咸作書刺世。是時孫卿有秀才,年五十,始來遊學。諸子之事,皆以爲非先王之法也。孫卿善爲《詩》《禮》《易》《春秋》,至齊襄王時,孫卿最爲老師,齊尚修列大夫之缺,而孫卿三爲祭酒焉。齊人或讒孫卿,乃適楚,楚相春申君以爲蘭陵令。人或謂春申君曰:"湯以七十里,文王以百里,孫卿賢者也,今與之百里地,楚其危乎?"春申君謝之,孫卿去之趙。後,客或謂春申君曰:"伊尹去夏入殷,殷王而夏亡,管仲去魯入齊,魯弱而齊强。故賢者所在,君尊國安。今孫卿天下賢人,所去之國,其不安乎?"春申君使人聘孫卿。孫卿遺春申君書,刺楚國,因爲歌賦,以遺春申君。春申君恨,復固謝孫卿,孫卿乃行,復爲蘭陵令。春申君死而孫卿廢,因家蘭陵。李斯嘗爲弟子,已而相秦,及韓非號韓子,又浮丘伯,皆受業爲名儒。

孫卿之應聘於諸侯,見秦昭王,昭王方喜戰伐,而孫卿以三王之法説之,及秦相應侯,皆不能用也。至趙,與孫臏議兵趙孝成王前,孫臏爲變詐之兵,孫卿以王兵難之,不能對也,卒不能用。孫卿道守禮義,行應繩墨,安貧賤。孟子者,亦大儒,以人之性善,孫卿後孟子百餘年,以爲人性惡,故作《性惡》一篇以非《孟子》。蘇秦、張儀以邪道説諸侯,以大貴顯,孫卿退而笑之曰:"夫不以其道進者,必不以其道亡。"

至漢興,江都相董仲舒亦大儒,作書美孫卿。孫卿卒不用於世,老於蘭陵,疾濁世之政,亡國亂君相屬,不遂大道,而營乎巫祝,信機祥,鄙儒小拘如莊周等,又滑稽亂俗,於是推儒墨道德之行事興壞,序列著數萬言而卒,葬蘭陵。而趙亦有公孫龍爲堅白異同之辨,處子之言。魏有李悝,盡地力之教。楚有尸子、長盧子、芋子,皆著書。然非先王之法也,皆不循孔氏之術,唯孟軻、孫卿爲能尊仲尼。蘭陵多善爲學,蓋以孫卿也。長老至今稱之曰:"蘭陵人喜字爲卿。"蓋以法孫卿也。①

孟子、孫卿、董先生皆小五伯,以爲仲尼之門,五尺童子,皆羞稱五伯,如人君能用孫卿,庶幾於王,然世終莫能用,而六國之君殘滅。秦國大亂,卒以亡。觀孫卿之書,其陳王道甚易行,疾世莫能用,其言悽愴,甚可痛也。嗚呼,使斯人卒終於閭巷,而功業不得見於世。哀哉,可爲霣涕。其書比於記傳,可以爲法。謹第録。臣向昧死上言。護左都水使者光禄大夫臣向言所校讎中《孫卿書録》。

佚文四

【出處】《史記》卷四十四《魏世家》裴駰集解:"劉向《别録》曰:'徐

---

① 姚氏按語曰:"嚴氏《全上古文編》校文曰:'案,上文至漢興,江都相以下十七字,當在此句下。'"嚴氏此説當時吸取了盧文弨的觀點。盧氏在校勘《荀子》時即已指出,"'至漢興'以下十七字,似不當在此,應在下文'蓋以法孫卿也'句下"。(《荀子集解》,第657頁。)由於此處難以得出確論,故待考存疑。

子,外黄人也。'外黄時屬宋。"①

【輯本】洪本:"徐子,外黄人也。(《史記·魏世家》集解。)"

嚴本:"徐子,外黄人也。(《史記·魏世家》集解。)"

馬本:"《徐子》四十二篇。徐子,外黄人也。外黄時屬宋。(《史記·魏世家》集解。)"

姚本:"《徐子》四十二篇。徐子,外黄人也。外黄時屬宋。(嚴本、馬本。)"

陶本:"徐子,外黄人也。(《史記·魏世家》集解。)"

張本:"《徐子》四十二篇。徐子,外黄人也。外黄時屬宋。(《史記·魏世家》集解。)"

章本:"《徐子》四十二篇。(《藝文志》)徐子,外黄人也。外黄時屬宋。(《史記·魏世家》集解。)"

鄧本:"《徐子》四十二篇。徐子,外黄人也。外黄時屬宋。(嚴本、馬本。②《史記·魏世家》集解。)"

佚文五

【出處】《史記》卷二十八《封禪書》司馬貞索隱:"劉向《七録》云:'文帝所造書,有《本制》《兵制》《服制》篇。'"③

【輯本】洪本:"(《王制》)文帝所造書,有《本制》《兵制》《服制》篇。(《史記·封禪書》索隱。)"

嚴本:"(《王制》)文帝所造書,有《本制》《兵制》《服制》篇。(《史記·封禪書》索隱。)"

馬本:"《禮記》四十九篇。屬制度:《曲禮》上,《曲禮》下(《禮記正義》,此於《別録》屬制度),《王制》(同上),《王制》文帝所造書,有《本制》《兵制》《服制》篇(《史記·文帝紀》索隱。)……"

姚本:"《孝文傳》十一篇。文帝所稱及詔策。《王制》,文帝所造

---

① 《史記》(修訂本),第2231頁。

② 鄧駿捷校勘記言:"開明本有按語曰:案,'外黄時屬宋'句,嚴本無。'"

③ 《史記》(修訂本),第1662頁。

書,有《本制》《兵制》《服制》篇。(嚴本、馬本。按,二家皆以此《王制》即《禮記》之《王制》,故編入《禮》類。其實非也,前人嘗辨之,今姑移列于此。)"

陶本:"(《王制》)文帝所造書,有《本制》《兵制》《服制》篇。(《史記·封禪書》索隱。)"

張本:"《禮記》四十九篇。屬制度:《曲禮》上,《曲禮》下(《禮記正義》,此於《别録》屬制度),《王制》(同上。),《王制》文帝所造書,有《本制》《兵制》《服制》篇(《史記·文帝紀》索隱。)……"

顧本:"《王制》,文帝所造,有《本制》《兵制》《服制》篇。(《史記·封禪書》索隱。)"

章本:"《王制》,文帝所造書,有《本制》《兵制》《服制》篇。(《史記·文帝紀》索隱。)"

鄧本:"《孝文傳》十一篇。文帝所稱及詔策。《王制》,文帝所造書,有《本制》《兵制》《服制》篇。(嚴本、馬本。《史記·封禪書》索隱。按,二家皆以此《王制》即《禮記》之《王制》,故編入《禮》類。其實非也,前人嘗辨之,今姑移列於此。)"

佚文六

【出處】《史記》卷七十四《孟子荀卿列傳》司馬貞索隱:"吁音芊。《别録》作'芊子'。今'吁'亦如字也。"①

【輯本】洪本:"(吁子)芊子。(《史記·荀卿列傳》索隱。)"

嚴本:"(吁子)芊子。(《史記·荀卿列傳》索隱。)"

陶本:"(吁子)芊子。(《史記·荀卿列傳》索隱。)"

顧本:"芊子。(《史記·孟荀傳》索隱。)"

佚文七

【出處】《漢書》卷四十八《賈誼傳》贊曰:"劉向稱'賈誼言三代與秦治亂之意,其論甚美,通達國體,雖古之伊、管未能遠過也。使時見用,

① 《史記》(修訂本),第2855頁。

功化必盛。爲庸臣所害,甚可悼痛’。”①

【輯本】姚本:“《賈誼》五十八篇……賈誼言三代與秦治亂之意,其論甚美,通達國體,雖古之伊、管未能遠過也。使時見用,功化必盛,爲庸臣所害,甚可悼歎。(《漢書》本傳贊引‘劉向稱賈誼’云云,其文頗與《孫卿敘録》語相似,當是《别録》文,今姑列此。)”

鄧本:“《賈誼》五十八篇……賈誼言三代與秦治亂之意,其論甚美,通達國體,雖古之伊、管未能遠過也。使時見用,功化必盛,爲庸臣所害,甚可悼痛②。(《漢書》本傳贊引‘劉向稱賈誼’云云,其文頗與《孫卿敘録》語相似,當是《别録》文,今姑列此。)”

佚文八

【出處】《漢書》卷五十六《董仲舒傳》贊曰:“劉向稱‘董仲舒有王佐之材,雖伊吕亡以加,筦晏之屬,伯者之佐,殆不及也。’”③

按,《漢書》中言“劉向稱‘賈誼言三代……’”爲直引《别録》習慣用語,此句的結構與之相同。且“有”字的使用、“有王佐之材”偏正結構作賓語的表述方式,及“殆不及也”表示一定範圍性語句的使用等,亦可從現存書録中發現相同語例,如《晏子書録》“蓋次管仲……受萬鐘之禄……又有頗不合經術,似非晏子言”,故應視之爲的《别録》佚文。

佚文九

【出處】國家圖書館藏宋咸淳元年鎮江府學刻元明遞修本:“護左都水使者光禄大夫臣向言:所校中書《説苑雜事》及臣向書、民間書,誣校讎。其事類衆多,章句相溷,或上下謬亂,難分别次序。除去與《新序》復重者,其餘者淺薄不中義理,别集以爲《百家》。後令以類相從,一一條别篇目,更以造新事十萬言以上,凡二十篇七百八十四章,號曰《新

---

① 《漢書》,第2265頁。

② 鄧駿捷校勘記言:“‘痛’原作‘歎’,據鈔稿本、浙圖本、開明本、《漢書·賈誼傳》改。”

③ 《漢書》,第2526頁。

苑》,皆可觀。臣向昧死。"①

【輯本】姚本:"臣向所序《説苑》二十篇。護左都水使者光禄大夫臣向言:所校中書《説苑雜事》及臣向書、民間書,誣(盧氏《群書拾補》曰:'《論語》焉可誣焉。'《漢書·薛宣傳》作'可憮'。蘇林曰:'憮,同也,兼也。'晉灼曰:'憮,音誣。'此'誣'與'憮'同義。)校讎。其事類衆多,章句相溷,或上下繆亂,難分别次序,除去與《新序》復重者,其餘者淺薄不中義理,别集以爲《百家》。後(按,當爲'復'。)令以類相從,一一條别篇目,更以造新事十萬言以上,凡二十篇七百八十四章,號曰《新苑》,皆可觀。臣向昧死。(盧氏《群書拾補》曰:'當有謹上二字。'按,此言'别集以爲《百家》者',《漢·藝文志》小説家《百家》百三十九卷。是可以知《新序》《説苑》《百家》三書,皆從中外諸雜書釐訂者也。《新序》本名《新語》,《説苑》本名《説苑雜事》。按,《新苑》疑《新説苑》敚'説'字,犹重編《國語》稱《新國語》也。)"

鄧本:"臣向所序《説苑》二十篇。護左都水使者光禄大夫臣向言:所校中書《説苑雜事》及臣向書、民間書,誣(盧氏《群書拾補》曰:'《論語》焉可誣焉。'《漢書·薛宣傳》作'可憮'。蘇林曰:'憮,同也,兼也。'晉灼曰:'憮,音誣。'此'誣'與'憮'同義。)校讎。其事類衆多,章句相溷,或上下繆亂,難分别次序,除去與《新序》復重者,其餘者淺薄不中義理,别集以爲《百家》。後(按,當爲'復'。)令以類相從,一一條别篇目,更以造新事十萬言以上,凡二十篇七百八十四章,號曰《新苑》,皆可觀。臣向昧死。(盧氏《群書拾補》曰:'當有謹上二字。'按,此言'别集以爲《百家》者',《漢·藝文志》小説家《百家》百三十九卷。是可以知《新序》《説苑》《百家》三書,皆從中外諸雜書釐訂者也。《新序》本名《新語》,《説苑》本名《説苑雜事》。按,《新苑》疑《新説苑》脱'説'字,猶重編《國語》稱《新國語》也。)"

佚文十

【出處】《初學記》卷二十五《器用部》:"劉向《七略别録》曰:'臣向

---

① 《宋本説苑》,第7頁。

與黄門侍郎歆所校《烈女傳》,種類相從爲七篇,以著禍福榮辱之效,是非得失之分,畫之於屏風四堵。'。"①

《太平御覽》卷七百一《服用部三》:"劉向《七略别傳》曰:'臣與黄門侍郎歆,以《列女傳》種類相從爲七篇,以著禍福榮辱之效,是非得失之分,畫之於屏風四堵。'"②

【輯本】洪本:"臣向與黄門侍郎歆所校《列女傳》,種類相從爲七篇,以著禍福榮辱之效,是非得失之分,畫之于屏風四堵。(《初學記》二十五、《太平御覽》七百一。)"

嚴本:"臣向與黄門侍郎歆所校《列女傳》,種類相從爲七篇,以著禍福榮辱之效,是非得失之分,畫之於屏風四堵。(《初學記》二十五、《御覽》七百一。)"

馬本:"臣向與黄門侍郎歆所校《列女傳》,種類相從爲七篇,以著禍福榮辱之效,是非得失之分,畫之于屏風四堵。(《初學記》卷二十五、《太平御覽》卷七百一。)"

姚本:"臣向所序《列女傳》八篇。臣向與黄門侍郎歆所校《列女傳》,種類相從爲七篇,以著禍福榮辱之效,是非得失之分,畫之于屏風四堵。(嚴本、馬本。)"

陶本:"臣向與黄門侍郎歆所校《列女傳》,種類相從爲七,以著禍福榮辱之效,是非得失之分,畫之於屏風四堵。(《初學記》二十五、《御覽》七百一。陶批:又按,王應麟《漢志考證》引此條云種類相從爲七篇。)"

張本:"臣向與黄門侍郎歆所校《列女傳》,種類相從爲七篇,以著禍福榮辱之效,是非得失之分,畫之于屏風四堵。(《初學記》卷二十五、《太平御覽》卷七百一。)"

顧本:"臣與黄門侍郎歆所校《列女傳》,種類相從爲七篇,以著禍福榮辱之效,是非得失之分,畫之于屏風四堵。(《初學記》二十五、《御覽》七百一。)"

---

① 《初學記》,第599頁。

② 《太平御覽》,第3128頁。

章本:"劉向所序六十七篇。(《藝文志》)臣向與黄門侍郎歆所校《列女傳》,種類相從爲七篇,以箸禍福榮辱之效,是非得失之分,畫之于屏風四堵。(《初學記》二十五、《御覽》卷七百一。)"

鄧本:"臣向所序《列女傳》八篇。臣向與黄門侍郎歆所校《列女傳》,種類相從爲七篇,以著禍福榮辱之效,是非得失之分,畫之于屏風四堵。(嚴本、馬本。《初學記》卷二五、《太平御覽》卷七〇一。)"

附録佚文一

【出處】《崇文總目》卷三"儒家類":"《賈子》十九卷。原釋:漢賈誼撰,本七十二篇,劉向删定爲五十八篇。"

【輯本】姚本:"《賈誼》五十八篇。傳本七十二篇,臣向删定爲五十八篇。(《崇文總目》。按,此説必得於《别録》。)"

鄧本:"《賈誼》五十八篇。傳本七十二篇,臣向删定爲五十八篇。(《崇文總目》。按,此説必得於《别録》。)"

附録佚文二

【出處】《郡齋讀書志》卷十《儒家類》:"《新序》,陽朔元年上。"①

《漢藝文志考證》卷五:"劉向所序《新序》……陽朔元年二月癸卯上,總一百八十三章。"②

【輯本】姚本:"臣向所序《新序》三十篇……《新序》總一百八十三章,陽朔元年二月癸卯上。(晁氏《讀書志》、王氏《漢書藝文志考證》。)"

鄧本:"臣向所序《新序》三十篇……《新序》總一百八十三章,陽朔元年二月癸卯上。(晁氏《讀書志》、王氏《漢書藝文志考證》。)"

附録佚文三

【出處】《郡齋讀書志》卷十《儒家類》:"《説苑》二十卷……鴻嘉四

① 《郡齋讀書志校證》,第435頁。

② 《漢制考、漢藝文志考證》,第217頁。

年上。"①

《漢藝文志考證》卷五:"《説苑》……鴻嘉四年三月己亥上。"②

【輯本】姚本:"臣向所序《説苑》二十篇……《説苑》鴻嘉四年三月己亥上。晁氏《讀書志》、王氏《漢書藝文志考證》。"

鄧本:"臣向所序《説苑》二十篇……《説苑》鴻嘉四年三月己亥上。晁氏《讀書志》、王氏《漢書藝文志考證》。"

誤輯佚文一

【出處】《水經》卷四《河水》酈道元注:"劉向敍《晏子春秋》,稱古冶子曰,吾嘗濟于河,黿銜左驂以入砥柱之流,當是時也,從而殺之,視之乃黿也。"③

【輯本】馬本:"《晏子》七篇。《史記》晏平仲,嬰者,萊之夷維人也。萊者,今東萊地也。(《史記·管晏列傳》裴駰集解)《晏子春秋》稱古冶子曰,吾嘗濟於河,黿銜左驂以入砥柱之流,當是時也,從而殺之,視之乃黿也。(酈道元《水經注》引劉向敍《晏子春秋》。)"

張本:"《晏子》七篇。《史記》晏平仲,嬰者,萊之夷維人也。萊者,今東萊地也。(《史記·管晏列傳》裴駰集解)《晏子春秋》稱古冶子曰,吾嘗濟於河,黿銜左驂以入砥柱之流,當是時也,從而殺之,視之乃黿也。(酈道元《水經注》引劉向敍《晏子春秋》。)"

章本:"《晏子》八篇。(《藝文志》)《晏子春秋》七篇。(《史記·管晏列傳》引《七略》如此。案今《晏子春秋》,前有劉向《敍録》,亦言八篇,而此言七篇者,蓋《敍録》本言,又有復重,文辭頗異,不敢遺失,復列以爲一篇。然則去其復重一篇,即七篇矣。初非向、歆父子之異也。)《晏子春秋》稱古冶子曰,吾嘗濟於河,黿銜左驂以入砥柱之流,當是時也,從而殺之,視之乃黿也。(《水經注》四引劉向敍《晏子春秋》,今《敍録》無此文,故録之。凡《敍録》具在,而他書或摘其一二語者,今皆

---

① 《郡齋讀書志校證》,第 437 頁。

② 《漢制考、漢藝文志考證》,第 217 頁。

③ 《水經注校證》,第 116、117 頁。

不録。)"

按,輯本中,馬本、張本及章本均有輯録。對此,姚本在《敘七略別録》輯本第二即指出馬本此爲誤輯,其言:"《水經·河水》'砥柱'注引劉向敘《晏子春秋》云:古冶子曰'吾嘗濟於河,黿銜左驂'云云。按,此即二桃殺三士故事,見《晏子》内篇第二卷。蓋謂劉向敘《晏子春秋》之文,非《晏子敘録》中語也。馬本取之,今删除。"[①]張舜徽亦以馬本爲誤輯,與姚説相同,如在《廣校讎略》中即言:"此即二桃殺三士故事,見《晏子春秋》内篇。注引劉向敘《晏子春秋》云者,猶云劉向所校之《晏子春秋》有此事耳,非謂《晏子敘録》中有此語也。馬氏據以録爲劉氏遺文,誤矣。"[②]

誤輯佚文二

【出處】《世説新語》卷上之上《言語第二·44》劉孝標注:"劉向《別録》曰:"晏平仲名嬰,東萊夷維人。事齊靈公、莊公,以節儉力行重於齊。"[③]

【輯本】洪本:"晏平仲名嬰,東萊夷維人,事齊靈公莊公,以節儉力行重於齊。(《世説新語·言語篇》注。案,《史記·管晏列傳》集解引'萊者,今東萊地也'。)"

嚴本:"晏平仲名嬰,東萊夷維人,事齊靈公莊公,以節儉力行重於齊。(《世説新語·言語》篇注。案,《史記·管晏列傳》集解引'萊者,今東萊地也'。)"

姚本:"又曰:晏平仲,名嬰,東萊夷維人。事齊靈公、莊公,以節儉力行重于齊。(嚴本據《世説·言語篇》注引劉向《別録》,與宋本敘録異文。似劉孝標約略之辭,與《史記·管晏列傳》同也。)"

陶本:"晏平仲名嬰,東萊夷維人,事齊靈公莊公,以節儉力行重於齊。(《世説新語·言語》篇注。案,《史記·管晏列傳》集解引'萊者,今東萊地也'。)"

---

① 《七略別録佚文、七略佚文》,第7頁。

② 張舜徽:《廣校讎略》,上海古籍出版社2013年版,第72頁。

③ (南朝宋)劉義慶,(南朝梁)劉孝標注,余嘉錫箋疏:《世説新語箋疏》,中華書局2007年版,第125頁。

顧本:“晏平仲,名嬰,東萊夷維人,事齊靈公、莊公,以節儉力行重於齊。(《世説・言語篇》注。)”

鄧本:“又曰:晏平仲,名嬰,東萊夷維人。事齊靈公、莊公,以節儉力行重于齊。(嚴本據《世説・言語篇》注引劉向《别録》,與宋本敘録異文。似劉孝標約略之辭,與《史記・管晏列傳》同也。)”

按,劉孝標引文體現了晏子的名字、籍貫等信息,而今存八篇完整書録即有《晏子書録》,其中即包含對晏子及其事跡的介紹,其言:

> 晏子,名嬰,謚平仲,萊人。萊者,今東萊地也……事齊靈公、莊公、景公,以節儉力行,盡忠極諫道齊。①

二者比對,文字表述略有不同,如劉注引《别録》作“晏平仲名嬰”,而現存書録中作“晏子,名嬰,謚平仲”,此外如關於萊地的記載以及“盡忠極諫”等内容均有差異。觀現存書録,《管子書録》在記述管子名字及籍貫時,與《晏子書録》表達相近,其言:“管子者,潁上人也,名夷吾,號仲父。”②然劉孝標所引《别録》直稱“晏平仲”,與劉向體例不符。

上舉洪本、姚本等均從劉孝標注輯録佚文,其中姚本、鄧本亦在按語中對劉孝標語表示了懷疑。馬本、張本在“稱古冶子”條中,將此條佚文並列收録,其言:“《晏子》七篇。《史記》晏平仲,嬰者,萊之夷維人也。萊者,今東萊地也。(《史記・管晏列傳》裴駰集解。)《晏子春秋》稱古冶子曰……”此處馬本等未標劉孝標引《别録》,而是明確指出此爲《史記》所載,優於洪本等標爲“《世説新語》注”。

誤輯佚文三

【出處】《意林》卷三“《新序》三十卷”:“河平四年,都水使者諫議大夫劉向上言。”③

---

① 《文獻學論著輯要》,第 6 頁。
② 《文獻學論著輯要》,第 4 頁。
③ 《意林》,第 195 頁。

【輯本】姚本:"臣向所序《新序》三十篇。以下三書標目據《漢志》及本傳。《新序》三十卷,河平四年都水使者諫議大夫臣向上言。(馬總《意林》。四庫館校勘曰:'此蓋奏上《新序》之文,故馬氏録以弁首,而今失之。'按,稱諫議大夫,與本傳異。)"

鄧本:"臣向所序《新序》三十篇。以下三書標目據《漢志》及本傳。《新序》三十卷,河平四年都水使者諫議大夫臣向上言。(馬總《意林》。四庫館校勘曰:'此蓋奏上《新序》之文,故馬氏録以弁首,而今失之。'按,稱諫議大夫,與本傳異。)"

按,觀劉向現存的七篇完整書録,其中《戰國策書録》《管子書録》《晏子書録》《列子書録》《孫卿書録》五篇書録均記述官職作"護左都水使者、光禄大夫臣向"[①],而未有稱"諫議大夫"者。且據陸心源《儀顧堂題跋》卷六《宋本新序跋》指出"《新序》十卷每卷題曰'陽朔元年二月癸卯護左都水使者、光禄大夫臣劉向上'"[②],可以看出,宋本中關於劉向官職的記述方式與現存書録記載相符。石光瑛校釋《新序》時亦以此宋本所載及官職角度分析,指證《意林》記述有誤。[③]又宋咸淳元年(1265年)鎮江府學刻元明遞修本《説苑》每卷卷首亦刻有"鴻嘉四年三月己亥護左都水使者光禄大夫臣劉向上"[④],此與宋本《新序》記載劉向的官職一致,亦佐證了馬總《意林》作"都水使者諫議大夫"不符合劉向的記述方式。

據《漢書》卷三十六《楚元王傳》記載劉向:"既冠,以行修飭擢爲諫大夫。是時,宣帝循武帝故事,招選名儒俊材置左右……成帝即位,顯等伏辜,更生乃復進用,更名向……遷光禄大夫……詔向領校中《五經》秘書……著《新序》《説苑》凡五十篇奏之。"[⑤]此亦佐證了劉向校書時當稱"光禄大夫",而非"諫議大夫"。綜上,姚本、鄧本爲誤輯。

---

① 《文獻學論著輯要》,第1、4、6、8、12頁。

② 《儀顧堂題跋·續跋》,第72頁。

③ (漢)劉向,石光瑛校釋,陳新整理:《新序校釋》,中華書局2001年版,第1頁。

④ 《宋本説苑》,第11頁。

⑤ 《漢書》,第1928—1958頁。

道　家

佚文一

【出處】《史記》卷三《殷本紀》裴駰集解:"劉向《别録》曰:'九主者,有法君、專君、授君、勞君、等君、寄君、破君、國君、三歲社君,凡九品,圖畫其形。'"①

【輯本】洪本:"九主者,有法君、專君、授君、勞君、等君、寄君、破君、國君、三歲社君,凡九品,圖畫其形。(《史記·殷本紀》集解。)"

嚴本:"九主者,有法君、專君、授君、勞君、等君、寄君、破君、國君、三歲社君,凡九品,圖畫其形。(《史記·殷本紀》集解。)"

馬本:"《伊尹》五十一篇。《史記》伊尹從湯,言素王及九主之事。九主者,有法君、專君,授君、勞君、等君、寄君、破君、國君、三歲社君,凡九品,圖畫其形。(《史記·殷本紀》集解。)"

姚本:"《伊尹》五十一篇。史記伊尹從湯,言素王及九主之事。九主者,有法君、專君,授君、勞君、等君、寄君、破君、國君、三歲社君,凡九品,圖畫其形。(嚴本、馬本並據《史記·殷本紀》集解。)

又曰:"法君,謂用法嚴急之君,若秦孝公及始皇等也。勞君,謂勤勞天下,若禹、稷等也。等君,等者平也,謂定等威,均禄賞,若高祖封功臣,侯雍齒也。授君,謂人君不能自理而政歸臣,若燕王噲授子之,禹授益、稷之比也。專君,謂專己獨斷,不任賢臣,若漢宣之比也。破君,謂輕敵致寇,國滅君死,若楚戊、吴濞等是也。寄君,謂人困於下,主驕於上,離析可待,故孟軻謂之寄君也。國君,'國'當爲'固',謂完城郭、利甲兵而不脩德,若三苗、智伯之類也。三歲社君,謂在襁褓而主社稷,若周成王、漢昭平等是也。(《史記·殷本紀》索隱云'劉向所稱九主,載之《七録》,名稱甚奇,不知所憑據耳',以下即言'法君謂用法嚴急'云云。按,《索隱》此一段所載九主次序与《集解》所引不同,《七録》殆《七略别録》之省文,非指阮氏《七録》,'漢昭平'或是'昭帝'之寫誤。此劉氏據《伊尹書》以爲之説,唐時《伊尹》書亡,爲司馬貞所未見,故以爲不

① 《史記》(修訂本),第123頁。

知憑據。大抵《集解》但引九主之名稱,《索隱》復據《别録》引申而微變其文。)”

陶本:“九主者,有法君、專君、授君、勞君、等君、寄君、破君、國君、三歲社君,凡九品,圖畫其形。(《史記·殷本紀》集解。陶批:此係當移下道家《伊尹》五十篇。引《殷本紀》證之。)”

張本:“《伊尹》五十一篇。《史記》伊尹從湯,言素王及九主之事。九主者,有法君、專君,授君、勞君、等君、寄君、破君、國君、三歲社君,凡九品,圖畫其形。(《史記·殷本紀》集解。)”

顧本:“九主者,有法君、專君、授君、勞君、等君、寄君、破君、國君、三歲社君,凡九品,圖畫其形。(《史記·殷本紀》集解。《索隱》云:‘劉向所稱九主,載之《七録》,名稱甚奇。‘國’當爲‘固’字之訛耳’。)”

章本:“《伊尹》五十一篇。(《藝文志》)九主者,有法君、專君,授君、勞君、等君、寄君、破君、國君、三歲社君,凡九品,圖畫其形。(《史記·殷本紀》集解。案《藝文志》兵權謀家言,省《伊尹》《太公》《管子》《孫卿》《鶡冠》《蘇子》《蒯通》《陸賈》《淮南王》二百五十九獯,出《司焉法》人褴。種當作篇,省者,謂劉《略》雨入,而《志》省其一,出者谓劉《略》在此,而《志》移諸彼。故禮家言入《司焉法》,而《諸子略》不言入《伊尹》《太公》等書也。且劉《略》之入兵權謀者,蓋《太公》亦衹《兵》八十五篇,而《謀》八十一篇,《言》七十一篇不與焉。《管子》亦衹《兵法》等篇,孫卿則《議兵篇》耳,非全衺皆入兵書也。不然,豈直二百五十九篇哉!劉奉世疑二百五十九,當作五百二十一,則疑非所疑矣。諸子之書,取其數篇以入兵書,正猶管子之《弟子職》在《孝經》家,孫卿《禮論》今取一章,而題以《三年問》,録入《禮記》耳,寧當汎寫全書也。故今於《伊尹》《太公》等書,並仍歸道家,誠以劉《略》本然,非班生所竄改也。)”

鄧本:“《伊尹》五十一篇。史記伊尹從湯,言素王及九主之事。九主者,有法君、專君、授君、勞君、等君、寄君、破君、國君、三歲社君,凡九品,圖畫其形。(嚴本、馬本並據《史記·殷本紀》集解。)

又曰:“法君,謂用法嚴急之君,若秦孝公及始皇等也。勞君,謂勤勞天下,若禹、稷等也。等君,等者平也,謂定等威、均禄賞,若高祖封功臣,侯雍齒也。授君,謂人君不能自理而政歸臣,若燕王噲授子之,禹授益、稷之比也[①]。專君,謂專己獨斷,不任賢臣,若漢宣之比也。破君,謂輕敵致寇,國滅君死,若楚戊、吴濞等是也。寄君,謂人困於下,主驕於上,離析可待,故孟軻謂之寄君也。國君,'國'當爲'固'[②],謂完城郭、利甲兵而不脩德,若三苗、智伯之類也。三歲社君,謂在繈褓而主社稷,若周成王、漢昭平等是也。(《史記·殷本紀》索隱云'劉向所稱九主,載之《七録》,名稱甚奇,不知所憑據耳',以下即言'法君謂用法嚴急'云云。按,《索隱》此一段所載九主次序與《集解》所引不同,《七録》殆《七略别録》之省文,非指阮氏《七録》,'漢昭平'或是'昭帝'之寫誤。此劉氏據《伊尹書》以爲之説,唐時《伊尹》書亡,爲司馬貞所未見,故以爲不知憑據。大抵《集解》但引九主之名稱,《索隱》復據《别録》引申而微變其文。)"

佚文二

【出處】《史記》卷三十二《齊太公世家》裴駰集解:"劉向《别録》曰:'師之,尚之,父之,故曰師尚父。父亦男子之美號也。'"[③]

《毛詩》卷十六《大雅·大明》孔穎達疏:"劉向《别録》曰:'師之,尚之,父之,故曰師尚父。'父亦男子之美號。"[④]

《論語》卷八《泰伯》邢昺疏:"劉向《别録》曰:'師之,尚之,父之,故曰師尚父。'父亦男子之美號。"[⑤]

【輯本】洪本:"師之尚之父之,故曰師尚父,父亦男子之美稱也。(《毛詩·大明》正義,《論語·泰伯》疏,《史記·齊世家》集解。)"

嚴本:"師之尚之父之,故曰師尚父,父亦男子之美稱也。(《毛詩·大明》正義,《論語·泰伯》疏,《史記·齊世家》集解。)"

---

① 鄧駿捷校勘記言:"'益稷',《史記·殷本紀》索隱作'益'。"

② 鄧駿捷校勘記言:"《史記·殷本紀》索隱下有'字之訛耳固'五字,疑'國當爲固'非《别録》所原有。"

③ 《史記》(修訂本),第1792頁。

④ 《毛詩正義》,第1146頁。

⑤ 《論語注疏》,第120頁。

馬本:"《太公》二百三十七篇。師之尚之父之,故曰師尚父。(《詩・大雅・大明》正義。)"

姚本:"《太公》二百三十七篇。《太公謀》八十一篇。《太公言》七十一篇。《太公兵》八十五篇。(此三條並據《漢・藝文志》。)吕望爲周師尚父,師之尚之父之,故曰師尚父。父亦男子之美稱也。(嚴本、馬本。按,首句七字據《漢志》輯補。)"

陶本:"師之尚之父之,故曰師尚父,父亦男子之美稱也。(《毛詩・大明》正義,《論語・泰伯》疏,《史記・齊世家》集解。陶批:師之尚之係當入後道家《太公》若干篇之次。)"

張本:"《太公》二百三十七篇。師之尚之父之,故曰師尚父。(《詩・大雅・大明》正義。)"

顧本:"師之,尚之,父之,故曰師尚父。父亦男子之美號也。(《史記・齊世家》集解。)"

章本:"《太公》二百三十七篇。(《藝文志》)師之尚之父之,故曰師尚父。(《詩・大雅・大明》正義。)太公金版玉匱,雖近世之文,然多善者。(《文選・王文憲集序》注。)"

鄧本:"《太公》二百三十七篇。《太公謀》八十一篇。《太公言》七十一篇。《太公兵》八十五篇。(此三條並據《漢・藝文志》。)吕望爲周師尚父,師之尚之父之,故曰師尚父。父亦男子之美稱也。(嚴本、馬本。《毛詩・大雅・大明》正義、《論語・泰伯》疏、《史記・齊太公世家》集解。按,首句七字據《漢志》輯補。)"

佚文三

【出處】《史記》卷四《周本纪》裴駰集解:"劉向《别録》曰:'(鬻子名熊,封於楚)辛甲,故殷之臣,事紂。蓋七十五諫而不聽,去至周,召公與語,賢之,告文王,文王親自迎之,以爲公卿,封長子。'"長子,今上黨所治縣是也。①

《元和姓纂》卷三:"劉向《别録》云:'辛甲,故殷之臣,事紂去,至周

① 《史記》(修訂本),第151頁。

文王,以爲公卿,而封其長子。'"①

【輯本】洪本:"鬻子,名熊,封於楚。辛甲,故殷之臣,事紂。蓋七十五諫而不聽,去至周,召公與語,賢之,告文王,文王親自迎之,以爲公卿,封長子。(《史記·周本紀》集解。案,自'辛甲'下當别爲一條。)"

嚴本:"鬻子,名熊,封於楚。辛甲,故殷之臣,事紂。蓋七十五諫而不聽,去至周,召公與語,賢之,告文王,文王親自迎之,以爲公卿,封長子。(《史記·周本紀》集解。案,自'辛甲'下當别爲一條。)"

馬本:"《辛甲》二十九篇。辛甲,故殷之臣,事紂,蓋七十五諫而不聽,去至周,召公與語,賢之,告文王,文王親自迎之,以爲公卿,封長子,今上黨所治縣是也。(《史記·周本紀》集解。)"

姚本:"《辛甲》二十九篇。辛甲,故殷之臣,事紂。蓋七十五諫而不聽,去至周,召公與語,賢之,告文王,文王親自迎之,以爲公卿,封長子,今上黨所治縣是也。(嚴本、馬本。)"

陶本:"鬻子,名熊,封於楚。辛甲,故殷之臣,事紂。蓋七十五諫而不聽,去至周,召公與語,賢之,告文王,文王親自迎之,以爲公卿,封長子。(《史記·周本紀》集解。案,自'辛甲'下當别爲一條。)"

張本:"《辛甲》二十九篇。辛甲,故殷之臣,事紂,蓋七十五諫而不聽,去至周,召公與語,賢之,告文王,文王親自迎之,以爲公卿,封長子,今上黨所治縣是也。(《史記·周本紀》集解。)"

顧本:"鬻子,名熊,封于楚。辛甲,故殷之臣,事紂,蓋七十五諫而不聽,去至周。召公與語,賢之,告文王,文王親自迎之,以爲公卿,封長子。長子,今上黨所治縣是也。(《史記·周本紀》集解。)"

章本:"《辛甲》二十九篇。(《藝文志》)辛甲,故殷之臣,事紂,蓋七十五諫而不聽,去至周。召公與語,賢之,告文王。文王親自迎之,以爲公卿,封長子。長子,今上黨所治縣是也。(《史記·周紀》集解。)"

鄧本:"《辛甲》二十九篇。辛甲,故殷之臣,事紂。蓋七十五諫而不聽,去。至周,召公與語,賢之,告文王。文王親自迎之,以爲公卿,封長

① (唐)林寶,岑仲勉校記,郁賢皓,陶敏整理:《元和姓纂》(附四校記),中華書局1994年版,第355頁。

子,今上黨所治縣是也。(嚴本、馬本。《史記·周本紀》集解。)"

佚文四

【出處】《史記》卷四《周本紀》裴駰集解:"劉向《别録》曰:'鬻子名熊,封於楚。'"①

【輯本】洪本:"鬻子,名熊,封於楚。辛甲,故殷之臣,事紂。蓋七十五諫而不聽,去至周,召公與語,賢之,告文王,文王親自迎之,以爲公卿,封長子。(《史記·周本紀》集解。案,自'辛甲'下當别爲一條。)"

嚴本:"鬻子,名熊,封於楚。辛甲,故殷之臣,事紂。蓋七十五諫而不聽,去至周,召公與語,賢之,告文王,文王親自迎之,以爲公卿,封長子。(《史記·周本紀》集解。案,自'辛甲'下當别爲一條。)"

馬本:"《鬻子》二十二篇。名熊,封於楚。(同上。)"

姚本:"《鬻子》二十二篇。名熊,爲周師,自文王以下問焉。周封,爲楚祖。鬻子名熊,封於楚。(嚴本、馬本。)"

陶本:"鬻子,名熊,封於楚。辛甲,故殷之臣,事紂。蓋七十五諫而不聽,去至周,召公與語,賢之,告文王,文王親自迎之,以爲公卿,封長子。(《史記·周本紀》集解。案,自'辛甲'下當别爲一條。)"

張本:"《鬻子》二十二篇。名熊,封於楚。(同上。)"

顧本:"鬻子,名熊,封于楚。辛甲,故殷之臣,事紂,蓋七十五諫而不聽,去至周。召公與語,賢之,告文王,文王親自迎之,以爲公卿,封長子。長子,今上黨所治縣是也。(《史記·周本紀》集解。)"

鄧本:"《鬻子》二十二篇。名熊,爲周師,自文王以下問焉。周封,爲楚祖。鬻子名熊,封於楚。(嚴本、馬本。《史記·周本紀》集解。)"

佚文五

護左都水使者光禄大夫臣向言:所校讎中《管子》書三百八十九篇,大中大夫卜圭書二十七篇,臣富參書四十一篇,射聲校尉立書十一篇,

① 《史記》(修訂本),第151頁。

太史書九十六篇，凡中外書五百六十四，以校，除復重四百八十四篇，定著八十六篇，殺青而書可繕寫也。

管子者，潁上人也，名夷吾，號仲父。少時嘗與鮑叔牙遊，鮑叔知其賢。管子貧困，常欺叔牙，叔牙終善之。鮑叔事齊公子小白，管子事公子糾，及小白立爲桓公，子糾死，管仲囚，鮑叔薦管仲。管仲既任政於齊，齊桓公以霸，九合諸侯，一匡天下，管仲之謀也。故管仲曰："吾始困時，與鮑叔分財，多自予，鮑叔不以我爲貪，知吾貧也。嘗爲鮑叔謀事，而更窮困，鮑叔不以我爲愚，知吾有利有不利也。公子糾敗，召忽死之，吾幽囚受辱，鮑叔不以我爲無耻，知吾不羞小節，而耻功名不顯於天下也。生我者父母，知我者鮑叔。"鮑叔既進管仲，而己下之。子孫世禄於齊，有封邑者十餘世，常爲名大夫。

管子既相，以區區之齊在海濱，通貨積財，富國强兵，與俗同好醜，故其書稱曰："倉廩實而知禮節，衣食足而知榮辱，上服度則六親固。""四維不張，國乃滅亡。"下令，猶流水之原，令順人心，故論卑而易行。俗所欲，因予之；俗所否，因去之。其爲政也，善因禍爲福，轉敗爲功，貴輕重，慎權衡。桓公怒少姬，南襲蔡，管仲因伐楚，責包茅不入貢於周室。桓公北征山戎，管仲因而令燕脩召公之政。柯之會，桓公背曹沫之盟，管仲因而信之，諸侯歸之。管仲聘於周，不敢受上卿之命，以讓高國。是時，諸侯爲管仲城穀，以爲之乘邑。《春秋》書之，褒賢也。管仲富擬公室，有三歸反坫，齊人不以爲侈。

管子卒，齊國遵其政，常强於諸侯。孔子曰："微管仲，吾其被髮左衽矣。"太史公曰："余讀管氏《牧民》《山高》《乘馬》《輕重》《九府》，詳哉言之也。"又曰："將順其美，匡救其惡，故上下能相親愛，豈管仲之謂乎。"《九府》書民間無有，《山高》一名《形勢》。凡《管子》書，務富國安民，道約言要，可以曉合經義。向謹第録上。

佚文六

【出處】《混元聖紀》卷三："劉歆《七略》曰：'劉向讎校中《老子》書二篇，太史書一篇，臣向書二篇，凡中外書五篇一百四十二章。除復重三篇六十二章，定著二篇八十一章。上經第一，三十七章；下經第二，四十四章。’”①

《道德經集解·序説》:“劉歆《七略》云:‘劉向定著二篇八十一章,上經三十四章,下經四十七章。’”②

【輯本】姚本:“臣向《説老子》四篇。《老子》,臣向定著二篇八十一章,上經三十四章,下經四十七章。(宋董思靖《老子集解敘説》:‘《老子》,劉向定著二篇’云云。下文云:‘葛洪又加損益,從此遂失中壘舊制矣。’董蓋及見《老子敘録》,故能言分篇上下及章次數目如此。)”

鄧本:“臣向《説老子》四篇。《老子》,臣向定著二篇八十一章,上經三十四章,下經四十七章。(宋董思靖《老子集解敘説》:‘《老子》,劉向定著二篇’云云。下文云:‘葛洪又加損益,從此遂失中壘舊制矣。’董蓋及見《老子敘録》,故能言分篇上下及章次數目如此。)

佚文七

【出處】《尚史》卷八十六《諸子傳》:“關尹子,名嘉。列子師之,多所請問,莊子稱爲博大真人。劉向《別録》”③

【輯本】姚本:“《關尹子》九篇。關尹子,名嘉④。列子師之,多所請問,莊子稱爲博大真人。(襄平李鍇《尚史諸子傳》引劉向《別録》,與宋人依託《關尹子敘録》語不同,不知所引見於何書,大抵得之《道藏》中。)”

鄧本:“《關尹子》九篇。關尹子,名喜。列子師之,多所請問,莊子稱爲博大真人。(襄平李鍇《尚史諸子傳》引劉向《別録》,與宋人依託《關尹子敘録》語不同,不知所引見於何書,大抵得之《道藏》中。)”

佚文八

【出處】《史記》卷七十四《孟子荀卿列傳》司馬貞索隱:“劉向《別

---

① 《道藏輯要》,第18頁。

② 《道藏》,第12册,第821頁。

③ (清)李鍇:《尚史》,《文淵閣四庫全書》本,上海人民出版社1999年版。

④ 鄧駿捷校勘記言:“‘喜’原作‘嘉’”,據鈔稿本、浙圖本、開明本改。”

録》'環'作姓也。"①

【輯本】姚本:"《蜎子》十三篇。名淵,楚人,老子弟子。太史公曰:環淵,楚人。環,姓也。(《史記·孟荀列傳》索隱。)"

鄧本:"《蜎子》十三篇。名淵,楚人,老子弟子。太史公曰:環淵,楚人。環,姓也。(《史記·孟荀列傳》索隱。)"

佚文九

【出處】《史記》卷六十三《老子韓非列傳》司馬貞索隱:"劉向《别録》云:'宋之蒙人也'"②

《史記》卷六十三《老子韓非列傳》司馬貞索隱:"《别録》云:'作人姓名,使相與語,是寄辭於其人,故《莊子》有《寓言篇》。'"③

《列子》殷敬顺釋文:"劉向《别録》云:'偶言者,作人姓名,使相與語。'"④

【輯本】洪本:"(莊子)宋之蒙人也。(《史記·老莊列傳》索隱。)"

"又作人姓名,使相與語,是寄辭於其人,故《莊子》有《寓言》篇。(《史記·莊子列傳》索隱。)"

嚴本:"(莊子)宋之蒙人也。(《史記·老莊列傳》索隱。)"

"又作人姓名,使相與語,是寄辭於其人,故《莊子》有《寓言》篇。(《史記·莊子列傳》索隱。)"

馬本:"《莊子》五十二篇。莊子,宋之蒙人也。又作人姓名,使相與語,是寄辭於其人,故莊子有《寓言》篇。(《史記·老莊申韓列傳》索隱。)"

姚本:"《莊子》五十二篇。莊子,宋之蒙人也。"

"又作人姓名,使相与語,是寄辭於其人,故《莊子》有《寓言》篇。(並嚴本、馬本。)"

陶本:"(莊子)宋之蒙人也。(《史記·老莊列傳》索隱。)"

---

① 《史記》(修訂本),第 2851 頁。

②③ 《史記》(修訂本),第 2609 頁。

④ 《列子集釋》,第 266 頁。

“又作人姓名,使相與語,是寄辭於其人,故《莊子》有《寓言》篇。(《史記·莊子列傳》索隱。)”

張本:“《莊子》五十二篇。莊子,宋之蒙人也。又作人姓名,使相與語,是寄辭於其人,故莊子有《寓言》篇。(《史記·老莊申韓列傳》索隱。)”

顧本:“莊子(二字依《漢志》補),宋之蒙人也。(《史記·老莊傳》索隱。)”

“寓言者(《列子》《釋文》),作人姓名,使相與語,是寄辭於其人,故《莊子》有《寓言》篇。(《史記·老莊傳》索隱。)”

章本:“《莊子》五十二篇。(《藝文志》)莊子,宋之蒙人也。(《史記·老莊申韓列傳》索隱)又作人姓名,使相與語,是寄辭於其人,故莊子有《寓言》篇。(《史記·老莊申韓列傳》索隱。)”

鄧本:“《莊子》五十二篇。莊子,宋之蒙人也。”

“又作人姓名,使相與語,是寄辭於其人,故《莊子》有《寓言》篇。(並嚴本、馬本。《史記·老子韓非列傳》索隱。)”

佚文十

右新書定著八篇。

護左都水使者光禄大夫臣向言:所校中書《列子》五篇,臣向謹與長社尉臣參校讎,太常書三篇,太史書四篇,臣向書六篇,臣參書二篇,内外書凡二十篇,以校,除復重十二篇,定著八篇。中書多,外書少。章亂布在諸篇中,或字誤,以“盡”爲“進”,以“賢”爲“形”,如此者衆,及在新書有棧。校讎從中書,已定,皆以殺青書。可繕寫。

列子者,鄭人也,與鄭繆公同時,蓋有道者也。其學本於黄帝老子,號曰道家。道家者,秉要執本,清虚無爲,及其治身接物,務崇不競,合於六經,而《穆王》《湯問》二篇,迂誕恢詭,非君子之言也。至於《力命》篇一推分命,《楊子》之篇唯貴放逸,二義乖背,不似一家之書。然各有所明,亦有可觀者。孝景皇帝時貴黄老術,此書頗行於世。及後遺落,散在民間,未有傳者。且多寓言,與莊周相類,故太史公司馬遷不爲列傳。謹第録。臣向昧死上。護左都水使者光禄大夫臣向所校《列子書録》。永始三年八月壬寅上。

佚文十一

【出處】《水經》卷二十六《淄水》酈道元注:“劉向《别録》以稷爲齊城門名也。談説之士,期會于稷門下,故曰稷下也。”①

《史記》卷四十六《田敬仲完世家》裴駰集解:“劉向《别録》曰:‘齊有稷門,城門也。談説之士期會於稷下也。’”②

《史記》卷四十六《田敬仲完世家》司馬貞索隱:“劉向《别録》曰:‘齊有稷門,齊城門也。談説之士期會於其下。”③

《太平寰宇記》卷十八《河南道》:“劉向《别録》云:‘齊有稷門,齊之城西門也。’”④

【輯本】洪本:“稷,齊城門名也,談説之士,期會於稷門下,故曰稷下也。(《史記·田敬仲世家》集解、《水經·淄水》注、《太平寰宇記》十八。)”

嚴本:“稷,齊城門名也,談説之士,期會於稷門下,故曰稷下也。(《史記·田敬仲世家》集解、《水經·淄水》注、《太平寰宇記》十八。)”

馬本:“《孫卿子》三十三篇。名況,趙人,爲齊稷下祭酒。(據《漢志》補)齊有稷門,城門也,談説之士,期會于稷門下,故曰稷下。(酈道元《水經注》卷二十六引首句作‘以稷爲城門’,《史記·田齊世家》集解引無末句,作‘期會于稷門下’。)”

姚本:“《田子》二十五篇。名駢,齊人,遊稷下,號天口駢。稷,齊城門名也。談説之士期會於稷門下,故曰稷下也。(嚴本、馬本。)

又曰:齊有稷門,齊城門也。談説之士期會於其下。(《史記·田敬仲世家》索隱。按,《漢志》言稷下者始見於《孫卿子》,而《孫卿子敍録》無是説,再見於此,今姑繫之。)”

陶本:“稷,齊城門名也,談説之士,期會於稷門下,故曰稷下也。

---

① 《水經注校證》,第627頁。

②③ 《史記》(修訂本),第2297頁。

④ 《太平寰宇記》,第353頁。

(《史記·田敬仲世家》集解、《水經·淄水》注、《太平寰宇記》十八。)"

張本:"《孫卿子》三十三篇。名況,趙人,爲齊稷下祭酒。(據《漢志》補)齊有稷門,城門也,談説之士,期會于稷門下,故曰稷下。(酈道元《水經注》卷二十六引首句作'以稷爲城門',《史記·田齊世家》集解引無末句,作'期會于稷門下'。)"

顧本:"齊有稷門,城門也。談説之士期會于稷門下,故曰稷下也。(《史記·田完世家》集解、《水經·淄水》注。)"

章本:"《孫卿子》三十三篇。名況,趙人,爲齊稷下祭酒。(《藝文志》)稷爲齊城門名,談説之士,期會於稷門下,故曰稷下也。(《水經注》卷二十六,《史記·田完世家》集解無末句。)"

鄧本:"《田子》二十五篇。名駢,齊人,遊稷下,號天口駢。稷,齊城門名也。談説之士期會於稷門下,故曰稷下也。(嚴本、馬本。《史記·田敬仲完世家》集解、《水經·淄水》注、《太平寰宇記》卷一八。)

又曰:齊有稷門,齊城門也。談説之士期會於其下。(《史記·田敬仲世家》索隱。按,《漢志》言稷下者始見於《孫卿子》,而《孫卿子敘録》無是説,再見於此,今姑繫之。)"

佚文十二

【出處】《文選》卷十一《孫綽〈遊天台山賦〉》李善注:"劉向《别録》曰:'老萊子,古之壽者。'"①

【輯本】洪本:"老萊子,古之壽者。(《文選·遊天台山賦》注。)"

嚴本:"老萊子,古之壽者。(《文選·遊天台山賦》注。)"

馬本:"《老萊子》十六篇。老萊子,古之壽者。(《文選·孫興公〈天台山賦〉》注。)"

姚本:"《老萊子》十六篇。老萊子,古之壽者。(嚴本、馬本。)"

陶本:"老萊子,古之壽者。(《文選·遊天台山賦》注。)"

張本:"《老萊子》十六篇。老萊子,古之壽者。(《文選·孫興公〈天台山賦〉》注。)"

---

① 《文選》,第498頁。

顧本:"老萊子,古之壽者。(《文選·遊天台山賦》注。)"

章本:"《老萊子》十六篇。(《藝文志》)老萊子,古之壽者。(《文選·天台山賦》注。)"

鄧本:"《老萊子》十六篇。老萊子,古之壽者。(嚴本、馬本。《文選·孫興公〈遊天臺山賦〉》注。)"

佚文十三

【出處】《藝文類聚》卷六十七《衣冠部》:"劉向《别録》曰:'鶡冠子常居深山,以鶡爲冠,故號鶡冠子。'"①

《太平御覽》卷六百八十五《服章部二》:"劉向《七略》曰:'鶡冠子常居深山,以鶡爲冠,故號冠子。'"②

【輯本】洪本:"鶡冠子,常居深山,以鶡爲冠,故號《鶡冠子》。(《藝文類聚》六十七、《文選·劉孝標〈辨命論〉》注、《太平御覽》六百八十五。)"

嚴本:"鶡冠子,常居深山,以鶡爲冠,故號《鶡冠子》。(《藝文類聚》六十七、《文選·劉孝標〈辨命論〉》注、《御覽》六百八十五。)"

姚本:"《鶡冠子》一篇。鶡冠子,常居深山,以鶡爲冠,(按,'鶡'下當有'羽'字。)故號鶡冠子。(嚴本。)"

陶本:"鶡冠子,常居深山,以鶡爲官,故號《鶡冠子》。(《藝文類聚》六十七、《文選·劉孝標〈辨命論〉》注、《御覽》六百八十五。)"

顧本:"鶡冠子,常居深山,以鶡爲冠,故號《鶡冠子》。(《類聚》六十七。)"

章本:"《鶡冠子》一篇。楚人,居深山,以鶡爲冠。(《藝文志》。案,《御覽》六百八十五引《七略》大同。《文選·辯命論》注引《七略》云:以鶡冠,故曰鶡冠。竊疑鶡本褐之借字,窮居深山,衣褐,爲得之。)"

鄧本:"《鶡冠子》一篇。鶡冠子常居深山,以鶡爲冠,(按,'鶡'下當有'羽'字。)故號鶡冠子。(嚴本。《藝文類聚》卷六七、《太平御覽》

① 《藝文類聚》,第1184頁。

② 《太平御覽》,第3058頁。

卷六八五、《文選·劉孝標〈辨命論〉》注。)”

佚文十四

【出處】《漢書》卷三十《藝文志》顔師古注:“劉向《别録》云:‘人間小書,其言俗薄。’”①

【輯本】洪本:“(《周訓》)人間小書,其言俗薄。(《漢書·藝文志》注。)”

嚴本:“(《周訓》)人間小書,其言俗薄。(《漢書·藝文志》注。)”

馬本:“《周訓》十四篇。人間小書,其言俗薄。(《漢書·藝文志》。)”

姚本:“《周訓》十四篇。人間小書,其言俗薄。(嚴本、馬本。按,《别録》原文當是‘民間’,此唐人避諱所改。)”

陶本:“(《周訓》)人間小書,其言俗薄。(《漢書·藝文志》注。)”

張本:“《周訓》十四篇。人閒小書,其言俗薄。(《漢書·藝文志》。)”

顧本:“《周訓》十四篇(此五字依《漢志》補),人間小書,其言俗薄。(《漢志》注。)”

章本:“《周訓》十四篇(《藝文志》)人閒小書,其言俗薄。(《藝文志》師古注。)”

鄧本:“《周訓》十四篇。人間小書,其言俗薄。(嚴本、馬本。《漢書·藝文志》注。按,《别録》原文當是‘民間’,此唐人避諱所改。)”

佚文十五

【出處】《漢書》卷三十《藝文志》顔師古注:“劉向云:‘故待詔,不知其姓,數從遊觀,名能爲文。’”②

【輯本】洪本:“(郎中嬰齊)故待詔,不知其姓,數從遊觀,名能爲文。(《漢書·藝文志》注引劉向云。)”

嚴本:“(郎中嬰齊)故待詔,不知其姓,數從遊觀,名能爲文。(《漢書·藝文志》注引劉向云。)”

馬本:“《郎中嬰齊》十二篇。故待詔,不知其姓,數從遊觀,名能爲

①② 《漢書》,第1732頁。

文。(《漢書·藝文志》。)"

姚本:"《郎中嬰齊》十二篇。武帝時。故待詔,不知其姓,數從遊觀,名能爲文。(嚴本、馬本。)"

陶本:"(郎中嬰齊)故待詔,不知其姓,數從遊觀,名能爲文。(《漢書·藝文志》注引劉向云。)"

張本:"《郎中嬰齊》十二篇。故待詔,不知其姓,數從遊觀,名能爲文。(《漢書·藝文志》。)"

顧本:"嬰齊(二字依《漢志》補),故待詔,不知其姓,數從遊觀,名能爲文。(《漢志》注。)"

章本:"《郎中嬰齊》十二篇。(《藝文志》)故待詔,不知其姓,數從遊觀,名能爲文。(《藝文志》師古注。)"

鄧本:"《郎中嬰齊》十二篇。武帝時。故待詔,不知其姓,數從遊觀,名能爲文。(嚴本、馬本。《漢書·藝文志》注。)"

佚文十六

【出處】《漢書》卷三十《藝文志》顔師古注:"《别録》云:'鄭人,不知姓名。'"①

【輯本】洪本:"(鄭長者)鄭人,不知其名。(《漢書·藝文志》注。)"

嚴本:"(鄭長者)鄭人,不知其名。(《漢書·藝文志》注。)"

馬本:"《鄭長者》一篇。鄭人,不知姓名。(同上。)"

姚本:"《鄭長者》一篇。六國時。鄭人,不知姓名。(嚴本、馬本。)"

陶本:"(鄭長者)鄭人,不知其名。(《漢書·藝文志》注。陶批:應劭曰:'春秋之末,鄭有賢人,著書一篇,號《鄭長者》,謂年長德艾,事長于人,以之爲長者故也。'《華嚴經音義》卷下引《風俗通》。)"

張本:"《鄭長者》一篇。鄭人,不知姓名。(同上。)"

顧本:"長者(二字依《漢志》補),鄭人,不知姓名。(同上。)"

章本:"《鄭長者》一篇。(《藝文志》)鄭人,不知姓名。(《藝文志》師古注。)"

① 《漢書》,第1732頁。

鄧本:"《鄭長者》一篇。六國時。鄭人,不知姓名。(嚴本、馬本。《漢書・藝文志》注。)"

陰陽家

佚文一

【出處】《論衡》卷四《變虚篇》:"案《子韋書録序奏》亦言:'子韋曰:'君出三善言,熒惑宜有動。'於是候之,果徙舍。'"①

【輯本】姚本:"《宋司星子韋》三篇。景公之史。子韋曰:'君出之善言,熒惑宜有動。'于是候之,果徒舍。(《論衡・變虚篇》引《子韋書録序奏》。)"

鄧本:"《宋司星子韋》三篇。景公之史。子韋曰:'君出三善言,熒惑宜有動。'於是候之,果徙舍。(《論衡・變虚篇》引《子韋書録序奏》。)②"

佚文二

【出處】《北堂書鈔》卷一百一十二《樂部八》:"劉向《别録》云:'方士傳言,鄒子在燕,燕有黍谷,地美天寒,不出五穀,鄒子居之,吹律而温氣至,今名黍谷也。"③

《藝文類聚》卷五《歲時下》:"劉向《别録》曰:'鄒子在燕,燕有谷,地美而寒,不生五穀,鄒子居之,吹律而温氣至,今名黍谷。'"④

《藝文類聚》卷九《水部下》:"劉向《别録》曰:'方士傳言,鄒衍在燕,燕有谷,地美而寒,不生五穀,鄒子居之,吹律而温氣至,而穀生,今名黍谷。'"⑤

《文選》卷六《左思〈魏都賦〉》李善注:"劉向《别録》曰:'鄒衍在燕,有谷,地美而寒,不生五穀。鄒子居之,吹律而温至黍生,今名

① 《論衡校注》,第98頁。

② 鄧本校勘記言:"此條佚文原脱,據鈔稿本、浙圖本、開明本補。"

③ 《北堂書鈔》,第429頁。

④ 《藝文類聚》,第96頁。

⑤ 《藝文類聚》,第175頁。

黍谷。'"①

《文選》卷二十一《顔延之〈秋胡詩〉》李善注:"劉向《别録》曰:'鄒衍在燕,有谷寒不生五穀,鄒子吹律而温至生黍也。'"②

《文選》卷四十《阮籍〈詣蔣公〉》李善注:"劉向《别録》曰:'鄒衍在燕,有谷寒,不生五穀,鄒子吹律而温,生黍。'"③

《文選》卷五十七《謝希逸〈宋孝武宣貴妃誄〉》李善注:"劉向《别録》曰:'鄒衍在燕,有谷寒,不生五穀,鄒衍吹律而温之至,生黍。'"④

《白孔六帖》卷四"吹律"條:"劉向《别録》:'燕地寒谷,不生五穀。鄒子吹律,召温風至,人名黍谷。'"⑤

《白孔六帖》卷六"吹律暖"條:"劉向《别録》:'鄒衍在燕,燕有谷,地寒不生五穀。鄒衍乃吹律而温氣至,堪植黍,今謂之黍谷。'"⑥

《太平御覽》卷十六《時序部》:"劉向《别録》曰:'鄒子在燕,燕國有黍谷,地美而寒,不生五穀,鄒子居之,吹律而温氣至,今名黍谷。'"⑦

《太平御覽》卷三十四《時序部》:"劉向《别録》曰:'燕地寒谷,不生五穀,鄒衍吹律以暖之,乃生禾黍,因名黍谷。'"⑧

《太平御覽》卷五十四《地部》:"劉向《别録》曰:'方士傳言,鄒衍在燕,有谷,地美而寒,不生五穀,鄒子居之,吹律而温氣至,而生黍穀,今名黍谷。'"⑨

《太平御覽》八百四十二《百穀部》:"劉向《别録》曰:'傳言鄒衍在燕,有谷,地美而寒,不生五穀。鄒子居之,吹律而温至,生黍,到今名黍谷焉。'"⑩

【輯本】洪本:"方士傳言,鄒衍在燕,燕有谷,地美而寒,不生五穀,

---

① 《文選》,第298頁。
② 《文選》,第1003頁。
③ 《文選》,第1845頁。
④ 《文選》,第2477頁。
⑤⑥ 《白孔六帖》。
⑦ 《太平御覽》,第82頁。
⑧ 《太平御覽》,第162頁。
⑨ 《太平御覽》,第264頁。
⑩ 《太平御覽》,第3763頁。

鄒子居之,吹律而温氣至,而黍生,今名黍谷。(《北堂書鈔》一百十二、《藝文類聚》九、《文選·魏都賦》劉注、顔延年《秋胡詩》注、阮嗣宗《詣蔣公奏記》注、《白帖》六、《太平御覽》八百四十二。)"

嚴本:"方士傳言,鄒衍在燕,燕有谷,地美而寒,不生五穀,鄒子居之,吹律而温氣至,而黍生,今名黍谷。"(《北堂書鈔》一百十二、《藝文類聚》九、《文選·魏都賦》劉注、顔延年《秋胡詩》注、阮嗣宗《詣蔣公奏記》注、《白帖》六、《太平御覽》八百四十二。)

馬本:"《鄒子》四十九篇。方士傳言鄒衍在燕,有谷地美而寒,不生五穀,鄒子居之,吹律而温至,黍生,至今名黍谷。(《藝文類聚》卷九、《太平御覽》卷五十四、《文選·左太沖〈魏都賦〉》注、又顔延年《秋胡詩》注、又《阮嗣宗〈詣蔣公奏記〉》注、《謝希逸〈宋孝武宣貴妃誄〉》注、《藝文類聚》卷五,白居易《六貼》卷六、《太平御覽》卷十六、又卷三十四引,並無方士傳言四句)鄒子書有《主運篇》。(《史記·孟子荀卿列傳》索隱)齊使鄒衍過趙,平原君見公孫龍及其徒綦母子之屬,論白馬非白之辯,以問鄒子。鄒子曰:不可,彼天下之辯,有五勝三至而辭正爲下辯者,别殊類使不相害,序異端使不相亂,抒意通指,明其所謂使人與知,辭以相悖,巧譬以相移,引人聲使不得及,其意如此害大道。夫繳紛争言而競後息不能無害,君子坐皆解善。(《史記·平原君列傳》集解。李如圭《篇海》系部'繳'字注引'繳紛争言'句。)"

姚本:"《鄒子》四十九篇。名衍,齊人,爲燕昭王師,居稷下,號談天衍。《鄒子終始》五十六篇……方士傳言鄒衍在燕,燕有谷,地美而寒,不生五穀。鄒子居之,吹律而温氣至而黍生,今名黍谷。(並嚴、馬本。)

又曰:燕地寒谷,不生五穀,鄒衍吹律以暖之,乃生禾黍,到今名黍谷焉。(《御覽》三十四又八百四十二。)"

陶本:"方士傳言,鄒衍在燕,燕有谷,地美而寒,不生五穀,鄒子居之,吹律而温氣至,而黍生,今名黍谷。(《北堂書鈔》一百十二、《藝文類聚》九、《文選·魏都賦》劉注、顔延年《秋胡詩》注、阮嗣宗《詣蔣公奏記》注、《白帖》六、《太平御覽》八百四十二。)"

張本:"《鄒子》四十九篇。方士傳言鄒衍在燕,有谷地美而寒,不生五穀,鄒子居之,吹律而温至,黍生,至今名黍谷。(《藝文類聚》卷九、

《太平御覽》卷五十四、《文選·左太沖〈魏都賦〉》注、又顔延年《秋胡詩》注、又《阮嗣宗〈詣蔣公奏記〉》注、《謝希逸〈宋孝武宣貴妃誄〉》注、《藝文類聚》卷五,白居易《六貼》卷六、《太平御覽》卷十六、又卷三十四引,並無方士傳言四句。)鄒子書有《主運篇》。(《史記·孟子荀卿列傳》索隱。)齊使鄒衍過趙,平原君見公孫龍及其徒綦母子之屬,論白馬非白之辯,以問鄒子。鄒子曰:不可,彼天下之辯,有五勝三至而辭正爲下辯者,别殊類使不相害,序異端使不相亂,抒意通指,明其所謂使人與知,辭以相悖,巧譬以相移,引人聲使不得及,其意如此害大道。夫繳紛争言而競後息不能無害,君子坐皆解善。(《史記·平原君列傳》集解。李如圭《篇海》系部'繳'字注引'繳紛争言'句。)"

顧本:"方士傳言鄒衍在燕,有谷地美而寒,不生五穀。鄒子居之,吹律而温氣至,乃生禾黍。今謂之黍谷。(《文選·魏都賦》注、《秋胡詩》注、《詣蔣公奏記》注、《藝文》五、又九、《書鈔》百十二、《六帖》六、《御覽》十六、又三十四、又五十四、又八百四十二參定。)"

章本:"《鄒子》四十九篇。(《藝文志》)《鄒子終始》五十六篇。(《藝文志》)《方士傳》言鄒衍在燕,有谷地美而寒,不生五穀,鄒子居之,吹律而温氣至,而生黍穀,今名黍谷。(《御覽》五十四,他書引多不備)鄒子書,有《主運篇》。(《史記·孟子荀卿列傳》索隱。)齊使鄒衍過趙,平原君見公孫龍及其徒綦母子之屬論白馬非白之辯,以問鄒子。鄒子曰:不可,彼天下之辯,有五勝三至,而辭正爲下。辯者,别殊類使不相害,序異端使不相亂,抒意通指,明其所謂,使人與知焉,不務相迷也。故勝者不失其所守,不勝者得其所求,若是故辯可爲也。及至煩文以相假,飾辭以相惇,巧譬以相移,引人聲使不得及其意,如此害大道。夫繳紛争言而競後息,不能無害君子。坐皆解善。(《史記·平原君虞卿列傳》集解。)"

鄧本:"《鄒子》四十九篇。名衍,齊人,爲燕昭王師,居稷下,號談天衍。《鄒子終始》五十六篇……《方士傳》言鄒衍在燕,燕有谷,地美而寒,不生五穀。鄒子居之,吹律而温氣至而黍生,今名黍谷。(並嚴、馬本。《藝文類聚》卷五、九、《白氏六帖》卷二、《太平御覽》卷一六、三四、五四、八四二、《文選·左太沖〈魏都賦〉》注、《文選·顔延年

〈秋胡詩〉》注、《文選・阮嗣宗〈詣蔣公〉》注、《文選・謝希逸〈宋孝武宣貴妃誄〉》注。)

又曰:燕地寒谷,不生五穀,鄒衍吹律以暖之,乃生禾黍,到今名黍谷焉。(《御覽》三十四又八百四十二。)"

佚文三

【出處】《史記》卷七十四《孟子荀卿列傳》司馬貞索隱:"劉向《别録》云:'鄒子書有《主運篇》。'"①

【輯本】馬本:"《鄒子》四十九篇。方士傳言鄒衍在燕,有谷地美而寒,不生五穀,鄒子居之,吹律而温至,黍生,至今名黍谷。(《藝文類聚》卷九、《太平御覽》卷五十四、《文選・左太沖〈魏都賦〉》注、又顔延年《秋胡詩》注、又阮嗣宗詣蔣公奏記注《謝希逸〈宋孝武宣貴妃誄〉》注、《藝文類聚》卷五、白居易《六貼》卷六、《太平御覽》卷十六又卷三十四引,並無方士傳言四句)鄒子書有《主運篇》。(《史記・孟子荀卿列傳》索隱。)齊使鄒衍過趙,平原君見公孫龍及其徒綦母子之屬,論白馬非白之辯,以問鄒子。鄒子曰:不可,彼天下之辯,有五勝三至而辭正爲下辯者,别殊類使不相害,序異端使不相亂,抒意通指,明其所謂使人與知,辭以相悖,巧譬以相移,引人聲使不得及,其意如此害大道。夫繳紛争言而競後息不能無害,君子坐皆解善。(《史記・平原君列傳》集解。李如圭《篇海》系部'繳'字注引'繳紛争言'句。)"

姚本:"鄒子書有《主運篇》。(馬本。)"

陶本:"鄒子書有《主運篇》。(《史記・孟子列傳》索隱引劉向《别録》。)"②

張本:"《鄒子》四十九篇。方士傳言鄒衍在燕,有谷地美而寒,不生五穀,鄒子居之,吹律而温至,黍生,至今名黍谷。(《藝文類聚》卷九、《太平御覽》卷五十四、《文選・左太沖〈魏都賦〉》注、又顔延年《秋胡詩》注、又阮嗣宗詣蔣公奏記注《謝希逸〈宋孝武宣貴妃誄〉》注、《藝文

① 《史記》(修訂本),第2850頁。

② 此條佚文陶氏以眉批形式抄寫於"方士傳言,鄒衍在燕……"上方。

類聚》卷五、白居易《六貼》卷六、《太平御覽》卷十六又卷三十四引,並無方士傳言四句)鄒子書有《主運篇》。(《史記·孟子荀卿列傳》索隱。)齊使鄒衍過趙,平原君見公孫龍及其徒綦母子之屬,論白馬非白之辯,以問鄒子。鄒子曰:不可,彼天下之辯,有五勝三至而辭正爲下辯者,别殊類使不相害,序異端使不相亂,抒意通指,明其所謂使人與知,辭以相悖,巧譬以相移,引人聲使不得及,其意如此害大道。夫繳紛争言而競後息不能無害,君子坐皆解善。(《史記·平原君列傳》集解。李如圭《篇海》系部'繳'字注引'繳紛争言'句。)"

顧本:"《鄒子》書有《主運》篇。(《史記·荀孟傳》索隱。)"

章本:"《鄒子》四十九篇。(《藝文志》)《鄒子終始》五十六篇。(《藝文志》)《方士傳》言鄒衍在燕,有谷地美而寒,不生五穀,鄒子居之,吹律而温氣至,而生黍穀,今名黍谷。(《御覽》五十四,他書引多不備)鄒子書,有《主運篇》。(《史記·孟子荀卿列傳》索隱。)齊使鄒衍過趙,平原君見公孫龍及其徒綦母子之屬論白馬非白之辯,以問鄒子。鄒子曰:不可,彼天下之辯,有五勝三至,而辭正爲下。辯者,别殊類使不相害,序異端使不相亂,抒意通指,明其所謂,使人與知焉,不務相迷也。故勝者不失其所守,不勝者得其所求,若是故辯可爲也。及至煩文以相假,飾辭以相惇,巧譬以相移,引人聲使不得及其意,如此害大道。夫繳紛争言而競後息,不能無害君子。坐皆解善。(《史記·平原君虞卿列傳》集解。)"

鄧本:"鄒子書有《主運》篇。(馬本。《史記·孟子荀卿列傳》索隱。)"

佚文四

【出處】《史記》卷七十四《孟子荀卿列傳》裴駰集解:"劉向《别録》曰:'騶衍之所言五德終始,天地廣大,盡言天事,故曰談天。'"①

《北堂書鈔》卷九十九《藝文部五》:"劉向《别傳》:'鄒衍所言五德之始終,天地廣大,盡云天事,故號曰談天。'"②

① 《史記》(修訂本),第2853頁。

② 《北堂書鈔》,第377頁。

《後漢書》卷八十八《西域傳》李賢注:"劉向《别録》曰:'鄒衍之所言五德終始,天地廣大,其書言天事,故曰談天。'"①

《文選》卷十六《江文通〈别賦〉》李善注:"劉向《别録》曰:'鄒衍之所言,五德終始,天地廣大,書言天事,故曰談天。'"②

【輯本】洪本:"騶衍之所言,五德終始,天地廣大,其書言天事,故曰談天。(《史記·荀卿列傳》集解、《後漢書·西域傳》注、《北堂書鈔》九十九。)"

嚴本:"騶衍之所言,五德終始,天地廣大,其書言天事,故曰談天。(《史記·荀卿列傳》集解、《後漢書·西域傳》注、《北堂書鈔》九十九。)"

馬本:"《鄒奭子》十二篇。鄒奭者,頗采鄒衍之術,迂大而閎辨,文具難勝,齊人美之,頌曰談天衍、雕龍奭、炙轂輠髡。(《太平御覽》卷四百六十四引至談天,'衍'作'鄒',下缺,據《史記·孟子荀卿列傳》補。)鄒衍之所言五德終始,天地廣大,盡言天事,故曰談天。騶奭修衍之文,若雕鏤龍文,故曰雕龍。炙轂輠,輠者,車之盛膏器也。炙之雖盡,猶有餘流者,言淳于髡智不盡,如炙輠也。(《史記·孟子荀卿列傳》集解。《文選·江文通〈别賦〉》注引至'雕龍奭',作'澥','文'上有術字。《後漢書·崔駰傳》注引'言鄒奭修飾衍之文若至雕龍'。《北堂書鈔》卷一百引'公奭文若雕龍故曰雕龍'。)"

姚本:"《鄒子》四十九篇。名衍,齊人,爲燕昭王師,居稷下,號談天衍。《鄒子終始》五十六篇……鄒衍之所言五德終始,天地廣大,其書言天事,故曰談天。"

陶本:"騶衍之所言,五德終始,天地廣大,其書言天事,故曰談天。(《史記·荀卿列傳》集解、《後漢書·西域傳》注、《北堂書鈔》九十九)"

張本:"《鄒奭子》十二篇。鄒奭者,頗采鄒衍之術,迂大而閎辨,文具難勝,齊人美之,頌曰談天衍、雕龍奭、炙轂輠髡。(《太平御覽》卷四百六十四引至談天,'衍'作'鄒',下缺,據《史記·孟子荀卿列傳》補。)

---

① 《後漢書》,第 2934 頁。

② 《文選》,第 756 頁。

鄒衍之所言五德終始,天地廣大,盡言天事,故曰談天。騶奭修衍之文,若雕鏤龍文,故曰雕龍。炙轂輠,輠者,車之盛膏器也。炙之雖盡,猶有餘流者,言淯于髡智不盡,如炙輠也。(《史記·孟子荀卿列傳》集解。《文選·江文通〈别賦〉》注引至'雕龍奭',作'㵗','文'上有術字。《後漢書·崔駰傳》注引'言鄒奭修飾衍之文若至雕龍'。《北堂書鈔》卷一百引'公奭文若雕龍故曰雕龍'。)"

顧本:"騶衍之所言五德終始,天地廣大,其書言天事,故曰談天。雕龍奭,奭修鄒衍之術,文飾之若雕龍文,故曰雕龍奭。(《史記·孟荀傳》集解,《文選·别賦》注,《後漢書·崔駰傳》注,《西域傳》注,《書鈔》百。按,六臣本《文選·别賦》注引《七略》曰:'鄒赫子,齊人也。齊人爲諺曰雕龍赫,言赫修鄒衍之術,文飾之若雕龍文,故曰雕龍赫。'其餘並無,以《宣德皇后令》注校之亦是。)"

章本:"《鄒奭子》十二篇。(《藝文志》。)鄒衍之所言五德終始,天地廣大,盡言天事,故曰談天。鄒奭修衍之文,若雕鏤龍文,故曰雕龍。炙轂輠,輠者,車之盛膏器也。炙之雖盡,猶有餘流者,言淳于髡智不盡如炙輠也。(《史記·孟子荀卿列傳》集解)鄒赫子,齊人,齊爲之語曰雕龍赫。赫言鄒衍之術,文飾之若雕鏤龍文。(《文選·宣德皇后令》注引《七略》作'赫',又《别賦》注引《别録》作'㵗'。案,'赫'、'奭'通借,《詩》之'韎韐有奭','奭'即'赫'矣。元帝諱奭,故二劉以'赫'代'奭'。乃其本文作'奭'者,後人以他書改正。作'㵗'者,乃訛誤。)鄒奭者,頗采鄒衍之術,迂大而閎辯,文具難勝,齊人美之,頌曰談天鄒。(《御覽》四百六十四。案,此蓋與《史記》異説,以奭傳衍術,故通稱二人曰談天鄒,非有訛説也。)"

鄧本:"《鄒子》四十九篇。名衍,齊人,爲燕昭王師,居稷下,號談天衍。《鄒子終始》五十六篇……鄒衍之所言五德終始,天地廣大,其書言天事,故曰談天。(《史記·孟子荀卿列傳》集解、《後漢書·西域傳》注、《北堂書鈔》卷九九。)"

佚文五

【出處】《太平御覽》卷四六四《人事部》:"劉向《别録》曰:'鄒奭

者,頗采鄒衍之術,迂大而閎辯,文俱難勝,齊人美之,頌曰談天鄒。'"①

【輯本】馬本:"《鄒奭子》十二篇。鄒奭者,頗采鄒衍之術,迂大而閎辨,文具難勝,齊人美之,頌曰談天衍、雕龍奭、炙轂輠髡。(《太平御覽》卷四百六十四引至談天,'衍'作'鄒',下缺,據《史記·孟子荀卿列傳》補。)鄒衍之所言五德終始,天地廣大,盡言天事,故曰談天。騶奭修衍之文,若雕鏤龍文,故曰雕龍。炙轂輠,輠者,車之盛膏器也。炙之雖盡,猶有餘流者,言淳于髡智不盡,如炙輠也。(《史記·孟子荀卿列傳》集解。《文選·江文通〈别賦〉》注引至'雕龍奭',作'赫','文'上有術字。《後漢書·崔駰傳》注引'言鄒奭修飾衍之文若至雕龍'。《北堂書鈔》卷一百引'公奭文若雕龍故曰雕龍'。)"

姚本:"《鄒奭子》十二篇。齊人。鄒奭者,頗采鄒衍之術,迂大而閎辨,文具難勝。齊人美之,頌曰談天衍、彫龍奭、炙過髡。(馬本。)"

張本:"《鄒奭子》十二篇。鄒奭者,頗采鄒衍之術,迂大而閎辨,文具難勝,齊人美之,頌曰談天衍、雕龍奭、炙轂輠髡。(《太平御覽》卷四百六十四引至談天,'衍'作'鄒',下缺,據《史記·孟子荀卿列傳》補。)鄒衍之所言五德終始,天地廣大,盡言天事,故曰談天。騶奭修衍之文,若雕鏤龍文,故曰雕龍。炙轂輠,輠者,車之盛膏器也。炙之雖盡,猶有餘流者,言淯于髡智不盡,如炙輠也。(《史記·孟子荀卿列傳》集解。《文選·江文通〈别賦〉》注引至'雕龍奭',作'赫','文'上有術字。《後漢書·崔駰傳》注引'言鄒奭修飾衍之文若至雕龍'。《北堂書鈔》卷一百引'公奭文若雕龍故曰雕龍'。)"

顧本:"鄒奭者,頗采鄒衍之術,迂大而閎辨,文具難勝,齊人美之,頌曰談天鄒。(《御覽》四百六十四。)"

章本:"《鄒奭子》十二篇。(《藝文志》。)鄒衍之所言五德終始,天地廣大,盡言天事,故曰談天。鄒奭修衍之文,若雕鏤龍文,故曰雕龍。炙轂輠,輠者,車之盛膏器也。炙之雖盡,猶有餘流者,言淳于髡智不盡如炙輠也。(《史記·孟子荀卿列傳》集解)鄒赫子,齊人,齊爲之語曰雕龍赫。赫言鄒衍之術,文飾之若雕鏤龍文。(《文選·宣德皇后令》注

① 《太平御覽》,第 2134 頁。

引《七略》作‘赫’,又《别賦》注引《别録》作‘滸’。案,‘赫’、‘奭’通借,《詩》之‘韎韐有奭’,‘奭’即‘赫’矣。元帝諱奭,故二劉以‘赫’代‘奭’。乃其本文作‘奭’者,後人以他書改正。作‘滸’者,乃訛誤。)鄒奭者,頗采鄒衍之術,迂大而閎辯,文具難勝,齊人美之,頌曰談天鄒。(《御覽》四百六十四。案,此蓋與《史記》異説,以奭傳衍術,故通稱二人曰談天鄒,非有訛説也。)”

鄧本:“《鄒奭子》十二篇。齊人。鄒奭者,頗采鄒衍之術,迂大而閎辨,文具難勝。齊人美之,頌曰談天衍、彫龍奭、炙過髡。(馬本。《太平御覽》卷四六四。)”

佚文六

【出處】《史記》卷七十四《孟子荀卿列傳》裴駰集解:“劉向《别録》曰:‘騶奭脩衍之文,飾若雕鏤龍文,故曰“雕龍”。’”①

《北堂書鈔》卷一百《藝文部六》:“劉向《别録》:‘公奭文若雕龍,故曰雕龍奭。’”②

《後漢書》卷五十二《崔駰列傳》李賢注:“劉向《别録》曰:‘言鄒奭脩飾之文若雕龍文也。’”③

《文選》卷十六《江文通〈别賦〉》李善注:“劉向《别録》曰:‘彫龍赫赫,修鄒衍之術。文飾之若彫鏤龍文,故曰彫龍赫。’”④

【輯本】洪本:“騶奭修衍之文飾,若雕鏤龍文,故曰雕龍。(《史記·荀卿列傳》集解、《後漢書·崔駰傳》注、《北堂書鈔》一百。案,《後漢書》注引作鄒奭脩飾之文,若雕龍文。《太平御覽》四百六十四引云‘鄒奭者,頗采鄒衍之術,迂大而閎辨,文具難勝,齊人美之,頌曰談天鄒’,文與此異。)”

嚴本:“騶奭修衍之文飾,若雕鏤龍文,故曰雕龍。(《史記·荀卿列傳》集解、《後漢書·崔駰傳》注、《北堂書鈔》一百。案,《後漢書》注引

① 《史記》(修訂本),第2853頁。

② 《北堂書鈔》,第381頁。

③ 《後漢書》,第1733頁。

④ 《文選》,第756頁。

作鄒奭修衍飾之文,若雕龍文。《御覽》四百六十四引云'鄒奭者,頗采鄒衍之術,迂大而閎辨,文具難勝,齊人美之頌曰談天鄒',文與此異。)"

馬本:"《鄒奭子》十二篇。鄒奭者,頗采鄒衍之術,迂大而閎辨,文具難勝,齊人美之,頌曰談天衍、雕龍奭、炙轂輠髡。(《太平御覽》卷四百六十四引至談天,'衍'作'鄒',下缺,據《史記・孟子荀卿列傳》補。)鄒衍之所言五德終始,天地廣大,盡言天事,故曰談天。騶奭修衍之文,若雕鏤龍文,故曰雕龍。炙轂輠,輠者,車之盛膏器也。炙之雖盡,猶有餘流者,言淳于髡智不盡,如炙輠也。(《史記・孟子荀卿列傳》集解。《文選・江文通〈别賦〉》注引至'雕龍奭',作'赫','文'上有術字。《後漢書・崔駰傳》注引'言鄒奭修飾衍之文若至雕龍'。《北堂書鈔》卷一百引'公奭文若雕龍故曰雕龍'。)"

姚本:"鄒衍修衍之文飾,若雕鏤龍文,故曰雕龍。(嚴本,馬本。)"

陶本:"騶奭修衍之文飾,若雕鏤龍文,故曰雕龍。(《史記・荀卿列傳》集解、《後漢書・崔駰傳》注、《北堂書鈔》一百。案,《後漢書》注引作'鄒奭修衍飾之文,若雕龍文'。《御覽》四百六十四引云'鄒奭者,頗采鄒衍之術,迂大而閎辨,文具難勝,齊人美之,頌曰談天鄒',文與此異。)"

張本:"《鄒奭子》十二篇。鄒奭者,頗采鄒衍之術,迂大而閎辨,文具難勝,齊人美之,頌曰談天衍、雕龍奭、炙轂輠髡。(《太平御覽》卷四百六十四引至談天,'衍'作'鄒',下缺,據《史記・孟子荀卿列傳》補。)鄒衍之所言五德終始,天地廣大,盡言天事,故曰談天。騶奭修衍之文,若雕鏤龍文,故曰雕龍。炙轂輠,輠者,車之盛膏器也。炙之雖盡,猶有餘流者,言淯于髡智不盡,如炙輠也。(《史記・孟子荀卿列傳》集解。《文選・江文通〈别賦〉》注引至'雕龍奭',作'赫','文'上有術字。《後漢書・崔駰傳》注引'言鄒奭修飾衍之文若至雕龍'。《北堂書鈔》卷一百引'公奭文若雕龍故曰雕龍'。)"

顧本:"騶衍之所言五德終始,天地廣大,其書言天事,故曰談天。雕龍奭,奭修鄒衍之術,文飾之若雕龍文,故曰雕龍奭。(《史記・孟荀傳》集解、《文選・别賦》注、《後漢書・崔駰傳》注、《西域傳》注、《書鈔》百。按,六臣本《文選・别賦》注引《七略》曰:'鄒赫子,齊人也。齊人爲諺曰雕龍赫,言赫修鄒衍之術,文飾之若雕龍文,故曰雕龍赫。'其餘並無,以《宣德皇后令》注校之亦是。)"

章本:"《鄒奭子》十二篇。(《藝文志》。)鄒衍之所言五德終始,天地廣大,盡言天事,故曰談天。鄒奭修衍之文,若雕鏤龍文,故曰雕龍。炙轂輠,輠者,車之盛膏器也。炙之雖盡,猶有餘流者,言淳于髡智不盡如炙輠也。(《史記·孟子荀卿列傳》集解。)鄒赫子,齊人,齊爲之語曰雕龍赫。赫言鄒衍之術,文飾之若雕鏤龍文。(《文選·宣德皇后令》注引《七略》作'赫',又《别賦》注引《别録》作'㴬'。案,'赫'、'奭'通借,《詩》之'韎韐有奭','奭'即'赫'矣。元帝諱奭,故二劉以'赫'代'奭'。乃其本文作'奭'者,後人以他書改正。作'㴬'者,乃訛誤。)鄒奭者,頗采鄒衍之術,迂大而閎辯,文具難勝,齊人美之,頌曰談天鄒。(《御覽》四百六十四。案,此蓋與《史記》異説,以奭傳衍術,故通稱二人曰談天鄒,非有訛説也。)"

鄧本:"鄒奭[①]修衍之文飾,若雕鏤龍文,故曰雕龍。(嚴本,馬本。《北堂書鈔》卷一〇〇、《史記·孟子荀卿列傳》集解、《後漢書·崔駰列傳》注。)"

佚文七

【出處】《漢書》卷三十《藝文志》顔師古注:"劉向《别録》云:'韓人也。'"[②]

《册府元龜》卷八百五十四《總録部·立言》:"劉向《别傳》云:'韓人也。'"[③]

【輯本】洪本:"(杜文公)韓人也。(《漢書·藝文志》注。)"

嚴本:"(杜文公)韓人也。(《漢書·藝文志》注。)"

馬本:"《杜文公》五篇。韓人也。(《漢書·藝文志》注師古引。)"

姚本:"杜文公,韓人也。(嚴本、馬本。)"

---

① 鄧駿捷校勘記曰:"'奭',原誤作'衍',今據鈔稿本、浙圖本、開明本、《史記集解》改。"

② 《漢書》,第1734頁。

③ (宋)王欽若等:《册府元龜》,中華書局1989年版,第3276頁。

陶本:"(杜文公)韓人也。(《漢書·藝文志》注。)"

張本:"《杜文公》五篇。韓人也。(《漢書·藝文志》注師古引。)"

顧本:"杜文公(三字依《漢志》補),韓人也。(《漢志》注。)"

章本:"《杜文公》五篇。(《藝文志》)韓人也。(《藝文志》師古注。)"

鄧本:"杜文公,韓人也。(嚴本、馬本。《漢書·藝文志》注。)"

佚文八

【出處】《漢書》卷三十《藝文志》顔師古注:"劉向《别録》云:'或言韓諸公孫之所作也。言陰陽五行,以爲黄帝之道也,故曰《泰素》。'"①

【輯本】洪本:"(《黄帝·泰素》)或言韓諸公孫之所作也。言陰陽五行,以爲黄帝之道也,故曰《泰素》。(《漢書·藝文志》注。)"

嚴本:"(《黄帝·泰素》)或言韓諸公孫之所作也。言陰陽五行,以爲黄帝之道也,故曰《泰素》。(《漢書·藝文志》注。)"

馬本:"《黄帝泰素》二十篇。或言韓諸公孫之所作也。言陰陽五行,以爲黄帝之道也,故曰泰素。(同上②。)"

姚本:"《黄帝泰素》二十篇。(六國時韓諸公子所作)或言韓諸公孫之所作也。言陰陽五行,以爲黄帝之道也,故曰《泰素》。(嚴本、馬本。)"

陶本:"(《黄帝·泰素》)或言韓諸公孫之所作也。言陰陽五行,以爲黄帝之道也,故曰《泰素》。(《漢書·藝文志》注。)"

張本:"《黄帝泰素》二十篇。或言韓諸公孫之所作也。言陰陽五行,以爲黄帝之道也,故曰泰素。(同上。)"

顧本:"《黄帝泰素》二十篇(此七字依《漢志》補)。或言韓諸公孫之所作也。言陰陽五行,以爲黄帝之道也,故曰《泰素》。(同上③。)"

章本:"《黄帝泰素》二十篇。(《藝文志》)或言韓諸公孫之所作也。言陰陽五行,以爲黄帝之道也,故曰泰素。(《藝文志》師古注。)"

---

① 《漢書》,第1734頁。

② "同上"即指馬本此條佚文的前一條佚文"《杜文公》五篇,韓人也"所標注的"《漢書·藝文志》注師古引"。下言張本翻刻馬本,與此同例。

③ "同上"即指顧本此條佚文的前一條佚文"杜文公(三字依《漢志》補),韓人也"所標注的"《漢志》注"。

鄧本:"《黄帝泰素》二十篇。(六國時韓諸公子所作)或言韓諸公孫之所作也。言陰陽五行,以爲黄帝之道也,故曰《泰素》。(嚴本、馬本。《漢書·藝文志》注。)"

佚文九

【出處】《漢志》卷三十《藝文志》顔師古注:"劉向《别録》云:'傳天下忠臣。'"①

【輯本】洪本:"(于長《天下忠臣》)傳天下忠臣。(《漢書·藝文志》注。)"

嚴本:"(于長《天下忠臣》)傳天下忠臣。(《漢書·藝文志》注。)"

馬本:"于長《天下忠巨》九篇。傳天下忠臣。(《漢書·藝文志》注師古引。)"

姚本:"于長《天下忠巨》九篇。傳天下忠臣。(嚴本、馬本。)"

陶本:"(于長《天下忠臣》)傳天下忠臣。(《漢書·藝文志》注。)"

張本:"于長《天下忠巨》九篇。傳天下忠臣。(《漢書·藝文志》注師古引。)"

顧本:"于長(二字依《漢志》補),傳天下忠臣。(同上。②)"

章本:"《于長天下忠巨》九篇。(《藝文志》)傳天下忠臣。(《漢書》師古注。)"

鄧本:"于長《天下忠巨》九篇。傳天下忠臣。(嚴本、馬本。《漢書·藝文志》注。)"

法　家

佚文一

【出處】《史記》卷一百二十九《貨殖列傳》司馬貞索隱:"劉向《别録》則云'李悝'也。"③

---

① 《漢書》,第1734頁。

② "同上"即指顧本此條佚文的前兩條佚文"杜文公(三字依《漢志》補),韓人也(《漢志》注)"所標注的"《漢志》注"。

③ 《史記》(修訂本),第3956頁。

【輯本】馬本:"《李子》三十二篇。李悝務盡地力。(《史記·貨殖列傳》:'李克務盡地力。'索隱曰:'劉向《别録》則云李悝。')"

姚本:"《李子》三十二篇。名悝。李悝務盡地力。(馬本。)"

張本:"《李子》三十二篇。李悝務盡地力。(《史記·貨殖列傳》:'李克務盡地力。'索隱曰:'劉向《别録》則云李悝。')"

顧本:"李悝。(《史記·貨殖傳》索隱。)"

鄧本:"《李子》三十二篇。名悝。李悝務盡地力。(馬本。《史記·貨殖列傳》索隱。)"

佚文二

【出處】《史記》卷六十三《老子韓非列傳》司馬貞索隱:"《别録》云:'京,今河南京縣也。'"①

【輯本】洪本:"(申不害,京人。)京,今河南京縣也。(《史記·申韓列傳》索隱。)"

嚴本:"(申不害,京人。)京,今河南京縣也。(《史記·申韓列傳》索隱。)"

馬本:"《申子》六篇。《史記》:'申不害,京人也。'京,今河南京縣也。(《史記·老莊申韓列傳》索隱。)申子學,號曰刑名者,循名以責實,其尊君卑臣,崇上抑下,合於六經也。(《史記·張叔傳》索隱。)孝宣皇帝重申不害《君臣篇》,使黄門郎張子喬正其字。(《太平御覽》二百二十一,《漢書·元帝紀》注師古引云,申子學號刑名刑名者以名責實,尊君卑臣,崇上抑下,宣帝好觀其《君臣篇》。)今民間所有上下二篇、中書六篇,皆合二篇。(《史記·老莊申韓列傳》集解。)"

姚本:"《申子》六篇。(名不害,京人。)《史記》:'申不害,京人也。'京,今河南京縣也。(馬本。)"

陶本:"(申不害,京人。)京,今河南京縣也。(《史記·申韓列傳》索隱。)"

張本:"《申子》六篇。《史記》:'申不害,京人也。'京,今河南京縣

① 《史記》(修訂本),第2611頁。

也。(《史記·老莊申韓列傳》索隱。)申子學,號曰刑名者,循名以責實,其尊君卑臣,崇上抑下,合於六經也。(《史記·張叔傳》索隱)孝宣皇帝重申不害《君臣篇》,使黄門郎張子喬正其字。(《太平御覽》二百二十一,《漢書·元帝紀》注師古引云,申子學號刑名刑名者以名責實,尊君卑臣,崇上抑下,宣帝好觀其《君臣篇》。)今民間所有上下二篇、中書六篇,皆合二篇。(《史記·老莊申韓列傳》集解。)"

顧本:"京,今河南京縣也。(《史記·申不害傳》索隱。)"

章本:"《申子》六篇。名不害,京人。(《藝文志》)京,今河南京縣。(《史記·老莊申韓列傳·索隱》。)申子學,號曰刑名者,循名以責實,其尊君卑臣,崇上抑下,合於六經也。(《史記·萬石張叔列傳》索隱。)孝宣皇帝重申不害《君臣篇》,使黄門郎張子喬正其字。(《太平御覽》二百二十一,此二條《漢書·元帝紀》師古注亦之,稍略。)今民間所有上下二篇、中書六篇,皆合二篇。(《史記·老莊申韓列傳》集解。案中書謂秘書,與民間所有相對,非與上書相對也。馬氏改上書作上、下,得之。)"

鄧本:"《申子》六篇。(名不害,京人。)《史記》:'申不害,京人也。'京,今河南京縣也。(嚴本①、馬本。《史記·老子韓非列傳》索隱。)"

佚文三

【出處】《意林》卷二:"劉向云申子,名不害,河東人。鄭時賤臣,挾術以干韓昭侯,秦兵不敢至。學本黄老,急刻無恩,非霸王之事。"②

【輯本】姚本:"申子,名不害,河東人。鄭時賤臣,挾術以幹韓昭侯,秦兵不敢至。學本黄老,急刻無恩,非霸王之事。(《意林》篇首引劉向曰,蓋《别録》節文。)"

王本:"《申子》六篇。劉向云:'申子,名不害,河東人。鄭時賤臣,挾術以幹韓昭侯,秦兵不敢至。學本黄老,急刻無恩,非霸王之事。'(《意林》二。按,引劉向必《别録》文。)"

鄧本:"申子,名不害,河東人。鄭時賤臣,挾術以幹韓昭侯,秦兵不

① 鄧駿捷校勘記言:"'嚴本',原脱,今據浙圖本、開明本補。"
② 《意林》,第34頁。

敢至。學本黄老,急刻無恩,非霸王之事。(《意林》篇首引劉向曰,蓋《别録》節文。)”

佚文四

【出處】《史記》卷六十三《老子韓非列傳》裴駰集解:“《别録》曰:‘今民間所有上下二篇,中書六篇,皆合二篇,已備,過太史公所記也。’”①

【輯本】洪本:“(申子)今民間所有上下二篇,中書六篇,皆合二篇,已備,過太史公所記也。(《史記·申韓列傳》索隱。)”

嚴本:“(申子)今民間所有上下二篇,中書六篇,皆合二篇,已備,過太史公所記也。(《史記·申韓列傳》索隱。)”

馬本:“《申子》六篇。史記申不害,京人也。京,今河南京縣也。(《史記·老莊申韓列傳》索隱。)申子學,號曰刑名者,循名以責實,其尊君卑臣,崇上抑下,合於六經也。(《史記·張叔傳》索隱。)孝宣皇帝重申不害《君臣篇》,使黄門郎張子喬正其字。(《太平御覽》二百二十一,《漢書·元帝紀》注師古引云,申子學號刑名刑名者以名責實,尊君卑臣,崇上抑下,宣帝好觀其《君臣篇》。)今民間所有上下二篇、中書六篇,皆合二篇。(《史記·老莊申韓列傳》集解。)”

姚本:“今民間所有上下二篇,中書六篇,皆合二篇,已備,過太史公所記也。(嚴本。《史記·老子韓非列傳》集解。按,《太史公》列傳曰:“申子之學于本於黄老而主刑名,著書二篇,號曰《申子》”。)”

陶本:“(申子)今民間所有上下二篇,中書六篇,皆合二篇,已備,過太史公所記也。(《史記·申韓列傳》索隱。)”

張本:“《申子》六篇。史記申不害,京人也。京,今河南京縣也。(《史記·老莊申韓列傳》索隱。)申子學,號曰刑名者,循名以責實,其尊君卑臣,崇上抑下,合於六經也。(《史記·張叔傳》索隱。)孝宣皇帝重申不害《君臣篇》,使黄門郎張子喬正其字。(《太平御覽》二百二十一,《漢書·元帝紀》注師古引云,申子學號刑名刑名者以名責實,尊君卑臣,崇上抑下,宣帝好觀其《君臣篇》。)今民間所有上下二篇、中書六

① 《史記》(修訂本),第2611頁。

篇,皆合二篇。(《史記·老莊申韓列傳》集解。)"

顧本:"今民間所有上、下二篇,中書六篇,皆合二篇,已備,過太史公所記也。(同上。[①])"

章本:"《申子》六篇。名不害,京人。(《藝文志》。)京,今河南京縣。(《史記·老莊申韓列傳》索隱)申子學,號曰刑名者,循名以責實,其尊君卑臣,崇上抑下,合於六經也。(《史記·萬石張叔列傳》索隱。)孝宣皇帝重申不害《君臣篇》,使黄門郎張子喬正其字。(《太平御覽》二百二十一,此二條《漢書·元帝紀》師古注亦之,稍略。)今民間所有上下二篇、中書六篇,皆合二篇。(《史記·老莊申韓列傳》集解。案中書謂秘書,與民間所有相對,非與上書相對也。馬氏改上書作上、下,得之。)"

鄧本:"今民間所有上下二篇,中書六篇,皆合[②]二篇。已備過太史公所記也。(嚴本。《史記·老子韓非列傳》集解。按,《太史公》列傳曰:"申子之學于本於黄老而主刑名,著書二篇,號曰《申子》"。)"

佚文五

【出處】《漢書》卷九《元帝紀》顔師古注:"劉向《别録》云:'申子學號刑名。刑名者,以名責實,尊君卑臣,崇上抑下。宣帝好觀其《君臣篇》。'"[③]

《漢書》卷四十六《萬石衛直周張傳》顔師古注:"劉向《别録》云:'申子學號曰刑名。刑名者,循名以責實,其尊君卑臣,崇上抑下,合於《六經》。'"[④]

《史記》卷一百三《萬石張叔列傳》司馬貞索隱:"劉向《别録》云:'申子學號曰'刑名家'者,循名以責實,其尊君卑臣,崇上抑下,合於《六經》也。'"[⑤]

【輯本】洪本:"申子學號曰刑名,刑名者,循名以責實,其尊君卑臣,

① "同上"即指顧本列於此條佚文之上的"京,今河南京縣也"所標注的"《史記·申不害傳》《索隱》"。

② 鄧本校勘記言:"'合'原作'含',今據開明本、《史記集解》改。"

③ 《漢書》,第278頁。

④ 《漢書》,第2204頁。

⑤ 《史記》(修訂本),第3355頁。

崇上抑下,合於六經也。宣帝好觀其《君臣篇》。(《史記·張叔列傳》索隱、《漢書·元帝紀》注、《張歐傳》注。)"

嚴本:"申子學號曰刑名,刑名者,循名以責實,其尊君卑臣,崇上抑下,合於六經也。宣帝好觀其《君臣篇》。(《史記·張叔列傳》索隱、《漢書·元帝紀》注、《張歐傳》注。)"

馬本:"《申子》六篇。史記申不害,京人也。京,今河南京縣也。(《史記·老莊申韓列傳》索隱。)申子學,號曰刑名者,循名以責實,其尊君卑臣,崇上抑下,合於六經也。(《史記·張叔傳》索隱。)孝宣皇帝重申不害《君臣篇》,使黄門郎張子喬正其字。(《太平御覽》二百二十一,《漢書·元帝紀》注師古引云,申子學號刑名刑名者以名責實,尊君卑臣,崇上抑下,宣帝好觀其《君臣篇》。)今民間所有上下二篇、中書六篇,皆合二篇。(《史記·老莊申韓列傳》集解。)"

姚本:"申子學號曰刑名。刑名者,循名以責實,其尊君卑臣,崇上抑下,合於六經也。宣帝好觀其《君臣》篇。"

陶本:"申子學號曰刑名,刑名者,循名以責實,其尊君卑臣,崇上抑下,合於六經也。宣帝好觀其《君臣篇》。(《史記·張叔列傳》索隱、《漢書·元帝紀》注、《張歐傳》注。)"

張本:"《申子》六篇。史記申不害,京人也。京,今河南京縣也。(《史記·老莊申韓列傳》索隱)申子學,號曰刑名者,循名以責實,其尊君卑臣,崇上抑下,合於六經也。(《史記·張叔傳》索隱。)孝宣皇帝重申不害《君臣篇》,使黄門郎張子喬正其字。(《太平御覽》二百二十一,《漢書·元帝紀》注師古引云,申子學號刑名刑名者以名責實,尊君卑臣,崇上抑下,宣帝好觀其《君臣篇》。)今民間所有上下二篇、中書六篇,皆合二篇。(《史記·老莊申韓列傳》集解。)"

顧本:"申子學,號曰刑名。刑名者,循名以責實。其尊君卑臣、崇上抑下,合於六經也。宣帝好觀其《君臣篇》。(《史記·張叔傳》索隱,《漢書·元帝紀》注。)"

章本:"《申子》六篇。名不害,京人。(《藝文志》。)京,今河南京縣。(《史記·老莊申韓列傳》索隱。)申子學,號曰刑名者,循名以責實,其尊君卑臣,崇上抑下,合於六經也。(《史記·萬石張叔列傳》索隱。)

孝宣皇帝重申不害《君臣篇》,使黄門郎張子喬正其字。(《太平御覽》二百二十一,此二條《漢書・元帝紀》師古注亦之,稍略。)今民間所有上下二篇、中書六篇,皆合二篇。(《史記・老莊申韓列傳》集解。案中書謂秘書,與民間所有相對,非與上書相對也。馬氏改上書作上、下,得之。)"

鄧本:"申子學號曰刑名。刑名者,循名以責實,其尊君卑臣,崇上抑下,合於六經也。宣帝好觀其《君臣》篇。(《史記・萬石張叔列傳》索隱、《漢書・元帝紀》注、《漢書・萬石衛直周張傳》注。)"

佚文六

【出處】《漢書》卷九《元帝紀》顔師古注:"劉向《别録》云:'申子學號刑名。刑名者,以名責實,尊君卑臣,崇上抑下。宣帝好觀其《君臣篇》。'"①

《太平御覽》卷二二一《職官部》:"劉向《七略》曰:'孝宣皇帝重申不害《君臣篇》,使黄門郎張子喬正其字。'"②

【輯本】洪本:"孝宣皇帝重申不害《君臣篇》,使黄門郎張子喬正其字。(《太平御覽》二百二十一。)"

"申子學號曰刑名,刑名者,循名以責實,其尊君卑臣,崇上抑下,合於六經也。宣帝好觀其《君臣篇》。(《史記・張叔列傳》索隱、《漢書・元帝紀》注、《張歐傳》注。)"

嚴本:"孝宣皇帝重申不害《君臣篇》,使黄門郎張子喬正其字。(《御覽》二百二十一。)"

"申子學號曰刑名,刑名者,循名以責實,其尊君卑臣,崇上抑下,合於六經也。宣帝好觀其《君臣篇》。(《史記・張叔列傳》索隱、《漢書・元帝紀》注、《張歐傳》注。)"

馬本:"《申子》六篇。史記申不害,京人也。京,今河南京縣也。(《史記・老莊申韓列傳》索隱。)申子學,號曰刑名者,循名以責實,其

---

① 《漢書》,第278頁。

② 《太平御覽》,第1052頁。

尊君卑臣,崇上抑下,合於六經也。(《史記·張叔傳》索隱。)孝宣皇帝重申不害《君臣篇》,使黄門郎張子喬正其字。(《太平御覽》二百二十一,《漢書·元帝紀》注師古引云,申子學號刑名刑名者以名責實,尊君卑臣,崇上抑下,宣帝好觀其《君臣篇》。)今民間所有上下二篇、中書六篇,皆合二篇。(《史記·老莊申韓列傳》集解。)”

姚本:“孝宣皇帝重申不害《君臣》篇,使黄門郎張子喬正其字。(並嚴本、馬本。)”

“申子學號曰刑名。刑名者,循名以責實,其尊君卑臣,崇上抑下,合於六經也。宣帝好觀其《君臣》篇。”

陶本:“孝宣皇帝重申不害《君臣篇》,使黄門郎張子喬正其字。(《御覽》二百二十一。)”

“申子學號曰刑名,刑名者,循名以責實,其尊君卑臣,崇上抑下,合於六經也。宣帝好觀其《君臣篇》。(《史記·張叔列傳》索隱、《漢書·元帝紀》注、《張歐傳》注。)”

張本:“《申子》六篇。史記申不害,京人也。京,今河南京縣也。(《史記·老莊申韓列傳》索隱)申子學,號曰刑名者,循名以責實,其尊君卑臣,崇上抑下,合於六經也。(《史記·張叔傳》索隱。)孝宣皇帝重申不害《君臣篇》,使黄門郎張子喬正其字。(《太平御覽》二百二十一,《漢書·元帝紀》注師古引云,申子學號刑名刑名者以名責實,尊君卑臣,崇上抑下,宣帝好觀其《君臣篇》。)今民間所有上下二篇、中書六篇,皆合二篇。(《史記·老莊申韓列傳》集解。)”

顧本:“孝宣皇帝重申不害《君臣篇》,使黄門郎張子喬正其字。(《御覽》二百二十一。)”

“申子學,號曰刑名。刑名者,循名以責實。其尊君卑臣、崇上抑下,合於六經也。宣帝好觀其《君臣篇》。(《史記·張叔傳》索隱、《漢書·元帝紀》注。)”

章本:“《申子》六篇。名不害,京人。(《藝文志》。)京,今河南京縣。(《史記·老莊申韓列傳》索隱。)申子學,號曰刑名者,循名以責實,其尊君卑臣,崇上抑下,合於六經也。(《史記·萬石張叔列傳》索隱。)孝宣皇帝重申不害《君臣篇》,使黄門郎張子喬正其字。(《太平御覽》

二百二十一,此二條《漢書・元帝紀》師古注亦之,稍略。)今民間所有上下二篇、中書六篇,皆合二篇。(《史記・老莊申韓列傳》集解。案中書謂秘書,與民間所有相對,非與上書相對也。馬氏改上書作上、下,得之。)"

鄧本:"孝宣皇帝重申不害《君臣》篇,使黄門郎張子喬正其字。(並嚴本、馬本。《太平御覽》卷二二一。)"

"申子學號曰刑名。刑名者,循名以責實,其尊君卑臣,崇上抑下,合於六經也。宣帝好觀其《君臣》篇。(《史記・萬石張叔列傳》索隱、《漢書・元帝紀》注、《漢書・萬石衛直周張傳》注。)"

佚文七

【出處】《意林》卷一《韓子》:"劉向云:'秦始皇重韓非書,曰:'寡人得與此人遊,死不恨矣。'李斯、姚賈害之,與藥,令自殺。始皇悔,遣救之,已不及。'"①

【輯本】王本:"《韓子》五十五篇。劉向云:'秦始皇重韓非書,曰:'寡人得與此人遊,死不恨矣。'李斯、姚賈害之,與藥,令自殺。始皇悔,遣救之,已不及。'(《意林》一。周《注》曰:'此《別録》之文,本《史記》。姚賈、梁監門子見《戰國策》'。)"

名　家

佚文一

中《鄧析》書四篇,臣敘書一篇,凡中外書五篇,以相校,除復重爲一篇,皆定,殺而書可繕寫也。鄧析者,鄭人也。好刑名,操兩可之説,設無窮之辭,當子産之世,數難子産爲政,記或云子産起而戮之。於《春秋左氏傳》昭公二十年而子産卒,子太叔嗣爲政,定公八年太叔卒,駟歂嗣爲政,明年乃殺鄧析,而用其竹刑。君子謂:"子然於是乎不忠,苟有可以加於國家,棄其邪可也。《静女》之三章,取彤管焉,《竿旄》'何以告之',取其忠也。故用其道,不棄其人。《詩》云:'蔽芾甘棠,勿翦勿伐,召伯所茇。'思其人,猶愛其樹也,況用其道,不恤其人乎?子然無以勸能

① 《意林》,第23頁。

矣。"《竹刑》,簡法也,久遠,世無其書。子産卒後二十年而鄧析死,傳説或稱子産誅鄧析,非也。其論《無厚》者,言之異同與公孫龍同類。謹第上。

佚文二

【出處】《意林》卷一《鄧析子》條:"劉向云:'非子産殺鄧析,推春秋驗之。'"①

【輯本】王本:"《鄧析子》二篇。劉向曰:'非子産殺鄧析,推春秋驗之。'(《意林》一。按,《意林》引書首多《七略别録》文,特約引耳。)"

佚文三

【出處】《荀子》卷二《不苟》楊倞注:"劉向云:'鄧析好刑名,操兩可之説,設無窮之辭,數難子産爲政,子産執而戮之。'"②

《意林》卷一《鄧析子》條周廣業注:"劉向序録略云:'鄧析好刑名,操兩可之説,談無窮之辭,數難子産之法。記或云子産執而戮之。'(案,《春秋左氏傳》昭公二十年,子産卒。定公九年,駟歂乃殺鄧析,而用其竹刑。傳説謂子産誅之,非也。案,子産討鄧析見於《列子》《荀子》《吕覽》《尹文子》並然,劉向《説苑》亦有之。)"③

【輯本】洪本:"鄧析好刑名,操兩可之説,設無窮之辭,數難子産爲政,子産執而戮之。(《荀子·不苟篇》注引劉向云。)"

嚴本:"鄧析好刑名,操兩可之説,設無窮之辭,數難子産爲政,子産執而戮之。(《荀子·不苟篇》注引劉向云。)"

陶本:"鄧析好刑名,操兩可之説,設無窮之辭,數難子産爲政,子産執而戮之。(《荀子·不苟篇》注引劉向云。)"

王本:"鄧析好刑名,操兩可之説,設無窮之辭,數難子産之法。記或云子産執而戮之。(案,《春秋左氏傳》昭公二十年,子産卒。定公九年,駟歂乃殺鄧析,而用其竹刑。傳説謂子産誅之,非也。《意林》周

① 《意林》,第 17 頁。

② 《荀子集解》,第 45 頁。

③ (唐)馬總、(清)周廣業:《意林注》,叢書集成續編本(第 94 册),上海書店出版社 1994 年版,第 190 頁。

《注》引如此。又附案曰:案子産誅鄧析見於《列子》《荀子》《吕覽》《尹文子》並然,劉向《説苑》亦有之。)"

佚文四

【出處】《漢書》卷三十《藝文志》顔師古注:"劉向云:'與宋鈃俱遊稷下。'"①

【輯本】洪本:"(尹文子)與宋鈃俱遊稷下。(《漢書・藝文志》注引劉向云。)"

嚴本:"(尹文子)與宋鈃俱遊稷下。(《漢書・藝文志》注引劉向云。)"

馬本:"《尹文子》一篇。與宋鈃俱遊稷下。(《漢書・藝文志》注師古注引。)"

姚本:"《尹文子》一篇。尹文子與宋鈃俱遊稷下。(嚴本、馬本。)"

陶本:"(尹文子)與宋鈃俱遊稷下。(《漢書・藝文志》注引劉向云。)"

張本:"《尹文子》一篇。與宋鈃俱遊稷下。(《漢書・藝文志》注師古注引。)"

顧本:"尹文子(三字依《漢志》補),與宋鈃同遊稷下。(《漢志》引劉向語。)"

章本:"《尹文子》一篇。(《藝文志》)與宋鈃俱遊稷下。(《藝文志》師古注。)"

鄧本:"《尹文子》一篇。尹文子與宋鈃俱遊稷下。(嚴本、馬本。《漢書・藝文志》注。)"

佚文五

【出處】仲長氏《尹文子序》:"劉向亦以其學本於黄老,大較刑名家也。"②

① 《漢書》,第1737頁。

② 《尹文子》,第1頁。

【輯本】姚本:"《尹文子》一篇……其學本於黄老,大較刑名家也。居稷下,與宋鈃、彭蒙、田駢等同學於公孫龍。(宋《中興書目》引劉向,見《玉海》。又,山陽仲長氏《尹文子序》引劉向。)"

鄧本:"《尹文子》一篇……其學本於黄老,大較刑名家也。居稷下,與宋鈃、彭蒙、田駢等同學於公孫龍。(宋《中興書目》引劉向,見《玉海》。又,山陽仲長氏《尹文子序》引劉向。)"

佚文六

【出處】《初學記》卷七《地部下》:"劉向《七略》曰:'公孫龍持白馬之論以度關。'"①

【輯本】洪本:"公孫龍持白馬之論以度關。(《初學記》七。)"

嚴本:"公孫龍持白馬之論以度關。(《初學記》七。)"

馬本:"《公孫龍子》十四篇。公孫龍持白馬之論以度關。(《初學記》卷七。)"

姚本:"《公孫龍子》十四篇。公孫龍持白馬之論以度關。(嚴本、馬本。)"

陶本:"公孫龍持白馬之論以度關。(《初學記》七。)"

張本:"《公孫龍子》十四篇。公孫龍持白馬之論以度關。(《初學記》卷七。)"

顧本:"公孫龍持白馬之論以度關。(《初學記》七。)"

章本:"《公孫龍子》十四篇。(《藝文志》)公孫龍持白馬之論以度關。(《初學記》卷七。)"

鄧本:"《公孫龍子》十四篇。公孫龍持白馬之論以度關。(嚴本、馬本。《初學記》卷七。)"

佚文七

【出處】《史記》卷七十六《平原君虞卿列傳》裴駰集解:"劉向《别録》曰:'齊使鄒衍過趙,平原君見公孫龍及其徒綦毋子之屬,論"白馬非

① 《初學記》,第160頁。

馬"之辯,以問鄒子。'鄒子曰:"不可。彼天下之辯有五勝三至,而辭正爲下。辯者,別殊類使不相害,序異端使不相亂,杼意通指,明其所謂,使人與知焉,不務相迷也。故勝者不失其所守,不勝者得其所求。若是,故辯可爲也。及至煩文以相假,飾辭以相惇,巧譬以相移,引人聲使不得及其意。如此,害大道。夫繳紛争言而競後息,不能無害君子。"坐皆解善。'"①

【輯本】洪本:"齊使鄒衍過趙,平原君見公孫龍及其徒綦毋子之屬,論'白馬非馬'之辨,以問鄒子。鄒子曰:'彼天下之辨有五勝三至,而辭正爲下。辨者,別殊類使不相害,序異端使不相亂,抒意通指,明其所謂,使人與知焉,不務相迷也。故勝者不失其所守,不勝者得其所求,若是,故辨可爲也。及至煩文以相假,飾辭以相惇,巧譬以相移,引人聲使不得及其意。如此,害大道。夫繳紛争言而競後息,不能無害君子。'坐者稱善。(《史記·平原君列傳》集解。)"

嚴本:"齊使鄒衍過趙,平原君見公孫龍及其徒綦毋子之屬,論'白馬非馬'之辨,以問鄒子。鄒子曰:'彼天下之辨有五勝三至,而辭正爲下。辨者,別殊類,使不相害,序異端,使不相亂,抒意通指,明其所謂,使人與知焉,不務相迷也。故勝者不失其所守,不勝者得其所求,若是,故辨可爲也。及至煩文以相假,飾辭以相惇,巧譬以相移,引人聲使不得及其意。如此,害大道。夫繳紛争言而競後息,不能無害君子。'坐皆稱善。(《史記·平原君列傳》集解。)"

馬本:"《鄒子》四十九篇。方士傳言鄒衍在燕,有谷地美而寒,不生五穀,鄒子居之,吹律而温至,黍生,至今名黍谷。(《藝文類聚》卷九、《太平御覽》卷五十四、《文選·左太沖〈魏都賦〉》注、又顏延年《秋胡詩》注、又阮嗣宗詣蔣公奏記注《謝希逸〈宋孝武宣貴妃誄〉》注、《藝文類聚》卷五,白居易《六貼》卷六、《太平御覽》卷十六又卷三十四引,並無方士傳言四句。)鄒子書有《主運篇》。(《史記·孟子荀卿列傳》索隱。)齊使鄒衍過趙,平原君見公孫龍及其徒綦毋子之屬,論白馬非白之辯,以問鄒子。鄒子曰:'不可,彼天下之辯,有五勝三至而辭正爲下辯

① 《史記》(修訂本),第2880、2881頁。

者,别殊類使不相害,序異端使不相亂,抒意通指,明其所謂使人與知,辭以相悖,巧譬以相移,引人聲使不得及,其意如此害大道。夫繳紛争言而競後息不能無害君子。'坐皆解善。(《史記·平原君列傳》集解。李如圭《篇海》係部'繳'字注引'繳紛争言'句。)"

姚本:"齊使鄒衍過趙。平原君見公孫龍及其徒綦毋子之屬,論'白馬非馬'之辨,以問鄒子。鄒子曰:'不可。彼天下之辨有五勝三至,而辭正爲下。辨者,别殊類使不相害,序異端使不相亂。抒意通指,明其所謂,使人與知焉,不務相迷也。故勝者不失其所守,不勝者得其所求。若是,故辨可爲也。及至煩文以相假,飾辭以相惇,巧譬以相移,引人聲使不得及其意。如此,害大道。夫繳紛争言而競後息,不能無害君子。'坐皆稱善。(嚴本。)"

陶本:"齊使鄒衍過趙,平原君見公孫龍及其徒綦毋子之屬,論'白馬非馬'之辨,以問鄒子。鄒子曰:'彼天下之辨有五勝三至,而辭正爲下。辨者,别殊類,使不相害,序異端,使不相亂,抒意通指,明其所謂,使人與知焉,不務相迷也。故勝者不失其所守,不勝者得其所求,若是,故辨可爲也。及至煩文以相假,飾辭以相惇,巧譬以相移,引人聲使不得及其意。如此,害大道。夫繳紛争言而競後息,不能無害君子。'坐皆稱善。(《史記·平原君列傳》集解。)"

張本:"《鄒子》四十九篇。方士傳言鄒衍在燕,有谷地美而寒,不生五穀,鄒子居之,吹律而温至,黍生,至今名黍谷。(《藝文類聚》卷九、《太平御覽》卷五十四、《文選·左太沖〈魏都賦〉》注、又顔延年《秋胡詩》注、又阮嗣宗詣蔣公奏記注《謝希逸〈宋孝武宣貴妃誄〉》注、《藝文類聚》卷五,白居易《六貼》卷六、《太平御覽》卷十六又卷三十四引,並無方士傳言四句。)鄒子書有《主運篇》。(《史記·孟子荀卿列傳》索隱。)齊使鄒衍過趙,平原君見公孫龍及其徒綦毋子之屬,論白馬非白之辯,以問鄒子。鄒子曰:'不可,彼天下之辯,有五勝三至而辭正爲下辯者,别殊類使不相害,序異端使不相亂,抒意通指,明其所謂使人與知,辭以相悖,巧譬以相移,引人聲使不得及,其意如此害大道。夫繳紛争言而競後息不能無害君子'坐皆解善。(《史記·平原君列傳》集解。李如圭《篇海》係部'繳'字注引'繳紛争言'句。)"

顧本："齊使鄒衍過趙，平原君見公孫龍及其徒綦毋子之屬，論白馬非馬之辨，以問鄒子。鄒子曰：'不可，彼天下之辨有五勝三至，而辭正爲下。辨者，别殊類使不相害，序異端使不相亂，抒意通指，明其所胃，使人與知焉，不務相迷也。故勝者不失其所守，不勝者得其所求。若是，故辨可爲也。及至煩文以相假，飾辭以相惇（《韓詩外傳》六作'悖'），巧譬以相移，引人聲使不得及其意。如此，害大道。天[①]繳紛争言而競後息，不能無害君子。'坐皆稱善。（《史記·平原君傳》集解。）"

章本："《鄒子》四十九篇。（《藝文志》。）《鄒子終始》五十六篇。（《藝文志》）《方士傳》言鄒衍在燕，有谷地美而寒，不生五穀，鄒子居之，吹律而温氣至，而生黍穀，今名黍谷。（《御覽》五十四，他書引多不備）鄒子書，有《主運篇》。（《史記·孟子荀卿列傳》索隱。）齊使鄒衍過趙，平原君見公孫龍及其徒綦毋子之屬論白馬非白之辯，以問鄒子。鄒子曰：'不可，彼天下之辯，有五勝三至，而辭正爲下。辯者，别殊類使不相害，序異端使不相亂，抒意通指，明其所謂，使人與知焉，不務相迷也。故勝者不失其所守，不勝者得其所求，若是故辯可爲也。及至煩文以相假，飾辭以相惇，巧譬以相移，引人聲使不得及其意，如此害大道。夫繳紛争言而競後息，不能無害君子。'坐皆解善。（《史記·平原君虞卿列傳》集解。）"

鄧本："齊使鄒衍過趙。平原君見公孫龍及其徒綦毋子之屬，論'白馬非馬'之辨，以問鄒子。鄒子曰：'不可。彼天下之辨有五勝三至，而辭正爲下。辨者，别殊類使不相害，序異端使不相亂。抒意通指，明其所謂，使人與知焉，不務相迷也。故勝者不失其所守，不勝者得其所求。若是，故辨可爲也。及至煩文以相假，飾辭以相惇[②]，巧譬以相移，引人聲使不得及其意。如此，害大道。夫繳紛争言而競後息，不能無害君子。'坐皆稱善。（嚴本、馬本。[③]《史記·平原君虞卿列傳》集解。）"

---

① 李解民據《史記·平原君虞卿列傳》《集解》指出顧本"天"當爲"夫"。

② 鄧本校勘記言："開明本有按語曰：'馬本作悖。'"

③ 鄧本校勘記言："'馬本'，原脱，今據浙圖本、開明本補。"

佚文八

【出處】《漢書》卷三十《藝文志》顔師古注:"劉向云:'與李斯子由同時。由爲三川守,成公生遊談不仕。'"①

【輯本】洪本:"(成公生)與李斯子由同時。由爲三川守,成公生遊談不仕。(《漢書·藝文志》注引劉向云。)"

嚴本:"(成公生)與李斯子由同時。由爲三川守,成公生遊談不仕。(《漢書·藝文志》注引劉向云。)"

馬本:"《成公生》五篇。與李斯子由同時,爲三川守,成公生遊談不仕。(《漢書·藝文志》注師古引。)"

姚本:"《成公生》五篇。成公生與李斯子由同時。由爲三川守,成公生遊談不仕。(嚴本、馬本。)"

陶本:"(成公生)與李斯子由同時。由爲三川守,成公生遊談不仕。(《漢書·藝文志》注引劉向云。)"

張本:"《成公生》五篇。與李斯子由同時,爲三川守,成公生遊談不仕。(《漢書·藝文志》注師古引。)"

顧本:"成公生(三字依《漢志》補),與李斯子由同時。由爲三川守,成公生遊談不仕。(同上。)"

章本:"《成公生》五篇。(《藝文志》)與李斯子由同時,由爲三川守,成公生遊談不仕。(《藝文志》師古注。)"

鄧本:"《成公生》五篇。成公生與李斯子由同時。由爲三川守,成公生遊談不仕。(嚴本、馬本。《漢書·藝文志》注。)"

佚文九

【出處】《漢書》卷三十《藝文志》顔師古注:"劉向《别録》云:'論堅白同異,以爲可以治天下'。此蓋《史記》所云'藏於博徒'者。"②

【輯本】洪本:"(毛公)論堅白同異,以爲可以治天下。(《漢書·藝文志》注。)"

嚴本:"(毛公)論堅白同異,以爲可以治天下。(《漢書·藝文

①② 《漢書》,第1737頁。

志》注。)”

馬本:“《毛公》九篇。論堅白異同,以爲可以治天下,此蓋《史記》所云藏於博徒者。(同上)《史記》:‘趙有處士毛公藏於博徒,薛公藏於賣漿家。’漿或作醪。(《史記·信陵君傳》集解引徐廣曰:漿或作醪。《索隱》曰:徐按《録》也。)”

姚本:“《毛公》九篇。毛公論‘堅白’、‘同異’,以爲可以治天下。此蓋《史記》所云‘藏於博徒’者。(馬本。)”

陶本:“(毛公)論堅白同異,以爲可以治天下。(《漢書·藝文志》注。)”

張本:“《毛公》九篇。論堅白異同,以爲可以治天下,此蓋《史記》所云藏於博徒者。(同上。)《史記》:‘趙有處士毛公藏於博徒,薛公藏於賣漿家。’漿或作醪。(《史記·信陵君傳》集解引徐廣曰:漿或作醪。《索隱》曰:徐按《録》也。)”

顧本:“《毛公》九篇(四字依《漢志》補),論堅白同異,以可以治天下。此蓋《史記》所云藏於博徒者。(《漢志》注。)”

章本:“《毛公》九篇。(《藝文志》)論堅白異同,以爲可以治天下,此蓋《史記》所云藏於博徒者。(《藝文志》師古注)趙有處士毛公,藏於博徒,薛公藏於賣醪家。(《史記·信陵君列傳》有此文,醪作漿。《集解》徐廣曰:漿或作醪。《索隱》曰:徐按《別録》云也。則此文《別録》有之,其與《史記》特漿、醪字異耳。)”

鄧本:“《毛公》九篇。毛公論‘堅白’、‘同異’,以爲可以治天下。此蓋《史記》所云‘藏於博徒’者。(馬本。《漢書·藝文志》注。)”

誤輯佚文

【出處】《史記》卷七十七《魏公子列傳》裴駰集解:“徐廣曰:‘漿,一作醪。’”司馬貞索隱:“按《别録》云:‘‘漿’或作‘醪’字。”①

【輯本】洪本:“薛公藏於賣漿家,徐廣曰:漿或作醪。按,《别録》知也。(《史記·信陵君列傳》索隱。)”

---

① 《史記》(修訂本),第2895頁。

嚴本:"薛公藏於賣漿家,徐廣曰:漿或作醪。按,《别録》知也。(《史記·信陵君列傳》索隱。)"

馬本:"《毛公》九篇。論堅白異同,以爲可以治天下,此蓋《史記》所云藏於博徒者。(同上。)《史記》:'趙有處士毛公藏於博徒,薛公藏於賣漿家。'漿或作醪。(《史記·信陵君傳》集解引徐廣曰:漿或作醪。《索隱》曰:徐按《録》也。)"

姚本:"《史記·信陵君傳》:'趙有處士毛公藏於博徒,薛公藏於賣漿家。'徐廣曰:漿或作醪,案《别録》知也。(嚴本引《史記索隱》。按,《别録》作'賣醪家'也。)"

陶本:"薛公藏於賣漿家,徐廣曰:漿或作醪。按,《别録》云也。(《史記·信陵君列傳》索隱。)"

張本:"《毛公》九篇。論堅白異同,以爲可以治天下,此蓋《史記》所云藏於博徒者。(同上。)《史記》:'趙有處士毛公藏於博徒,薛公藏於賣漿家。'漿或作醪。(《史記·信陵君傳》集解引徐廣曰:漿或作醪。《索隱》曰:徐按《録》也。)"

顧本:"薛公賣醪。(《史記·信陵君傳》集解、索隱。)"

章本:"《毛公》九篇。(《藝文志》。)論堅白異同,以爲可以治天下,此蓋《史記》所云藏於博徒者。(《藝文志》師古注。)趙有處士毛公,藏於博徒,薛公藏於賣醪家。(《史記·信陵君列傳》有此文,醪作漿。《集解》徐廣曰:漿或作醪。《索隱》曰:徐按《别録》云也。則此文《别録》有之,其與《史記》特漿、醪字異耳。)"

鄧本:"《史記·信陵君傳》:'趙有處士毛公藏於博徒,薛公藏於賣漿家。'徐廣曰:漿或作醪,案《别録》知也。(嚴本引《史記索隱》。按,《别録》作'賣醪家'也。)"

按,《史記·魏公子列傳》言"趙有處士毛公藏於博徒,薛公藏於賣漿家"①,裴注及司馬貞注語即釋此句,其中徐廣指出"漿"與"醪"的異文關係,司馬貞提及《别録》即是對徐氏的補充。由於注語中提及"《别録》",故輯本多輯此句作佚文,如馬本、顧本等,更有洪本、嚴本等徑直

① 《史記》(修訂本),第2894頁。

將"徐廣"二字一並録入。然觀"《别録》云"後所接"'漿'或作'醪'字",此屬文字校勘用語。覈檢劉向現存書録雖有總結校勘文字的體例,但從行文上看,此似司馬貞注語,而非劉向語。

墨　家

佚文一

【出處】《漢書》卷三十《藝文志》顔師古注曰:"劉向《别録》云:'爲墨子之學。'"①

【輯本】洪本:"(我子)爲《墨子》之學。(《漢書·藝文志》注。)"

嚴本:"(我子)爲《墨子》之學。(《漢書·藝文志》注。)"

馬本:"《我子》一篇。爲墨子之學。(《漢書·藝文志》注師古引。)"

姚本:"《我子》一篇。我子爲墨子之學。(嚴本、馬本。)"

陶本:"(我子)爲《墨子》之學。(《漢書·藝文志》注。)"

張本:"《我子》一篇。爲墨子之學。(《漢書·藝文志》注師古引。)"

顧本:"我子(二字依《漢志》補),爲墨子之學。(《漢志》注。)"

章本:"《我子》一篇。(《藝文志》)爲墨子之學。(《藝文志》師古注。)"

鄧本:"《我子》一篇。我子爲墨子之學。(嚴本、馬本。《漢書·藝文志》注。)"

誤輯佚文

【出處】《史記》卷七十四《孟子荀卿列傳》司馬貞索隱:"按,《别録》云:'今按《墨子》書有文子,文子即子夏之弟子,問於墨子。'。如此,則墨子在七十子之後也。"②

【輯本】洪本:"《墨子》書有文子,文子,子夏之弟子,問於墨子。(《史記·荀卿列傳》索隱。)"

① 《漢書》,第1738頁。

② 《史記》(修訂本),第2855頁。

嚴本:"《墨子》書有文子,文子,子夏之弟子,問於墨子。(《史記·荀卿列傳》索隱。)"

馬本:"《文子》九篇。《墨子》書,有文子,子夏之弟子,問於墨子。(《史記·孟子荀卿列傳》索隱。)"

姚本:"《墨子》七十一篇。(名翟,爲宋大夫,在孔子後。)太史公曰:'墨翟,宋之大夫。或曰並孔子時,或曰在其後。'今案《墨子》書有文子。文子,子夏之弟子,問於墨子。如此,則墨子者,在七十子後也。(《史記·孟子列傳》索隱。馬本取入道家《文子》條下,嚴氏係之墨家,而皆不取末後三句。考《索隱》引《别録》文,首有'今案'二字,則皆是《别録》語,所以辨《史記》之疑。今从嚴本列於此,而補完其文也。)"

陶本:"《墨子》書有文子,文子,子夏之弟子,問於墨子。(《史記·荀卿列傳》索隱。)"

張本:"《文子》九篇。《墨子》書,有文子,子夏之弟子,問於墨子。(《史記·孟子荀卿列傳》索隱。)"

章本:"《文子》九篇。(《藝文志》)《墨子》書,有文子,子夏之弟子,問於墨子。(《史記·孟子荀卿列傳》索隱。)"

顧本:"《墨子》書有文子。文子,子夏之弟子,問于墨子。如此,則墨子者在七十子之後也。(《史記·孟荀傳》索隱。)"

鄧本:"《墨子》七十一篇。(名翟,爲宋大夫,在孔子後。)太史公曰:'墨翟,宋之大夫。或曰並孔子時,或曰在其後。'今案《墨子》書有文子。文子,子夏之弟子,問於墨子。如此,則墨子者,在七十子後也。(《史記·孟子列傳》索隱。馬本取入道家《文子》條下,嚴氏繫之墨家,而皆不取末後三句。考《索隱》引《别録》文,首有'今案'二字,則皆是《别録》語,所以辨《史記》之疑。今从嚴本列於此,而補完其文。)"

按,《史記·孟子荀卿列傳》:"墨翟……或曰並孔子時,或曰在其後。"司馬貞索隱即注解此句。此處司馬貞通過探討墨子與孔子再傳弟子的關係,藉以證明墨子所處時代晚於孔子。因《史記索隱》中有表示直引的"《别録》云",故諸輯本即將"云"後的文字輯爲佚文,如洪本、嚴本、姚本、陶本、顧本、鄧本即收入墨家類,而馬本、張本、章本則將其歸入道家類。其中,姚本、顧本以及鄧本將末句"如此,則墨子在七十子之後也"亦視作佚文。後世學者分析文子與墨子關係時,亦多將"云"後之語,視作《别録》語。[①]以常理度之,"云"後文字當是直引於《别録》語,此本無異議,然根據修訂本《史記》即可發現此處並非《别録》語,而是司馬貞語誤爲《别録》語。

雜　家

佚文一

【出處】《漢書》卷三十《藝文志》顔師古注:"劉向《别録》云:'繚爲商君學。'"[②]

【輯本】洪本:"(尉繚,)繚爲商君學。(《漢書·藝文志》注。)"

嚴本:"(尉繚,)繚爲商君學。(《漢書·藝文志》注。)"

馬本:"《尉繚》二十九篇。繚爲商君學。(同上。[③])"

姚本:"《尉繚子》二十九篇。繚爲商君學。(嚴本、馬本。)"

陶本:"(尉繚,)繚爲商君學。(《漢書·藝文志》注。)"

張本:"《尉繚》二十九篇。繚爲商君學。(同上。[④])"

顧本:"繚爲商君學。(《漢志》注。)"

章本:"《尉繚》二十九篇。(《藝文志》。)繚爲商君學。(《藝文志》師古注。案,《志》於雜家云入兵法,而伍子胥、尉繚、吴子皆在兵書中。又《子晚子》三十五篇,齊人,好議兵,與《司馬法》相似,今《志》亦在雜家,未知出兵書入雜家者,此四子中,果是何種? 或一人本有二書,亦不可知。故今隸《尉繚》於此。)"

鄧本:"《尉繚子》二十九篇。繚爲商君學。(嚴本、馬本。《漢書·藝文志》注。)"

---

① 如孫以楷即以此展開論述,然其指出文子早於墨子,以此句存在倒文,當作"文子……墨子問之"。(孫以楷:《文子與墨子》,《學術月刊》2002年第3期,第37—40頁。)此文雖對文字提出了新的見解,然仍以《别録》文字處之,未作辨析。

② 《漢書》,第1742頁。

③ "同上"即指馬本中"《我子》一篇。爲墨子之學"條佚文的出處,即"《漢書·藝文志》注師古引。"《漢書·藝文志》注師古引。

④ "同上"即指張本中"《我子》一篇。爲墨子之學"條佚文的出處,即"《漢書·藝文志》注師古引。"《漢書·藝文志》注師古引。

佚文二

【出處】《漢書》卷六十五《東方朔傳》贊曰:"劉向言少時數問長老賢人通於事及朔時者,皆曰朔口諧倡辯,不能持論,喜爲庸人誦説,故令後世多傳聞者。"①

【輯本】馬本:"《東方朔》二十篇。少時數問長老賢人,通於時事者,皆曰朔口諧倡辯,不能持論,喜爲庸人誦説,故令後世多傳聞者。(《漢書·東方朔傳》注引劉向)朔之文辭,《客難》《非有先生論》,此二篇最善。其餘有《封泰山》《責和氏璧》及《皇太子生禖》《屏風》《殿上柏柱》《平樂觀賦獵》,八言、七言上下,《從公孫弘借車》。凡朔書具是矣。(同上引劉向所録。)"

張本:"《東方朔》二十篇。少時數問長老賢人,通於時事者,皆曰朔口諧倡辯,不能持論,喜爲庸人誦説,故令後世多傳聞者。(《漢書·東方朔傳》注引劉向。)朔之文辭,《客難》《非有先生論》,此二篇最善。其餘有《封泰山》《責和氏璧》及《皇太子生禖》《屏風》《殿上柏柱》《平樂觀賦獵》,八言、七言上下,《從公孫弘借車》。凡朔書具是矣。(同上引劉向所録。)"

姚本:"《東方朔》二十篇。臣向少時數問長老賢人通於事及朔時,皆曰'朔口諧倡辨,不能持論,喜爲庸人誦説',故今後世多傳聞者。(馬本。)"

章本:"《東方朔》二十篇。(《藝文志》)少時數問長老賢人,通於事,及朔,時者皆曰,朔口諧倡辯,不能持論,喜爲庸人誦説,故令後世多傳聞者。(《東方朔傳》引劉向。)朔之文辭,《客難》《非有先生論》,此二篇最善。其餘有《封泰山》《責和氏璧》及《皇太子生禖》《屏風》《殿上柏柱》《平樂觀賦獵》八言、七言上下,《從公孫弘借車》。朔書具是矣。(《東方朔傳》引劉向所録。)"

姚本:"《東方朔》二十篇。臣向少時數問長老賢人通於事及朔時者②,皆曰'朔口諧倡辨,不能持論,喜爲庸人誦説',故今後世多傳聞

① 《漢書》,第2873頁。

② 鄧本校勘記:"'者',原脱,據稿本、浙圖本、開明本、《漢書·東方朔傳》補。"

者。(馬本。《漢書·東方朔傳》。)"

佚文三

【出處】《漢書》卷六十五《東方朔傳》:"朔之文辭,此二篇最善。其餘有《封泰山》,《責和氏璧》及《皇太子生禖》,《屏風》,《殿上柏柱》,《平樂觀賦獵》,八言、七言上下,《從公孫弘借車》,凡[劉]向所録朔書具是矣。"顔師古注曰:"劉向《别録》所載。"①

【輯本】洪本:"朔之文辭,有《封泰山》《責和氏璧》,及《皇太子生禖》《屏風》《殿上柏柱》《平樂觀賦獵》,八言、七言上下,《從公孫弘借車》,凡劉向所録朔書具是矣。師古曰:'劉向《别録》所載。'(《漢書·東方朔傳》。)"

嚴本:"朔之文辭,有《封泰山》《責和氏璧》,及《皇太子生》《禖屏風》《殿上柏柱》《平樂觀》賦獵,八言、七言上下,《從公孫弘借車》,凡劉向所録朔書具是矣。師古曰:劉向《别録》所載。(《漢書·東方朔傳》。)"

馬本:"《東方朔》二十篇。少時數問長老賢人,通於時事者,皆曰朔口諧倡辯,不能持論,喜爲庸人誦説,故令後世多傳聞者。(《漢書·東方朔傳》注引劉向。)朔之文辭,《客難》《非有先生論》,此二篇最善。其餘有《封泰山》《責和氏璧》及《皇太子生禖》《屏風》《殿上柏柱》《平樂觀賦獵》,八言、七言上下,《從公孫弘借車》。凡朔書具是矣。(同上引劉向所録。)"

鄧本:"又曰:朔之文辭,《客難》《非有先生論》此二篇最善,其餘有《封泰山》《責和氏璧》及《皇太子生禖》《屏風》《殿上柏柱》《平樂觀賦獵》,八言、七言上下,(按,"八言"似"六言"之誤。)《從公孫弘借車》,凡劉向所録朔書具是矣。師古曰:劉向《别録》所載。(嚴本、馬本。《漢書·東方朔傳》。按,此所載《難》《論》、賦、詩、雜文不類此雜家二十篇之書,而《詩賦略》中無東方朔,無可類附,故繫於此。又按,《楚辭》十六卷,亦劉中壘所録,有東方朔《七諫》,此亦不具。)"

陶本:"朔之文辭,有《封泰山》《責和氏璧》,及《皇太子生禖》《屏

① 《漢書》,第2873頁。

風》《殿上柏柱》《平樂觀賦獵》,八言、七言上下,《從公孫宏借車》,凡劉向所録朔書,具是矣。師古曰:劉向《别録》所載。(《漢書·東方朔傳》。陶批:晋灼曰:'八言、七言詩,各有上下篇'。)"

張本:"《東方朔》二十篇。少時數問長老賢人,通於時事者,皆曰朔口諧倡辯,不能持論,喜爲庸人誦説,故令後世多傳聞者。(《漢書·東方朔傳》注引劉向。)朔之文辭,《客難》《非有先生論》,此二篇最善。其餘有《封泰山》《責和氏璧》及《皇太子生禖》《屏風》《殿上柏柱》《平樂觀賦獵》,八言、七言上下,《從公孫弘借車》。凡朔書具是矣。(同上引劉向所録。)"

章本:"《東方朔》二十篇。(《藝文志》。)少時數問長老賢人,通於事,及朔,時者皆曰,朔口諧倡辯,不能持論,喜爲庸人誦説,故令後世多傳聞者。(《東方朔傳》引劉向)朔之文辭,《客難》《非有先生論》,此二篇最善。其餘有《封泰山》《責和氏璧》及《皇太子生禖》《屏風》《殿上柏柱》《平樂觀賦獵》八言、七言上下,《從公孫弘借車》。朔書具是矣。(《東方朔傳》引劉向所録。)"

鄧本:"又曰:朔之文辭,《客難》《非有先生論》此二篇最善,其餘有《封泰山》《責和氏璧》及《皇太子生禖》《屏風》《殿上柏柱》《平樂觀賦獵》,八言、七言上下,(按,"八言"似"六言"之誤。)《從公孫弘借車》,凡劉向所録朔書具是矣。師古曰:劉向《别録》所載。(嚴本、馬本。《漢書·東方朔傳》。按,此所載《難》《論》、賦、詩、雜文不類此雜家二十篇之書,而《詩賦略》中無東方朔,無可類附,故繫於此。又按,《楚辭》十六卷,亦劉中壘所録,有東方朔《七諫》,此亦不具。)"

佚文四

【出處】《史記》卷八十六《刺客列傳》司馬貞索隱:"劉向云:'丹,燕王喜之太子。'"①

【輯本】洪本:"丹,燕王喜之太子。(《史記·荆軻列傳》索隱。)"

嚴本:"丹,燕王喜之太子。(《史記·荆軻列傳》索隱。)"

① 《史記》(修訂本),第3071頁。

馬本:"《荆軻論》五篇。丹,燕王熹之太子。(《史記·刺客列傳》索隱。)督亢,膏腴之地。(《史記·燕世家》集解。)"

姚本:"《荆軻論》五篇。軻爲燕刺秦王,不成而死,司馬相如等論之。丹,燕王喜之太子。(《史記·刺客列傳》集解。)"

陶本:"丹,燕王喜之太子。(《史記·荆軻列傳》索隱。陶批:孫星衍《燕丹子序》曰:'裴駰注《史記》引《别録》云:'督亢,膏腴之地。'司馬貞《索隱》引劉向云:'丹,燕王憙之太子。'則劉向《七略》有此書,不可以《藝文志》不載而疑其後出。《藝文志》法家有《燕十事》十篇,雜家有《荆軻論》五篇,據注言司馬相如等論荆軻事,則俱非《燕丹子》也。'按,《别録》有《子夏易傳》,有救氏注,皆不見于《漢志》,不仅此書爲然。孫氏之言良信。)"

張本:"《荆軻論》五篇。丹,燕王熹之太子。(《史記·刺客列傳》索隱)督亢,膏腴之地。(《史記·燕世家》集解。)"

顧本:"丹,燕王喜之太子。(《史記·荆軻傳》索隱引劉向語。)"

章本:"《荆軻論》五篇。(《藝文志》)丹,燕王熹之太子。(《史記·刺客列傳》索隱引劉向)督亢,膏腴之地。(《史記·刺客列傳》集解。)"

鄧本:"《荆軻論》五篇。軻爲燕刺秦王,不成而死,司馬相如等論之。丹,燕王喜之太子。(《史記·刺客列傳》集解。)"

佚文五

【出處】《史記》卷八十六《刺客列傳》裴駰集解:"駰案,劉向《别録》曰:'督亢,膏腴之地。'"①

《續漢書》卷二十三《郡國志》劉昭注:"劉向《别録》曰:'督亢,膏腴之地。'"②

《太平寰宇記》卷七十《河北道》:"劉向《别録》:'督亢,燕膏腴之地。'"③

---

① 《史記》(修訂本),第3072頁。

② (晉)司馬彪,(梁)劉昭注補:《續漢書》,中華書局1965年版,第3527頁。

③ 《太平寰宇記》,第1412頁。

【輯本】洪本:"督亢,膏腴之地。(《史記·荆軻列傳》集解、《後漢·郡國志》補注。)"

嚴本:"督亢,膏腴之地。(《史記·荆軻列傳》集解、《後漢·郡國志》補注。)"

馬本:"《荆軻論》五篇。丹,燕王熹之太子。(《史記·刺客列傳》索隱。)督亢,膏腴之地。(《史記·燕世家》集解。)"

姚本:"《荆軻論》五篇。軻爲燕刺秦王,不成而死,司馬相如等論之……督亢,膏腴之地。(並嚴本、馬本。)"

陶本:"督亢,膏腴之地。(《史記·荆軻列傳》集解、《後漢·郡國志》補注。)"

張本:"《荆軻論》五篇。丹,燕王熹之太子。(《史記·刺客列傳》索隱。)督亢,膏腴之地。(《史記·燕世家》集解。)"

顧本:"督亢,燕膏腴之地。(《史記·荆軻傳》索隱,《續漢書·郡國志》注,《寰宇記》七十。)"

章本:"《荆軻論》五篇。(《藝文志》)丹,燕王熹之太子。(《史記·刺客列傳》索隱引劉向。)督亢,膏腴之地。(《史記·刺客列傳》集解。)"

鄧本:"《荆軻論》五篇。軻爲燕刺秦王,不成而死,司馬相如等論之……督亢,膏腴之地。(並嚴本、馬本。《後漢書·郡國志》注。)"

農　家

佚文一

【出處】《漢書》卷三十《藝文志》顔師古注:"劉向《别録》云:'疑李悝及商君所説。'"①

【輯本】洪本:"(神農)疑李悝及商君所説。(《漢書·藝文志》注。案,《史記·貨殖列傳》:'李克務盡地力。'《索隱》云:'劉向《别録》則云李悝也。')"

嚴本:"(神農)疑李悝及商君所説。(《漢書·藝文志》注。《史記·貨殖列傳》:'李克務盡地力。'《索隱》云:'劉向《别録》則云李

① 《漢書》,第1743頁。

悝也。')"

馬本:"《神農》二十篇。疑李悝及商君所説。(《漢書·藝文志》注師古引。)"

姚本:"《神晨》二十篇。疑李悝及商君所説。(嚴本、馬本。)"

陶本:"(神農)疑李悝及商君所説。(《漢書·藝文志》注。案,《史記·貨殖列傳》:'李克務盡地力。'《索隱》云:'劉向《别録》則云李悝也。'陶批:《史記·貨殖白圭傳》:'當魏文侯時,李克務盡地力。'索隱曰:'案,《漢書·食貨志》李悝爲魏文侯作盡地力之教,國以富强。今此及《漢書》言"克",皆誤也。劉向《别録》則云"李悝"也。'按,此似儒家《李克》七篇下之言。)"

張本:"《神農》二十篇。疑李悝及商君所説。(《漢書·藝文志》注師古引。)"

顧本:"《神農》二十篇(五字依《漢志》補),疑李悝及商君所説。(《漢書》注。)"

章本:"《神農》二十篇。(《藝文志》)疑李悝及商君所説。(《藝文志》師古注。)"

鄧本:"《神晨》二十篇。疑李悝及商君所説。(嚴本、馬本。《漢書·藝文志》注。)"

佚文二

【出處】《藝文類聚》卷八十二《草部》:"劉向《别傳》曰:'都尉有《種葱書》。曹公既與先生言,細人覘之,見其拔葱'"①

《藝文類聚》卷八十二《草部》:"劉向《别録》曰:'尹都尉書有《種蓼篇》。'"②

《太平御覽》卷九百七十八《菜茹部》:"劉向《别録》曰:'尹都尉書有《種瓜篇》。'"③

《太平御覽》卷九百七十九《菜茹部》:"劉向《别傳》曰:'尹都尉書

①② 《藝文類聚》,第1418頁。

③ 《太平御覽》,第4335頁。

有《種蓼篇》。'"①

《太平御覽》卷九百八十《菜茹部》:"劉向《别録》曰:'尹都尉書有《種芥》《葵》《蓼》《韭》《葱》諸篇。'"②

【輯本】洪本:"尹都尉書有《種瓜篇》。(《太平御覽》九百七十八。)尹都尉書有《種蓼篇》。(《太平御覽》九百七十九。)尹都尉書有《種芥》《葵》《蓼》《薤》《葱》諸篇。(《太平御覽》九百八十。)"都尉有《種葱書》,曹公與其先生言,細人覘之,見有拔蔥。(《藝文類聚》八十二。)

嚴本:"尹都尉書有《種瓜篇》。(《御覽》九百七十八。)尹都尉書有《種蓼篇》。(《御覽》九百七十八。)尹都尉書有《種芥》《葵》《蓼》《薤》《蔥》諸篇。(《御覽》九百八十。)"都尉有《種蔥書》,曹公與其先生言,細人覘之,見有拔蔥。(《藝文類聚》八十二。)

馬本:"《尹都尉》十四篇。尹都尉有《種瓜篇》。(《太平御覽》九百七十八。)有《種芥》《葵》《蓼》《薤》《蔥》諸篇。(同上卷九百八十、又卷九百七十九、《藝文類聚》卷八十二並引云尹都尉有《種蓼篇》。)都尉有《種蔥書》。曹公既與先生言,細人覘之,見其拔蔥。(《藝文類聚》卷八十二。)"

姚本:"《尹都尉》十四篇。尹都尉書有《種瓜》篇。尹都尉書有《種蓼》篇。尹都尉書有《種芥》《葵》《蓼》《薤》《蔥》諸篇。(並嚴、馬本。)"

陶本:"尹都尉書有《種瓜篇》。(《御覽》九百七十八。)尹都尉書有《種蓼篇》。(《御覽》九百七十八。陶批:覆核無此條。)尹都尉書有《種芥》《葵》《蓼》《薤》《葱》諸篇。(《御覽》九百八十)都尉有《種葱書》,曹公與其先生言,細人覘之,見有拔葱。(《藝文類聚》八十二。)"

張本:"《尹都尉》十四篇。尹都尉有《種瓜篇》。(《太平御覽》九百七十八。)有《種芥》《葵》《蓼》《薤》《蔥》諸篇。(同上卷九百八十、又卷九百七十九、《藝文類聚》卷八十二並引云尹都尉有《種蓼篇》。)都尉有《種蔥書》。曹公既與先生言,細人覘之,見其拔蔥。(《藝文類聚》卷八十二。)"

顧本:"尹都尉書有《種瓜篇》。(《御覽》九百七十八。)尹都尉書有

---

① 《太平御覽》,第 4338 頁。

② 《太平御覽》,第 4340 頁。

種芥、葵、蓼、薤、蔥諸篇。(《御覽》九百七十九、九百八十。)"

章本:"《尹都尉》十四篇。(《藝文志》。)尹都尉有《種瓜篇》。(《御覽》九百七十八)有種芥葵蓼薤蔥諸篇。(《御覽》卷九百七十九、九百八十。)"

鄧本:"《尹都尉》十四篇。尹都尉書有《種瓜》篇。尹都尉書有《種蓼》篇。尹都尉書有《種芥》《葵》《蓼》《薤》《葱》諸篇。(並嚴、馬本。《藝文類聚》卷八二、《太平御覽》卷九七八、九七九、九八〇。)"

佚文三

【出處】《漢書》卷三十《藝文志》顔師古注:"劉向《别録》云:'使教田三輔,有好田者師之,徙爲御史。'"①

【輯本】洪本:"(氾勝之)使教田三輔,有好田者師之,徙爲御史。(《漢書・藝文志》注。)"

嚴本:"(氾勝之)使教田三輔,有好田者師之,徙爲御史。(《漢書・藝文志》注。)"

馬本:"《氾勝之》十八篇。使教田三輔,有好田者師之,徙爲御史。(《漢書・藝文志》注師古引。)"

姚本:"《氾勝之》十八篇。氾勝之時爲議郎,使教田三輔,有好田者師之,徙爲御史。(並嚴、馬本。)"

陶本:"(氾勝之)使教田三輔,有好田者師之,徙爲御史。(《漢書・藝文志》注。)"

張本:"《氾勝之》十八篇。使教田三輔,有好田者師之,徙爲御史。(《漢書・藝文志》注師古引。)"

顧本:"氾勝之(三字依《漢志》補。)使教田三輔,有好田者師之,徙爲御史。(《漢志》注。)"

章本:"《氾勝之》十八篇。(《藝文志》。)使教田三輔,有好田者師之,徙爲御史。(《漢書・藝文志》注師古引。)"

姚本:"《氾勝之》十八篇。氾勝之時爲議郎,使教田三輔,有好田者

① 《漢書》,第1743頁。

師之,徙爲御史。(並嚴、馬本。《漢書·藝文志》注。)"

佚文四

【出處】《漢書》卷三十《藝文志》顔師古注:"劉向《别録》云:'邯鄲人。'"①

【輯本】洪本:"(祭癸)邯鄲人。(《漢書·藝文志》注。)"

嚴本:"(祭癸)邯鄲人。(《漢書·藝文志》注。)"

馬本:"《蔡癸》一篇。邯鄲人。(同上。②)"

姚本:"《蔡癸》一篇。蔡葵,邯鄲人。(並嚴、馬本。)"

陶本:"(蔡癸)邯鄲人。(《漢書·藝文志》注。)"

張本:"《蔡癸》一篇。邯鄲人。(同上。③)"

顧本:"祭④癸(二字依《漢志》補),邯鄲人。(同上。⑤)"

章本:"《蔡癸》一篇。(《藝文志》)邯鄲人。(《藝文志》師古注。)"

鄧本:"《蔡癸》一篇。蔡葵,邯鄲人。(並嚴、馬本。《漢書·藝文志》注。)"

小説家

佚文

【出處】《漢書》卷三十《藝文志》顔師古注:"劉向《别録》云:'饒齊人也,不知其姓,武帝時待詔,作書名曰《心術》也。'"⑥

【輯本】洪本:"(待詔臣饒心術。)饒,齊人也,不知其姓,武帝時待詔,作書名曰《心術》也。(《漢書·藝文志》注。)"

嚴本:"(待詔臣饒心術。)饒,齊人也,不知其姓,武帝時待詔,作書

---

① 《漢書》,第1743頁。

② "同上"即指馬本中此條佚文之上的"氾勝之"條佚文的出處,即"《漢志》注師古引"。

③ "同上"即指張本中此條佚文之上的"氾勝之"條佚文的出處,即"《漢志》注師古引"。

④ 李解民據《漢志》指出顧本"祭"當作"蔡"。

⑤ "同上"即指顧本中此條佚文之上的"氾勝之"條佚文的出處,即"《漢志》注"。

⑥ 《漢書》,第1745頁。

名曰《心術》也。(《漢書·藝文志》注。)"

馬本:"《待詔臣僥心術》二十五篇。僥,齊人也,不知其姓,武帝時待詔。作書作《心術》也。(《漢書·藝文志》注師古引。)"

姚本:"《待詔臣饒心術》二十五篇。饒,齊人也,不知其姓。武帝時待詔,作書名曰《心術》也。(嚴本、馬本。)"

陶本:"(待詔臣饒心術。)饒,齊人也,不知其姓,武帝時待詔,作書名曰《心術》也。(《漢書·藝文志》注。)"

張本:"《待詔臣饒心術》二十五篇。饒,齊人也,不知其姓,武帝時待詔。作書作《心術》也。(《漢書·藝文志》注師古引。)"

顧本:"饒,齊人也,不知其姓,武帝時待詔,作書名曰《心術》。(同上。)"

章本:"《待詔臣饒心術》二十五篇。(《藝文志》。)饒,齊人也,不知其姓,武帝時待詔。作書名曰《心術》也。(《藝文志》師古注。)"

鄧本:"《待詔臣饒心術》二十五篇。饒,齊人也,不知其姓。武帝時待詔,作書名曰《心術》也。(嚴本、馬本。《漢書·藝文志》注。)"

三、詩賦略

屈原賦之屬

佚文一

【出處】《史記》卷八十四《屈原賈生列傳》裴駰集解:"劉向《别録》曰:'因以自諭自恨也。'"①

【輯本】洪本:"(賈誼《吊屈原賦》。)因以自論自恨也。(《史記·賈誼列傳》集解。)"

嚴本:"(賈誼《吊屈原賦》。)因以自諭自恨也。(《史記·賈誼列傳》集解。)"

馬本:"《屈原賦》二十五篇。章甫薦屨兮漸不可久,因以自喻自恨也。(《史記·屈原列傳》集解。)"

① 《史記》(修訂本),第3024頁。

姚本:"《賈誼賦》七篇。賈生《吊屈原賦》,因以自喻自恨也。(嚴本。)"

陶本:"(賈誼《吊屈原賦》。)因以自諭自恨也。(《史記·賈誼列傳》集解。)"

張本:"《屈原賦》二十五篇。章甫薦屨兮漸不可久,因以自喻自恨也。(《史記·屈原列傳》集解。)"

章本:"《屈原賦》二十五篇。(《藝文志》)因以自喻自恨也。(《史記·屈原賈生列傳》集解。)"

鄧本:"《賈誼賦》七篇。賈生《吊屈原賦》,因以自喻自恨也。(嚴本。《史記·屈原賈生列傳》集解。)"

佚文二

【出處】《北堂書鈔》卷一百三十五《服飾部》:"劉向《别傳》曰:'淮南王有《熏籠》之賦。'"

《太平御覽》卷七百一十一《服用部》:"劉向《别録》曰:'淮南王有《薰籠賦》。'"

【輯本】洪本:"淮南王有《薰籠賦》。(《北堂書鈔》一百三十五、《太平御覽》七百十。)"

嚴本:"淮南王有《薰籠賦》。(《北堂書鈔》一百三十五、《御覽》七百十。)"

馬本:"《淮南王賦》八十二篇。淮南王有《薰籠賦》。(《北堂書鈔》卷一百三十五、《太平御覽》卷七百十二。)"

姚本:"《淮南王賦》八十二篇。淮南王有《熏籠賦》。(嚴本、馬本。)"

陶本:"淮南王有《薰籠賦》。(《北堂書鈔》一百三十五、《御覽》七百十。)"

張本:"《淮南王賦》八十二篇。淮南王有《薰籠賦》。(《北堂書鈔》卷一百三十五、《太平御覽》卷七百十二。)"

顧本:"淮南王有玉《薰籠之賦》。(《書鈔》百三十五、《御覽》七百十一。)"

章本:"《淮南王賦》八十二篇。(《藝文志》)淮南王有《薰籠賦》。

(《北堂書鈔》一百三十五、《御覽》卷七百十一。)"

鄧本:"《淮南王賦》八十二篇。淮南王有《熏籠賦》。(嚴本、馬本。《北堂書鈔》卷一三五、《太平御覽》卷七一一。)"

陸賈賦之屬

佚文一

【出處】《漢書》卷三十《藝文志》顔師古注:"劉向《别録》云:'臣向謹與長社尉杜參校中秘書。'"①

【輯本】洪本:"臣向謹與長社尉社參校中秘書。(《漢書·藝文志》注。)"

嚴本:"臣向謹與長社尉杜參校中秘書。(《漢書·藝文志》注。)"

馬本:"《博士弟子杜參賦》二篇。臣向謹與長社尉杜參校中秘書。(《漢書·藝文志》注師古引。)"

姚本:"《博士弟子杜參賦》二篇。臣向謹與長社尉杜參校中秘書。(嚴本、馬本。《漢書·藝文志》注。)"

陶本:"(《博士弟子杜參賦》。)臣向謹與長社尉杜參校中秘書。(《漢書·藝文志》注。)"

張本:"《博士弟子杜參賦》二篇。臣向謹與長社尉杜參校中秘書。(《漢書·藝文志》注師古引。)"

顧本:"臣向謹與長社尉杜參校中秘書。(《漢志》注。)"

章本:"臣向謹與長社尉杜參校中秘書。(《藝文志》師古注。案,今《列子》《晏子》敘録皆有長社尉臣參之文,而《管子》敘録有臣富參,則别一人也。師古引此于《杜參賦》下,以證杜參爲人耳。然此語則諸書敘録皆有之,非在《參賦》敘録中也。故今取師古引劉歆一條,參,杜陵人云云,入《參賦》下。其引《别録》一條,則别箸于此,誠以群籍皆署參名,不容强歸某略也。)"

鄧本:"《博士弟子杜參賦》二篇。臣向謹與長社尉杜參校中秘書。(嚴本、馬本。《漢書·藝文志》注。)"

---

① 《漢書》,第1750頁。

佚文二

【出處】《藝文類聚》卷八十《火部》:"劉向《别傳》曰:'待詔馮商作《燈賦》。'"①

【輯本】洪本:"待詔馮商作《燈賦》。(《藝文類聚》八十。)"

嚴本:"待詔馮商作《燈賦》。(《藝文類聚》八十。)"

馬本:"《待詔馮商賦》九篇。待詔馮商作《燈賦》。(《藝文類聚》卷八十。)"

姚本:"《待詔馮商賦》九篇。待詔馮商作《燈賦》。(嚴本、馬本。)"

陶本:"待詔馮商作《燈賦》。(《藝文類聚》八十。)"

張本:"《待詔馮商賦》九篇。待詔馮商作《燈賦》。(《藝文類聚》卷八十。)"

顧本:"待詔馮商作《燈賦》。(《藝文》八十。)"

章本:"《待詔馮商賦》九篇。(《藝文志》)待詔馮商作《燈賦》。(《藝文類聚》八十。)"

鄧本:"《待詔馮商賦》九篇。待詔馮商作《燈賦》。(嚴本、馬本。《藝文類聚》卷八十。)"

雜　賦

佚文

【出處】《漢書》卷三十《藝文志》顔師古注:"劉向《别録》云:'隱書者,疑其言以相問,對者以慮思之,可以無不諭。'"②

【輯本】洪本:"隱書者,疑其言以相問,對者以慮思之,可以無不諭。(《漢書·藝文志》注。)"

嚴本:"隱書者,疑其言以相問,對者以慮思之,可以無不諭。(《漢書·藝文志》注。)"

馬本:"《隱書》十八篇。隱書者,疑其言以相問對者,以慮思之,可以無不喻。(《漢書·藝文志》注師古引。)"

---

① 《藝文類聚》,第 1368 頁。

② 《漢書》,第 1753 頁。

姚本:“《隱書》十八篇。隱書者,疑其言以相問,對者以慮思之,可以無不論。(嚴本、馬本。)”

陶本:“隱書者,疑其言以相問,對者以慮思之,可以無不諭。(《漢書·藝文志》注。)”

張本:“《隱書》十八篇。隱書者,疑其言以相問對者,以慮思之,可以無不喻。(《漢書·藝文志》注師古引。)”

顧本:“隱書者,疑其言以相問,對者以慮思之,可以無不諭。(同上。①)”

章本:“《隱書》十八篇。(《藝文志》)隱書者,疑其言以相問對者,以慮思之,可以無不喻。(《藝文志》師古注。)”

鄧本:“《隱書》十八篇。隱書者,疑其言以相問,對者以慮思之,可以無不諭。(嚴本、馬本。《漢書·藝文志》注。)”

四、數術略

形　法

佚文

《南山經第一》

《西山經第二》

《北三經第三》

《東三經第四》

《中山經第五》

《海外南經第六》

《海外西經第七》

《海外北經第八》

《海外東經第九》

《海内南經第十》

---

① “同上”即指顧本中此條佚文的前一條佚文“驃騎將軍史朱宇”的出處,即《漢志》注。

《海内西經第十一》
《海内北經第十二》
《海内東經第十三》
《大荒東經第十四》
《大荒南經第十五》
《大荒西經第十六》
《大荒北經第十七》
《海内經第十八》

侍中奉車都尉、光禄大夫臣秀領校秘書言:校秘書太常屬臣望所校《山海經》,凡三十二篇,今定爲十八篇。已定。

《山海經》者,出於唐虞之際。昔洪水洋溢,漫衍中國,民人失據崎嶇於丘陵,巢于樹木。鯀既無功,而帝堯使禹繼之。禹乘四載,隨山刊木,定高山大川。蓋與伯翳主驱禽兽,命山川,類草木,别水土。四嶽佐之,以周四方。逮人跡之所希至,及舟輿之所罕到。内别五方之山,外分八方之海。紀其珍寶奇物異方之所生,水土草木禽獸昆蟲麟鳳之所止,禎祥之所隱。及四海之外,絶域之國,殊類之人。禹别九州,任土作貢,而益等類物善惡,著《山海經》,皆聖賢之遺事,古文之著明者也。其事質明有信。

孝武皇帝時,嘗有獻異鳥者,食之百物,所不肯食。東方朔見之,言其鳥名,又言其所當食。如朔言,問朔何以知之,即《山海經》所出也。孝宣皇帝時,擊磻石於上郡,陷,得石室,其中有反縛盜械人。時臣秀父向爲諫議大夫,言此貳負之臣也。詔問何以知之,亦以《山海經》對。其文曰:"貳負殺窫窳,帝乃梏之疏屬之山,桎其右足,反縛兩手。"上大驚。朝士由是多奇《山海經》者,文學大儒皆讀學以爲奇,可以考禎祥變怪之物,見遠國異人之謡俗。故《易》曰:"言天下之至賾而不可亂也。"博物之君子,其可不惑焉。臣秀昧死謹上。建平元年四月丙戌,待詔太常屬臣望校治,侍中光禄勳臣龔,侍中奉車都尉、光禄大夫臣秀領主省。[①]

① (晉)郭璞注:《宋本山海經》,宋池陽郡齋刻本,北京图书馆出版社 2017 年版,第 9—12 頁。

五、兵書略

兵權謀

佚文

【出處】《北堂書鈔》卷一百四《藝文部》："劉向《别録》云：'以殺青，簡編以縹係繩。'"①

《太平御覽》卷六百六《文部》："劉向《别傳》曰：'孫子書以殺青，簡編以縹絲繩。'"②

【輯本】洪本："《孫子》，書以殺青，簡編以縹絲繩。（《北堂書鈔》一百三、《太平御覽》六百六。）"

嚴本："《孫子》，書以殺青，簡編以縹絲繩。（《北堂書鈔》一百三、《太平御覽》六百六。）"

馬本："《孫子》十六篇。《孫子》，書以殺青，簡編以縹絲繩。（《北堂書鈔》卷一百四。）"

姚本："《吴孫子兵法》八十二篇、《圖》九卷。《齊孫子兵法》八十九篇、《圖》四卷。《孫子》，書以殺青，簡編以縹絲繩。（嚴本、馬本。按，道家有《孫子》十六篇，馬氏以此條入之道家。嚴氏列之兵家，今從嚴本。又，考《孫卿子敘録》有'殺青簡'語，疑當時敘録皆有此體式，後人以其數見，節去數字也。）"

陶本："《孫子》，書以殺青，簡編以縹絲繩。（《北堂書鈔》一百三、《太平御覽》六百六。）"

張本："《孫子》十六篇。《孫子》，書以殺青簡，編以縹絲繩。（《北堂書鈔》卷一百四。）"

顧本："《孫子》書以殺青簡，編以縹絲繩。（《書鈔》百四、《御覽》六百六。）"

鄧本："《吴孫子兵法》八十二篇，《圖》九卷。《齊孫子兵法》八十九

① 《北堂書鈔》，第399頁。

② 《太平御覽》，第2725頁。

篇,《圖》四卷。《孫子》,書以殺青簡,編以縹絲繩。(嚴本、馬本。《北堂書鈔》卷一〇四、《太平御覽》卷六〇六。按,道家有《孫子》十六篇,馬氏以此條入之道家。嚴氏列之兵家,今從嚴本。又,考《孫卿子敘録》有'殺青簡'語,疑當時敘録皆有此體式,後人以其數見,節去數字也。)"

誤輯佚文

【出處】《意林》卷一《范子》:"計然者,葵丘濮上人,姓辛,名文子,其先晉國公子也。"①

【輯本】王本:"《范蠡》二篇。計然,葵邱濮上人,姓辛,名文子,其先晉國公子也。(《意林》一。按,《史記·范蠡傳》索隱引:'計然子,姓辛氏,名文子,其先晋国亡公子也。'按,《范蠡》二篇,《漢志》列兵權謀家,早佚。隋唐《志》録有《范子計然》十五篇,列農家,則必在二篇中矣。《意林》引書首必約引《别録》,此條亦疑是《别録》文。)"

鄧本:"《范蠡》二篇。計然者,葵丘濮上人,姓辛,名文子,其先晉國公子也。(馬總《意林》卷一。王仁俊曰:'《意林》引書首必約引《别録》,此條亦疑是《别録》文。'《玉函山房輯佚書續編》。)"

按,王本根據"《意林》引書首必約引《别録》",認爲計然諸語爲劉向《别録》語,鄧本從之,收於"補遺"中。然覈檢《意林》僅有"《申子》"條下馬總徵引了劉向語記述著者籍貫、名號,其言"劉向云'申子,名不害,河東人,鄭時賤臣……'"②。而"《范子》"條下,馬總並未提及"劉向",若僅憑"計然"後爲介紹籍貫及姓名的内容將其收爲《别録》佚文,多有不妥,當存疑。

六、方技略

醫　經

佚文

【出處】《周禮》卷五《天官冢宰·疾醫》鄭玄注:"五味……五穀……

---

① 《意林》,第18頁。

② 《意林》,第37頁。

五藥……其治合之齊，則存乎神農、子儀之術云。"賈公彦疏鄭注："劉向云：'扁鵲治趙太子暴疾尸蹷之病，使子明炊湯，子儀脈神，子術案摩。'"①

【輯本】馬本："《扁鵲内經》九卷。扁鵲治趙太子暴疾，尸蹷之病，使子明炊湯，子儀脈神，子術案摩。(《周禮・天官・疾醫》疏引劉向。)"

張本："《扁鵲内經》九卷。扁鵲治趙太子暴疾，尸蹷之病，使子明炊湯，子儀脈神，子術案摩。(《周禮・天官・疾醫》疏引劉向。)"

姚本："《扁鵲内經》九卷，《外經》十二卷。扁鵲治趙太子暴疾，尸蹶之病，使子明炊湯，子儀脈神，子術按摩。(馬本。《周禮・天官冢宰・疾醫》疏。)"

章本："《扁鵲内經》九卷。(《藝文志》。)扁鵲治趙太子暴疾，尸蹷之病，使子明炊湯，子儀脈神，子術案摩。(《周禮・天官・疾醫》疏引劉向。案，《説苑・辨物》篇有此文，炊湯作吹耳，子儀脈神作陽儀反神，子術作子遊，案作矯。賈所引乃《説苑》文，未見，《别録》必有此語也。馬氏既引此條，今姑録之。)"

鄧本："《扁鵲内經》九卷，《外經》十二卷。扁鵲治趙太子暴疾，尸蹶之病，使子明炊湯，子儀脈神，子術按摩。(馬本。《周禮・天官冢宰・疾醫》疏。)"

七、其　他

佚文一

【出處】《北堂書鈔》卷一百五十七《地部》："劉向《别録》云：'鑿山鑽石，則見地痛。'"②

【輯本】洪本、嚴本、陶本："鑿山鑽石，則見地痛也。(《北堂書鈔》一百五十七。)"

馬本、張本："鑿山鑽石，則見地痛。(《北堂書鈔》卷一五十七。)"

---

① 《周禮注疏》，第 133 頁。

② 《北堂書鈔》，第 720 頁。

姚本:“鑿山鑽石,則見地痛也。(並嚴、馬本。按,王充《論衡》有云:‘地之有人民,猶人之有蚤虱也。’似即此二條上文,故其下云:‘人民密,蚤虱衆多。’蓋比喻之辭,殆即此書敘録中語。此書蓋即今之《壙學》,《管子·地數》篇亦言其事;而自古以來,山皆封禁,故有地癢、地痛之説。)”

章本:“鑿山鑽石,則見地痛。人民衆、蚤蝨多,則地癢。(《北堂書鈔》卷一五十七。)”

顧本:“鑿山鑽石則地痛。(《書鈔》百五十七。)”

鄧本:“鑿山鑽石,則見地痛也。(並嚴、馬本。《北堂書鈔》卷一五七。按,王充《論衡》有云:‘地之有人民,猶人之有蚤虱也。’似即此二條上文,故其下云:‘人民密,蚤虱衆多。’蓋比喻之辭,殆即此書敘録中語。此書蓋即今之《壙學》,《管子·地數》篇亦言其事;而自古以來,山皆封禁,故有地癢、地痛之説。)”

佚文二

【出處】《北堂書鈔》卷一百五十七《地部》:“又云:‘人民多蚤蝨,則地癢。’”①

【輯本】洪本、嚴本、陶本:“人民蚤,蝨衆多,則地癢也。(《北堂書鈔》一百五十七。)”

馬本、張本:“人民衆,蚤蝨多,則地癢。(同上。)”

姚本:“人民密,蚤蝨衆多,則地癢也。”

章本:“鑿山鑽石,則見地痛。人民衆、蚤蝨多,則地癢。(《北堂書鈔》卷一五十七。)”

顧本:“人民多者蚤蝨,蝨則地癢也。(同上。)”

鄧本:“人民密,蚤蝨衆多,則地癢也。”

佚文三

【出處】《文選》卷六《左太沖〈魏都賦〉》李善注:“《風俗通》曰:‘案

① 《北堂書鈔》,第720頁。

劉向《别録》,讎校,一人讀書,校其上下得繆誤,爲校;一人持本,一人讀書,若怨家相對。'"①

《太平御覽》卷六百十八《學部》:"劉向《别傳》曰:'讎校者,一人持本,一人讀析,若怨家相對,故曰讎也。'"②

《西溪叢語》卷上:"劉向《别録》:'讎校書,一人持本,一人讀,對若怨家,故曰讎書。'"③

【輯本】洪本、嚴本:"讎校一人讀書,校其上下,得繆誤爲校。一人持本,一人讀書,若怨家相對,故曰讎也。(《文選·魏都賦》注、《御覽》六百一十八。)"

馬本:"讎校,一人讀書,校其上下,得謬誤爲校。一人持本,一人讀書,若怨家相對。(應劭《風俗通義》、《文選·左太沖〈魏都賦〉》李善注、《太平御覽》卷六百十八。)"

姚本:"讎校,一人讀書,校其上下,得謬誤,爲校。(嚴本、馬本。)"

姚本:"又曰:讎校者,一人持本,一人讀書,若怨家相對,故曰讎也。(《文選·魏都賦》注、《太平御覽》六百十八。《御覽》'讀書'作'讀析'。)"

陶本:"讎校一人讀書,校其上下,得繆誤爲校。一人持本,一人讀書,若怨家相對,故曰讎也。(《文選·魏都賦》注、《御覽》六百一十八。陶批:按,《文選》注作相對爲讎,無'故曰也'三字。按,怨同寃。)"

張本:"讎校,一人讀書,校其上下,得謬誤爲校。一人持本,一人讀書,若怨家相對。(應劭《風俗通義》、《文選·左太沖〈魏都賦〉》李善注、《太平御覽》卷六百十八。)"

章本:"讎校,一人讀書,校其上下,得繆誤爲校。一人持本,一人讀書(《御覽》作'析'。),若怨家相對,故曰讎也。(此句《御覽》有。《風俗通義》《文選·魏都賦》注、《御覽》六百十八。)"

顧本:"校者,一人持本,一人讀析,若怨家相對,故曰讎也。(《御

① 《文選》,第287頁。

② 《太平御覽》,第2776頁。

③ (宋)姚寬:《西溪叢語》,《文淵閣四庫全書》本,上海人民出版社1999年版。

覽》六百十八。)"

顧本:"校,一人讀書,校其上下得謬誤爲校。一人持本,一人讀書,若怨家相對。(《文選·魏都賦》《注》引《風俗通》轉引《别録》。)"

鄧本:"讎校,一人讀書,校其上下,得謬誤,爲校。(嚴本、馬本。《文選·左太沖〈魏都賦〉》注引《風俗通》。)"

鄧本:"又曰:讎校者,一人持本,一人讀書,若怨家相對,故曰讎也。(《文選·魏都賦》注、《太平御覽》六百十八。《御覽》'讀書'作'讀析'。)"

佚文四

【出處】《北堂書鈔》卷一〇一《藝文部七》:"劉歆《七略》:'古文或誤以典爲與,以陶爲陰,如此類多。'"①

《太平御覽》卷六百一十八《學部十二》:"劉向《七略》曰:'古文或誤以見爲典,以陶爲陰,如此類多。'"②

【輯本】洪本:"古文或誤以'見'爲'典',以'陶'爲'陰',如此類多。(《北堂書鈔》一百一,《太平御覽》六百一十八。)"

嚴本:"古文或誤以'見'爲'典',以'陶'爲'陰',如此類多。(《北堂書鈔》一百一、《御覽》六百一十八。)"

馬本:"《尚書》五十八篇。(《書·堯典》孔穎達正義。)古文或誤以'見'爲'典',以'陶'爲'陰',如此類多。(《太平御覽》卷六百七十。)"

姚本:"《尚書》古文經五十八篇。古文或誤以'見'爲'典',以'陶'爲'陰',如此類多。(嚴本、馬本。)"

陶本:"古文或誤以'見'爲'典',以'陶'爲'陰',如此類多。(《北堂書鈔》一百一、《御覽》六百一十八。)"

張本:"《尚書》五十八篇。(《書·堯典》孔穎達正義)古文或誤以'見'爲'典',以'陶'爲'陰',如此類多。(《太平御覽》卷六百七十。)"

王本:"古文或誤以'見'爲'典',以'陶'爲'陰',如此類多。(《御

① 《北堂書鈔》,第385頁。

② 《太平御覽》,第2776頁。

覽》六百十八引劉向《七略》。)”

顧本:“古文或誤以‘見’爲‘典’,以‘陶’爲‘陰’,如此類多。(《書鈔》百一,《御覽》六百十八。)”

章本:“《尚書》五十八篇。(《書·堯典》正義。)古文或誤以‘見’爲‘典’,以‘陶’爲‘陰’,如此類多。(《御覽》卷六百十八。)《尚書》有《青絲編目録》。(《文選·爲范始興作求立太宰碑表》注。)”

鄧本:“《尚書》古文經五十八篇。古文或誤以‘見’爲‘典’①,以‘陶’爲‘陰’,如此類多。(嚴本、馬本。《北堂書鈔》卷一〇一、《太平御覽》卷六一八。)”

誤輯佚文

【出處】《北堂書鈔》卷一〇四《藝文部》:“《風俗通》云:‘劉向《别録》殺青者,直治竹作簡書之。新竹有汗,後善朽蠹。竹簡者,皆於火上炙乾。’”②

《初學記》卷二十八《果木部》:“應劭《風俗通》曰:‘殺青書可繕寫。’謹按劉向《别録》曰:‘殺青者直用青竹簡書耳。’”③

《後漢書》卷六十四《吴祐傳》李賢注:“殺青者,以火炙簡令汗,取其青易書,復不蠹,謂之殺青,亦謂汗簡。義見劉向《别録》也。”④

《文選》卷二十九《張景陽〈雜詩〉》注:“《風俗通》曰:劉向爲孝成皇帝典校書籍,皆先書竹爲易刊定,可繕寫者以上素也。”⑤

《文選》卷四十三《劉孝標〈重答劉秣陵沼書〉》李善注:“《風俗通》曰:劉向《别録》,殺青者,直治青竹作簡書之耳。”⑥

《太平御覽》卷六〇六《文部》:“《風俗通》曰:‘劉向《别録》殺青者,直治竹作簡書之耳。新竹有汗,善朽蠹,凡作簡者,皆於火上炙乾

---

① 鄧駿捷《七略别録》校勘記言:“‘以見爲典’,《北堂書鈔》作‘以典爲與’。”

② 《北堂書鈔》,第436頁。

③ 《初學記》,第695頁。

④ 《後漢書》,第2099頁。

⑤ 《文選》,第1383頁。

⑥ 《文選》,第1950頁。

之。陳、楚間謂之汗,汗者,去其汁也。’”①

【輯本】洪本:“殺青者,直治竹作簡書之耳,新竹有汗,善朽蠹。凡作簡者,皆於火上炙乾之,陳楚間謂之汗。汗者,去其汗也。(《初學記》二十八、《太平御覽》六百六。案,《後漢書·吴祐傳》注云:‘殺青者,以火炙簡令汗,取青易書復不蠹謂之殺青,亦謂之汗簡。義見劉向《别録》’。)”

嚴本:“殺青者,直治竹作簡書之耳,新竹有汗,善朽蠹。凡作簡者,皆於火上炙乾之,陳楚間謂之汗。汗者,去其汗也。(《初學記》二十八、《御覽》六百六。案,《後漢書·吴祐傳》注云:‘殺青者,以火炙簡令汗,取青易書復不蠹謂之殺青,亦謂之汗簡。義見劉向《别録》’。)”

馬本:“殺青者,直治青竹作簡書之耳。(《文選·劉孝標〈重答劉秣陵沼書〉》注、《太平御覽》卷六百十八。)”

馬本:“新竹有汁,善朽蠢,凡作簡者,皆於火上炙乾之。(虞世南《北堂書鈔》卷一百四。)”

姚本:“殺青者,直治竹作簡書之耳。新竹有汗(或引作‘汁’)。善朽蠹,凡作簡者,皆於火上炙幹之。陳、楚間謂之汗,汗者,去其汗也。(嚴本。馬本無末二句。)”

姚本:“《後漢書·吴祐傳》注云:‘殺青者,以火炙簡令汗,去青易書,複不蠹,謂之殺青,亦謂之汗簡。義見劉向《别録》。’”

陶本:“殺青者,直治竹作簡書之耳,新竹有汗,善朽蠹。凡作簡者,皆于火上炙乾之,陳楚間謂之汗。汗者,去其汗也。(《初學記》二十八、《御覽》六百六。案,《後漢書·吴祐傳》注云:‘殺青者,以火炙簡令汗,取青易書復不蠹謂之殺青,亦謂之汗簡。義見劉向《别録》。’陶批:《初學記》二十八,《御览》六百六,《文選·張景陽〈雜詩〉》注並引應劭《風俗通》述劉向《别録》語。原書殺青者,可繕寫。劉孝標《重答劉沼書》注引作‘直治’,下多青字。濬補,吴越曰殺,殺亦治也。下謹案劉向《别録》云云。)”

張本:“殺青者,直治青竹作簡書之耳。(《文選·劉孝標〈重答劉

① 《太平御覽》,第2725頁。

秣陵沼書〉》注、《太平御覽》卷六百十八。)”

張本:“新竹有汁,善朽蠹,凡作簡者,皆於火上炙乾之。(虞世南《北堂書鈔》卷一百四。)”

王本:“殺青者,直治竹作簡書之耳。新竹有汗,善朽蠹,凡作簡者,皆於火上炙乾之。(《初學記》卷二十八、《御覽》卷六百六、《文選·張景陽〈雜詩〉》注引《風俗通》。俊按,《風俗通》引《别録》。後又曰:‘陳楚間謂之汗。汗者,去其汗也。吴越曰殺,殺亦治也。’劉向爲孝成皇帝典校書籍二十餘年皆先書竹,爲易刊定,可繕寫者,以上素也。由是言之,殺青者,竹斯爲明矣。今東觀書竹素也。)”

章本:“殺青者,直治青竹作簡書之耳。(《文選·劉孝標〈重答劉秣陵沼書〉》注、《太平御覽》六百十八。)新竹有汁,善朽蠹,凡作簡者,皆於火上炙乾之。(《北堂書鈔》卷一百四。)”

顧本:“殺青者,直用青竹筒書耳。(《初學記》二十八。)”

鄧本:“殺青者,直治竹作簡書之耳。新竹有汗(或引作‘汁’)。善朽蠹,凡作簡者,皆於火上炙幹之。陳、楚間謂之汗,汗者,去其汗也。(嚴本。《北堂書鈔》卷一〇四、《初學記》卷二八、《太平御覽》卷六〇六、《文選·劉孝標〈重答劉秣陵沼書〉》注。馬本無末二句。)”

鄧本:“《後漢書·吴祐傳》注云:‘殺青者,以火炙簡令汗,去青易書,復不蠹,謂之殺青,亦謂之汗簡。義見劉向《别録》。’”

按,余嘉錫在《書册制度補考》“殺青繕寫”條中,已指出《太平御覽》引《風俗通》諸語,爲應劭釋劉向“殺青”語,非劉向語。[①]

① 余嘉錫:《余嘉錫論學雜著》,中華書局2007年版,第540、541頁。

《七略》

一、輯　略

佚文一

【出處】《漢書》卷三十《藝文志》:"昔仲尼没而微言絶,七十子喪而大義乖。故《春秋》分爲五,《詩》分爲四,《易》有數家之傳。戰國從衡,真僞分争,諸子之言紛然殽亂。至秦患之,乃燔滅文章,以愚黔首。漢興,改秦之敗,大收篇籍,廣開獻書之路。迄孝武世,書缺簡脱,禮壞樂崩,聖上喟然而稱曰:'朕甚閔焉!'於是建藏書之策,置寫書之官,下及諸子傳説,皆充秘府。至成帝時,以書頗散亡,使謁者陳農求遺書於天下。詔光禄大夫劉向校經傳諸子詩賦,步兵校尉任宏校兵書,太史令尹咸校數術,侍醫李柱國校方技。每一書已,向輒條其篇目,撮其指意,録而奏之。會向卒,哀帝復使向子侍中奉車都尉歆卒父業。歆於是總群書而奏其《七略》,故有《輯略》,有《六藝略》,有《諸子略》,有《詩賦略》,有《兵書略》,有《術數略》,有《方技略》。今删其要,以備篇籍。"①

【輯本】姚本、邓本:"昔仲尼没而微言絶,七十子喪而大義乖。故《春秋》分爲五,《詩》分爲四,《易》有數家之傳。戰國從衡,真僞分争,諸子之言紛然殽亂。至秦患之,乃燔滅文章,以愚黔首。漢興,改秦之敗,大收篇籍,廣開獻書之路。迄孝武世,書缺簡脱,禮壞樂崩,聖上喟然而稱曰:'朕甚閔焉!'於是建藏書之策,置寫書之官,下及諸子傳説,皆充祕(秘)府。至成帝時,以書頗散亡,使謁者陳農求遺書於天下。詔光禄大夫劉向校經傳諸子詩賦,步兵校尉任宏校兵書,太史令尹咸校數

① 《漢書》,第1701頁。

術，侍醫李柱國校方技。每一書已，向輒條其篇目，撮其指意，録而奏之。會向卒，上復使向子侍中奉車都尉歆卒父業。歆於是總群書而奏其《七略》，故有《輯略》，有《六藝略》，有《諸子略》，有《詩賦略》，有《兵書略》，有《術數略》，有《方技略》。（《漢書·藝文志》。以下不注出處者，亦皆《漢志》。又《七略》本文凡言"歆"者當是"臣秀"，今不復改易。）"

佚文二

【出處】《漢書》卷三十《藝文志》如淳注："劉歆《七略》曰：'外則有太常、太史、博士之藏，内則有延閣、廣内、秘室之府。'"①

《北堂書鈔》卷十二《帝王部十二》："外有太史之藏，内有秘書之府。劉歆《七略》。"②

《北堂書鈔》卷一百一《藝文部七》："劉歆《七略》：'武帝開獻書之路，百年之間，書積如丘山，故外有太常、太史、博士之藏，内則延閣、秘室之府。'"③

《北堂書鈔》卷一百一《藝文部七》："劉歆《七略》云：'漢武帝開獻書之路，一年之間，書集如山。"④

《藝文類聚》卷十二《帝王部二》："劉歆《七略》曰：'孝武皇帝敕丞相公孫弘廣開獻書之路，百年之間，書積如丘山，故外則有太常、太史、博士之藏，内則有延閣、廣内、秘室之府。'"⑤

《初學記》卷一二《職官部下》："劉歆《七略》曰：'武帝廣獻書之路，百年之間，書積如丘山，故外有太常、太史、博士之藏，内則延閣、廣内、秘室之府。'"⑥

《文選》卷三十八《任彦昇〈爲范始興作求立太宰碑表〉》李善注："劉歆《七略》曰：'孝武皇帝敕丞相公孫弘廣開獻書之路，百年之間，書

① 《漢書》，第1702頁。
② 《北堂書鈔》，第27頁。
③④ 《北堂書鈔》，第385頁。
⑤ 《藝文類聚》，第231頁。
⑥ 《初學記》，第295頁。

積如山,故内則延閣、廣内、秘書之府。'"①

《太平御覽》卷八十八《皇王部十三》:"劉歆《七略》曰:'孝武皇帝敕丞相公孫弘廣開獻書之路,百年之間,書積如丘山,故外則有太常、太史、博士之藏,内則有延閣、廣内、秘室之府。'"②

《太平御覽》二百三十三《職官部三十一》:"劉歆《七略》曰:'武帝廣獻書之路,百年之間,書積如丘山,故外有太常史、博士之藏,内則延閣、廣内、秘室之府。'"③

《太平御覽》六百十九《學部十三》:"劉歆《七略》曰:'武帝廣開獻書之路,百年之間,書積如丘山,故外有太史、博士之藏,内則有延閣、廣内、秘室之府。'"④

【輯本】洪本:"孝武皇帝敕丞相公孫宏,廣開獻書之路,百年之間,書積如丘山。故外有太常太史博士之藏,内有延閣廣内秘室之府。(《漢書·藝文志》如淳注,《北堂書鈔》十二,又一百一兩引,《初學記》十二,《藝文類聚》十二,《文選·爲范始興求立太宰碑表》注,《太平御覽》八十七、又二百三十三、又六百一十九。)"

嚴本:"孝武皇帝敕丞相公孫弘,廣開獻書之路,百年之間,書積如丘山。故外有太常太史博士之藏,内有延閣廣内秘室之府。(《漢書·藝文志》如淳注、《北堂書鈔》十二、又一百一兩引、《初學記》十二、《藝文類聚》十二、《文選·爲范始興求立太宰碑表》注、《御覽》八十七、又二百三十三、又六百十九。)"

姚本:"又曰:孝武皇帝敕丞相公孫弘廣開獻書之路,百年之間,書積如邱山,故外有太常、太史、博士之藏,内有延閣、廣内、秘室之府。(嚴氏輯本。)

陶本:"孝武皇帝敕丞相公孫弘,廣開獻書之路,百年之間,書積如丘山。故外有太常太史博士之藏,内有延閣廣内秘室之府。(《漢書·

① 《文選》,第1749頁。
② 《太平御覽》,第421頁。
③ 《太平御覽》,第1106頁。
④ 《太平御覽》,第2778頁。

藝文志》如淳注、《北堂書鈔》十二、又一百一兩引、《初學記》十二、《藝文類聚》十二、《文選・爲范始興求立太宰碑表》注、《御覽》八十七、又二百三十五三、又六百十九。)”

顧本:“孝武皇帝敕丞相公孫宏廣開獻書之路。百年之間,書積如邱山,故外則有太常、太史、博士之藏,内則有延閣、廣内、秘書之府。(《文選・求立太宰碑表》注、《漢書・藝文志》注、《初學記》十二、《書鈔》百一、《御覽》八十八、又二百二十三、又六百十九。《藝文》十二‘秘書’作‘秘室’。)”

章本:“孝武皇帝敕丞相公孫宏廣開獻書之路,百年之間,書積如丘山,故外則有太常、太史、博士之藏,此句如注,《御覽》有内則有延閣、廣内、秘室(‘室’字,《選》注作‘書’。)之府。(《藝文志》如淳注、《文選・爲范始興求立太宰碑表》注、《御覽》八十八。)”

鄧本:“又曰:孝武皇帝敕丞相公孫弘廣開獻書之路,百年之間,書積如丘山,故外有太常、太史、博士之藏,内有延閣、廣内、秘室之府。(嚴氏輯本。《北堂書鈔》卷一二、一〇一、《初學記》卷一二、《藝文類聚》卷一二、《太平御覽》卷八八、二三三、六一九、《漢書・藝文志》注、《文選・任彦昇〈爲范始興作求立太宰碑表〉》注。)”

佚文三

【出處】《漢書》卷三十《藝文志》:“《易》曰:‘宓戲氏仰觀象於天,俯觀法於地,觀鳥獸之文,與地之宜,近取諸身,遠取諸物,於是始作八卦,以通神明之德,以類萬物之情。’至於殷、周之際,紂在上位,逆天暴物,文王以諸侯順命而行道,天人之占可得而效,於是重《易》六爻,作上下篇。孔氏爲之《彖》《象》《繫辭》《文言》《序卦》之屬十篇。故曰《易》道深矣,人更三聖,世歷三古。及秦燔書,而《易》爲筮卜之事,傳者不絶。漢興,田何傳之。訖于宣、元,有施、孟、梁丘、京氏列於學官,而民間有費、高二家之説。劉向以中古文《易》經校施、孟、梁丘經,或脱去‘無咎’‘悔亡’,唯費氏經與古文同。”①

① 《漢書》,第1704頁。

【輯本】姚本、鄧本:"《易》曰:'宓戲氏仰觀象於天,俯觀法於地,觀鳥獸之文,與地之宜,近取諸身,遠取諸物,於是始作八卦,以通神明之德,以類萬物之情。'至於殷、周之際,紂在上位,逆天暴物,文王以諸侯順命而行道,天人之占可得而效,於是重《易》六爻,作上下篇。孔氏爲之《彖》《象》《繫辭》《文言》《序卦》之屬十篇。故曰《易》道深矣,人更三聖,世歷三古。及秦燔書,而《易》爲筮卜之事,傳者不絶。漢興,田何傳之。訖于宣、元,有施、孟、梁丘、京氏列於學官,而民間有費、高二家之説。臣向以中古文《易》經校施、孟、梁丘經,或脱去'無咎''悔亡',唯費氏經與古文同。"

佚文四

【出處】《漢書》卷三十《藝文志》:"《易》曰:'河出圖,洛出書,聖人則之。'故《書》之所起遠矣。至孔子篹焉,上斷於堯,下訖于秦,凡百篇,而爲之序,言其作意。秦燔書禁學,濟南伏生獨壁藏之。漢興亡失,求得二十九篇,教于齊、魯之間。訖孝宣世,有歐陽、大小夏侯氏,立於學官。《古文尚書》者,出於孔子壁中。武帝末,魯共王壞孔子宅,欲以廣其宮,而得《古文尚書》及《禮記》《論語》《孝經》凡數十篇,皆古字也。共王往入其宅,聞鼓琴瑟鐘磬之音,於是懼,乃止不壞。孔安國者,孔子後也,悉得其書,以考二十九篇,得多十六篇。安國獻之。遭巫蠱事,未列於學官。劉向以中古文校歐陽、大小夏侯三家經文,《酒誥》脱簡一,《召誥》脱簡二。率簡二十五字者,脱亦二十五字,簡二十二字者,脱亦二十二字。文字異者七百有餘,脱字數十。《書》者,古之號令,號令於衆,其言不立具,則聽受施行者費曉。古文讀應爾雅,故解古今語而可知也。"①

【輯本】姚本、鄧本:"《易》曰:'河出圖,洛出書,聖人則之。'故《書》之所起遠矣。至孔子篹焉,上斷於堯,下訖于秦,凡百篇,而爲之序,言其作意。秦燔書禁學,濟南伏生獨壁藏之。漢興亡失,求得二十九篇,教于齊、魯之間。訖孝宣世,有歐陽、大小夏侯氏,立於學官。"

---

① 《漢書》,第1706、1707頁。

姚本、鄧本:“《古文尚書》者,出於孔子壁中。武帝末,魯共王壞孔子宅,欲以廣其宫,而得《古文尚書》及《禮記》《論語》《孝經》凡數十篇,皆古字也。共王往入其宅,聞鼓琴瑟鐘磬之音,於是懼,乃止不壞。孔安國者,孔子後也,悉得其書,以考二十九篇,得多十六篇。安國獻之。遭巫蠱事,未列於學官。臣向以中古文校歐陽、大小夏侯三家經文,《酒誥》脱簡一,《召誥》脱簡二。率簡二十五字者,脱亦二十五字,簡二十二字者,脱亦二十二字。文字異者七百有餘,脱字數十。”

姚本、鄧本:“《書》者,古之號令,號令於衆,其言不立具,則聽受施行者費曉。古文讀應爾雅,故解古今語而可知也。”

佚文五

【出處】《漢書》卷三十《藝文志》:“《書》曰:‘詩言志,歌詠言。’故哀樂之心感,而歌詠之聲發。誦其言謂之詩,詠其聲謂之歌。故古有采詩之官,王者所以觀風俗,知得失,自考正也。孔子純取周詩,上采殷,下取魯,凡三百五篇。遭秦而全者,以其諷誦,不獨在竹帛故也。漢興,魯申公爲《詩》訓故,而齊轅固、燕韓生皆爲之傳。或取《春秋》,采雜説,咸非其本義。與不得已,魯最爲近之。三家皆列於學官。又有毛公之學,自謂子夏所傳,而河間獻王好之,未得立。”①

【輯本】姚本、鄧本:“《書》曰:‘詩言志,歌詠言。’故哀樂之心感,而歌詠之聲發。誦其言謂之詩,詠其聲謂之歌。故古有采詩之官,王者所以觀風俗,知得失,自考正也。孔子純取周詩,上采殷,下取魯,凡三百五篇。遭秦而全者,以其諷誦,不獨在竹帛故也。漢興,魯申公爲《詩》訓故,而齊轅固、燕韓生皆爲之傳。或取《春秋》,采雜説,咸非其本義。與不得已,魯最爲近之。三家皆列於學官。又有毛公之學,自謂子夏所傳,而河間獻王好之,未得立。”

佚文六

【出處】《漢書》卷三十《藝文志》:“《易》曰:‘有夫婦、父子、君臣、

---

① 《漢書》,第1708頁。

上下,禮義有所錯。'而帝王質文,世有損益。至周,曲爲之防,事爲之制,故曰:'禮經三百,威儀三千。'及周之衰,諸侯將踰法度,惡其害己,皆滅去其籍。自孔子時而不具,至秦大壞。漢興,魯高堂生傳《士禮》十七篇。訖孝宣世,後倉最明。戴德、戴聖、慶普皆其弟子,三家立於學官。"①

【輯本】姚本、鄧本:"《易》曰:'有夫婦、父子、君臣、上下,禮義有所錯。'而帝王質文,世有損益。至周,曲爲之防,事爲之制,故曰:'禮經三百,威儀三千。'及周之衰,諸侯將踰法度,惡其害己,皆滅去其籍。自孔子時而不具,至秦大壞。漢興,魯高堂生傳《士禮》十七篇。訖孝宣世,後倉最明。戴德、戴聖、慶普皆其弟子,三家立於學官。"

佚文七

【出處】《文選》卷四十三《劉子駿〈移書讓太常博士〉》:"《七略》曰:'《禮》家,先魯有桓生,説經頗異。《論語》家,有琅邪王卿,不審名,及膠東庸生皆以教。'"②

【輯本】洪本、嚴本、陶本:"禮家先魯有桓生,説經頗異。(《文選·劉子駿〈移書讓太常博士〉》注。)"

姚本:"禮家,先魯有桓生,説經頗異。(嚴本。)"

章本:"《禮》家先魯有桓生,説經頗異。《論語》家,近琅邪王卿不審名,及膠東庸生皆以教。(《文選·移書讓太常博士》注。案《漢書·儒林傳》,魯徐生善爲頌,傳子至孫延襄,延及徐氏弟子公户滿意、桓生單次皆爲禮官大夫,即此桓生,《移博士書》所謂桓公也。《王吉傳》,琅邪臯虞人也。《藝文志》,傳《齊論》者王吉。又《魯論》有《王駿説》二十篇,王吉子皆非此王卿,卿不審名,蓋吉、駿之族也。膠東庸生,《藝文志》言其傳《齊論》《儒林傳》又言其傳《古文尚書》凡此三人皆不審名者也。)

(右二條,一通論《詩》《書》,一則通論經師,而亡其名者,尋《藝文

① 《漢書》,第1710頁。

② 《文選》,第1954頁。

志》每略之末，皆有《序論》，不知本在略末，抑爲《輯略》之文，而班氏取以置此耶？今既無以質言，故仍依班《志》取通論之文，歸于略末云爾。）”

顧本：“《禮》家，先魯有桓生，説經頗異。《論語》家近瑯邪王卿，不審名，及膠東庸生皆以教。（《文選·移書讓博士》注。）”

鄧本：“禮家，先魯有桓生，説經頗異。（嚴本。《文選·劉子駿〈移書讓太常博士〉》注。）”

佚文八

【出處】《漢書》卷三十《藝文志》：“《易》曰：‘先王作樂崇德，殷薦之上帝，以享祖考。’故自黄帝下至三代，樂各有名。孔子曰：‘安上治民，莫善於禮；移風易俗，莫善於樂。’二者相與並行。周衰俱壞，樂尤微眇，以音律爲節，又爲鄭、衛所亂，故無遺法。漢興，制氏以雅樂聲律，世在樂官，頗能紀其鏗鏘鼓舞，而不能言其義。六國之君，魏文侯最爲好古，孝文時得其樂人竇公，獻其書，乃《周官·大宗伯》之《大司樂》章也。武帝時，河間獻王好儒，與毛生等共采《周官》及諸子言樂事者，以作《樂記》，獻八佾之舞，與制氏不相遠。其内史丞王定傳之，以授常山王禹。禹，成帝時爲謁者，數言其義，獻二十四卷《記》。劉向校書，得《樂記》二十三篇，與禹不同，其道以益微。”①

【輯本】姚本、鄧本：“《易》曰：‘先王作樂崇德，殷薦之上帝，以享祖考。’故自黄帝下至三代，樂各有名。孔子曰：‘安上治民，莫善於禮；移風易俗，莫善於樂。’二者相與並行。周衰俱壞，樂尤微眇，以音律爲節，又爲鄭、衛所亂，故無遺法。漢興，制氏以雅樂聲律，世在樂官，頗能紀其鏗鏘鼓舞，而不能言其義。六國之君，魏文侯最爲好古，孝文時得其樂人竇公，獻其書，乃《周官·大宗伯》之《大司樂》章也。武帝時，河間獻王好儒，與毛生等共采《周官》及諸子言樂事者，以作《樂記》，獻八佾之舞，與制氏不相遠。其内史丞王定傳之，以授常山王禹。禹，成帝時爲謁者，數言其義，獻二十四卷《記》。臣向校書，得《樂記》二十三篇，與

① 《漢書》，第1711、1712頁。

禹不同,其道以益微。”

佚文九

【出處】《漢書》卷三十《藝文志》:“古之王者,世有史官,君舉必書,所以慎言行,昭法式也。左史記言,右史記事,事爲《春秋》,言爲《尚書》,帝王靡不同之。周室既微,載籍殘缺,仲尼思存前聖之業,乃稱曰:‘夏禮,吾能言之,杞不足徵也;殷禮,吾能言之,宋不足徵也。文獻不足故也,足則吾能徵之矣。’以魯周公之國,禮文備物,史官有法,故與左丘明觀其史記,據行事,仍人道,因興以立功,就敗以成罰,假日月以定歷數,藉朝聘以正禮樂。有所褒諱貶損,不可書見,口授弟子,弟子退而異言。丘明恐弟子各安其意,以失其真,故論本事而作傳,明夫子不以空言説經也。《春秋》所貶損大人,當世君臣,有威權勢力,其事實皆形於傳,是以隱其書而不宣,所以免時難也。及没世口説流行,故有公羊、穀梁、鄒、夾之傳。四家之中,《公羊》《穀梁》立於學官,鄒氏無師,夾氏未有書。”①

【輯本】姚本、鄧本:“古之王者,世有史官,君舉必書,所以慎言行,昭法式也。左史記言,右史記事,事爲《春秋》,言爲《尚書》,帝王靡不同之。周室既微,載籍殘缺,仲尼思存前聖之業,乃稱曰:‘夏禮,吾能言之,杞不足徵也;殷禮,吾能言之,宋不足徵也。文獻不足故也,足則吾能徵之矣。’以魯周公之國,禮文備物,史官有法,故與左丘明觀其史記,據行事,仍人道,因興以立功,就敗以成罰,假日月以定歷數,藉朝聘以正禮樂。有所褒諱貶損,不可書見,口授弟子,弟子退而異言。丘明恐弟子各安其意,以失其真,故論本事而作傳,明夫子不以空言説經也。《春秋》所貶損大人,當世君臣,有威權勢力,其事實皆形於傳,是以隱其書而不宣,所以免時難也。及没世口説流行,故有公羊、穀梁、鄒、夾之傳。四家之中,《公羊》《穀梁》立於學官,鄒氏無師,夾氏未有書。”

佚文十

【出處】《漢書》卷三十《藝文志》:“《論語》者,孔子應答弟子、時人

---

① 《漢書》,第1715頁。

及弟子相與言，而接聞于夫子之語也。當時，弟子各有所記。夫子既卒，門人相與輯而論篹，故謂之《論語》。漢興，有齊、魯之説。傳《齊論》者，昌邑中尉王吉、少府宋畸、御史大夫貢禹、尚書令五鹿充宗、膠東庸生，唯王陽名家。傳《魯論語》者，常山都尉龔奮、長信少府夏侯勝、丞相韋賢、魯扶卿、前將軍蕭望之、安昌侯張禹，皆名家。張氏最後而行於世。"①

【輯本】姚本、鄧本："《論語》者，孔子應答弟子、時人及弟子相與言，而接聞于夫子之語也。當時，弟子各有所記。夫子既卒，門人相與輯而論篹，故謂之《論語》。漢興，有齊、魯之説。傳《齊論》者，昌邑中尉王吉、少府宋畸、御史大夫貢禹、尚書令五鹿充宗、膠東庸生，唯王陽名家。傳《魯論語》者，常山都尉龔奮、長信少府夏侯勝、丞相韋賢、魯扶卿、前將軍蕭望之、安昌侯張禹，皆名家。張氏最後而行於世。"

佚文十一

【出處】《文選》卷四十三《劉子駿〈移書讓太常博士〉》："《七略》曰：'《禮》家，先魯有桓生，説經頗異。《論語》家，有琅邪王卿，不審名，及膠東庸生皆以教。'"②

【輯本】洪本、嚴本、陶本："《論語》家，近琅琊王卿，不審名，及膠東庸生皆以教。（《文選・劉子駿〈移書讓太常博士〉》注。）"

姚本："《論語》家，近琅邪王卿，不審名，及膠東庸生皆以教。（嚴本。）"

章本："《禮》家先魯有桓生，説經頗異。《論語》家，近琅邪王卿不審名，及膠東庸生皆以教。（《文選・移書讓太常博士》注。案《漢書・儒林傳》，魯徐生善爲頌，傳子至孫延襄，延及徐氏弟子公户滿意、桓生單次皆爲禮官大夫，即此桓生，《移博士書》所謂桓公也。《王吉傳》，琅邪臯虞人也。《藝文志》，傳《齊論》者王吉。又《魯論》有《王駿説》二十篇，王吉子皆非此王卿，卿不審名，蓋吉、駿之族也。膠東庸生，《藝文

① 《漢書》，第1717頁。

② 《文選》，第1954頁。

志》言其傳《齊論》《儒林傳》又言其傳《古文尚書》凡此三人皆不審名者也。)”

顧本:“《禮》家,先魯有桓生,説經頗異。《論語》家近瑯邪王卿,不審名,及膠東庸生皆以教。(《文選·移書讓博士》注。)”

鄧本:“《論語》家,近琅邪王卿,不審名,及膠東庸生皆以教。(嚴本。《文選·劉子駿〈移書讓太常博士〉》注。)”

佚文十二

【出處】《漢書》卷三十《藝文志》:“《孝經》者,孔子爲曾子陳孝道也。夫孝,天之經,地之義,民之行也。舉大者言,故曰《孝經》。漢興,長孫氏、博士江翁、少府後倉、諫大夫翼奉、安昌侯張禹傳之,各自名家。經文皆同,唯孔氏壁中古文爲異。‘父母生之,續莫大焉’,‘故親生之膝下’,諸家説不安處,古文字讀皆異。”①

【輯本】姚本、鄧本:“《孝經》者,孔子爲曾子陳孝道也。夫孝,天之經,地之義,民之行也。舉大者言,故曰《孝經》。漢興,長孫氏、博士江翁、少府後倉、諫大夫翼奉、安昌侯張禹傳之,各自名家。經文皆同,唯孔氏壁中古文爲異。‘父母生之,續莫大焉’,‘故親生之膝下’,諸家説不安處,古文字讀皆異。”

佚文十三

【出處】《漢書》卷三十《藝文志》:“《易》曰:‘上古結繩以治,後世聖人易之以書契,百官以治,萬民以察,蓋取諸《夬》。’‘夬,揚於王庭’,言其宣揚于王者朝廷,其用最大也。古者八歲入小學,故《周官》保氏掌養國子,教之六書,謂象形、象事、象意、象聲、轉注、假借也,造字之本也。漢興,蕭何草律,亦著其法,曰‘太史試學童,能諷書九千字以上,乃得爲史。又以六體試之,課最者以爲尚書、禦史、史書令史。吏民上書,字或不正,輒舉劾’。六體者,古文、奇字、篆書、隸書、繆篆、蟲書。皆所以通知古今文字,摹印章,書幡信也。古制,書必同文,不知則闕,問諸

① 《漢書》,第1719頁。

故老。至於衰世,是非無正,人用其私。故孔子曰:'吾猶及史之闕文也,今亡矣夫!'蓋傷其寖不正。"①

【輯本】姚本、鄧本:"《易》曰:'上古結繩以治,後世聖人易之以書契,百官以治,萬民以察,蓋取諸《夬》。''夬,揚於王庭',言其宣揚于王者朝廷,其用最大也。古者八歲入小學,故《周官》保氏掌養國子,教之六書,謂象形、象事、象意、象聲、轉注、假借也,造字之本也。漢興,蕭何草律,亦著其法,曰'太史試學童,能諷書九千字以上,乃得爲史。又以六體試之,課最者以爲尚書、禦史、史書令史。吏民上書,字或不正,輒舉劾'。六體者,古文、奇字、篆書、隸書、繆篆、蟲書。皆所以通知古今文字,摹印章,書幡信也。古制,書必同文,不知則闕,問諸故老。至於衰世,是非無正,人用其私。故孔子曰:'吾猶及史之闕文也,今亡矣夫!'蓋傷其寖不正。"

佚文十四

【出處】《漢書》卷三十《藝文志》:"六藝之文:《樂》以和神,仁之表也;《詩》以正言,義之用也;《禮》以明體,明者著見,故無訓也;《書》以廣聽,知之術也;春秋以斷事,信之符也。五者,蓋五常之道,相須而備,而《易》爲之原。故曰:'《易》不可見,則乾坤或幾乎息矣。'言與天地爲終始也。至於五學,世有變改,猶五行之更用事焉。古之學者耕且養,三年而通一藝,存其大體,玩經文而已,是故用日少而畜德多,三十而《五經》立也。後世經傳既已乖離,博學者又不思多聞闕疑之義,而務碎義逃難;便辭巧説,破壞形體。説五經之文,至於二三萬言。後進彌以馳逐,故幼童而守一藝,白首而後能言。安其所習,毁所不見,終以自蔽。此學者之大患也。序六藝爲九種。"②

【輯本】姚本、鄧本:"六藝之文:《樂》以和神,仁之表也;《詩》以正言,義之用也;《禮》以明體,明者著見,故無訓也;《書》以廣聽,知之術也;春秋以斷事,信之符也。五者,蓋五常之道,相須而備,而《易》爲之

---

① 《漢書》,第 1720、1721 頁。

② 《漢書》,第 1723 頁。

原。故曰:'《易》不可見,則乾坤或幾乎息矣。'言與天地爲終始也。至於五學,世有變改,猶五行之更用事焉。古之學者耕且養,三年而通一藝,存其大體,玩經文而已,是故用日少而畜德多,三十而《五經》立也。後世經傳既已乖離,博學者又不思多聞闕疑之義,而務碎義逃難;便辭巧説,破壞形體。説五經之文,至於二三萬言。後進彌以馳逐,故幼童而守一藝,白首而後能言。安其所習,毀所不見,終以自蔽。此學者之大患也。序六藝爲九種。"

佚文十五

【出處】《初學記》卷二十一:"劉歆《七略》曰:'《詩》以言情,情者,信之符也。《書》以決斷,斷者,義之證也。'"①

《太平御覽》卷六〇九《學部》:"劉歆《七略》曰:'《詩》以言情,情者,信之符也。《書》以決斷,斷者,義之證也。'"②

【輯本】洪本、嚴本、陶本:"《書》以決斷,斷者,義之證也。(《初學記》二十一、《(太平)御覽》六百九。)"

洪本、嚴本、陶本:"《詩》以言情,情者,性之符也。(《初學記》二十一、《(太平)御覽》六百九。)"

姚本:"又曰:《書》以決斷。斷者,義之證也。"

姚本:"又曰:《詩》以言情。情者,性之符也。(並嚴本。)"

王本:"《詩》以言情,情者,信之符。《書》以決斷,斷者,義之證。(《初學記》廿一引劉歆《七略》。《御覽》六百九引同。)"

章本:"《詩》以言情,情者,性之符也。《書》以決斷,斷者,義之證也。(《御覽》六百九。案,《藝文志·六藝略》末有以五學擬五常之文,此當是其異説。性之符也,性字疑本作信,音近致譌也。)"

顧本:"《詩》以言情,情者,性之符也。《書》以決斷,斷者,義之證也。(《初學記》二十一、《御覽》六百九。)"

鄧本:"又曰:《書》以決斷。斷者,義之證也。"

---

① 《初學記》,第500頁。

② 《太平御覽》,第2741頁。

鄧本:"又曰:《詩》以言情。情者,性之符也。(並嚴本。《初學記》卷二一、《太平御覽》卷六〇九。)"

佚文十六

【出處】《漢書》卷三十《藝文志》:"儒家者流,蓋出於司徒之官,助人君順陰陽明教化者也。遊文於《六經》之中,留意于仁義之際,祖述堯、舜,憲章文、武,宗師仲尼,以重其言,于道最爲高。孔子曰:'如有所譽,其有所試。'唐、虞之隆,殷、周之盛,仲尼之業,已試之效者也。然惑者既失精微,而辟者又隨時抑揚,違離道本,苟以嘩衆取寵。後進循之,是以《五經》乖析,儒學寖衰,此辟儒之患。"①

【輯本】姚本、鄧本:"儒家者流,蓋出於司徒之官,助人君順陰陽明教化者也。遊文於《六經》之中,留意于仁義之際,祖述堯、舜,憲章文、武,宗師仲尼,以重其言,于道最爲高。孔子曰:'如有所譽,其有所試。'唐、虞之隆,殷、周之盛,仲尼之業,已試之效者也。然惑者既失精微,而辟者又隨時抑揚,違離道本,苟以嘩衆取寵。後進循之,是以《五經》乖析,儒學寖衰,此辟儒之患。"

佚文十七

【出處】《漢書》卷三十《藝文志》:"道家者流,蓋出於史官,曆記成敗存亡禍福古今之道,然後知秉要執本,清虚以自守,卑弱以自持,此君人南面之術也。合於堯之克攘,《易》之嗛嗛,一謙而四益,此其所長也。及放者爲之,則欲絶去禮學,兼棄仁義,曰獨任清虚可以爲治。"②

【輯本】姚本、鄧本:"道家者流,蓋出於史官,曆記成敗存亡禍福古今之道,然後知秉要執本,清虚以自守,卑弱以自持,此君人南面之術也。合於堯之克攘,《易》之嗛嗛,一謙而四益,此其所長也。及放者爲之,則欲絶去禮學,兼棄仁義,曰獨任清虚可以爲治。"

---

① 《漢書》,第1728頁。

② 《漢書》,第1732頁。

佚文十八

【出處】《漢書》卷三十《藝文志》:"陰陽家者流,蓋出於羲和之官,敬順昊天,曆象日月星辰,敬授民時,此其所長也。及拘者爲之,則牽於禁忌,泥於小數,舍人事而任鬼神。"①

【輯本】姚本、鄧本:"陰陽家者流,蓋出於羲和之官,敬順昊天,曆象日月星辰,敬授民時,此其所長也。及拘者爲之,則牽於禁忌,泥於小數,舍人事而任鬼神。"

佚文十九

【出處】《漢書》卷三十《藝文志》:"法家者流,蓋出於理官,信賞必罰,以輔禮制。《易》曰:'先王以明罰飭法',此其所長也。及刻者爲之,則無教化,去仁愛,專任刑法而欲以致治,至於殘害至親,傷恩薄厚。"②

【輯本】姚本、鄧本:"法家者流,蓋出於理官,信賞必罰,以輔禮制。《易》曰:'先王以明罰飭法',此其所長也。及刻者爲之,則無教化,去仁愛,專任刑法而欲以致治,至於殘害至親,傷恩薄厚。"

佚文二十

【出處】《漢書》卷三十《藝文志》:"名家者流,蓋出於禮官。古者名位不同,禮亦異數。孔子曰:'必也正名乎!名不正則言不順,言不順則事不成。'此其所長也。及警者爲之,則苟鉤鈲析亂而已。"③

【輯本】姚本、鄧本:"名家者流,蓋出於禮官。古者名位不同,禮亦異數。孔子曰:'必也正名乎!名不正則言不順,言不順則事不成。'此其所長也。及警者爲之,則苟鉤鈲析亂而已。"

佚文二十一

【出處】《漢書》卷三十《藝文志》:"墨家者流,蓋出於清廟之守。茅

---

① 《漢書》,第1734頁。
② 《漢書》,第1736頁。
③ 《漢書》,第1737頁。

屋采椽,是以貴儉;養三老五更,是以兼愛;選士大射,是以上賢;宗祀嚴父,是以右鬼;順四時而行,是以非命;以孝視天下,是以上同:此其所長也。及蔽者爲之,見儉之利,因以非禮;推兼愛之意,而不知别親疏。"①

【輯本】姚本、鄧本:"墨家者流,蓋出於清廟之守。茅屋采椽,是以貴儉;養三老五更,是以兼愛;選士大射,是以上賢;宗祀嚴父,是以右鬼;順四時而行,是以非命;以孝視天下,是以上同:此其所長也。及蔽者爲之,見儉之利,因以非禮;推兼愛之意,而不知别親疏。"

佚文二十二

【出處】《漢書》卷三十《藝文志》:"縱橫家者流,蓋出於行人之官。孔子曰:'誦《詩》三百,使于四方,不能專對,雖多亦奚以爲?'又曰:'使乎,使乎!'言其當權事制宜,受命而不受辭,此其所長也。及邪人爲之,則上詐諼而棄其信。"②

【輯本】姚本、鄧本:"縱横家者流,蓋出於行人之官。孔子曰:'誦《詩》三百,使于四方,不能專對,雖多亦奚以爲?'又曰:'使乎,使乎!'言其當權事制宜,受命而不受辭,此其所長也。及邪人爲之,則上詐諼而棄其信。"

佚文二十三

【出處】《漢書》卷三十《藝文志》:"雜家者流,蓋出於議官。兼儒、墨,合名、法,知國體之有此,見王治之無不貫,此其所長也。及蕩者爲之,則漫羡而無所歸心。"③

【輯本】姚本、鄧本:"雜家者流,蓋出於議官。兼儒、墨,合名、法,知國體之有此,見王治之無不貫,此其所長也。及蕩者爲之,則漫羡而無所歸心。"

---

① 《漢書》,第 1738 頁。
② 《漢書》,第 1740 頁。
③ 《漢書》,第 1742 頁。

佚文二十四

【出處】《漢書》卷三十《藝文志》:"農家者流,蓋出於農稷之官。播百谷,勸耕桑,以足衣食,故八政一曰食,二曰貨。孔子曰:'所重民食',此其所長也。及鄙者爲之,以爲無所事聖王,欲使君臣並耕,誖上下之序。"①

【輯本】姚本、鄧本:"農家者流,蓋出於農稷之官。播百谷,勸耕桑,以足衣食,故八政一曰食,二曰貨。孔子曰:'所重民食',此其所長也。及鄙者爲之,以爲無所事聖王,欲使君臣並耕,誖上下之序。"

佚文二十五

【出處】《漢書》卷三十《藝文志》:"小説家者流,蓋出於稗官。街談巷語,道聽塗説者之所造也。孔子曰:'雖小道,必有可觀者焉,致遠恐泥,是以君子弗爲也。'然亦弗滅也。閭裡小知者之所及,亦使綴而不忘。如或一言可采,此亦芻蕘狂夫之議也。"②

【輯本】姚本、鄧本:"小説家者流,蓋出於稗官。街談巷語,道聽塗説者之所造也。孔子曰:'雖小道,必有可觀者焉,致遠恐泥,是以君子弗爲也。'然亦弗滅也。閭裡小知者之所及,亦使綴而不忘。如或一言可采,此亦芻蕘狂夫之議也。"

佚文二十六

【出處】《漢書》卷三十《藝文志》:"諸子十家,其可觀者九家而已。皆起于王道既微,諸侯力政,時君世主,好惡殊方,是以九家之術蠭出並作,各引一端,崇其所善,以此馳説,取合諸侯。其言雖殊,辟猶水火,相滅亦相生也。仁之與義,敬之與和,相反而皆相成也。《易》曰:'天下同歸而殊途,一致而百慮。'今異家者各推所長,窮知究慮,以明其指,雖有蔽短,合其要歸,亦《六經》之支與流裔。使其人遭明王聖主,得其所折中,皆股肱之材已。仲尼有言:'禮失而求諸野。'方今去聖久遠,道術缺

① 《漢書》,第 1743 頁。
② 《漢書》,第 1745 頁。

廢,無所更索,彼九家者,不猶愈於野乎!若能修六藝之術,而觀此九家之言,舍短取長,則可以通萬方之略矣。"①

【輯本】姚本、鄧本:"諸子十家,其可觀者九家而已。皆起于王道既微,諸侯力政,時君世主,好惡殊方,是以九家之術蠭出並作,各引一端,崇其所善,以此馳説,取合諸侯。其言雖殊,辟猶水火,相滅亦相生也。仁之與義,敬之與和,相反而皆相成也。《易》曰:'天下同歸而殊途,一致而百慮。'今異家者各推所長,窮知究慮,以明其指,雖有蔽短,合其要歸,亦《六經》之支與流裔。使其人遭明王聖主,得其所折中,皆股肱之材已。仲尼有言:'禮失而求諸野。'方今去聖久遠,道術缺廢,無所更索,彼九家者,不猶愈於野乎!若能修六藝之術,而觀此九家之言,舍短取長,則可以通萬方之略矣。"

佚文二十七

【出處】《漢書》卷三十《藝文志》:"傳曰:'不歌而誦謂之賦,登高能賦可以爲大夫。'言感物造耑,材知深美,可與圖事,故可以爲列大夫也。古者諸侯卿大夫交接鄰國,以微言相感,當揖讓之時,必稱《詩》以諭其志,蓋以别賢不肖而觀盛衰焉。故孔子曰'不學《詩》,無以言'也。春秋之後,周道寖壞,聘問歌詠不行於列國,學《詩》之士逸在布衣,而賢人失志之賦作矣。大儒孫卿及楚臣屈原離讒憂國,皆作賦以諷,鹹有惻隱古詩之義。其後,宋玉、唐勒,漢興,枚乘、司馬相如,下及楊子雲,競爲侈儷閎衍之詞,没其風諭之義。是以楊子悔之,曰:'詩人之賦麗以則,辭人之賦麗以淫。如孔氏之門人用賦也,則賈誼登堂,相如入室矣,如其不用何!'自孝武立樂府而采歌謡,於是有代、趙之謳;秦、楚之風,皆感於哀樂,緣事而發,亦可以觀風俗,知薄厚雲。序詩賦爲五種。"②

【輯本】姚本、鄧本:"傳曰:'不歌而誦謂之賦,登高能賦可以爲大夫。'言感物造耑,材知深美,可與圖事,故可以爲列大夫也。古者諸侯卿大夫交接鄰國,以微言相感,當揖讓之時,必稱《詩》以諭其志,蓋以别

① 《漢書》,第1746頁。

② 《漢書》,第1755、1756頁。

賢不肖而觀盛衰焉。故孔子曰'不學《詩》,無以言'也。春秋之後,周道寖壞,聘問歌詠不行於列國,學《詩》之士逸在布衣,而賢人失志之賦作矣。大儒孫卿及楚臣屈原離讒憂國,皆作賦以諷,鹹有惻隱古詩之義。其後,宋玉、唐勒,漢興,枚乘、司馬相如,下及楊子雲,競爲侈儷閎衍之詞,没其風諭之義。是以楊子悔之,曰:'詩人之賦麗以則,辭人之賦麗以淫。如孔氏之門人用賦也,則賈誼登堂,相如入室矣,如其不用何!'自孝武立樂府而采歌謡,於是有代、趙之謳;秦、楚之風,皆感於哀樂,緣事而發,亦可以觀風俗,知薄厚雲。序詩賦爲五種。"

佚文二十八

【出處】《漢書》卷三十《藝文志》:"權謀者,以正守國,以奇用兵,先計而後戰,兼形勢,包陰陽,用技巧者也。"①

【輯本】姚本、鄧本:"兵權謀者,以正守國,以奇用兵,先計而後戰,兼形勢,包陰陽,用技巧者也。"

佚文二十九

【出處】《漢書》卷三十《藝文志》:"形勢者,雷動風舉,後發而先至,離合背鄉,變化無常,以輕疾制敵者也。"②

【輯本】姚本、鄧本:"兵形勢者,雷動風舉,後發而先至,離合背鄉,變化無常,以輕疾制敵者也。"

佚文三十

【出處】《漢書》卷三十《藝文志》:"陰陽者,順時而發,推刑德,隨鬥擊,因五勝,假鬼神而爲助者也。"③

【輯本】姚本、鄧本:"兵陰陽者,順時而發,推刑德,隨鬥擊,因五勝,假鬼神而爲助者也。"

---

① 《漢書》,第 1758 頁。

② 《漢書》,第 1759 頁。

③ 《漢書》,第 1760 頁。

佚文三十一

【出處】《漢書》卷三十《藝文志》："技巧者，習手足，便器械，積機關，以立攻守之勝者也。"①

【輯本】姚本、鄧本："兵技巧者，習手足，便器械，積機關，以立攻守之勝者也。"

佚文三十二

【出處】《漢書》卷三十《藝文志》："兵家者，蓋出古司馬之職，王官之武備也。《洪範》八政，八曰師。孔子曰爲國者'足食足兵'，'以不教民戰，是謂棄之'，明兵之重也。《易》曰：'古者弦木爲弧，剡木爲矢，弧矢之利，以威天下'，其用上矣。後世耀金爲刃，割革爲甲，器械甚備。下及湯、武受命，以師克亂而濟百姓，動之以仁義，行之以禮讓，《司馬法》是其遺事也。自春秋至於戰國，出奇設伏，變詐之兵並作。漢興，張良、韓信序次兵法，凡百八十二家，删取要用，定著三十五家。諸吕用事而盜取之。武帝時，軍政楊僕捃摭遺逸，紀奏《兵録》，猶未能備。至於孝成，命任宏論次兵書爲四種。"②

【輯本】姚本、鄧本："兵家者，蓋出古司馬之職，王官之武備也。《洪範》八政，八曰師。孔子曰爲國者'足食足兵'，'以不教民戰，是謂棄之'，明兵之重也。《易》曰：'古者弦木爲弧，剡木爲矢，弧矢之利，以威天下'，其用上矣。後世耀金爲刃，割革爲甲，器械甚備。下及湯、武受命，以師克亂而濟百姓，動之以仁義，行之以禮讓，《司馬法》是其遺事也。自春秋至於戰國，出奇設伏，變詐之兵並作。漢興，張良、韓信序次兵法，凡百八十二家，删取要用，定著三十五家。諸吕用事而盜取之。武帝時，軍政楊僕捃摭遺逸，紀奏《兵録》，猶未能備。至於孝成，命任宏論次兵書爲四種。"

佚文三十三

【出處】《漢書》卷三十《藝文志》："天文者，序二十八宿，步五星日

①② 《漢書》，第1762頁。

月,以紀吉凶之象,聖王所以参政也,《易》曰:'觀乎天文,以察時變。'然星事兇悍,非湛密者弗能由也。夫觀景以譴形,非明王亦不能服聽也,以不能由之臣,諫不能聽之王,此所以兩有患也。"①

【輯本】姚本、鄧本:"天文者,序二十八宿,步五星日月,以紀吉凶之象,聖王所以參政也,《易》曰:'觀乎天文,以察時變。'然星事兇悍,非湛密者弗能由也。夫觀景以譴形,非明王亦不能服聽也,以不能由之臣,諫不能聽之王,此所以兩有患也。"

佚文三十四

【出處】《漢書》卷三十《藝文志》:"曆譜者,序四時之位,正分至之節,會日月五星之辰,以考寒暑殺生之實,故聖王必正歷數,以定三統服色之制,又以探知五星日月之會。凶阨之患,吉隆之喜,其術皆出焉。此聖人知命之術也,非天下之至材,其孰與焉!道之亂也,患出於小人而强欲知天道者,壞大以爲小,削遠以爲近,是以道術破碎而難知也。"②

【輯本】姚本、鄧本:"曆譜者,序四時之位,正分至之節,會日月五星之辰,以考寒暑殺生之實,故聖王必正歷數,以定三統服色之制,又以探知五星日月之會。凶阨之患,吉隆之喜,其術皆出焉。此聖人知命之術也,非天下之至材,其孰與焉!道之亂也,患出於小人而强欲知天道者,壞大以爲小,削遠以爲近,是以道術破碎而難知也。"

佚文三十五

【出處】《漢書》卷三十《藝文志》:"五行者,五常之形氣也。《書》云:'初一曰五行,次二曰羞用五事。'言進用五事以順五行也。貌、言、視、聽、思心失,而五行之序亂,五星之變作,皆出於律曆之數而分爲一者也。其法亦起五德終始,推其極則無不至。而小數家因此以爲吉凶,而行於世,寖以相亂。"③

---

① 《漢書》,第1765頁。
② 《漢書》,第1767頁。
③ 《漢書》,第1769頁。

【輯本】姚本、鄧本:"五行者,五常之形氣也。《書》云:'初一曰五行,次二曰羞用五事。'言進用五事以順五行也。貌、言、視、聽、思心失,而五行之序亂,五星之變作,皆出於律曆之數而分爲一者也。其法亦起五德終始,推其極則無不至。而小數家因此以爲吉凶,而行於世,寖以相亂。"

佚文三十六

【出處】《漢書》卷三十《藝文志》:"蓍龜者,聖人之所用也。《書》曰:'女則有大疑,謀及蔔筮。'《易》曰:'定天下之吉凶,成天下之亹亹者,莫善於蓍龜。''是故君子將有爲也,將有行也,問焉而以言,其受命也如向,無有遠近幽深,遂知來物。非天下之至精,其孰能與於此!'及至衰世,解于齊戒,而婁煩蔔筮,神明不應。故筮瀆不告,《易》以爲忌;龜厭不告,《詩》以爲刺。"①

【輯本】姚本、鄧本:"蓍龜者,聖人之所用也。《書》曰:'女則有大疑,謀及蔔筮。'《易》曰:'定天下之吉凶,成天下之亹亹者,莫善於蓍龜。''是故君子將有爲也,將有行也,問焉而以言,其受命也如向,無有遠近幽深,遂知來物。非天下之至精,其孰能與於此!'及至衰世,解于齊戒,而婁煩蔔筮,神明不應。故筮瀆不告,《易》以爲忌;龜厭不告,《詩》以爲刺。"

佚文三十七

【出處】《漢書》卷三十《藝文志》:"雜占者,紀百事之象,候善惡之征。《易》曰:'占事知來。'衆占非一,而夢爲大,故周有其官。而《詩》載熊羆虺蛇衆魚旐旟之夢,著明大人之占,以考吉凶,蓋參蔔筮。《春秋》之説訞也,曰:'人之所忌,其氣炎以取之,訞由人興也。人失常則訞興,人無釁焉,訞不自作。'故曰:'德勝不祥,義厭不惠。'桑谷共生,大戊以興;鴝雉登鼎,武丁爲宗。然惑者不稽諸躬,而忌訞之見,是以《詩》刺

① 《漢書》,第1771頁。

‘召彼故老,訊之占夢’,傷其舍本而憂末,不能勝凶咎也。”①

【輯本】姚本、鄧本:“雜占者,紀百事之象,候善惡之征。《易》曰:‘占事知來。’衆占非一,而夢爲大,故周有其官。而《詩》載熊羆虺蛇衆魚旐旟之夢,著明大人之占,以考吉凶,蓋參蔔筮。《春秋》之説訞也,曰:‘人之所忌,其氣炎以取之,訞由人興也。人失常則訞興,人無釁焉,訞不自作。’故曰:‘德勝不祥,義厭不惠。’桑谷共生,大戊以興;鴝雉登鼎,武丁爲宗。然惑者不稽諸躬,而忌訞之見,是以《詩》刺‘召彼故老,訊之占夢’,傷其舍本而憂末,不能勝凶咎也。”

佚文三十八

【出處】《漢書》卷三十《藝文志》:“形法者,大舉九州之勢,以立城郭室舍,形人及六畜骨法之度數、器物之形容,以求其聲氣貴賤吉凶。猶律有長短,而各征其聲,非有鬼神,數自然也。然形與氣相首尾,亦有有其形而無其氣,有其氣而無其形,此精微之獨異也。”②

【輯本】姚本、鄧本:“形法者,大舉九州之勢,以立城郭室舍,形人及六畜骨法之度數、器物之形容,以求其聲氣貴賤吉凶。猶律有長短,而各征其聲,非有鬼神,數自然也。然形與氣相首尾,亦有有其形而無其氣,有其氣而無其形,此精微之獨異也。”

佚文三十九

【出處】《漢書》卷三十《藝文志》:“數術者,皆明堂羲、和、史、蔔之職也。史官之廢久矣,其書既不能具,雖有其書而無其人。《易》曰:‘苟非其人,道不虚行。’春秋時魯有梓慎,鄭有神灶,晋有卜偃,宋有子韋;六國時,楚有甘公,魏有石申夫;漢有唐都,庶得粗觕。蓋有因而成易,無因而成難,故因舊書以序數術爲六種。”③

【輯本】姚本、鄧本:“數術者,皆明堂羲、和、史、蔔之職也。史官之廢久矣,其書既不能具,雖有其書而無其人。《易》曰:‘苟非其人,道不

① 《漢書》,第1773頁。

②③ 《漢書》,第1775頁。

虚行。'春秋時魯有梓慎,鄭有神灶,晉有卜偃,宋有子韋;六國時,楚有甘公,魏有石申夫;漢有唐都,庶得粗觕。蓋有因而成易,無因而成難,故因舊書以序數術爲六種。"

佚文四十

【出處】《漢書》卷三十《藝文志》:"醫經者,原人血脈經落骨髓陰陽表裡,以起百病之本,死生之分,而用度箴石湯火所施,調百藥齊和之所宜。至齊之得,猶慈石取鐵,以物相使。拙者失理,以愈爲劇,以生爲死。"①

【輯本】姚本、鄧本:"醫經者,原人血脈經落骨髓陰陽表裡,以起百病之本,死生之分,而用度箴石湯火所施,調百藥齊和之所宜。至齊之得,猶慈石取鐵,以物相使。拙者失理,以愈爲劇,以生爲死。"

佚文四十一

【出處】《漢書》卷三十《藝文志》:"經方者,本草石之寒温,量疾病之淺深,假藥味之滋,因氣感之宜,辨五苦六辛,致水火之齊,以通閉解結,反之于平。及失其宜者,以熱益熱,以寒增寒,精氣内傷,不見於外,是所獨失也。故諺曰:'有病不治,常得中醫。'"

【輯本】姚本、鄧本:"經方者,本草石之寒温,量疾病之淺深,假藥味之滋,因氣感之宜,辨五苦六辛,致水火之齊,以通閉解結,反之于平。及失其宜者,以熱益熱,以寒增寒,精氣内傷,不見於外,是所獨失也。故諺曰:'有病不治,常得中醫。'"②

佚文四十二

【出處】《漢書》卷三十《藝文志》:"房中者,情性之極,至道之際,是以聖王制外樂以禁内情,而爲之節文。傳曰:'先王之作樂,所以節百事

① 《漢書》,第1776頁。

② 《漢書》,第1778頁。

也。'樂而有節,則和平壽考。及迷者弗顧,以生疾而隕性命。"①

【輯本】姚本、鄧本:"房中者,情性之極,至道之際,是以聖王制外樂以禁内情,而爲之節文。傳曰:'先王之作樂,所以節百事也。'樂而有節,則和平壽考。及迷者弗顧,以生疾而隕性命。"

佚文四十三

【出處】《漢書》卷三十《藝文志》:"神僊者,所以保性命之真,而遊求於其外者也。聊以蕩意平心,同死生之域,而無怵惕於胸中。然而或者專以爲務,則誕欺怪迂之文彌以益多,非聖王之所以教也。孔子曰:'索隱行怪,後世有述焉,吾不爲之矣。'"②

【輯本】姚本、鄧本:"神僊者,所以保性命之真,而遊求於其外者也。聊以蕩意平心,同死生之域,而無怵惕於胸中。然而或者專以爲務,則誕欺怪迂之文彌以益多,非聖王之所以教也。孔子曰:'索隱行怪,後世有述焉,吾不爲之矣。'"

佚文四十四

【出處】《漢書》卷三十《藝文志》:"方技者,皆生生之具,王官之一守也。太古有岐伯、俞拊,中世有扁鵲、秦和,蓋論病以及國,原診以知政。漢興有倉公,今其技術晻昧,故論其書,以序方技爲四種。"③

【輯本】姚本、鄧本:"方技者,皆生生之具,王官之一守也。太古有岐伯、俞拊,中世有扁鵲、秦和,蓋論病以及國,原診以知政。漢興有倉公,今其技術晻昧,故論其書,以序方技爲四種。"

佚文四十五

【出處】《初學記》卷二十《政禮部》:"《七略》曰:'論方技爲四家,有醫經家,有方家,有房中家,有神仙家。'"④

---

① 《漢書》,第1779頁。

②③ 《漢書》,第1780頁。

④ 《初學記》,第484頁。

【輯本】洪本、嚴本、陶本:"論方技爲四家,有醫經家,有方家,有房中家,有神仙家。(《初學記》二十。)"

姚本:"又曰:論方技爲四家,有醫經家,有方家('方'上似脱'經'字),有房中家,有神仙家。(嚴本。)"

顧本:"論方伎爲四家,有醫經家,有方家,有房中家,有神仙家。(《初學記》二十。)"

鄧本:"又曰:論方技爲四家,有醫經家,有方家('方'上似脱'經'字),有房中家,有神仙家。(嚴本。《初學記》卷二〇。)"

二、六藝略

《易》

佚文一

【出處】《漢書》卷三十《藝文志》:"《易經》十二篇,施、孟、梁丘三家。"①

【輯本】姚本、鄧本:"《易經》十二篇。施、孟、梁丘三家。"

佚文二

【出處】《漢書》卷三十《藝文志》:"《周氏》二篇,字王孫也。"②

【輯本】姚本、鄧本:"《易傳周氏》二篇,字王孫也。"

佚文三

【出處】《漢書》卷三十《藝文志》:"《服氏》二篇。"③

【輯本】姚本、鄧本:"《易傳服氏》二篇。"

佚文四

【出處】《漢書》卷三十《藝文志》:"《楊氏》二篇。名何,字叔元,菑

①②③ 《漢書》,第1703頁。

川人。”[①]

【輯本】姚本、鄧本:“《易經楊氏》二篇。名何,字叔元,菑川人。”

佚文五

【出處】《漢書》卷三十《藝文志》:“《蔡公》二篇。衛人,事周王孫。”[②]

【輯本】姚本、鄧本:“《易傳蔡公》二篇。衛人,事周王孫。”

佚文六

【出處】《漢書》卷三十《藝文志》:“《韓氏》二篇。名嬰。”[③]

【輯本】姚本、鄧本:“《易傳韓氏》二篇。名嬰。”

佚文七

【出處】《經典釋文·序録》:“《七略》云:‘漢興,韓嬰傳。’”[④]

【輯本】洪本、嚴本、陶本:“(《子夏易傳》。)漢興,韓嬰傳。(《釋文序録》。)”

姚本:“又曰:《子夏易傳》,漢興,韓嬰傳。(嚴本。按,武進張惠言《易義别録》曰:《儒林傳》稱韓生爲《易傳》,不聞其所受意者出於子夏,與商瞿之傳異。其言甚核,然劇此條佚文當在韓氏《易傳》條下,因録於此。)”

章本:“《韓氏》二篇,名嬰。(《藝文志》。)《子夏易傳》:漢興,韓嬰傳。(《經典釋文序録》。)”

顧本:“《韓氏》二篇(四字依《漢志》補。),漢興,韓嬰傳。(《釋文序録》。)”

鄧本:“又曰:《子夏易傳》,漢興,韓嬰傳。(嚴本。《經典釋文·敘録》。按,武進張惠言《易義别録》曰:《儒林傳》稱韓生爲《易傳》,不聞其所受,意者出於子夏,與商瞿之傳異。其言甚核,然劇此條佚文當在韓氏《易傳》條下,因録於此。)”

---

①②③ 《漢書》,第1703頁。

④ 《經典釋文》,第7頁。

佚文八

【出處】《漢書》卷三十《藝文志》:“《王氏》二篇。名同。”①

【輯本】姚本、鄧本:“《易傳王氏》二篇。名同。”

佚文九

【出處】《漢書》卷三十《藝文志》:“《丁氏》八篇。名寬,字子襄,梁人也。”②

【輯本】姚本、鄧本:“《易傳丁氏》八篇。名寬,字子襄,梁人也。”

佚文十

【出處】《漢書》卷三十《藝文志》:“《古五字》十八篇。自甲子至壬子,説《易》陰陽。”③

【輯本】姚本、鄧本:“《易傳古五字》十八篇。自甲子至壬子,説《易》陰陽。”

佚文十一

【出處】《漢書》卷三十《藝文志》:“《淮南道訓》二篇。淮南王安聘明《易》者九人,號九師説。”④

【輯本】姚本、鄧本:“《易傳淮南道訓》二篇。淮南王安聘明《易》者九人,號九師説。”

佚文十二

【出處】《文選》卷六十《任彦昇〈齊竟陵文宣王行狀〉》李善注:“《七略》曰……又曰:‘《易傳淮南九師道訓》者,淮南王安所造也。’”⑤

【輯本】洪本、嚴本、陶本:“《易傳淮南九師道訓》者,淮南王安所造也。(《文選・齊竟陵文宣王行狀》注。)”

姚本:“又曰:《易傳淮南九師道訓》者,淮南王安所造也。(嚴本。)”

---

①②③④ 《漢書》,第1703頁。

⑤ 《文選》,第2572頁。

顧本:"《易》傳《淮南九師道訓》者,淮南王安所造也。(《文選·竟陵文宣王行狀》注。)"

鄧本:"又曰:《易傳淮南九師道訓》者,淮南王安所造也。(嚴本。《文選·任彦昇〈齊竟陵文宣王行狀〉》注。)"

佚文十三

【出處】《漢書》卷三十《藝文志》:"《古雜》八十篇。"①

【輯本】姚本、鄧本:"《易傳古雜》八十篇。"

佚文十四

【出處】《漢書》卷三十《藝文志》:"《雜災異》三十五篇。"②

【輯本】姚本、鄧本:"《易傳雜災異》三十五篇,《神輸》五篇,圖一。"

佚文十五

【出處】《漢書》卷三十《藝文志》:"《神輸》五篇,圖一。"③

【輯本】姚本、鄧本:"《易傳雜災異》三十五篇,《神輸》五篇,圖一。"

佚文十六

【出處】《漢書》卷三十《藝文志》:"《孟氏京房》十一篇。"④

【輯本】姚本、鄧本:"《易傳孟氏京房》十一篇。"

佚文十七

【出處】《漢書》卷三十《藝文志》:"《災異孟氏京房》六十六篇。"⑤

【輯本】姚本、鄧本:"《易傳災異孟氏京房》六十六篇。"

佚文十八

【出處】《漢書》卷三十《藝文志》:"五鹿充宗《略説》三篇。"⑥

【輯本】姚本、鄧本:"五鹿充宗《略説》三篇。"

---

①②③④⑤⑥ 《漢書》,第1703頁。

佚文十九

【出處】《漢書》卷三十《藝文志》:“《京氏段嘉》十二篇。”①

【輯本】姚本、鄧本:“《京氏段嘉》十二篇。”

佚文二十

【出處】《漢書》卷三十《藝文志》:“《章句》施、孟、梁丘氏各二篇。”②

【輯本】姚本、鄧本:“《章句》施二篇。”

佚文二十一

【出處】《漢書》卷三十《藝文志》:“《章句》施、孟、梁丘氏各二篇。”③

【輯本】姚本、鄧本:“《章句》孟二篇。”

佚文二十二

【出處】《漢書》卷三十《藝文志》:“《章句》施、孟、梁丘氏各二篇。”④

【輯本】姚本、鄧本:“《章句》梁丘二篇。”

《書》

佚文一

【出處】《漢書》卷三十《藝文志》:“《尚書古文經》四十六卷。爲五十七篇。”⑤

【輯本】姚本、鄧本:“《尚書古文經》四十六卷。爲五十八篇。”

佚文二

【出處】《漢書》卷三十《藝文志》:“《經》二十九卷。大、小夏侯二家。《歐陽經》三十二卷。”⑥

【輯本】姚本、鄧本:“《尚書經》二十九卷。大、小夏侯二家。”

---

① 《漢書》,第1703頁。

②③④ 《漢書》,第1704頁。

⑤⑥ 《漢書》,第1705頁。

佚文三

【出處】《初學記》卷二十一《文部》:"劉歆《七略》曰:'《尚書》,直言也,始歐陽氏先君名之,大夏侯、小夏侯復立於學官,三家之學於今尤爲詳。'"①

《太平御覽》卷六百九《學部三》:"劉歆《七略》曰:'《尚書》,直言也,始歐陽氏先名之,大夏侯、小夏侯立於學官,三家之學於今傳之。'"②

【輯本】洪本:"《尚書》,直言也,始歐陽氏先君名之,大夏侯、小夏侯復立於學官,三家之學於今傳之。(《初學記》二十一、《太平御覽》六百九。)"

嚴本:"《尚書》,直言也,始歐陽氏先君名之,大夏侯、小夏侯復立於學官,三家之學於今傳之。(《初學記》二十一、《太平御覽》六百九。)"

姚本:"又曰:《尚書》,直言也。始歐陽氏先君名之,大夏侯、小夏侯復立於學官,三家之學於今傳之。(嚴本。按,'歐陽氏先君',大抵謂歐陽氏之先世,或即指歐陽生從學于伏生者。《御覽》六百九引此條無'君'字。)"

陶本:"《尚書》,真言也,始歐陽氏,先君名之,大夏侯、小夏侯復立於學官,三家之學於今傳之。(《初學記》二十一、《御覽》六百九。陶批:《初學記》引作'直言'。又陶氏於'三家之學'右側録'于今尤爲详'五字。又言:又一引曰'《尚書》,直言也'。)"

顧本:"《尚書》直言也。始歐陽氏先名之,大夏侯、小夏侯復立於學官。三家之學,於今傳之。(《初學記》二十一、《御覽》六百九。)"

王本:"《尚書》,直言也,始歐陽氏,先君名之,大夏侯、小夏侯復列於學官,三家之學於今爲尤詳。(《初學記》廿一引劉歆《七略》,又引'《尚書》直言也,於今傳之'。《御覽》六百九引同前條,末句亦作'於今傳之'。俊按,此條當標歆名。)"

章本:"《尚書》,直言也。始歐陽氏先名之,大夏侯、小夏侯復立於學官,三家之學於今傳之。(《御覽》六百九。)"

---

① 《初學記》,第500頁。

② 《太平御覽》,第2741頁。

鄧本:“又曰:《尚書》,直言也。始歐陽氏先君名之,大夏侯、小夏侯復立於學官,三家之學,於今傳之。(嚴本。《初學記》卷二一、《太平御覽》卷六〇九。按,‘歐陽氏先君’,大抵謂歐陽氏之先世,或即指歐陽生從學於伏生者。《御覽》六百九引此條無‘君’字。)”

佚文四

【出處】《文選》卷四十三《劉歆〈移書讓太常博士〉》李善注:“《七略》曰:‘孝武皇帝末,有人得《泰誓》書於壁中者,獻之。與博士,使讚説之,因傳以教。今《泰誓》篇是也。’”①

【輯本】洪本:“孝武皇帝末,有人得《泰誓》於壁中者,獻之。與博士,使讚説之,因傳以教,今《泰誓》篇是也。(《文選·劉子駿〈移書讓太常博士〉》注。案,《尚書正義》引作《别録》,《文選注》引此作《七略》,不題劉向,今並入此。)”

嚴本:“孝武皇帝末,有人得《泰誓》於壁中者,獻之。與博士,使讚説之,因傳以教,今《泰誓》篇是也。(《文選·劉子駿〈移書讓太常博士〉》注。案,《尚書正義》引作《别録》,《文選注》引此作《七略》,不題劉向,今並入此。)”

姚本:“孝武皇帝末,有人得《泰誓》於壁中者。獻之。與博士,使讚説之,因傳以教,今《泰誓》篇是也。(嚴本。《文選·劉子駿〈移書讓太常博士〉注》。)”

陶本:“孝武皇帝末,有人得《泰誓》於壁中者,獻之。與博士,使讚説之,因傳以教,今《泰誓》篇是也。(《文選·劉子駿〈移書讓太常博士〉》注。案,《尚書正義》引作《别録》,《文選注》引此作《七略》,不題劉向,今並入此。)”

顧本:“孝武皇帝末,有人得《泰誓》書於壁中者,獻之,與博士,使讚説之,因傳以教,今《泰誓》篇是也。(《文選·移書讓博士》注。)”

鄧本:“孝武皇帝末,有人得《泰誓》於壁中者。獻之。與博士,使讚説之,因傳以教,今《泰誓》篇是也。(嚴本。《文選·劉子駿〈移書讓太

① 《文選》,第1953頁。

常博士〉注》。)”

佚文五

【出處】《漢書》卷三十《藝文志》:“《經》二十九卷。大、小夏侯二家。《歐陽經》三十二卷。”①

【輯本】姚本、鄧本:“《尚書歐陽經》三十二卷。”

佚文六

【出處】《漢書》卷三十《藝文志》:“《尚書傳》四十一篇。”②

【輯本】姚本、鄧本:“《尚書傳》四十一篇。”

佚文七

【出處】《漢書》卷三十《藝文志》:“《歐陽章句》三十一卷。”③

【輯本】姚本、鄧本:“《歐陽章句》三十一卷。”

佚文八

【出處】《漢書》卷三十《藝文志》:“《大》《小夏侯章句》各二十九卷。”④

【輯本】姚本、鄧本:“《大夏侯章句》二十九卷。”

佚文九

【出處】《漢書》卷三十《藝文志》:“《大》《小夏侯章句》各二十九卷。”⑤

【輯本】姚本、鄧本:“《小夏侯章句》二十九卷。”

佚文十

【出處】《漢書》卷三十《藝文志》:“《大小夏侯解故》二十九卷。”⑥

【輯本】姚本、鄧本:“《大小夏侯解故》二十九卷。”

---

①②③④⑤⑥ 《漢書》,第1705頁。

佚文十一

【出處】《漢書》卷三十《藝文志》:"《大小夏侯解故》二十九卷。"①

【輯本】姚本、鄧本:"《歐陽説義》二篇。"

佚文十二

【出處】《漢書》卷三十《藝文志》:"劉向《五行傳記》十一卷。"②

【輯本】姚本、鄧本:"劉向《五行傳記》十一卷。"

佚文十三

【出處】《漢書》卷三十《藝文志》:"許商《五行傳記》一篇。"③

【輯本】姚本、鄧本:"許商《五行傳記》一篇。"

佚文十四

【出處】《漢書》卷三十《藝文志》:"《周書》七十一篇。周史記。"④

【輯本】姚本、鄧本:"《周書》七十一篇。周史記。"

佚文十五

【出處】《漢書》卷三十《藝文志》:"《議奏》四十二篇。宣帝時石渠論。"⑤

【輯本】姚本、鄧本:"《議奏》四十二篇。宣帝時石渠論。"

佚文十六

【出處】《文選》卷三十八《任彦昇〈爲范始興作求立太宰碑表〉》李善注:"劉歆《七略》:曰'孝武皇帝……'又曰:'《尚書》有青絲編目録。'"⑥

【輯本】洪本:"《尚書》有青絲編目録。(《文選·爲范始興作求立太宰碑表》注。)"

嚴本:"《尚書》有青絲編目録。(《文選·任昉〈爲范始興作求立太

---

①②③④⑤ 《漢書》,第1705頁。

⑥ 《文選》,第1749頁。

宰碑表〉》注。)"

姚本:"又曰:《尚書》有青絲編目録。嚴本。(《文選・任彦昇〈爲范始興作求立太宰碑表〉》注。)"

陶本:"尚書有青絲編目録。(《文選・任彦昇〈爲范始興作求立太宰碑表〉》注。陶批:重出。)"

顧本:"《尚書》有青絲編目録。(《文選・求立太宰碑表》注。)"

章本:"《尚書》五十八篇。(《書・堯典》正義。)古文或誤以見爲典,以陶爲陰,如此類多。(《御覽》卷六百十八。)《尚書》有青絲編目録。(《文選・爲范始興作求立太宰碑表》注。)"

鄧本:"又曰:《尚書》有青絲編目録。嚴本。(《文選・任彦昇〈爲范始興作求立太宰碑表〉》注。)"

《詩》

佚文一

【出處】《漢書》卷三十《藝文志》:"《詩經》二十八卷,魯、齊、韓三家。"①

【輯本】姚本、鄧本:"《詩經》二十八卷。魯、齊、韓三家。"

佚文二

【出處】《漢書》卷三十《藝文志》:"《魯故》二十五卷。"②

【輯本】姚本、鄧本:"《魯故》二十五卷。"

佚文三

【出處】《漢書》卷三十《藝文志》:"《魯説》二十八卷。"③

【輯本】姚本、鄧本:"《魯説》二十八卷。"

佚文四

【出處】《漢書》卷三十《藝文志》:"《齊后氏故》二十卷。"④

【輯本】姚本、鄧本:"《齊后氏故》二十卷。"

---

①②③④ 《漢書》,第1707頁。

佚文五

【出處】《漢書》卷三十《藝文志》:"《齊孫氏故》二十七卷。"①

【輯本】姚本、鄧本:"《齊孫氏故》二十七卷。"

佚文六

【出處】《漢書》卷三十《藝文志》:"《齊后氏傳》三十九卷。"②

【輯本】姚本、鄧本:"《齊后氏傳》三十九卷。"

佚文七

【出處】《漢書》卷三十《藝文志》:"《齊孫氏傳》二十八卷。"③

【輯本】姚本、鄧本:"《齊孫氏傳》二十八卷。"

佚文八

【出處】《漢書》卷三十《藝文志》:"《齊雜記》十八卷。"④

【輯本】姚本、鄧本:"《齊雜記》十八卷。"

佚文九

【出處】《漢書》卷三十《藝文志》:"《韓故》三十六卷。"⑤

【輯本】姚本、鄧本:"《韓故》三十六卷。"

佚文十

【出處】《漢書》卷三十《藝文志》:"《韓内傳》四卷。"⑥

【輯本】姚本、鄧本:"《韓内傳》四卷。"

佚文十一

【出處】《漢書》卷三十《藝文志》:"《韓外傳》六卷。"⑦

【輯本】姚本、鄧本:"《韓外傳》六卷。"

---

①②③④ 《漢書》,第1707頁。

⑤⑥⑦ 《漢書》,第1708頁。

佚文十二

【出處】《漢書》卷三十《藝文志》:"《韓説》四十一卷。"①

【輯本】姚本、鄧本:"《韓説》四十一卷。"

佚文十三

【出處】《漢書》卷三十《藝文志》:"《毛詩》二十九卷。"②

【輯本】姚本、鄧本:"《毛詩》二十九卷。"

佚文十四

【出處】《漢書》卷三十《藝文志》:"《毛詩故訓傳》三十卷。"③

【輯本】姚本、鄧本:"《毛詩故訓傳》三十卷。"

《禮》

佚文一

【出處】《漢書》卷三十《藝文志》:"《禮古經》五十六卷,《經》十七篇。后氏、戴氏。"④

【輯本】姚本、鄧本:"《禮古經》五十六卷。"

佚文二

【出處】《漢書》卷三十《藝文志》:"《禮古經》五十六卷,《經》十七篇。后氏、戴氏。"⑤

【輯本】姚本、鄧本:"《禮經》十七篇。后氏、戴氏。"

佚文三

【出處】《漢書》卷三十《藝文志》:"《記》百三十一篇。七十子後學者所記也。"⑥

【輯本】姚本、鄧本:"《禮古記》百三十一篇。七十子後學者所

①②③ 《漢書》,第1708頁。

④⑤⑥ 《漢書》,第1709頁。

記也。”

佚文四

【出處】《漢書》卷三十《藝文志》:“《明堂陰陽》三十三篇。古明堂之遺事。”①

【輯本】姚本、鄧本:“《明堂陰陽》三十三篇。古明堂之遺事。”

佚文五

【出處】《文選》卷一《班孟堅〈西都賦〉》李善注:“《七略》曰:‘王者師天地,體天而行,是以明堂之制,内有太室,象紫微宫;南出明堂,象太微。’”②

《後漢書》卷四十上《班彪列傳》李賢注:“劉向《七略》曰:‘明堂之制:内有太室,象紫宫;南出明堂,象太微。’”③

【輯本】洪本、嚴本、陶本:“王者師天地,體天而行,是以明堂之制,内有太室,象紫微宫,南出明堂,象太微。(《文選·西都賦》注。)”

姚本:“又曰:王者師天地,體天而行。是以明堂之制,内有太室,象紫微宫;南出明堂,象太微。(嚴本。)”

顧本:“王者師天地,體天而行,是以明堂之制,内有太室象紫官,南出明堂象太微。(《後漢書·班固傳》注、《文選·西都賦》注‘紫’‘宫’之間有‘微’字。)”

鄧本:“又曰:王者師天地,體天而行。是以明堂之制,内有太室,象紫微宫;南出明堂,象太微。(嚴本。《文選·班孟堅〈西都賦〉》注。)”

佚文六

【出處】《漢書》卷三十《藝文志》:“《王史氏》二十一篇。七十子後學者。”④

---

①④ 《漢書》,第1709頁。

② 《文選》,第11頁。

③ 《後漢書》,第1342頁。

【輯本】姚本、鄧本:"《王史氏》二十一篇。七十子後學者。"

佚文七

【出處】《漢書》卷三十《藝文志》:"《曲台后倉》九篇。"①

【輯本】姚本、鄧本:"《曲台后倉》九篇。"

佚文八

【出處】《文選》卷五十九《任彦昇〈齊竟陵文宣王行狀〉》李善注:"《七略》曰:'宣皇帝時行射禮,博士后倉爲之辭,至今記之,曰《曲臺記》。'"②

【輯本】洪本、嚴本、陶本:"宣皇帝時行射禮,博士后蒼爲之辭,至今記之曰《曲臺記》。(《文選·齊竟陵文宣王行狀》注。)"

姚本:"《曲台后倉》九篇。宣皇帝時行射禮,博士后倉爲之辭,至今記之,曰《曲臺記》。(嚴本。)"

顧本:"宣皇帝時行射禮,博士后倉爲之辭,至今記之,曰《曲臺記》。(《文選·竟陵文宣王行狀》注。)"

章太炎本:"《曲臺后倉》九篇。(《藝文志》)宣皇帝時行射禮,博士后倉爲之辭,至今記之,曰《曲臺記》。(《文選·齊竟陵文宣王行狀》注。)"

鄧本:"《曲台后倉》九篇。宣皇帝時行射禮,博士后倉爲之辭,至今記之,曰《曲臺記》。(嚴本。《文選·任彦昇〈齊竟陵文宣王行狀〉》注。)"

佚文九

【出處】《漢書》卷三十《藝文志》:"《中庸説》二篇。"③

【輯本】姚本、鄧本:"《中庸説》二篇。"

佚文十

【出處】《漢書》卷三十《藝文志》:"《明堂陰陽説》五篇。"④

【輯本】姚本、鄧本:"《明堂陰陽説》五篇。"

---

①③④ 《漢書》,第1709頁。

② 《文選》,第2572頁。

佚文十一

【出處】《漢書》卷三十《藝文志》:"《周官經》六篇。"①

【輯本】姚本、鄧本:"《周官經》六篇。"

佚文十二

【出處】《漢書》卷三十《藝文志》:"《周官傳》四篇。"②

【輯本】姚本、鄧本:"《周官傳》四篇。"

佚文十三

【出處】《漢書》卷三十《藝文志》:"《古封禪群祀》二十二篇。"③

【輯本】姚本、鄧本:"《古封禪群祀》二十二篇。"

佚文十四

【出處】《漢書》卷三十《藝文志》:"《封彈議對》十九篇。武帝時也。"④

【輯本】姚本、鄧本:"《封彈議對》十九篇。武帝時也。"

佚文十五

【出處】《漢書》卷三十《藝文志》:"《漢封禪群祀》三十六篇。"⑤

【輯本】姚本、鄧本:"《漢封禪群祀》三十六篇。"

佚文十六

【出處】《漢書》卷三十《藝文志》:"《議奏》三十八篇。石渠。"⑥

【輯本】姚本、鄧本:"《議奏》三十八篇。石渠。"

《樂》

佚文一

【出處】《漢書》卷三十《藝文志》:"《樂記》二十三篇。"⑦

---

①②③④⑤ 《漢書》,第1709頁。

⑥ 《漢書》,第1710頁。

⑦ 《漢書》,第1711頁。

【輯本】姚本、鄧本:"《樂記》二十三篇。"

佚文二

【出處】《漢書》卷三十《藝文志》:"《王禹記》二十四篇。"①

【輯本】姚本、鄧本:"《王禹記》二十四篇。"

佚文三

【出處】《漢書》卷三十《藝文志》:"《雅歌詩》四篇。"②

【輯本】姚本、鄧本:"《雅歌詩》四篇。"

佚文四

【出處】《文選》卷二《張平子〈西京賦〉》李善注:"《七略》曰:漢興,善歌者魯人虞公,發聲動梁上塵。"③

《文選》卷十八《成公子安〈嘯賦〉》李善注:"《七略》曰:'漢興,善歌者魯人虞公,發聲動梁上塵。'"④

《文選》卷三十《陸士衡〈擬東城一何高〉》李善注:"《七略》曰:漢興,魯人虞公善雅歌,發聲盡動梁上塵。"⑤

《文選》卷三十四《曹子建〈七啟〉》李善注:"《七略》曰:'漢興,善歌者魯人虞公,發聲動梁上塵。'"⑥

《白孔六帖》卷六十一"歌"條:"《七略》:'善歌者有虞公,發聲動梁上塵。'"⑦

【輯本】洪本、嚴本、陶本:"漢興,善歌者魯人虞公,發聲動梁上塵。(《文選·嘯賦》注、陸士衡《擬古詩》注、曹子建《七啟》注、《白帖》六十一。)"

---

①② 《漢書》,第1711頁。

③ 《文選》,第78頁。

④ 《文選》,第870頁。

⑤ 《文選》,第1429頁。

⑥ 《文選》,第1586頁。

⑦ 《白孔六帖》。

姚本:“漢興,善歌者魯人虞公,發聲動梁上塵。(嚴本。)”

顧本:“漢興,善雅歌者魯人虞公,發聲動梁上塵。(《文選·西京賦》注、《嘯賦》注、《擬東城一何高》注、《七啟》注。)”

鄧本:“漢興,善歌者魯人虞公,發聲動梁上塵。(嚴本。《白氏六帖》卷一八、《文選·成公子安〈嘯賦〉》注、《文選·陸士衡〈擬古詩〉》注、《文選·曹子建〈七啟〉》注。)”

佚文五

【出處】《漢書》卷三十《藝文志》:“《雅琴趙氏》七篇。名定,勃海人,宣帝時丞相魏相所奏。”①

【輯本】姚本、鄧本:“《雅琴趙氏》七篇。名定,勃海人,宣帝時丞相魏相所奏。”

佚文六

【出處】《漢書》卷三十《藝文志》:“《雅琴趙氏》七篇。名中,東海人,傳言師曠後。”②

【輯本】姚本、鄧本:“《雅琴師氏》八篇。名中,東海人,傳言師曠後。”

佚文七

【出處】《漢書》卷三十《藝文志》:“《雅琴龍氏》九十九篇。名德,梁人。”③

【輯本】姚本、鄧本:“《雅琴龍氏》九十九篇。名德,梁人。”

佚文八

【出處】《文選》卷十八《嵇叔夜〈琴賦〉》李善注:“《七略》:‘《雅暢》第十七。曰:《琴道》曰:《堯暢》,逸。又曰:達則兼善天下,無不通暢,故謂之暢。’昶與暢同。‘又曰:《微子操》,微子傷殷之將亡,終不可奈何,

①②③ 《漢書》,第1711頁。

見鴻鵠高飛,援琴作《操》。'"①

【輯本】洪本、嚴本、陶本:"《雅暢》第十七。(《文選·琴賦》注。)"

姚本:"又曰:'《雅暢》第十七。'(嚴本。《文選·嵇叔夜〈琴賦〉》注。)"

顧本:"《雅暢》第十七。(《文選·琴賦》注。)"

章本:"雅琴,琴之言禁也,雅之言正也,君子守正以自禁也。(《文選·長門賦》注)君子因雅琴之適,故從容以致思焉。其道閉塞悲愁,而作者名其曲曰《操》,言遇災害不失其操也。(《後漢書·曹褒傳》注。)《雅暘》第十七曰《琴道》:'曰《堯暘》,逸。'又曰:'堯,則達善天下,無不通暘,故謂之暘。'又曰:'《微子操》,微子傷殷之將亡,終不可奈何,見鴻鵠高飛,援琴作《操》。'(《文選·琴賦》注。案,《選》注履引《琴道》,蓋其書與《琴操》相類,而作於西漢,故《七略》得引之。)"

鄧本:"《雅暢》第十七曰《琴道》,曰:'堯暢逸。'又曰:'達則兼善天下,無不通暢,故謂之暢。'又曰:'《微子操》,微子傷殷之將亡,將不可奈何,見鴻鵠高飛,援琴作《操》。'(《文選·嵇叔夜〈琴賦〉注》引《七略》。章太炎曰:'《文選注》屢引《琴道》,蓋其書與《琴操》相類,而作於西漢,故《七略》得引之。'《七略别録佚文徵》。)"

佚文九

【出處】《文選》卷十六《司馬長卿〈長門賦〉》李善注:"《七略》曰:'雅琴,琴之言禁也,雅之言正也,君子守正以自禁也。'"②

【輯本】洪本、嚴本、陶本:"雅琴,琴之言禁也,雅之言正也,君子守正以自禁也。(《文選·長門賦》注。)"

姚本:"又曰:雅琴,琴之言禁也,雅之言正也,君子守正以自禁也。(嚴本。)"

章本:"雅琴,琴之言禁也,雅之言正也,君子守正以自禁也。(《文選·長門賦》注。)君子因雅琴之適,故從容以致思焉。其道閉塞悲愁,

① 《文選》,第842頁。

② 《文選》,第715頁。

而作者名其曲曰《操》,言遇災害不失其操也。(《後漢書·曹褒傳》注)《雅暢》第十七曰《琴道》:'曰《堯暢》,逸。'又曰:'堯,則達善天下,無不通暢,故謂之暢。'又曰:'《微子操》,微子傷殷之將亡,終不可奈何,見鴻鵠高飛,援琴作《操》。'(《文選·琴賦》注。案,《選》注屢引《琴道》,蓋其書與《琴操》相類,而作於西漢,故《七略》得引之。)"

顧本:"雅琴,琴之言禁也,雅之言正也,君子守正以自禁也。(《文選·長門簫賦》注。)"

鄧本:"又曰:雅琴,琴之言禁也,雅之言正也,君子守正以自禁也。(嚴本。《文選·司馬長卿〈長門賦〉》注。)"

佚文十

【出處】《文選》卷十七《王子淵〈洞簫賦〉》李善注:"《七略》:'有莊春言琴。'"①

【輯本】洪本、嚴本、陶本:"有莊春言琴。(《文選·洞簫賦》注。)"

姚本:"又曰:有莊春言琴。(嚴本。)"

章本:"莊春言琴。(《文選·洞簫賦》注。案,《洞簫賦》言師襄嚴春,則其人在子淵前,非與趙定、龍德同時者,《七略》蓋述古人也。)"

鄧本:"又曰:有莊春言琴。(嚴本。《文選·王子淵〈洞簫賦〉》注。)"

《春秋》

佚文一

【出處】《漢書》卷三十《藝文志》:"《春秋古經》十二篇。"②

【輯本】姚本、鄧本:"《春秋古經》十二篇。"

佚文二

【出處】《漢書》卷三十《藝文志》:"《春秋古經》十二篇。《經》十一

① 《文選》,第787頁。

② 《漢書》,第1712頁。

卷。公羊、穀梁二家。"①

【輯本】姚本、鄧本:"《春秋古經》十二篇。"

佚文三

【出處】《漢書》卷三十《藝文志》:"《春秋古經》十二篇。《經》十一卷。公羊、穀梁二家。"②

【輯本】姚本、鄧本:"《春秋經》十一卷。公羊、穀梁二家。"

佚文四

【出處】《漢書》卷三十《藝文志》:"《左氏傳》三十卷。左丘明,魯太史。"③

【輯本】姚本、鄧本:"《左氏傳》三十卷。左丘明,魯太史。"

佚文五

【出處】《漢書》卷三十《藝文志》:"《公羊傳》十一卷。公羊子,齊人。"④

【輯本】姚本、鄧本:"《公羊傳》十一卷。公羊子,齊人。"

佚文六

【出處】《漢書》卷三十《藝文志》:"《穀梁傳》十一卷。穀梁子,魯人。"⑤

【輯本】姚本、鄧本:"《穀梁傳》十一卷。穀梁子,魯人。"

佚文七

【出處】《初學記》卷二十一《文部》:"《七略》曰:'《春秋》兩家文,或具四時,或不。於古文,無事不必具四時。'"⑥

【輯本】洪本、嚴本、陶本:"《春秋》兩家文,或具四時,或不。於古

---

①②③④⑤ 《漢書》,第1713頁。

⑥ 《初學記》,第507頁。

文,無事不必具四時。(《初學記》二十一。)"

姚本:"又曰:《春秋》兩家文,或具四時,或不。於古文,無事不必具四時。(嚴本。按,此言兩家文謂公羊氏、穀梁氏之今文經也;言古文即古經十二篇,左氏經也。此《七略》言左氏經善於公、穀之一端。)"

顧本:"《春秋》兩家文,或具四時,或不(即'否'字。)。於古文,無事(原衍'不'字。)必具四時。(《初學記》二十一。)"

鄧本:"又曰:《春秋》兩家文,或具四時,或不。於古文,無事不必具四時。(嚴本。《初學記》卷二一。按,此言兩家文謂公羊氏、穀梁氏之今文經也;言古文即古經十二篇,左氏經也。此《七略》言左氏經善於公、穀之一端。)"

佚文八

【出處】《漢書》卷三十《藝文志》:"《鄒氏傳》十一卷。"①

【輯本】姚本、鄧本:"《鄒氏傳》十一卷。"

佚文九

【出處】《漢書》卷三十《藝文志》:"《夾氏傳》十一卷。有録無書。"②

【輯本】姚本、鄧本:"《夾氏傳》十一卷。有録無書。"

佚文十

【出處】《漢書》卷三十《藝文志》:"《左氏微》二篇。"③

【輯本】姚本、鄧本:"《左氏微》二篇。"

佚文十一

【出處】《漢書》卷三十《藝文志》:"《鐸氏微》三篇。楚太傅鐸椒也。"④

【輯本】姚本、鄧本:"《鐸氏微》三篇。楚太傅鐸椒也。"

---

①②③④ 《漢書》,第1713頁。

佚文十二

【出處】《漢書》卷三十《藝文志》:"《張氏微》十篇。"①

【輯本】姚本、鄧本:"《張氏微》十篇。"

佚文十三

【出處】《漢書》卷三十《藝文志》:"《虞氏微傳》二篇。趙相虞卿。"②

【輯本】姚本、鄧本:"《虞氏微傳》二篇。趙相虞卿。"

佚文十四

【出處】《漢書》卷三十《藝文志》:"《公羊外傳》五十篇。"③

【輯本】姚本、鄧本:"《公羊外傳》五十篇。"

佚文十五

【出處】《漢書》卷三十《藝文志》:"《穀梁外傳》二十篇。"④

【輯本】姚本、鄧本:"《穀梁外傳》二十篇。"

佚文十六

【出處】《漢書》卷三十《藝文志》:"《公羊章句》三十八篇。"⑤

【輯本】姚本、鄧本:"《公羊章句》三十八篇。"

佚文十七

【出處】《漢書》卷三十《藝文志》:"《穀梁章句》三十三篇。"⑥

【輯本】姚本、鄧本:"《穀梁章句》三十三篇。"

佚文十八

【出處】《漢書》卷三十《藝文志》:"《公羊雜記》八十三篇。"⑦

【輯本】姚本、鄧本:"《公羊雜記》八十三篇。"

---

①②③④⑤⑥⑦ 《漢書》,第1713頁。

佚文十九

【出處】《漢書》卷三十《藝文志》:"《公羊顔氏記》十一篇。"①

【輯本】姚本、鄧本:"《公羊顔氏記》十一篇。"

佚文二十

【出處】《漢書》卷三十《藝文志》:"《公羊董仲舒治獄》十六篇。"②

【輯本】姚本、鄧本:"《公羊董仲舒治獄》十六篇。"

佚文二十一

【出處】《漢書》卷三十《藝文志》:"《公羊董仲舒治獄》十六篇。"③

【輯本】姚本、鄧本:"《公羊董仲舒治獄》十六篇。"

佚文二十二

【出處】《漢書》卷三十《藝文志》:"《議奏》三十九篇。石渠論。"④

【輯本】姚本、鄧本:"《議奏》三十九篇。石渠論。"

佚文二十三

【出處】《漢書》卷三十《藝文志》:"《國語》二十一篇。左丘明著。"⑤

【輯本】姚本、鄧本:"《國語》二十一篇。左丘明著。"

佚文二十四

【出處】《漢書》卷三十《藝文志》:"《新國語》五十四篇。劉向分《國語》。"⑥

【輯本】姚本、鄧本:"《新國語》五十四篇。臣向分《國語》。"

佚文二十五

【出處】《漢書》卷三十《藝文志》:"《世本》十五篇。古史官記黄帝

---

① 《漢書》,第1713頁。

②③④⑤⑥ 《漢書》,第1714頁。

以來訖春秋時諸侯大夫。"①

【輯本】姚本、鄧本:"《世本》十五篇。古史官記黄帝以來訖春秋時諸侯大夫。"

佚文二十六

【出處】《漢書》卷三十《藝文志》:"《戰國策》三十三篇。記春秋後。"②

【輯本】姚本、鄧本:"《戰國策》三十三篇。記春秋後。"

佚文二十七

【出處】《漢書》卷三十《藝文志》:"《奏事》二十篇。秦時大臣奏事,及刻石名山文也。"③

【輯本】姚本、鄧本:"《奏事》二十篇。秦時大臣奏事,及刻石名山文也。"

佚文二十八

【出處】《漢書》卷三十《藝文志》:"《楚漢春秋》九篇。陸賈所記。"④

【輯本】姚本、鄧本:"《楚漢春秋》九篇。陸賈所記。"

佚文二十九

【出處】《漢書》卷三十《藝文志》:"《太史公》百三十篇。十篇有録無書。"⑤

【輯本】姚本、鄧本:"《太史公》百三十篇。十篇有録無書。"

佚文三十

【出處】《漢書》卷三十《藝文志》顔師古注:"《七略》云:'商,陽陵人,治《易》,事五鹿充宗,後事劉向,能屬文,後與孟柳俱待詔,頗序列

---

①②③④⑤ 《漢書》,第1714頁。

傳,未卒,病死。'"①

《漢書》卷五十九《張湯傳》顔師古注:"劉歆《七略》云:'商,陽陵人,治《易》,事五鹿充宗,能屬文,博通强記,與孟柳俱待詔,頗序列傳,未卒,會病死。'"②

【辑本】洪本:"(馮商)商,陽陵人,治《易》,事五鹿充宗,後事劉向,能屬文,後與孟柳同待詔,頗序列傳,未卒,會病死。(《漢書·藝文志》注、《張湯傳》注。)"

嚴本:"(馮商)商,陽陵人,治《易》,事五鹿充宗,後事劉向,能屬文,後與孟柳同待詔,頗序列傳,未卒,會病死。(《漢書·藝文志》注、《張湯傳》注。)"

馬本:"馮商所續《太史公》七篇,商字子高。(《漢書·藝文志》)商,陽陵人,治《易》,事五鹿充宗,後事向,能屬文,後與孟柳俱待詔,頗序列傳,未卒,病死。(《漢書·藝文志》注師古引七略。)"

姚本:"馮商所續《太史公》十一篇。(按,《漢志》著録七篇,詳見前《别録》。③)商,陽陵人,治《易》,事五鹿充宗,後事劉向,能屬文,後與孟柳同待詔,頗序列傳,未卒,會病死。(嚴本。)"

陶本:"(馮商)商,陽陵人,治《易》,事五鹿充宗,後事劉向,能屬文,後與孟柳同待詔,頗序列傳,未卒,會病死。(《漢書·藝文志》注、《張湯傳》注。陶批:《漢書》注'同'作'俱',無'會'字。高似孫《史略》引同。)"

張本:"馮商所續《太史公》七篇,商字子高。(《漢書·藝文志》)商,陽陵人,治《易》,事五鹿充宗,後事向,能屬文,後與孟柳俱待詔,頗序列傳,未卒,病死。(《漢書·藝文志》注師古引七略。)"

顧本:"商,陽陵人,治《易》事五鹿充宗,後事劉向,能屬文,博通强記。

---

① 《漢書》,第1715頁。

② 《漢書》,第2657頁。

③ 此按語即指姚振宗在劉向《别録》佚文中,收録"馮商所續《太史公》十一篇"時按語,即:"《藝文志》著録七篇。韋昭注曰:'馮商受詔續《太史公》十餘篇。'班氏注云:'省《太史公》四篇。'蓋所省即《馮商書》,著録七篇,省四篇。以是知《七略》所載實十一篇,《别録》亦猶是也。"

後與孟柳俱待詔,頗序列傳,未卒,會病死。(同上[①]。《張湯傳》注。)"

章太炎本:"馮商所續《太史公》七篇。(《藝文志》。)商字子高,(《藝文志》韋昭注)商,陽陵人,治《易》,事五鹿充宗,後事劉向,能屬文,博通强記。(此句《張湯傳》注有)後與孟柳俱待詔,頗序列傳,未卒,病死。(《藝文志》師古注、《張湯傳》師古注。)"

鄧本:"馮商所續《太史公》十一篇。(按,《漢志》著録七篇,詳見前《别録》。)商,陽陵人,治《易》,事五鹿充宗,後事劉向,能屬文,後與孟柳同待詔[②],頗序列傳,未卒,會病死。(嚴本。《漢書・藝文志》注、《漢書・張湯傳》注。)"

佚文三十一

【出處】《漢書》卷三十《藝文志》:"馮商所續《太史公》七篇。"[③]

【輯本】姚本、鄧本:"馮商所續《太史公》十一篇。"

佚文三十二

【出處】《漢書》卷三十《藝文志》:"《太古以來年紀》二篇。"[④]

【輯本】姚本、鄧本:"《太古以來年紀》二篇。"

佚文三十三

【出處】《漢書》卷三十《藝文志》:"《漢著記》百九十卷。"[⑤]

【輯本】姚本、鄧本:"《漢著記》百九十卷。"

佚文三十四

【出處】《漢書》卷三十《藝文志》:"《漢大年紀》五篇。"[⑥]

【輯本】姚本、鄧本:"《漢大年紀》五篇。"

---

① 顧本所言"同上"即指其輯本位於"商陽陵人……"前的"忽奇者,或言莊夫子子……"一句佚文所標注的"《漢志》《注》"。

② 鄧本校勘記言:"'後',《漢書・張湯傳》注作'博通强記'。"

③④⑤⑥ 《漢書》,第1714頁。

《論語》

佚文一

【出處】《漢書》卷三十《藝文志》:“《論語古》二十一篇。出孔子壁中,兩《子張》。”①

【輯本】姚本、鄧本:“《論語古》二十一篇。出孔子壁中,兩《子張》。”

佚文二

【出處】《漢書》卷三十《藝文志》:“《齊》二十二篇。多《問玉》《知道》。”②

【輯本】姚本、鄧本:“《論語齊》二十二篇。多《問玉》《知道》。”

佚文三

【出處】《漢書》卷三十《藝文志》:“《魯》二十篇,《傳》十九篇。”③

【輯本】姚本、鄧本:“《論語魯》二十篇。”

佚文四

【出處】《漢書》卷三十《藝文志》:“《魯》二十篇,《傳》十九篇。”④

【輯本】姚本、鄧本:“《論語傳》十九篇。”

佚文五

【出處】《漢書》卷三十《藝文志》:“《齊説》二十九篇。”⑤

【輯本】姚本、鄧本:“《齊説》二十九篇。”

佚文六

【出處】《漢書》卷三十《藝文志》:“《魯夏侯説》二十一篇。”⑥

【輯本】姚本、鄧本:“《魯夏侯説》二十一篇。”

---

①②③④⑤⑥ 《漢書》,第1716頁。

佚文七

【出處】《漢書》卷三十《藝文志》:"《魯安昌侯説》二十一篇。"①

【輯本】姚本、鄧本:"《魯安昌侯説》二十一篇。"

佚文八

【出處】《漢書》卷三十《藝文志》:"《魯王駿説》二十篇。"②

【輯本】姚本、鄧本:"《魯王駿説》二十篇。"

佚文九

【出處】《漢書》卷三十《藝文志》:"《燕傳説》三卷。"③

【輯本】姚本、鄧本:"《燕傳説》三卷。"

佚文十

【出處】《漢書》卷三十《藝文志》:"《議奏》十八篇。石渠論。"④

【輯本】姚本、鄧本:"《議奏》十八篇。石渠論。"

佚文十一

【出處】《漢書》卷三十《藝文志》:"《孔子家語》二十七卷。"⑤

【輯本】姚本、鄧本:"《孔子家語》二十七卷。"

佚文十二

【出處】《漢書》卷三十《藝文志》:"《孔子三朝》七篇。"⑥

【輯本】姚本、鄧本:"《孔子三朝》七篇。"

佚文十三

【出處】《漢書》卷三十《藝文志》:"《孔子徒人圖法》二卷。"⑦

【輯本】姚本、鄧本:"《孔子徒人圖法》二卷。"

---

①②③④⑤⑥⑦ 《漢書》,第1716頁。

誤輯佚文

【出處】《三國志》卷三十八《許麋孫簡伊秦傳》裴松之注:"劉向《七略》曰:'孔子三見哀公,作《三朝記》七篇,今在《大戴禮》。'"①

《北堂書鈔》卷九十九《藝文部五》:"劉向《七略》云:'孔子三見哀公,作《三朝記》七篇,今在《大戴記》。'"②

《藝文類聚》卷五十五《雜文部一》:"劉向《七略》曰:'孔子三見哀公,作《三朝記》七篇,今在《大戴禮》。'"③

【輯本】顧本:"孔子三見哀公,作《三朝記》七篇。今在大戴《禮》。(《藝文》五十五、《書鈔》九十九、《蜀志·秦宓傳》注。)"

按,《漢志·六藝略·論語》類著録:"《孔子三朝》七篇"。④此佚文與《孔子三朝》相關,但此劉向《七略》爲《七略别録》的省稱,非劉歆《七略》佚文。

《孝經》

佚文一

【出處】《漢書》卷三十《藝文志》:"《孝經古孔氏》一篇。二十二章。"⑤

【輯本】姚本、鄧本:"《孝經古孔氏》一篇。二十二章。"

佚文二

【出處】《漢書》卷三十《藝文志》:"《孝經》一篇。十八章。長孫氏、江氏、后氏、翼氏四家。"⑥

【輯本】姚本、鄧本:"《孝經》一篇。十八章。長孫氏、江氏、后氏、翼氏四家。"

---

① 《三國志》,第974頁。

② 《北堂書鈔》,第377頁。

③ 《藝文類聚》,第983頁。

④ 《漢書》,第1717頁。

⑤⑥ 《漢書》,第1718頁。

佚文三

【出處】《漢書》卷三十《藝文志》:"《長孔氏説》二篇。"①

【輯本】姚本、鄧本:"《長孔氏説》二篇。"

佚文四

【出處】《漢書》卷三十《藝文志》:"《江氏説》一篇。"②

【輯本】姚本、鄧本:"《江氏説》一篇。"

佚文五

【出處】《漢書》卷三十《藝文志》:"《后氏説》一篇。"③

【輯本】姚本、鄧本:"《后氏説》一篇。"

佚文六

【出處】《漢書》卷三十《藝文志》:"《翼氏説》一篇。"④

【輯本】姚本、鄧本:"《翼氏説》一篇。"

佚文七

【出處】《漢書》卷三十《藝文志》:"《雜傳》四篇。"⑤

【輯本】姚本、鄧本:"《雜傳》四篇。"

佚文八

【出處】《漢書》卷三十《藝文志》:"《安昌侯説》一篇。"⑥

【輯本】姚本、鄧本:"《安昌侯説》一篇。"

佚文九

【出處】《漢書》卷三十《藝文志》:"《五經雜議》十八篇。石渠論。"⑦

【輯本】姚本、鄧本:"《五經雜議》十八篇。石渠論。"

①②③④⑤⑥⑦ 《漢書》,第1718頁。

佚文十

【出處】《漢書》卷三十《藝文志》:"《爾雅》三卷。二十篇。"①

【輯本】姚本、鄧本:"《爾雅》三卷。二十篇。"

佚文十一

【出處】《漢書》卷三十《藝文志》:"《小雅》一篇。"②

【輯本】姚本、鄧本:"《小雅》一篇。"

佚文十二

【出處】《漢書》卷三十《藝文志》:"《古今字》一卷。"③

【輯本】姚本、鄧本:"《古今字》一卷。"

佚文十三

【出處】《漢書》卷三十《藝文志》:"《弟子職》一篇。"④

【輯本】姚本、鄧本:"《弟子職》一篇。"

佚文十四

【出處】《漢書》卷三十《藝文志》:"《説》三篇。"⑤

【輯本】姚本、鄧本:"《説》三篇。"

小　學

佚文一

【出處】《漢書》卷三十《藝文志》:"《史籀》十五篇。周宣王太史作大篆十五篇,建武時亡六篇矣。"⑥

【輯本】姚本、鄧本:"《史籀》十五篇。周宣王太史作大篆十五篇。"

佚文二

【出處】《漢書》卷三十《藝文志》:"《八體六技》。"⑦

---

①②③④ 《漢書》,第1718頁。

⑤⑥⑦ 《漢書》,第1719頁。

【輯本】姚本、鄧本:"《八體六技》。"

佚文三

【出處】《漢書》卷三十《藝文志》:"《蒼頡》一篇。上七章,秦丞相李斯作也;《爰曆》六章,車府令趙高作也;《博學》七章,太史令胡母敬作。"①

【輯本】姚本、鄧本:"《蒼頡》一篇。上七章,秦丞相李斯作也;《爰曆》六章,車府令趙高作也;《博學》七章,太史令胡母敬作。"

佚文四

【出處】《漢書》卷三十《藝文志》:"《凡將》一篇。"②

【輯本】姚本、鄧本:"《凡將》一篇。"

佚文五

【出處】《漢書》卷三十《藝文志》:"《急就》一篇。"③

【輯本】姚本、鄧本:"《急就》一篇。"

佚文六

【出處】《漢書》卷三十《藝文志》:"《元尚》一篇。武帝時司馬相如作。"④

【輯本】姚本、鄧本:"《元尚》一篇。武帝時司馬相如作。"

佚文七

【出處】《漢書》卷三十《藝文志》:"《別字》十三篇。"⑤

【輯本】姚本、鄧本:"《別字》十三篇。"

佚文八

【出處】《漢書》卷三十《藝文志》:"《蒼頡傳》一篇。"⑥

---

① 《漢書》,第1719頁。

②③④⑤⑥ 《漢書》,第1720頁。

【輯本】姚本、鄧本："《蒼頡傳》一篇。"

三、諸子略

儒　家

佚文一

【出處】《漢書》卷三十《藝文志》："《晏子》八篇。名嬰，謚平仲，相齊景公，孔子稱善與人交，有列傳。"①

【輯本】姚本、鄧本："《晏子》八篇。名嬰，謚平仲，相齊景公，孔子稱善與人交，有列傳。"

佚文二

【出處】《漢書》卷三十《藝文志》："《子思》二十三篇。名伋，孔子孫，爲魯繆公師。"②

【輯本】姚本、鄧本："《子思》二十三篇。名伋，孔子孫，爲魯繆公師。"

佚文三

【出處】《漢書》卷三十《藝文志》："《曾子》十八篇。名參，孔子弟子。"③

【輯本】姚本、鄧本："《曾子》十八篇。名參，孔子弟子。"

佚文四

【出處】《漢書》卷三十《藝文志》："《漆雕子》十三篇。孔子弟子漆雕啟後。"④

【輯本】姚本、鄧本："《漆雕子》十三篇。孔子弟子漆雕啟後。"

佚文五

【出處】《漢書》卷三十《藝文志》："《宓子》十六篇。名不齊，字子

---

①②③④　《漢書》，第1724頁。

賤,孔子弟子。"①

【輯本】姚本、鄧本:"《宓子》十六篇。名不齊,字子賤,孔子弟子。"

佚文六

【出處】《漢書》卷三十《藝文志》:"《景子》三篇。説宓子語,似其弟子。"②

【輯本】姚本、鄧本:"《景子》三篇。説宓子語,似其弟子。"

佚文七

【出處】《漢書》卷三十《藝文志》:"《世子》二十一篇。名碩,陳人也,七十子之弟子。"③

【輯本】姚本、鄧本:"《世子》二十一篇。名碩,陳人也,七十子之弟子。"

佚文八

【出處】《漢書》卷三十《藝文志》:"《魏文侯》六篇。"④

【輯本】姚本、鄧本:"《魏文侯》六篇。"

佚文九

【出處】《漢書》卷三十《藝文志》:"《李克》七篇。子夏弟子,爲魏文侯相。"⑤

【輯本】姚本、鄧本:"《李克》七篇。子夏弟子,爲魏文侯相。"

佚文十

【出處】《漢書》卷三十《藝文志》:"《公孔尼子》二十八篇。七十子之弟子。"⑥

【輯本】姚本、鄧本:"《公孔尼子》二十八篇。七十子之弟子。"

---

①②③④⑤ 《漢書》,第1724頁。

⑥ 《漢書》,第1725頁。

佚文十一

【出處】《漢書》卷三十《藝文志》:“《孟子》十一篇。名軻,鄒人,子思弟子,有列傳。”①

【輯本】姚本、鄧本:“《孟子》十一篇。名軻,鄒人,子思弟子,有列傳。”

佚文十二

【出處】《漢書》卷三十《藝文志》:“《孫卿子》三十三篇。名況,趙人,爲齊稷下祭酒,有列傳。”②

【輯本】姚本、鄧本:“《孫卿子》三十三篇。名況,趙人,爲齊稷下祭酒,有列傳。”

佚文十三

【出處】《漢書》卷三十《藝文志》:“《芈子》十八篇。名嬰,齊人,七十子之後。”③

【輯本】姚本、鄧本:“《芈子》十八篇。名嬰,齊人,七十子之後。”

佚文十四

【出處】《漢書》卷三十《藝文志》:“《内業》十五篇。不知作書者。”④

【輯本】姚本、鄧本:“《内業》十五篇。不知作書者。”

佚文十五

【出處】《漢書》卷三十《藝文志》:“《周史六弢》六篇。惠、襄之間,或曰顯王時,或曰孔子問焉。”⑤

【輯本】姚本、鄧本:“《周史六弢》六篇。惠、襄之間,或曰顯王時,或曰孔子問焉。”

---

①②③④⑤ 《漢書》,第1725頁。

佚文十六

【出處】《漢書》卷三十《藝文志》:“《周政》六篇。周時法度政教。”①

【輯本】姚本、鄧本:“《周政》六篇。周時法度政教。”

佚文十七

【出處】《漢書》卷三十《藝文志》:“《周法》九篇。法天地,立百官。”②

【輯本】姚本、鄧本:“《周法》九篇。法天地,立百官。”

佚文十八

【出處】《漢書》卷三十《藝文志》:“《河間周制》十八篇。似河間獻王所述也。”③

【輯本】姚本、鄧本:“《河間周制》十八篇。似河間獻王所述也。”

佚文十九

【出處】《漢書》卷三十《藝文志》:“《讕言》十篇。不知作者,陳人君法度。”④

【輯本】姚本、鄧本:“《讕言》十篇。不知作者,陳人君法度。”

佚文二十

【出處】《漢書》卷三十《藝文志》:“《功議》四篇。不知作者,論功德事。”⑤

【輯本】姚本、鄧本:“《功議》四篇。不知作者,論功德事。”

佚文二十一

【出處】《漢書》卷三十《藝文志》:“《甯越》一篇。中牟人,爲周威王師。”⑥

---

①②③④⑤⑥ 《漢書》,第1725頁。

【輯本】姚本、鄧本:"《甯越》一篇。中牟人,爲周威王師。"

佚文二十二

【出處】《漢書》卷三十《藝文志》:"《王孫子》一篇。一曰《巧心》。"①

【輯本】姚本、鄧本:"《王孫子》一篇。一曰《巧心》。"

佚文二十三

【出處】《漢書》卷三十《藝文志》:"《公孫固》一篇。十八章。齊閔王失國,問之,固因爲陳古今成敗也。"②

【輯本】姚本、鄧本:"《公孫固》一篇。十八章。齊閔王失國,問之,固因爲陳古今成敗也。"

佚文二十四

【出處】《漢書》卷三十《藝文志》:"《李氏春秋》二篇。"③

【輯本】姚本、鄧本:"《李氏春秋》二篇。"

佚文二十五

【出處】《漢書》卷三十《藝文志》:"《羊子》四篇。百章。故秦博士。"④

【輯本】姚本、鄧本:"《羊子》四篇。百章。故秦博士。"

佚文二十六

【出處】《漢書》卷三十《藝文志》:"《董子》一篇。名無心,難墨子。"⑤

【輯本】姚本、鄧本:"《董子》一篇。名無心,難墨子。"

佚文二十七

【出處】《漢書》卷三十《藝文志》:"《董子》一篇。名無心,難墨子。"⑥

---

①②③ 《漢書》,第1725頁。

④⑤⑥ 《漢書》,第1726頁。

【輯本】姚本、鄧本:"《董子》一篇。名無心,難墨子。"

佚文二十八

【出處】《漢書》卷三十《藝文志》:"《俟子》一篇。"①

【輯本】姚本、鄧本:"《俟子》一篇。"

佚文二十九

【出處】《漢書》卷三十《藝文志》:"《徐子》四十二篇。宋外黄人。"②

【輯本】姚本、鄧本:"《徐子》四十二篇。宋外黄人。"

佚文三十

【出處】《漢書》卷三十《藝文志》:"《魯仲連子》十四篇。有《列傳》。"③

【輯本】姚本、鄧本:"《魯仲連子》十四篇。有《列傳》。"

佚文三十一

【出處】《漢書》卷三十《藝文志》:"《虞氏春秋》十五篇。虞卿也。"④

【輯本】姚本、鄧本:"《虞氏春秋》十五篇。虞卿也。"

佚文三十二

【出處】《漢書》卷三十《藝文志》:"《高祖傳》十三篇。高祖與大臣述古語及詔策也。"⑤

【輯本】姚本、鄧本:"《高祖傳》十三篇。高祖與大臣述古語及詔策也。"

佚文三十三

【出處】《漢書》卷三十《藝文志》:"《陸賈》二十三篇。"⑥

---

①②③④⑤⑥ 《漢書》,第1726頁。

【輯本】姚本、鄧本:"《陸賈》二十三篇。"

佚文三十四

【出處】《漢書》卷三十《藝文志》:"《劉敬》三篇。"①

【輯本】姚本、鄧本:"《劉敬》三篇。"

佚文三十五

【出處】《漢書》卷三十《藝文志》:"《孝文傳》十一篇。文帝所稱及詔策。"②

【輯本】姚本、鄧本:"《孝文傳》十一篇。文帝所稱及詔策。"

佚文三十六

【出處】《漢書》卷三十《藝文志》:"《賈山》八篇。"③

【輯本】姚本、鄧本:"《賈山》八篇。"

佚文三十七

【出處】《漢書》卷三十《藝文志》:"《太常蓼侯孔藏》十篇。父聚,高祖時以功臣封,臧嗣爵。"④

【輯本】姚本、鄧本:"《太常蓼侯孔藏》十篇。父聚,高祖時以功臣封,臧嗣爵。"

佚文三十八

【出處】《漢書》卷三十《藝文志》:"《賈誼》五十八篇。"⑤

【輯本】姚本、鄧本:"《賈誼》五十八篇。"

佚文三十九

【出處】《漢書》卷三十《藝文志》:"河間獻王《對上下三雍宫》三篇。"⑥

【輯本】姚本、鄧本:"河間獻王《對上下三雍宫》三篇。"

---

①②③④⑤⑥ 《漢書》,第1726頁。

佚文四十

【出處】《漢書》卷三十《藝文志》:"《董仲舒》百二十三篇。"①

【輯本】姚本、鄧本:"《董仲舒》百二十三篇。"

佚文四十一

【出處】《漢書》卷三十《藝文志》:"《兒寬》九篇。"②

【輯本】姚本、鄧本:"《兒寬》九篇。"

佚文四十二

【出處】《漢書》卷三十《藝文志》:"《公孫弘》十篇。"③

【輯本】姚本、鄧本:"《公孫弘》十篇。"

佚文四十三

【出處】《漢書》卷三十《藝文志》:"《終軍》八篇。"④

【輯本】姚本、鄧本:"《終軍》八篇。"

佚文四十四

【出處】《漢書》卷三十《藝文志》:"《吾丘壽王》六篇。"⑤

【輯本】姚本、鄧本:"《吾丘壽王》六篇。"

佚文四十五

【出處】《漢書》卷三十《藝文志》:"《虞丘説》一篇。難孫卿也。"⑥

【輯本】姚本、鄧本:"《虞丘説》一篇。難孫卿也。"

佚文四十六

【出處】《漢書》卷三十《藝文志》:"《莊助》四篇。"⑦

【輯本】姚本、鄧本:"《莊助》四篇。"

---

①②③④⑤⑥⑦ 《漢書》,第1727頁。

佚文四十七

【出處】《漢書》卷三十《藝文志》:"《臣彭》四篇。"①

【輯本】姚本、鄧本:"《臣彭》四篇。"

佚文四十八

【出處】《漢書》卷三十《藝文志》:"《鉤盾冗從李步昌》八篇。宣帝時數言事。"②

【輯本】姚本、鄧本:"《鉤盾冗從李步昌》八篇。宣帝時數言事。"

佚文四十九

【出處】《漢書》卷三十《藝文志》:"《儒家言》十八篇。不知作者。"③

【輯本】姚本、鄧本:"《儒家言》十八篇。不知作者。"

佚文五十

【出處】《漢書》卷三十《藝文志》:"桓寬《鹽鐵論》六十篇。"④

【輯本】姚本、鄧本:"桓寬《鹽鐵論》六十篇。"

佚文五十一

【出處】《漢書》卷三十《藝文志》:"劉向所序六十七篇。《新序》《説苑》《世説》《列女傳頌圖》也。"⑤

【輯本】姚本、鄧本:"臣向所序六十七篇。《新序》《説苑》《世説》《列女傳頌圖》也。"

誤輯佚文

【出處】《史記》卷六十二《管晏列傳》正義:"《七略》云《晏子春秋》七篇,在儒家。"⑥

【輯本】洪本、嚴本、陶本:"《晏子》七篇,在儒家。(《史記·管晏列

---

①②③④⑤ 《漢書》,第1727頁。

⑥ 《史記》(修訂本),第2599頁。

傳》正義。)"

馬本:"《晏子》七篇。《史記》晏平仲,嬰者,萊之夷維人也。萊者,今東萊地也。(《史記·管晏列傳》裴駰集解。)《晏子春秋》稱古冶子曰,吾嘗濟於河,黿銜左驂以入砥柱之流,當是時也,從而殺之,視之乃黿也。(酈道元《水經注》引劉向敘《晏子春秋》。)"

張本:"《晏子》七篇。《史記》晏平仲,嬰者,萊之夷維人也。萊者,今東萊地也。(《史記·管晏列傳》裴駰集解。)《晏子春秋》稱古冶子曰,吾嘗濟於河,黿銜左驂以入砥柱之流,當是時也,從而殺之,視之乃黿也。(酈道元《水經注》引劉向敘《晏子春秋》。)"

顧本:"《晏子春秋》七篇,在儒家。(《史記·管晏傳》正義。)"

章本:"《晏子》八篇。(《藝文志》)《晏子春秋》七篇。(《史記·管晏列傳》引《七略》如此。案,今《晏子春秋》,前有劉向《敘録》,亦言八篇,而此言七篇者,蓋《敘録》本言,又有復重,文辭頗異,不敢遺失,復列爲一篇。然則去其復重一篇,即七篇矣。初非向、歆父子之異也。)《晏子春秋》稱古冶子曰,吾嘗濟於河,黿銜左驂以入砥柱之流,當是時也,從而殺之,視之乃黿也。(《水經注》四引劉向敘《晏子春秋》,今《敘録》無此文,故録之。凡《敘録》具在,而他書或摘其一二語者,今皆不録。)"

按,此語與《史記·管晏列傳》正義所言"《七略》云《管子》十八篇,在法家"表述方式相同,非《七略》語,蓋阮孝緒《七録》誤爲《七略》,或取自隋唐時目録著録,而誤記作《七略》,《漢志·諸子略·儒家》著録"《晏子》八篇"[①],而《隨志·子部·儒家》著録"《晏子春秋》七卷"[②]。輯本中,洪本、馬本及顧本等録爲佚文。章太炎本根據《晏子》書録記載的去復重後的篇數正爲七篇,論證此語出自《七略》,未考慮到隋唐著録訛誤的情況。

道　家

佚文一

【出處】《漢書》卷三十《藝文志》:"《伊尹》五十一篇。湯相。"[③]

① 《漢書》,第1725頁。
② 《隋書》,第997頁。
③ 《漢書》,第1729頁。

【輯本】姚本、鄧本:"《伊尹》五十一篇。湯相。"

佚文二

【出處】《漢書》卷三十《藝文志》:"《太公》二百三七十篇。吕望爲周師尚父,本有道者。或有近世又以爲太公術者所增加也。《謀》八十一篇,《言》七十一篇,《兵》八十五篇。"①

【輯本】姚本、鄧本:"《太公》二百三七十篇。吕望爲周師尚父,本有道者。或有近世又以爲太公術者所增加也。《謀》八十一篇,《言》七十一篇,《兵》八十五篇。"

佚文三

【出處】《文選》卷四十六《任彦昇〈王文憲集序〉》李善注:"《七略》曰:'太公金版玉匱,虽近世之文,然多善者。'"②

【輯本】洪本、嚴本、陶本:"太公《金版》《玉匱》,雖近世之文,然多善者。(《文選·王文憲集序》注。)"

顧本:"太公《金版》《玉匱》,雖近世之文,然多善者。(《文選·王文憲集序》注。)"

佚文四

【出處】《漢書》卷三十《藝文志》:"《辛甲》二十九篇。紂臣,七十五諫而去,周封之。"③

【輯本】姚本、鄧本:"《辛甲》二十九篇。紂臣,七十五諫而去,周封之。"

佚文五

【出處】《漢書》卷三十《藝文志》:"《鬻子》二十二篇。名熊,爲周師,自文王以下問焉。周封,爲楚祖。"④

---

①③④ 《漢書》,第1729頁。

② 《文選》,第2073頁。

【輯本】姚本、鄧本:"《鬻子》二十二篇。名熊,爲周師,自文王以下問焉。周封,爲楚祖。"

佚文六

【出處】《漢書》卷三十《藝文志》:"《管子》八十六篇。名夷吾,相齊桓公,九合諸侯,不以兵車也。有列傳。"①

【輯本】姚本、鄧本:"《管子》八十六篇。名夷吾,相齊桓公,九合諸侯,不以兵車也。有列傳。"

佚文七

【出處】《漢書》卷三十《藝文志》:"《老子鄰氏經傳》四篇。姓李,名耳,鄰氏傳其學。"②

【輯本】姚本、鄧本:"《老子鄰氏經傳》四篇。姓李,名耳,鄰氏傳其學。"

佚文八

【出處】《漢書》卷三十《藝文志》:"《老子傅氏經説》三十七篇。述老子學。"③

【輯本】姚本、鄧本:"《老子傅氏經説》三十七篇。述老子學。"

佚文九

【出處】《漢書》卷三十《藝文志》:"《老子徐氏經説》六篇。字少季,臨淮人,傳《老子》。"④

【輯本】姚本、鄧本:"《老子徐氏經説》六篇。字少季,臨淮人,傳《老子》。"

佚文十

【出處】《漢書》卷三十《藝文志》:"劉向《説老子》四篇。"⑤

---

①②③④⑤ 《漢書》,第1729頁。

【輯本】姚本、鄧本:"臣向《説老子》四篇。"

佚文十一

【出處】《漢書》卷三十《藝文志》:"《文子》九篇。老子弟子,與孔子並時,而稱周平王問,似依託者也。"①

【輯本】姚本、鄧本:"《文子》九篇。老子弟子,與孔子並時,而稱周平王問,似依託者也。"

佚文十二

【出處】《漢書》卷三十《藝文志》:"《蜎子》十三篇。名淵,楚人,老子弟子。"②

【輯本】姚本、鄧本:"《蜎子》十三篇。名淵,楚人,老子弟子。"

佚文十三

【出處】《文選》卷三十四《枚叔〈七發〉》李善注:"《七略》曰:'蜎子,名淵,楚人也。'"③

【輯本】洪本、嚴本、陶本:"蜎子,名淵,楚人也。(《文選·七發》注)"

顧本:"蜎,名淵,楚人也。(《文選·七發》注。)"

佚文十四

【出處】《漢書》卷三十《藝文志》:"《關尹子》九篇。名喜,爲關吏,老子過關,喜去吏而從之。"④

【輯本】姚本、鄧本:"《關尹子》九篇。名喜,爲關吏,老子過關,喜去吏而從之。"

佚文十五

【出處】《漢書》卷三十《藝文志》:"《莊子》五十二篇。名周,宋人。"⑤

---

①②④⑤ 《漢書》,第1730頁。

③ 《文選》,第1573頁。

【輯本】姚本、鄧本:"《莊子》五十二篇。名周,宋人。"

佚文十六

【出處】《漢書》卷三十《藝文志》:"《列子》八篇。名圄寇,先莊子,莊子稱之。"①

【輯本】姚本、鄧本:"《列子》八篇。名圄寇,先莊子,莊子稱之。"

佚文十七

【出處】《漢書》卷三十《藝文志》:"《老成子》十八篇。"②

【輯本】姚本、鄧本:"《老成子》十八篇。"

佚文十八

【出處】《漢書》卷三十《藝文志》:"《長盧子》九篇。楚人。"③

【輯本】姚本、鄧本:"《長盧子》九篇。楚人。"

佚文十九

【出處】《漢書》卷三十《藝文志》:"《王狄子》一篇。"④

【輯本】姚本、鄧本:"《王狄子》一篇。"

佚文二十

【出處】《漢書》卷三十《藝文志》:"《公子牟》四篇。魏之公子也,先莊子,莊子稱之。"⑤

【輯本】姚本、鄧本:"《公子牟》四篇。魏之公子也,先莊子,莊子稱之。"

佚文二十一

【出處】《漢書》卷三十《藝文志》:"《田子》二十五篇。名駢,齊人,遊稷下,號天口駢。"⑥

---

①②③④⑤⑥ 《漢書》,第1730頁。

【輯本】姚本、鄧本:"《田子》二十五篇。名駢,齊人,遊稷下,號天口駢。"

佚文二十二

【出處】《文選》卷三十六《任彦昇〈宣德皇后令〉》李善注:"七略:'齊田駢好談論,故齊人爲語曰天口駢。天口者,言田駢子不可窮,其口若事天。'"①

《蒙求》卷下"田駢天口"條李瀚注:"《七略》曰:'田駢,齊人,好談論,時號曰天口開,言其口如天,不可窮也。'"②

【輯本】洪本、嚴本、陶本:"齊田駢好談論,故齊人爲語曰天口駢。天口者,言田駢子不可窮,其口若事天。(《文選·宣德皇后令》注。)"

姚本:"又曰:齊田駢好談論,故齊人爲語曰天口駢。天口者,言田駢子不可窮,其口若事天。(嚴本。)"

王本:"田駢好談論,時號天口駢。言其口如天難窮也。(李瀚《蒙求》自注中。)"

顧本:"齊田駢好談論,故齊人爲語曰天口駢。天口者,言田駢子不可窮,其口若事天。(同上。)"

鄧本:"又曰:齊田駢好談論,故齊人爲語曰天口駢。天口者,言田駢子不可窮,其口若事天。(嚴本。《文選·任彦昇〈宣德皇后令〉》注。)"

佚文二十三

【出處】《漢書》卷三十《藝文志》:"《老萊子》十六篇。楚人,與孔子同時。"③

【輯本】姚本、鄧本:"《老萊子》十六篇。楚人,與孔子同時。"

---

① 《文選》,第1636頁。

② (晉)李瀚,(宋)徐子光補注:《蒙求集注》,《叢書集成初編》本影印《學津討原》本,中華書局1985年版,第90頁。

③ 《漢書》,第1730頁。

佚文二十四

【出處】《漢書》卷三十《藝文志》:"《黔婁子》四篇。齊隱士,守道不詘,威王下之。"①

【輯本】姚本、鄧本:"《黔婁子》四篇。齊隱士,守道不詘,威王下之。"

佚文二十五

【出處】《漢書》卷三十《藝文志》:"《宫孫子》二篇。"②

【輯本】姚本、鄧本:"《宫孫子》二篇。"

佚文二十六

【出處】《漢書》卷三十《藝文志》:"《鶡冠子》一篇。楚人,居深山,以鶡爲冠。"③

【輯本】姚本、鄧本:"《鶡冠子》一篇。楚人,居深山,以鶡爲冠。"

佚文二十七

【出處】《文選》卷五十四《劉孝標〈辯命論〉》李善注:"《七略》:'鶡冠子者,蓋楚人也。常居深山,以鶡爲冠,故曰鶡冠。'"④

《太平御覽》卷六百八十五《服章部二》:"劉向《七略》曰:'鶡冠子常居深山,以鶡爲冠,故號冠子。'"⑤

【輯本】顧本:"鶡冠子者,蓋楚人也,常居深山,以鶡爲冠,故號《鶡冠子》。(《文選·辨命論》《注》,《御覽》六百八十五。)"

佚文二十八

【出處】《漢書》卷三十《藝文志》:"《周訓》十四篇。"⑥

【輯本】姚本、鄧本:"《周訓》十四篇。"

---

①②③⑥ 《漢書》,第1730頁。

④ 《文選》,第2345頁。

⑤ 《太平御覽》,第3058頁。

佚文二十九

【出處】《漢書》卷三十《藝文志》:"《黄帝四經》四篇。"①

【輯本】姚本、鄧本:"《黄帝四經》四篇。"

佚文三十

【出處】《漢書》卷三十《藝文志》:"《黄帝銘》六篇。"②

【輯本】姚本、鄧本:"《黄帝銘》六篇。"

佚文三十一

【出處】《漢書》卷三十《藝文志》:"《黄帝君臣》十篇。起六國時,與《老子》相似也。"③

【輯本】姚本、鄧本:"《黄帝君臣》十篇。起六國時,與《老子》相似也。"

佚文三十二

【出處】《漢書》卷三十《藝文志》:"《雜黄帝》五十八篇。六國時賢者所作。"④

【輯本】姚本、鄧本:"《雜黄帝》五十八篇。六國時賢者所作。"

佚文三十三

【出處】《漢書》卷三十《藝文志》:"《力牧》二十二篇。六國時所作,託之力牧。力牧,黄帝相。"⑤

【輯本】姚本、鄧本:"《力牧》二十二篇。六國時所作,託之力牧。力牧,黄帝相。"

佚文三十四

【出處】《漢書》卷三十《藝文志》:"《孫子》十六篇。六國時。"⑥

【輯本】姚本、鄧本:"《孫子》十六篇。六國時。"

---

①②③④⑤⑥ 《漢書》,第1731頁。

佚文三十五

【出處】《漢書》卷三十《藝文志》:“《捷子》二篇。齊人,武帝時説。”①

【輯本】姚本、鄧本:“《捷子》二篇。齊人,武帝時説。”

佚文三十六

【出處】《漢書》卷三十《藝文志》:“《曹羽》二篇。楚人,武帝時説于齊王。”②

【輯本】姚本、鄧本:“《曹羽》二篇。楚人,武帝時説于齊王。”

佚文三十七

【出處】《漢書》卷三十《藝文志》:“《郎中嬰齊》十二篇。武帝時。”③

【輯本】姚本、鄧本:“《郎中嬰齊》十二篇。武帝時。”

佚文三十八

【出處】《漢書》卷三十《藝文志》:“《臣君子》二篇。蜀人。”④

【輯本】姚本、鄧本:“《臣君子》二篇。蜀人。”

佚文三十九

【出處】《漢書》卷三十《藝文志》:“《鄭長者》一篇。六國時,先韓子,韓子稱之。”⑤

【輯本】姚本、鄧本:“《鄭長者》一篇。六國時,先韓子,韓子稱之。”

佚文四十

【出處】《漢書》卷三十《藝文志》:“《楚子》三篇。”⑥

【輯本】姚本、鄧本:“《楚子》三篇。”

---

①②③④⑤⑥ 《漢書》,第1731頁。

佚文四十一

【出處】《漢書》卷三十《藝文志》:“《道家言》二篇。近世,不知作者。”①

【輯本】姚本、鄧本:“《道家言》二篇。近世,不知作者。”

佚文四十二

【出處】《史記》卷六十二《管晏列傳》正義:“《七略》云《管子》十八篇,在法家。”②

【輯本】洪本、嚴本、陶本:“《管子》十八篇,在法家。(《史記·管晏列傳》正義。)”

馬本:“《管子》十八篇。(《史記·管晏列傳》引《七略》云在法家)《九府》書,民間無有,《山高》一名《形勢》。同上。)”

張本:“《管子》十八篇。(《史記·管晏列傳》引《七略》云在法家)《九府》書,民間無有,《山高》一名《形勢》。同上。)”

顧本:“《管子》十八篇,在法家。(《史記·管晏傳》正義。)”

章本:“《管子》八十六篇。(《藝文志》。案,《史記·管晏列傳》正義引《七略》云:《管子》十八篇,在法家,似取其全書中十八篇别隸法家者。而《藝文志》無省出之文,《管子敘録》言道約言要,則入道家明甚。張守節言在法家者,蓋誤記唐時簿録以爲《七略》耳。案,《隋志》,《管子》十九卷,在法家,則隋時合八十六篇爲十九卷,疑亦有合爲十八卷者。張氏既誤以時俗簿録爲《七略》,因亦誤卷爲篇,不足信也。或曰:《史記·申不害傳》正義兩引阮孝緒《七略》,阮氏所纂本曰《七録》,而張皆稱曰《七略》,則所謂《七略》《管子》十八篇在法家者,蓋阮氏之《七録》,非劉氏之《七略》也。)”

佚文四十三

【出處】《道德經集解·序説》:“劉歆《七略》云:‘劉向定著二篇八

① 《漢書》,第1731頁。

② 《史記》(修訂本),第2599頁。

十一章,上經三十四章,下經四十七章。'"①

【輯本】陶本:"《老子》,劉向定著二篇八十一章,《上經》三十四章,《下經》四十七章。(宋董思靖《道德經集解序説》。陶批:濬宣按,董氏又云葛洪等又加損益,乃云天以四時成,故《上經》四九三十六章,地以五行成,故《下經》五九四十五章,通應九九之數。而從此分章,遂失中壘舊制矣。)"

陰陽家

佚文一

【出處】《漢書》卷三十《藝文志》:"《宋司星子韋》三篇。景公之史。"②

【輯本】姚本、鄧本:"《宋司星子韋》三篇。景公之史。"

佚文二

【出處】《漢書》卷三十《藝文志》:"《公檮生終始》十四篇。傳鄒奭《始終》書。"③

【輯本】姚本、鄧本:"《公檮生終始》十四篇。傳鄒奭《始終》書。"

佚文三

【出處】《漢書》卷三十《藝文志》:"《公孫發》二十二篇。六國時。"④

【輯本】姚本、鄧本:"《公孫發》二十二篇。六國時。"

佚文四

【出處】《漢書》卷三十《藝文志》:"《鄒子》四十九篇。名衍,齊人,爲燕昭王師,居稷下,號談天衍。"⑤

【輯本】姚本、鄧本:"《鄒子》四十九篇。名衍,齊人,爲燕昭王師,

---

① 《道藏》,第12册,第821頁。

②③④⑤ 《漢書》,第1733頁。

居稷下,號談天衍。"

佚文五

【出處】《文選》卷四十《阮嗣宗〈詣蔣公〉》李善注:"《七略》:'《方士傳》言鄒子在燕,其遊,諸侯畏之,皆郊迎而擁彗。'"①

《文選》卷四十五《揚子雲〈解嘲〉》李善注:"《七略》:'《方士傳》言鄒子在燕,其遊,諸侯畏之,皆郊迎而擁彗也。'"②

【輯本】洪本、嚴本、陶本:"《方士傳》言鄒子在燕,其遊,諸侯畏之,皆郊迎而擁彗。(《文選·阮嗣宗詣蔣公奏記》注、揚子雲《解嘲》注。)"

姚本:"又曰:《方士傳》言鄒子在燕,其遊,諸侯畏之,皆郊迎而擁彗。(嚴本)"

章本:"《方士傳》言鄒子在燕,其遊,諸侯畏之,皆郊迎而擁篲。(《文選·詣蔣公奏記》注。)"

顧本:"方士傳盲鄒子在燕,其遊,諸侯畏之,皆郊迎而擁。(《文選·詣蔣公奏記》注、《解嘲》注。)"

鄧本:"又曰:《方士傳》言鄒子在燕,其遊,諸侯畏之,皆郊迎而擁彗。(嚴本。《文選·阮嗣宗〈詣蔣公奏記〉》注、《文選·楊子雲〈解嘲〉》注。)"

佚文六

【出處】《漢書》卷三十《藝文志》:"《鄒子終始》五十六篇。"③

【輯本】姚本、鄧本:"《鄒子終始》五十六篇。"

佚文七

【出處】《文選》卷六《左太沖〈魏都賦〉》李善注:"《七略》曰:'鄒子有終始五德,從所不勝,木德繼之,金德次之,火德次之,水德次之。'"④

① 《文選》,第1846頁。
② 《文選》,第2009頁。
③ 《漢書》,第1733頁。
④ 《文選》,第287頁。

《文選》卷二十《應吉甫〈晉武帝華林園集詩〉》李善注:“《七略》曰:‘邹子有終始五德。言土德从所不胜,木德继之,金德次之,火德次之,水德次之。’”①

【輯本】洪本、嚴本、陶本:“鄒子有終始五德,言土德從所不勝,木德繼之,金德次之。火德次之,水德次之。(《文選·魏都賦》注、應貞《華林園集詩》注。)”

姚本:“鄒子有終始五德,言土德從所不勝,木德繼之,金德次之,火德次之,水德次之。(嚴本。)”

章本:“鄒子有終始五德,言土德從所不勝,木德繼之,金德次之,火德次之,水德次之。(《文選·晉武帝華林園集詩》注。)”

顧本:“鄒子有終始五德,言土德從所不勝,木德繼之,金德次之,火德次之,水德次之。(《文選·魏都賦》注、《華林園集詩》注。)”

鄧本:“鄒子有終始五德,言土德從所不勝,木德繼之,金德次之,火德次之,水德次之。(嚴本。《文選·左太沖〈魏都賦〉》注、《文選·應吉甫〈晉武帝華林園集詩〉》注。)”

佚文八

【出處】《漢書》卷三十《藝文志》:“《乘丘子》五篇。六國時。”②

【輯本】姚本、鄧本:“《乘丘子》五篇。六國時。”

佚文九

【出處】《漢書》卷三十《藝文志》:“《杜文公》五篇。六國時。”③

【輯本】姚本、鄧本:“《杜文公》五篇。六國時。”

佚文十

【出處】《漢書》卷三十《藝文志》:“《黄帝泰素》二十篇。六國時韓

① 《文選》,第953頁。

②③ 《漢書》,第1733頁。

諸公子所作。”①

【輯本】姚本、鄧本：“《黄帝泰素》二十篇。六國時韓諸公子所作。”

佚文十一

【出處】《漢書》卷三十《藝文志》：“《南公》三十一篇。六國時。”②

【輯本】姚本、鄧本：“《南公》三十一篇。六國時。”

佚文十二

【出處】《漢書》卷三十《藝文志》：“《容成子》十四篇。”③

【輯本】姚本、鄧本：“《容成子》十四篇。”

佚文十三

【出處】《漢書》卷三十《藝文志》：“《張倉》十六篇。丞相北平侯。”④

【輯本】姚本、鄧本：“《張倉》十六篇。丞相北平侯。”

佚文十四

【出處】《漢書》卷三十《藝文志》：“《鄒奭子》十二篇。齊人號曰雕龍奭。”⑤

【輯本】姚本、鄧本：“《鄒奭子》十二篇。齊人號曰雕龍奭。”

佚文十五

【出處】《文選》卷十六《江文通〈别賦〉》李善注：“劉向《别録》曰：‘彫龍赫，赫修鄒衍之術。文飾之若彫鏤龍文，故曰彫龍赫。’”⑥

《六臣注文選》卷十六《江文通〈别賦〉》李善注：“《七略》曰：‘鄒赫子，齊人也。齊人爲諺曰：‘雕龍赫。’言赫修鄒衍之術，文飾之若彫鏤龍

①②③④⑤ 《漢書》，第1733頁。

⑥ 《文選》，第756頁。標點者將“雕龍赫赫”斷爲一句，然在卷三十六中又句讀作“……雕龍赫，赫修……”，前後矛盾。此句當依卷三十六在第一個“赫”字後斷句爲確。

文,故曰彫龍赫。”①

《文選》卷三十六《任彦昇〈宣德皇后令〉》李善注:“《七略》曰:‘鄒赫子,齊人。齊人爲之語曰:‘彫龍赫。’赫言鄒衍之術,文飾之若彫鏤龍文。’”②

《六臣注文選》卷三十六《任彦昇〈宣德皇后令〉》李善注:“《七略》曰:‘鄒赫子,齊人。齊人爲之語曰:‘彫龍赫。’言赫脩鄒衍之術,文飾之若彫鏤龍文。’”③

【輯本】洪本:“鄒赫子齊人,齊爲之語曰:雕龍赫赫,齊鄒衍之術,文飾之若雕録龍文。(《文選·宣德皇后令》注。)”

嚴本:“鄒赫子齊人,齊爲語曰:雕龍赫赫,言鄒衍之術,文飾之若雕鏤龍文。(《文選·宣德皇后令》注。案,‘鄒衍’當作‘鄒奭’。)”

姚本:“又曰:鄒赫子,齊人,齊爲之語曰雕龍赫。赫言鄒衍之術,文飾之若雕鏤龍文。(嚴本。)”

陶本:“鄒赫子齊人,齊爲言曰:雕龍赫赫,言鄒衍之術,文飾之若雕鏤龍文。(《文選·宣德皇后令》注。案,‘鄒衍’當作‘鄒奭’。)”

顧本:“鄒赫子,齊人。齊人爲之語曰雕龍赫,盲鄒衍之術,文飾之若雕鏤龍文。(《文選·宣德皇后令》注。)”

鄧本:“又曰:鄒赫子,齊人,齊爲之語曰雕龍赫。赫言鄒衍之術,文飾之若雕鏤龍文。(嚴本。《文選·任彦昇〈宣德皇后令〉》注。)”

佚文十六

【出處】《漢書》卷三十《藝文志》:“《閭丘子》十三篇。名快,魏人,在南公前。”④

【輯本】姚本、鄧本:“《閭丘子》十三篇。名快,魏人,在南公前。”

---

① 俞紹初、劉群棟、王翠紅,(唐)吕延濟等注:《新校訂六家注文選》,鄭州大學出版社2015年版,第992頁。

② 《文選》,第1636頁。

③ 《新校訂六家注文選》,第2345頁。

④ 《漢書》,第1733頁。

佚文十七

【出處】《漢書》卷三十《藝文志》:“《馮促》十三篇。鄭人。”[①]

【輯本】姚本、鄧本:“《馮促》十三篇。鄭人。”

佚文十八

【出處】《漢書》卷三十《藝文志》:“《將鉅子》五篇。六國時。先南公,南公稱之。”[②]

【輯本】姚本、鄧本:“《將鉅子》五篇。六國時。先南公,南公稱之。”

佚文十九

【出處】《漢書》卷三十《藝文志》:“《五曹官制》五篇。漢制,似賈誼所條。”[③]

【輯本】姚本、鄧本:“《五曹官制》五篇。漢制,似賈誼所條。”

佚文二十

【出處】《漢書》卷三十《藝文志》:“《周伯》十一篇。齊人,六國時。”[④]

【輯本】姚本、鄧本:“《周伯》十一篇。齊人,六國時。”

佚文二十一

【出處】《漢書》卷三十《藝文志》:“《衛侯官》十二篇。近世,不知作者。”[⑤]

【輯本】姚本、鄧本:“《衛侯官》十二篇。近世,不知作者。”

佚文二十二

【出處】《漢書》卷三十《藝文志》:“于長《天下忠臣》九篇。平陰人,近世。”[⑥]

【輯本】姚本、鄧本:“于長《天下忠臣》九篇。平陰人,近世。”

---

① 《漢書》,第1733頁。

②③④⑤⑥ 《漢書》,第1734頁。

佚文二十三

【出處】《漢書》卷三十《藝文志》:"《公孫渾邪》十五篇。平曲侯。"①

【輯本】姚本、鄧本:"《公孫渾邪》十五篇。平曲侯。"

佚文二十四

【出處】《漢書》卷三十《藝文志》:"《雜陰陽》三十八篇。不知作者。"②

【輯本】姚本、鄧本:"《雜陰陽》三十八篇。不知作者。"

法　家

佚文一

【出處】《漢書》卷三十《藝文志》:"《李子》三十二篇。名悝,相魏文侯,富國强兵。"③

【輯本】姚本、鄧本:"《李子》三十二篇。名悝,相魏文侯,富國强兵。"

佚文二

【出處】《漢書》卷三十《藝文志》:"《商君》二十九篇。名鞅,姬姓,衛後也,相秦孝公,有列傳。"④

【輯本】姚本、鄧本:"《商君》二十九篇。名鞅,姬姓,衛後也,相秦孝公,有列傳。"

佚文三

【出處】《漢書》卷三十《藝文志》:"《申子》六篇。名不害,京人,相韓昭侯,終其身諸侯不敢侵韓。"⑤

【輯本】姚本、鄧本:"《申子》六篇。名不害,京人,相韓昭侯,終其

①② 《漢書》,第1734頁。

③④⑤ 《漢書》,第1735頁。

身諸侯不敢侵韓。”

佚文四

【出處】《漢書》卷三十《藝文志》:“《處子》九篇。”①

【輯本】姚本、鄧本:“《處子》九篇。”

佚文五

【出處】《漢書》卷三十《藝文志》:“《慎子》四十二篇。名到,先申、韓,申、韓稱之。”②

【輯本】姚本、鄧本:“《慎子》四十二篇。名到,先申、韓,申、韓稱之。”

章本:“《慎子》四十二篇。(《藝文志》。案,《孟荀列傳》集解徐廣曰:‘今《慎子》,劉向所定,有四十一篇。’一、二字,不知孰是?)”

佚文六

【出處】《漢書》卷三十《藝文志》:“《韓子》五十五篇。名非,韓諸公子,使秦,李斯害而殺之。”③

【輯本】姚本、鄧本:“《韓子》五十五篇。名非,韓諸公子,使秦,李斯害而殺之。”

佚文七

【出處】《漢書》卷三十《藝文志》:“《遊棣子》一篇。”④

【輯本】姚本、鄧本:“《遊棣子》一篇。”

佚文八

【出處】《漢書》卷三十《藝文志》:“《晁錯》三十一篇。”

【輯本】姚本、鄧本:“《晁錯》三十一篇。”

---

①②③④ 《漢書》,第1735頁。

佚文九

【出處】《漢書》卷三十《藝文志》:"《燕十事》十篇。不知作者。"[①]

【輯本】姚本、鄧本:"《燕十事》十篇。不知作者。"

佚文十

【出處】《漢書》卷三十《藝文志》:"《法家言》二篇。不知作者。"[②]

【輯本】姚本、鄧本:"《法家言》二篇。不知作者。"

名　家

佚文一

【出處】《漢書》卷三十《藝文志》:"《鄧析》二篇。鄭人,與子産並時。"[③]

【輯本】姚本、鄧本:"《鄧析》二篇。鄭人,與子産並時。"

佚文二

【出處】《漢書》卷三十《藝文志》:"《尹文子》一篇。説齊宣王。先公孫龍。"[④]

【輯本】姚本、鄧本:"《尹文子》一篇。説齊宣王。先公孫龍。"

佚文三

【出處】《容齋續筆》續筆卷十四:"劉歆云:'其學本於黄老,居稷下,與宋鈃、彭蒙、田駢等同學於公孫龍。'"[⑤]

【輯本】姚本、鄧本:"《尹文子》一篇。説齊宣王,先公孫龍。又曰:其學本於黄老。(王氏應麟《漢志考證》引劉歆云。)"

佚文四

【出處】《漢書》卷三十《藝文志》:"《公孫龍子》十四篇。趙人。"[⑥]

---

①② 《漢書》,第1735頁。

③④⑥ 《漢書》,第1736頁。

⑤ 《容齋隨筆》,第154頁。

【輯本】姚本、鄧本:"《公孫龍子》十四篇。趙人。"

佚文五

【出處】《漢書》卷三十《藝文志》:"《成公生》五篇。與黄公等同時。"①

【輯本】姚本、鄧本:"《成公生》五篇。與黄公等同時。"

佚文六

【出處】《漢書》卷三十《藝文志》:"《惠子》一篇。名施,與莊子並時。"②

【輯本】姚本、鄧本:"《惠子》一篇。名施,與莊子並時。"

佚文七

【出處】《漢書》卷三十《藝文志》:"《黄公》四篇。名疵,爲秦博士,作歌詩,在秦時歌詩中。"③

【輯本】姚本、鄧本:"《黄公》四篇。名疵,爲秦博士,作歌詩,在秦時歌詩中。"

佚文八

【出處】《漢書》卷三十《藝文志》:"《毛公》九篇。趙人,與公孫龍等並遊平原君趙勝家。"④

【輯本】姚本、鄧本:"《毛公》九篇。趙人,與公孫龍等並遊平原君趙勝家。"

墨　家

佚文一

【出處】《漢書》卷三十《藝文志》:"《尹佚》二篇。周臣,在成、康時也。"⑤

---

①②③④ 《漢書》,第1736頁。

⑤ 《漢書》,第1737頁。

【輯本】姚本、鄧本:"《尹佚》二篇。周臣,在成、康時也。"

佚文二

【出處】《漢書》卷三十《藝文志》:"《田俅子》三篇。先韓子。"①

【輯本】姚本、鄧本:"《田俅子》三篇。先韓子。"

佚文三

【出處】《漢書》卷三十《藝文志》:"《我子》一篇。"②

【輯本】姚本、鄧本:"《我子》一篇。"

佚文四

【出處】《漢書》卷三十《藝文志》:"《隨巢子》六篇。墨翟弟子。"③

【輯本】姚本、鄧本:"《隨巢子》六篇。墨翟弟子。"

佚文五

【出處】《漢書》卷三十《藝文志》:"《胡非子》三篇。墨翟弟子。"④

【輯本】姚本、鄧本:"《胡非子》三篇。墨翟弟子。"

佚文六

【出處】《漢書》卷三十《藝文志》:"《墨子》七十一篇。名翟,爲宋大夫,在孔子後。"⑤

【輯本】姚本、鄧本:"《墨子》七十一篇。名翟,爲宋大夫,在孔子後。"

縱横家

佚文一

【出處】《漢書》卷三十《藝文志》:"《蘇子》三十一篇。名秦,有列傳。"⑥

【輯本】姚本、鄧本:"《蘇子》三十一篇。名秦,有列傳。"

---

①②③④⑤ 《漢書》,第1738頁。

⑥ 《漢書》,第1739頁。

佚文二

【出處】《漢書》卷三十《藝文志》:"《張子》十篇。名儀,有列傳。"①

【輯本】姚本、鄧本:"《張子》十篇。名儀,有列傳。"

佚文三

【出處】《漢書》卷三十《藝文志》:"《龐暖》二篇。爲燕將。"②

【輯本】姚本、鄧本:"《龐暖》二篇。爲燕將。"

佚文四

【出處】《漢書》卷三十《藝文志》:"《闕子》一篇。"③

【輯本】姚本、鄧本:"《闕子》一篇。"

佚文五

【出處】《漢書》卷三十《藝文志》:"《國筮子》十七篇。"④

【輯本】姚本、鄧本:"《國筮子》十七篇。"

佚文六

【出處】《漢書》卷三十《藝文志》:"秦《零陵令信》一篇。難秦相李斯。"⑤

【輯本】姚本、鄧本:"秦《零陵令信》一篇。難秦相李斯。"

佚文七

【出處】《漢書》卷三十《藝文志》:"《蒯子》五篇。名通。"⑥

【輯本】姚本、鄧本:"《蒯子》五篇。名通。"

佚文八

【出處】《漢書》卷三十《藝文志》:"《鄒陽》七篇。"⑦

【輯本】姚本、鄧本:"《鄒陽》七篇。"

---

①②③④⑤⑥⑦ 《漢書》,第1739頁。

佚文九

【出處】《漢書》卷三十《藝文志》:“《主父偃》二十八篇。”①

【輯本】姚本、鄧本:“《主父偃》二十八篇。”

佚文十

【出處】《漢書》卷三十《藝文志》:“《徐樂》一篇。”②

【輯本】姚本、鄧本:“《徐樂》一篇。”

佚文十一

【出處】《漢書》卷三十《藝文志》:“《莊安》一篇。”③

【輯本】姚本、鄧本:“《莊安》一篇。”

佚文十二

【出處】《漢書》卷三十《藝文志》:“《待詔金馬聊倉》三篇。趙人,武帝時。”④

【輯本】姚本、鄧本:“《待詔金馬聊倉》三篇。趙人,武帝時。”

雜　家

佚文一

【出處】《漢書》卷三十《藝文志》:“孔甲《盤盂》二十六篇。黄帝之史,或曰夏帝孔甲,似皆非。”⑤

【輯本】姚本、鄧本:“孔甲《盤盂》二十六篇。黄帝之史,或曰夏帝孔甲,似皆非。”

章本:“《孔子盤盂》二十六篇。黄帝之史也,或曰夏帝孔甲,似皆非。(《藝文志》)盤盂書者,其傳言孔甲爲之。孔甲,黄帝之史也,書盤盂中爲誡法,或於鼎,名曰銘。(《文選·新刻漏銘》注。案,此既言黄帝之史,而《志》復非之者,蓋此所引,乃前人成説,《志》所引乃二劉斷

①②③④　《漢書》,第1739頁。

⑤　《漢書》,第1740頁。

語也。)”

佚文二

【出處】《文選》卷五十六《陸佐公〈新刻漏銘〉》李善注:“《七略》曰:‘《盤盂》書者,其傳言孔甲爲之。孔甲,黄帝之史也,書盤盂中爲誡法,或於鼎,名曰銘。’”①

【輯本】洪本、嚴本、陶本:“《盤盂》書者,其傳言孔甲爲之。孔甲,黄帝之史也,書盤盂中爲誡法,或於鼎,名曰銘。(《文選·陸佐公〈新刻漏銘〉》注。)”

姚本:“又曰:《盤盂》書者,其傳言孔甲爲之。孔甲,黄帝之史也,書盤盂中爲誡法,或於鼎,名曰銘。(嚴本。)”

章本:“《孔子盤盂》二十六篇。黄帝之史也,或曰夏帝孔甲,似皆非。(《藝文志》)盤盂書者,其傳言孔甲爲之。孔甲,黄帝之史也,書盤盂中爲誡法,或於鼎,名曰銘。(《文選·新刻漏銘》注。案,此既言黄帝之史,而《志》復非之者,蓋此所引,乃前人成説,《志》所引乃二劉斷語也。)”

顧本:“《盤盂》書者,其傳言孔甲爲之。孔甲,黄帝之史也,書盤盂中爲誡法。或於鼎,名曰銘。(《文選·新刻漏銘》注。)”

鄧本:“又曰:《盤盂》書者,其傳言孔甲爲之。孔甲,黄帝之史也,書盤盂中爲誡法,或於鼎,名曰銘。(嚴本。《文選·陸佐公〈新刻漏銘〉》注。)”

佚文三

【出處】《漢書》卷三十《藝文志》:“《大禹》三十七篇。傳言禹所作,其文似後世語。”②

【輯本】姚本、鄧本:“《大禹》三十七篇。傳言禹所作,其文似後世語。”

---

① 《文選》,第2428頁。
② 《漢書》,第1740頁。

佚文四

【出處】《漢書》卷三十《藝文志》:"《伍子胥》八篇。名員,春秋時爲吴將,忠直遇讒死。"①

【輯本】姚本、鄧本:"《伍子胥》八篇。名員,春秋時爲吴將,忠直遇讒死。"

佚文五

【出處】《漢書》卷三十《藝文志》:"《子晚子》三十五篇。齊人,好議兵,與《司馬法》相似。"②

【輯本】姚本、鄧本:"《子晚子》三十五篇。齊人,好議兵,與《司馬法》相似。"

佚文六

【出處】《漢書》卷三十《藝文志》:"《由余》三篇。戎人,秦穆公聘以爲大夫。"③

【輯本】姚本、鄧本:"《由余》三篇。戎人,秦穆公聘以爲大夫。"

佚文七

【出處】《漢書》卷三十《藝文志》:"《尉繚》二十九篇。六國時。"④

【輯本】姚本、鄧本:"《尉繚》二十九篇。六國時。"

佚文八

【出處】《漢書》卷三十《藝文志》:"《尸子》二十篇。名佼,魯人,秦相商君師之。鞅死,佼逃入蜀。"⑤

【輯本】姚本、鄧本:"《尸子》二十篇。名佼,魯人,秦相商君師之。鞅死,佼逃入蜀。"

---

①②③④ 《漢書》,第1740頁。

⑤ 《漢書》,第1741頁。

佚文九

【出處】《漢書》卷三十《藝文志》:"《呂氏春秋》二十六篇。秦相呂不韋輯智略士作。"①

【輯本】姚本、鄧本:"《呂氏春秋》二十六篇。秦相呂不韋輯智略士作。"

佚文十

【出處】《漢書》卷三十《藝文志》:"《淮南内》二十一篇。王安。"②

【輯本】姚本、鄧本:"《淮南内》二十一篇。王安。"

佚文十一

【出處】《漢書》卷三十《藝文志》:"《淮南外》三十三篇。"③

【輯本】姚本、鄧本:"《淮南外》三十三篇。"

佚文十二

【出處】《漢書》卷三十《藝文志》:"《東方朔》二十篇。"④

【輯本】姚本、鄧本:"《東方朔》二十篇。"

佚文十三

【出處】《漢書》卷三十《藝文志》:"《伯象先生》一篇。"⑤

【輯本】姚本、鄧本:"《伯象先生》一篇。"

章本:"《伯象先生》一篇。(《藝文志》。應劭曰,蓋隱者也。《通志・氏族略》引《風俗通》白象氏,白象先生,古隱者,則應所據《漢志》、劉《略》,似皆作白象也。又云白鹿氏,白鹿先生,古賢人,箸書。《漢志》不見,意者劉《略》附見之乎?)"

佚文十四

【出處】《漢書》卷三十《藝文志》:"《荆軻論》五篇。軻爲燕刺秦王,

①②③④⑤　《漢書》,第1741頁。

不成而死,司馬相如等論之。”①

【輯本】姚本、鄧本:“《荆軻論》五篇。軻爲燕刺秦王,不成而死,司馬相如等論之。”

佚文十五

【出處】《漢書》卷三十《藝文志》:“《吴子》一篇。”②

【輯本】姚本、鄧本:“《吴子》一篇。”

佚文十六

【出處】《漢書》卷三十《藝文志》:“《公孫尼》一篇。”③

【輯本】姚本、鄧本:“《公孫尼》一篇。”

佚文十七

【出處】《漢書》卷三十《藝文志》:“《博士臣賢對》一篇。漢世,難韓子、商君。”④

【輯本】姚本、鄧本:“《博士臣賢對》一篇。漢世,難韓子、商君。”

佚文十八

【出處】《漢書》卷三十《藝文志》:“《臣説》三篇。武帝時作賦。”⑤

【輯本】姚本、鄧本:“《臣説》三篇。武帝時作賦。”

佚文十九

【出處】《漢書》卷三十《藝文志》:“《解子簿書》三十五篇。”⑥

【輯本】姚本、鄧本:“《解子簿書》三十五篇。”

佚文二十

【出處】《漢書》卷三十《藝文志》:“《推雜書》八十七篇。”⑦

【輯本】姚本、鄧本:“《推雜書》八十七篇。”

---

①②③④⑤⑥⑦ 《漢書》,第1741頁。

佚文二十一

【出處】《漢書》卷三十《藝文志》:"《雜家言》一篇。王伯,不知作者。"①

【輯本】姚本、鄧本:"《雜家言》一篇。王伯,不知作者。"

農　家

佚文一

【出處】《漢書》卷三十《藝文志》:"《神農》二十篇。六國時,諸子惡疾時怠於農業,道耕農事,託之神農。"②

【輯本】姚本、鄧本:"《神農》二十篇。六國時,諸子惡疾時怠於農業,道耕農事,託之神農。"

佚文二

【出處】《漢書》卷三十《藝文志》:"《野老》十七篇。六國時,在齊、楚間。"③

【輯本】姚本、鄧本:"《野老》十七篇。六國時,在齊、楚間。"

佚文三

【出處】《漢書》卷三十《藝文志》:"《宰氏》十七篇。不知何世。"④

【輯本】姚本、鄧本:"《宰氏》十七篇。不知何世。"

佚文四

【出處】《漢書》卷三十《藝文志》:"《董安國》十六篇。漢代内史,不知何帝時。"⑤

【輯本】姚本、鄧本:"《董安國》十六篇。漢代内史,不知何帝時。"

---

① 《漢書》,第1741頁。

②③④ 《漢書》,第1742頁。

⑤ 《漢書》,第1743頁。

佚文五

【出處】《漢書》卷三十《藝文志》:“《尹都尉》十四篇。不知何世。”①

【輯本】姚本、鄧本:“《尹都尉》十四篇。不知何世。”

佚文六

【出處】《漢書》卷三十《藝文志》:“《趙氏》五篇。不知何世。”②

【輯本】姚本、鄧本:“《趙氏》五篇。不知何世。”

佚文七

【出處】《漢書》卷三十《藝文志》:“《氾勝之》十八篇。成帝時爲議郎。”③

【輯本】姚本、鄧本:“《氾勝之》十八篇。成帝時爲議郎。”

佚文八

【出處】《漢書》卷三十《藝文志》:“《王氏》六篇。不知何世。”④

【輯本】姚本、鄧本:“《王氏》六篇。不知何世。”

佚文九

【出處】《漢書》卷三十《藝文志》:“《蔡癸》一篇。宣帝時,以言便宜,至弘農太守。”⑤

【輯本】姚本、鄧本:“《蔡癸》一篇。宣帝時,以言便宜,至弘農太守。”

小説家

佚文一

【出處】《漢書》卷三十《藝文志》:“《伊尹説》二十七篇。其語淺薄,似依託也。”⑥

---

①②③④⑤ 《漢書》,第1743頁。

⑥ 《漢書》,第1744頁。

【輯本】姚本、鄧本:"《伊尹説》二十七篇。其語淺薄,似依託也。"

佚文二

【出處】《漢書》卷三十《藝文志》:"《鬻子説》十九篇。後世所加。"①

【輯本】姚本、鄧本:"《鬻子説》十九篇。後世所加。"

佚文三

【出處】《漢書》卷三十《藝文志》:"《周考》七十六篇。考周事也。"②

【輯本】姚本、鄧本:"《周考》七十六篇。考周事也。"

佚文四

【出處】《漢書》卷三十《藝文志》:"《青史子》五十七篇。古史官記事也。"③

【輯本】姚本、鄧本:"《青史子》五十七篇。古史官記事也。"

佚文五

【出處】《漢書》卷三十《藝文志》:"《師曠》六篇。見《春秋》,其言淺薄,本與此同,似因託之。"④

【輯本】姚本、鄧本:"《師曠》六篇。見《春秋》,其言淺薄,本與此同,似因託之。"

佚文六

【出處】《漢書》卷三十《藝文志》:"《務成子》十一篇。稱堯問,非古語。"⑤

【輯本】姚本、鄧本:"《務成子》十一篇。稱堯問,非古語。"

佚文七

【出處】《漢書》卷三十《藝文志》:"《宋子》十八篇。孫卿道宋子,其

①②③④⑤ 《漢書》,第1744頁。

言黄老意。”①

【輯本】姚本、鄧本:“《宋子》十八篇。孫卿道宋子,其言黄老意。”

佚文八

【出處】《漢書》卷三十《藝文志》:“《天乙》三篇。天乙謂湯,其言非殷時,皆依託也。”②

【輯本】姚本、鄧本:“《天乙》三篇。天乙謂湯,其言非殷時,皆依託也。”

佚文九

【出處】《漢書》卷三十《藝文志》:“《黄帝説》四十篇。迂誕依託。”③

【輯本】姚本、鄧本:“《黄帝説》四十篇。迂誕依託。”

佚文十

【出處】《漢書》卷三十《藝文志》:“《封禪方説》十八篇。武帝時。”④

【輯本】姚本、鄧本:“《封禪方説》十八篇。武帝時。”

佚文十一

【出處】《漢書》卷三十《藝文志》:“《待詔臣饒心術》二十五篇。武帝時。”⑤

【輯本】姚本、鄧本:“《待詔臣饒心術》二十五篇。武帝時。”

佚文十二

【出處】《漢書》卷三十《藝文志》:“《待詔臣安成未央術》一篇。”⑥

【輯本】姚本、鄧本:“《待詔臣安成未央術》一篇。”

佚文十三

【出處】《漢書》卷三十《藝文志》:“《臣壽周紀》七篇。項國圉人,宣

---

①②③④⑤⑥ 《漢書》,第1744頁。

帝時。”①

【輯本】姚本、鄧本:“《臣壽周紀》七篇。項國圉人,宣帝時。”

佚文十四

【出處】《漢書》卷三十《藝文志》:“《虞初周説》九百四十三篇。河南人,武帝時以方士侍郎號黄車使者。”②

【輯本】姚本、鄧本:“《虞初周説》九百四十三篇。河南人,武帝時以方士侍郎號黄車使者。”

佚文十五

【出處】《漢書》卷三十《藝文志》:“《百家》百三十九卷。”③

【輯本】姚本、鄧本:“《百家》百三十九卷。”

佚文十六

【出處】《文選》卷四十二《曹子建〈與楊德祖書〉》李善注:“《七略》曰:‘齊有稷,城門也。齊談説之士,期會於稷下者甚衆。’”④

【輯本】洪本、嚴本、陶本:“齊有稷,城門也,齊談説之士,期會於稷下者甚衆。(《文選·〈與楊德祖書〉》注。)”

姚本:“又曰:齊有稷,城門也。齊談説之士,期會於稷下者甚衆。(嚴本。)”

顧本:“齊有稷,城門也,齊談説之士期會於稷下者甚衆。(《文選·曹子建〈與楊德祖書〉》注。)”

鄧本:“又曰:齊有稷,城門也。齊談説之士,期會於稷下者甚衆。(嚴本。《文選·曹子建〈與楊德祖書〉》注。)”

佚文十七

【出處】《文選》卷一《班孟堅〈西都賦〉》李善注:“《七略》曰:‘王者

①②③ 《漢書》,第1745頁。

④ 《文選》,第1903頁。

宫中,必左墄而右平。'"①

《文選》卷十一《何平叔〈景福殿賦〉》李善注:"《七略》曰:'蹵鞠者,傳言黄帝所作。王者宫中,必左墄而右平。墄,猶國也,言有國當治之也,蹵鞠亦有治國之象,左墄而右平。'"②

【輯本】洪本、嚴本、陶本:"蹵鞠者,傳言黄帝所作,王者宫中必左墄而右平。墄,猶國也,言有國當治之也,蹵鞠亦有治國之象,左墄而右平。(《文選·西都賦》注、《景福殿賦》注。)"

姚本:"《蹴鞠》者,傳言黄帝所作。王者宫中,必左墄而右平。墄,猶國也,言有國當治之也。蹴鞠亦有治國之象,左墄而右平。(嚴本。)"

章本:"蹵鞠者,傳言黄帝所作。王者宫中必左墄而右平。墄猶國也,言有國當治之也。蹵鞠亦有治國之象,左墄而右平。(《文選·景福殿賦》注。)"

顧本:"蹵鞠者,傳言黄帝所作。王者宫中,必左墄而右平。(二句又見《文選·西都賦》注)墄,猶國也,言有國當治之也。蹵鞠亦有治國之象,左墄而右平。(同上。)"

鄧本:"《蹴鞠》者,傳言黄帝所作。王者宫中,必左墄而右平。墄,猶國也,言有國當治之也。蹴鞠亦有治國之象,左墄而右平。(嚴本。《文選·班孟堅〈西都賦〉》注、《文選·何平叔〈景福殿賦〉》注。)"

佚文十八

【出處】《文選》卷十一《何平叔〈景福殿賦〉》李善注:"《七略》曰:'蹋鞠,兵勢也。'"③

【輯本】洪本、嚴本、陶本:"蹋鞠,兵勢也。(《文選·景福殿賦》注)"

姚本:"又曰:蹴鞠,兵勢也。(同上。)"

顧本:"蹋鞠,兵勢也。其法律多微意,皆因嬉戲以講練士,至今軍士、羽林無事,使得蹋鞠。(《文選·景福殿賦》注。)"

鄧本:"又曰:蹴鞠,兵勢也。(同上。《文選·何平叔〈景福殿賦〉》注。)"

---

① 《文選》,第12頁。

②③ 《文選》,第533頁。

佚文十九

【出處】《文選》卷十一《何平叔〈景福殿賦〉》李善注:"《七略》曰:'蹋鞠,其法律多微意,皆因嬉戲以講練士,至今軍士羽林無事,使得蹋鞠。'"①

【輯本】洪本、嚴本、陶本:"蹋鞠,其法律多微意,皆因嬉戲以講練士,至今軍士羽林無事,使得蹋鞠。(《文選・景福殿賦》注。)"

姚本:"又曰:蹴鞠,其法律多微意,皆因嬉戲以講練士,至今軍士羽林無事,使得蹴鞠。同上。(《文選・何平叔〈景福殿賦〉》注。)"

顧本:"蹋鞠,兵勢也。其法律多微意,皆因嬉戲以講練士,至今軍士、羽林無事,使得蹋鞠。(《文選・景福殿賦》注。)"

四、詩賦略

屈原賦之屬

佚文一

【出處】《漢書》卷三十《藝文志》:"屈原賦二十五篇。楚懷王大夫,有列傳。"②

【輯本】姚本、鄧本:"屈原賦二十五篇。楚懷王大夫,有列傳。"

佚文二

【出處】《北堂書鈔》卷一百四十四《酒食部》:"劉歆《七略》云:'孝宣皇帝詔徵被公,命誦楚辭。每一誦與粥。'"③

《太平御覽》卷八百五十九《飲食部》:"宣帝詔徵被公,見誦楚辭,被公年衰母老,每一誦,輒與粥。"④

【輯本】洪本、嚴本、陶本:"孝宣皇帝詔徵被公,見誦《楚辭》,被公羊裘母老,每一誦,輒與粥。(《北堂書鈔》一百四十四、《太平御覽》八

① 《文選》,第533頁。

② 《漢書》,第1747頁。

③ 《北堂書鈔》,第647頁。

④ 《太平御覽》,第3815頁。

百五十九。)”

洪本、嚴本、陶本:“孝宣皇帝詔徵被公,見誦《楚辭》,被公羊裘母老,每一誦,輒與粥。(《北堂書鈔》一百四十四、《御覽》八百五十九。)”

姚本:“又曰:孝宣皇帝詔徵被公,見誦楚辭。被公羊裘母老,每一誦,輒與粥。(嚴本。又,一引作‘年衰母老’,又作‘行衰母老’。大抵是‘羊裘年老’,或是‘年衰齒老’。《王褒傳》云:‘宣帝徵能爲楚辭,九江被公召見誦讀’。)”

陶本:“孝宣皇帝詔徵被公,見誦《楚辭》,被公羊裘母老,每一誦,輒與粥。(《北堂書鈔》一百四十四、《御覽》八百五十九。陶批:引云‘被公行衰母老’。)”

章本:“《屈原賦》二十五篇。(《藝文志》。)宣帝詔徵被公見誦《楚辭》,被公行衰母老,每一誦,輙與粥。(《御覽》八百五十九。)案,被公,九江人,見《王褒傳》。被公所誦《楚辭》,在劉氏分十六卷之前,故隸此。)分爲十六卷。(《離骚經敘》引劉向。案十六卷中,有屈、宋、景、賈、小山、東方、嚴、王、劉之賦,而《詩賦略》五種中獨不箸差與朔。《朔傳》引劉向所録,亦無《七諫》,此皆可疑者。叔師在東漢初,去劉氏甚近,又似可信,故附于此。)

《賈誼賦》七篇。(《藝文志》。)因以自喻自恨也。(《史記·屈原賈生列》集解。)”

顧本:“宣帝詔徵被公,見誦楚辭。被公行衰母老,每一誦輒與粥。(《御覽》八百五十九。)”

鄧本:“又曰:孝宣皇帝詔徵被公,見誦楚辭。被公羊裘母老,每一誦,輒與粥。(嚴本。《北堂書鈔》卷一四四、《太平御覽》卷八五九。又,一引作‘年衰母老’,又作‘行衰母老’。大抵是‘羊裘年老’,或是‘年衰齒老’。《王褒傳》云:‘宣帝徵能爲楚辭,九江被公召見誦讀。’)”

佚文三

【出處】《漢書》卷三十《藝文志》:“唐勒賦四篇。楚人。”①

① 《漢書》,第1747頁。

【輯本】姚本、鄧本:“唐勒賦四篇。楚人。”

佚文四

【出處】《漢書》卷三十《藝文志》:“宋玉賦十六篇。楚人,與唐勒並時,在屈原後也。”①

【輯本】姚本、鄧本:“宋玉賦十六篇。楚人,與唐勒並時,在屈原後也。”

佚文五

【出處】《漢書》卷三十《藝文志》:“趙幽王賦一篇。”②

【輯本】姚本、鄧本:“趙幽王賦一篇。”

佚文六

【出處】《漢書》卷三十《藝文志》:“莊夫子賦二十四篇。名忌,吴人。”③

【輯本】姚本、鄧本:“莊夫子賦二十四篇。名忌,吴人。”

佚文七

【出處】《漢書》卷三十《藝文志》:“賈誼賦七篇。”④

【輯本】姚本、鄧本:“賈誼賦七篇。”

佚文八

【出處】《漢書》卷三十《藝文志》:“枚乘賦九篇。”⑤

【輯本】姚本、鄧本:“枚乘賦九篇。”

佚文九

【出處】《漢書》卷三十《藝文志》:“司馬相如賦二十九篇。”⑥

【輯本】姚本、鄧本:“司馬相如賦二十九篇。”

---

①②③④⑤⑥ 《漢書》,第1747頁。

佚文十

【出處】《漢書》卷三十《藝文志》:“淮南王賦八十二篇。”①

【輯本】姚本、鄧本:“淮南王賦八十二篇。”

佚文十一

【出處】《漢書》卷三十《藝文志》:“淮南王群臣賦四十四篇。”②

【輯本】姚本、鄧本:“淮南王群臣賦四十四篇。”

佚文十二

【出處】《漢書》卷三十《藝文志》:“太常蓼侯孔臧賦二十篇。”③

【輯本】姚本、鄧本:“太常蓼侯孔臧賦二十篇。”

佚文十三

【出處】《漢書》卷三十《藝文志》:“陽丘侯劉郾賦十九篇。”④

【輯本】姚本、鄧本:“陽丘侯劉郾賦十九篇。”

佚文十四

【出處】《漢書》卷三十《藝文志》:“吾丘壽王賦十五篇。”⑤

【輯本】姚本、鄧本:“吾丘壽王賦十五篇。”

佚文十五

【出處】《漢書》卷三十《藝文志》:“蔡甲賦一篇。”⑥

【輯本】姚本、鄧本:“蔡甲賦一篇。”

佚文十六

【出處】《漢書》卷三十《藝文志》:“上所自造賦二篇。”⑦

【輯本】姚本、鄧本:“上所自造賦二篇。”

---

①②③④⑤ 《漢書》,第1747頁。

⑥⑦ 《漢書》,第1748頁。

佚文十七

【出處】《漢書》卷三十《藝文志》:"兒寬賦二篇。"①

【輯本】姚本、鄧本:"兒寬賦二篇。"

佚文十八

【出處】《漢書》卷三十《藝文志》:"光禄大夫張子僑賦三篇。與王褒同時也。"②

【輯本】姚本、鄧本:"光禄大夫張子僑賦三篇。與王褒同時也。"

佚文十九

【出處】《漢書》卷三十《藝文志》:"陽成侯劉德賦九篇。"③

【輯本】姚本、鄧本:"陽成侯劉德賦九篇。"

佚文二十

【出處】《漢書》卷三十《藝文志》:"劉向賦三十三篇。"④

【輯本】姚本、鄧本:"臣向賦三十三篇。"

佚文二十一

【出處】《漢書》卷三十《藝文志》:"王褒賦十六篇。"⑤

【輯本】姚本、鄧本:"王褒賦十六篇。"

陸賈賦之屬

佚文一

【出處】《漢書》卷三十《藝文志》:"陸賈賦三篇。"⑥

【輯本】姚本、鄧本:"陸賈賦三篇。"

佚文二

【出處】《漢書》卷三十《藝文志》:"枚皋賦一百二十篇。"⑦

---

①②③④⑤⑥⑦ 《漢書》,第1748頁。

【輯本】姚本、鄧本:"枚皋賦一百二十篇。"

佚文三

【出處】《漢書》卷三十《藝文志》:"朱建賦二篇。"①

【輯本】姚本、鄧本:"朱建賦二篇。"

佚文四

【出處】《漢書》卷三十《藝文志》:"常侍郎莊怱奇賦十一篇。枚皋同時。"②

【輯本】姚本、鄧本:"常侍郎莊怱奇賦十一篇。枚皋同時。"

佚文五

【出處】《漢書》卷三十《藝文志》顔師古注:"《七略》云:'怱奇者,或言莊夫子子,或言族家子莊助昆弟也。從行至茂陵,詔造賦。'"③

【輯本】洪本、嚴本、陶本:"(莊怱奇)怱奇者,或言莊夫子子,或言族家子莊助昆弟也。從行至茂陵,詔造賦。(《漢書·藝文志》注)"

姚本:"又曰:怱奇者,或言莊夫子子,或言族家子莊助昆弟也。從行至茂陵,詔造賦。(嚴本。)"

章本:"常侍郎莊怱奇賦十一篇。(《藝文志》。)怱奇者,或言莊夫子子,或言族家子莊助昆弟也。從行至茂陵,詔造賦。(《藝文志》師古注。)"

顧本:"怱奇者,或言莊夫子子,或言族家子莊助昆弟也,從行至茂陵。詔造賦。(《漢志》注。)"

鄧本:"又曰:怱奇者,或言莊夫子子,或言族家子莊助昆弟也。從行至茂陵,詔造賦。(嚴本。《漢書·藝文志》注。)"

佚文六

【出處】《漢書》卷三十《藝文志》:"嚴助賦三十五篇。"④

---

①② 《漢書》,第 1748 頁。

③ 《漢書》,第 1750 頁。

④ 《漢書》,第 1749 頁。

【輯本】姚本、鄧本:“莊助賦三十五篇。”

佚文七

【出處】《漢書》卷三十《藝文志》:“朱買臣賦三篇。”①

【輯本】姚本、鄧本:“朱買臣賦三篇。”

佚文八

【出處】《漢書》卷三十《藝文志》:“宋正劉辟彊賦八篇。”②

【輯本】姚本、鄧本:“宋正劉辟彊賦八篇。”

佚文九

【出處】《漢書》卷三十《藝文志》:“司馬遷賦八篇。”③

【輯本】姚本、鄧本:“司馬遷賦八篇。”

佚文十

【出處】《漢書》卷三十《藝文志》:“郎中臣嬰齊賦十篇。”④

【輯本】姚本、鄧本:“郎中臣嬰齊賦十篇。”

佚文十一

【出處】《漢書》卷三十《藝文志》:“臣説賦九篇。”⑤

【輯本】姚本、鄧本:“臣説賦九篇。”

佚文十二

【出處】《漢書》卷三十《藝文志》:“臣吾賦十八篇。”⑥

【輯本】姚本、鄧本:“臣吾賦十八篇。”

佚文十三

【出處】《漢書》卷三十《藝文志》:“遼東太守蘇季賦一篇。”⑦

---

①②③④⑤⑥⑦ 《漢書》,第1749頁。

【輯本】姚本、鄧本:"遼東太守蘇季賦一篇。"

佚文十四

【出處】《漢書》卷三十《藝文志》:"蕭望之賦四篇。"①

【輯本】姚本、鄧本:"蕭望之賦四篇。"

佚文十五

【出處】《漢書》卷三十《藝文志》:"河内太守徐明賦三篇。字長君,東海人,元、成世曆五郡太守,有能名。"②

【輯本】姚本、鄧本:"河内太守徐明賦三篇。字長君,東海人,元、成世曆五郡太守,有能名。"

佚文十六

【出處】《漢書》卷三十《藝文志》:"給事黄門侍郎李息賦九篇。"③

【輯本】姚本、鄧本:"給事黄門侍郎李息賦九篇。"

佚文十七

【出處】《漢書》卷三十《藝文志》:"淮陽憲王賦二篇。"④

【輯本】姚本、鄧本:"淮陽憲王賦二篇。"

佚文十八

【出處】《漢書》卷三十《藝文志》:"揚雄賦十二篇。"⑤

【輯本】姚本、鄧本:"揚雄賦四篇。"

佚文十九

【出處】《文選》卷七《楊子雲〈甘泉賦〉》李善注:"《七略》曰:'《甘泉賦》,永始三年正月,待詔臣雄上。'"⑥

---

①②③④⑤ 《漢書》,第1749頁。

⑥ 《文選》,第322頁。

【輯本】洪本、嚴本、陶本:“《甘泉賦》,永始三年,待詔臣雄上。(《文選·甘泉賦》注。)”

姚本:“《甘泉賦》,永始三年,待詔臣雄上。”

章本:“《甘泉賦》,永始三年正月,待詔臣雄上。(《文選·甘泉賦》注引《七略》。)《羽獵賦》,永始三年十二月上。(《文選·羽獵賦》《長楊賦》注引《七略》。)《長楊賦》,綏和元年上。(《文選·長楊賦》注引《七略》。案,《藝文志·詩賦略》,賦二十一家中,有《揚雄賦》十二篇,末自記云,入揚雄八篇。然則雄賦固有四篇在録略者矣。此所記《甘泉》《羽獵》《長楊》即是也,尚有一篇無考。)”

顧本:“《甘泉賦》,永始三年正月,待詔臣雄上。(《文選·甘泉賦》注。)”

鄧本:“《甘泉賦》,永始三年正月,待詔臣雄上。(《文選·楊子雲〈甘泉賦〉》注。)”

佚文二十

【出處】《文選》卷八《楊子雲〈羽獵賦〉》李善注:“《七略》曰:‘《羽猎》,永始三年十二月上。’”①

《文選》卷九《楊子雲〈長楊賦〉》李善注:“《七略》曰:‘《羽猎賦》,永始三年十二月上。’”②

【輯本】洪本、嚴本、陶本:“《羽獵》,永始三年十二月上。(《文選·羽獵賦》注、《長楊賦》注。)”

姚本:“《羽獵賦》,永始三年十二月上。”

章本:“《甘泉賦》,永始三年正月,待詔臣雄上。(《文選·甘泉賦》注引《七略》。)《羽獵賦》,永始三年十二月上。(《文選·羽獵賦》《長楊賦》注引《七略》。)《長楊賦》,綏和元年上。(《文選·長楊賦》注引《七略》。案,《藝文志·詩賦略》,賦二十一家中,有《揚雄賦》十二篇,末自記云,入揚雄八篇。然則雄賦固有四篇在録略者矣。此所記《甘泉》《羽

① 《文選》,第389頁。

② 《文選》,第403頁。

獵》《長楊》即是也,尚有一篇無考。)"

顧本:"《羽獵賦》,永始三年十二月上。(《文選·羽獵賦》注、《長楊賦》注。)"

鄧本:"《羽獵賦》,永始三年十二月上。(《文選·楊子雲〈羽獵賦〉》注、《文選·楊子雲〈長楊賦〉》注。)"

佚文二十一

【出處】《文選》卷九《楊子雲〈長楊賦〉》李善注:"《七略》曰:'《長楊賦》,綏和元年上。'"①

【輯本】洪本、嚴本、陶本:"《長楊賦》,綏和元年上。(《文選·長楊賦》注。)"

姚本:"《長楊賦》,綏和元年上。(並嚴本。按,又有"《河東賦》,永始三年三月上"者,《七略》佚文不備焉。)"

章本:"《甘泉賦》,永始三年正月,待詔臣雄上。(《文選·甘泉賦》注引《七略》。)《羽獵賦》,永始三年十二月上。(《文選·羽獵賦》《長楊賦》注引《七略》。)《長楊賦》,綏和元年上。(《文選·長楊賦》注引《七略》。案,《藝文志·詩賦略》,賦二十一家中,有《揚雄賦》十二篇,末自記云,入揚雄八篇。然則雄賦固有四篇在録略者矣。此所記《甘泉》《羽獵》《長楊》即是也,尚有一篇無考。)"

鄧本:"《長楊賦》,綏和元年上。(並嚴本。《文選·〈長楊賦〉》注。按,又有'《河東賦》,永始三年三月上'者,《七略》佚文不備焉。)"

佚文二十二

【出處】《文選》卷四十六《任彦昇〈王文憲集序〉》:"《七略》曰:'《子雲家諜》言以甘露元年生也。'"②

【輯本】洪本、嚴本、陶本:"《子云家諜》言以甘露元年生也。(《文選·王文憲集序》注。)"

---

① 《文選》,第403頁。

② 《文選》,第2071頁。

姚本："又曰：《子雲家牒》言以甘露元年生也。"

章本："子雲家諜言，以甘露元年生也。（《文選·王文憲集序》注引《七略》。）揚雄卒，弟子侯芭負土作墳，號曰玄冢。（《文選·劉先生夫人墓誌》注引《七略》。）揚雄經目有《玄首》《玄衝》《玄錯》《玄測》《玄舒》。（《漢書·揚雄傳》蕭該音義引《别録》。）案，《藝文志》儒家云，入揚雄一家三十八篇，則二劉本不録楊書，而據蕭、李所引，則確有此文。龔疇曰：《太玄》自漢至國朝，爲之注解及音義之類者，非一家，皆止有十一篇，不知該所謂《别録》者，果何書也？則龔氏亦疑所引《别録》爲僞。余謂蕭氏非作僞誣古者。蓋《太玄》既未入録，逮子駿卒業，姑附其目于儒家之末，如《隋·經籍志》之附録亡書也。書既未見，得自耳聞，故目與本書有異，此之《别録》，蕭氏引爲劉向，則不考之過，《别録》雖出子政，而子駿卒業，亦仍襲其稱，今《山海經·敘録》可證矣。若是子政，則卒于成帝時，而《楊傳》言草《玄》在哀帝時，丁傅、董賢用事之際，則子政不得知有《太玄》也。李引《七略》，蓋亦附儒家末者，今並引録于此。又案《七略》奏上雖在漢世，逮及亡新，校書未已。《後漢書·蘇竟傳》，王莽時，劉歆等共典校書竞，《與劉龔書》亦云：走昔與國師公從事出入校定秘書，是也。然則《七略》既成，後稍增注，故得下逮雄卒矣。）"

顧本："《子雲家諜》言以甘露元年生也。（《文選·王文憲集序》注。）"

鄧本："又曰：《子雲家牒》言以甘露元年生也。（《文選·任彦昇〈王文憲集序〉》注。）"

佚文二十三

【出處】《文選》卷五十九《任彦昇〈劉先生夫人墓誌〉》李善注："《七略》曰：'揚雄卒，弟子侯芭負土作墳，號曰玄冢。'"①

《太平御覽》卷五百五十八《禮儀部》："《七略》曰：'揚雄死，弟子共爲起冢，號曰楊冢。'"②

---

① 《文選》，第2569頁。

② 《太平御覽》，第2525頁。

【輯本】洪本:"揚雄卒,弟子侯芭負土作墳,號曰玄冢。(《文選·劉先生夫人墓誌》注、《太平御覽》五百五十八。)"

嚴本:"揚雄卒,弟子侯芭負土作墳,號曰玄家。(《文選·劉先生夫人墓誌》注、《御覽》五百五十八。'家'當作'冢'。)"

姚本:"又曰:揚雄卒,弟子侯芭負土作墳,號曰玄冢。(並嚴本。)"

陶本:"揚雄卒,弟子侯芭負土作墳,號曰玄冢。(《文選·劉先生夫人墓誌》注。《御覽》五百五十八引云:'揚雄死,弟子共爲起墳,號曰楊冢'。)"

章本:"子雲家諜言,以甘露元年生也。(《文選·王文憲集序》注引《七略》。)揚雄卒,弟子侯芭負土作墳,號曰玄冢。(《文選·劉先生夫人墓誌》注引《七略》。)揚雄經目有《玄首》《玄衡》《玄錯》《玄測》《玄舒》。(《漢書·揚雄傳》蕭該音義引《别録》。)案,《藝文志》儒家云,入揚雄一家三十八篇,則二劉本不録楊書,而據蕭、李所引,則確有此文。龔疇曰:《太玄》自漢至國朝,爲之注解及音義之類者,非一家,皆止有十一篇,不知該所謂《别録》者,果何書也?則龔氏亦疑所引《别録》爲僞。余謂蕭氏非作僞誣古者。蓋《太玄》既未入録,逮子駿卒業,姑附其目于儒家之末,如《隋·經籍志》之附録亡書也。書既未見,得自耳聞,故目與本書有異,此之《别録》,蕭氏引爲劉向,則不考之過,《别録》雖出子政,而子駿卒業,亦仍襲其稱,今《山海經·敘録》可證矣。若是子政,則卒于成帝時,而《楊傳》言草《玄》在哀帝時,丁傅、董賢用事之際,則子政不得知有《太玄》也。李引《七略》,蓋亦附儒家末者,今並引録于此。又案《七略》奏上雖在漢世,逮及亡新,校書未已。《後漢書·蘇竟傳》,王莽時,劉歆等共典校書竟,《與劉龔書》亦云:走昔與國師公從事出入校定秘書,是也。然則《七略》既成,後稍增注,故得下逮雄卒矣。)"

顧本:"揚雄卒,弟子侯芭負土作墳,號曰楊冢。(《文選·劉先生夫人墓誌》注。)"

鄧本:"又曰:揚雄卒,弟子侯芭負土作墳,號曰玄冢。(並嚴本。《太平御覽》卷五五八、《文選·任彦昇〈劉先生夫人墓誌〉》注。)"

佚文二十四

【出處】《漢書》卷三十《藝文志》:"待詔馮商賦九篇。"①

【輯本】姚本、鄧本:"待詔馮商賦九篇。"

佚文二十五

【出處】《漢書》卷三十《藝文志》顏師古注:"劉歆又云:'參,杜陵人,以陽朔元年病死,[死]時年二十餘。'"②

【輯本】洪本、嚴本、陶本:"(杜參,)參,杜陵人,以陽朔元年病死,時年二十餘。(《漢書·藝文志》注。)"

姚本、鄧本:"參,杜陵人,以陽朔元年病死,時年二十餘。"

章本:"博士弟子杜參賦二篇。(《藝文志》。)參,杜陵人,以陽朔元年病死,死時年二十餘。"

顧本:"參,杜陵人,以陽朔元年病死,死時年二十餘。(《漢志》注引劉歆語。)"

佚文二十六

【出處】《漢書》卷三十《藝文志》:"車郎張豐賦三篇。張子僑子。"③

【輯本】姚本、鄧本:"車郎張豐賦三篇。張子僑子。"

佚文二十七

【出處】《漢書》卷三十《藝文志》:"驃騎將軍朱宇賦三篇。"④

【輯本】姚本、鄧本:"驃騎將軍史朱宇賦三篇。"

孫卿賦之屬

佚文一

【出處】《漢書》卷三十《藝文志》:"孫卿賦十篇。"⑤

【輯本】姚本、鄧本:"孫卿賦十篇。"

---

① 《漢書》,第1749頁。

②③④⑤ 《漢書》,第1750頁。

佚文二

【出處】《漢書》卷三十《藝文志》:“秦時雜賦九篇。”①

【輯本】姚本、鄧本:“秦時雜賦九篇。”

佚文三

【出處】《漢書》卷三十《藝文志》:“李思《孝景皇帝頌》十五篇。”②

【輯本】姚本、鄧本:“李思《孝景皇帝頌》十五篇。”

佚文四

【出處】《漢書》卷三十《藝文志》:“廣川惠王越賦五篇。”③

【輯本】姚本、鄧本:“廣川惠王越賦五篇。”

佚文五

【出處】《漢書》卷三十《藝文志》:“長沙王群臣賦三篇。”④

【輯本】姚本、鄧本:“長沙王群臣賦三篇。”

佚文六

【出處】《漢書》卷三十《藝文志》:“魏内史賦二篇。”⑤

【輯本】姚本、鄧本:“魏内史賦二篇。”

佚文七

【出處】《漢書》卷三十《藝文志》:“東暆令延年賦七篇。”⑥

【輯本】姚本、鄧本:“東暆令延年賦七篇。”

佚文八

【出處】《漢書》卷三十《藝文志》:“衛士令李忠賦二篇。”⑦

【輯本】姚本、鄧本:“衛士令李忠賦二篇。”

---

①②③④⑤ 《漢書》,第1750頁。

⑥⑦ 《漢書》,第1751頁。

佚文九

【出處】《漢書》卷三十《藝文志》:“張偃賦二篇。”①

【輯本】姚本、鄧本:“張偃賦二篇。”

佚文十

【出處】《漢書》卷三十《藝文志》:“賈充賦四篇。”②

【輯本】姚本、鄧本:“賈充賦四篇。”

佚文十一

【出處】《漢書》卷三十《藝文志》:“張仁賦六篇。”③

【輯本】姚本、鄧本:“張仁賦六篇。”

佚文十二

【出處】《漢書》卷三十《藝文志》:“秦充賦二篇。”④

【輯本】姚本、鄧本:“秦充賦二篇。”

佚文十三

【出處】《漢書》卷三十《藝文志》:“李步昌賦二篇。”⑤

【輯本】姚本、鄧本:“李步昌賦二篇。”

佚文十四

【出處】《漢書》卷三十《藝文志》:“侍郎謝多賦十篇。”⑥

【輯本】姚本、鄧本:“侍郎謝多賦十篇。”

佚文十五

【出處】《漢書》卷三十《藝文志》:“平陽公主舍人周長孺賦二篇。”⑦

【輯本】姚本、鄧本:“平陽公主舍人周長孺賦二篇。”

---

①②③④⑤⑥⑦ 《漢書》,第1751頁。

佚文十六

【出處】《漢書》卷三十《藝文志》:“雒陽錡華賦九篇。”①

【輯本】姚本、鄧本:“雒陽錡華賦九篇。”

佚文十七

【出處】《漢書》卷三十《藝文志》:“眭弘賦一篇。”②

【輯本】姚本、鄧本:“眭弘賦一篇。”

佚文十八

【出處】《漢書》卷三十《藝文志》:“别栩陽賦五篇。”③

【輯本】姚本、鄧本:“别栩陽賦五篇。”

佚文十九

【出處】《漢書》卷三十《藝文志》:“臣昌市賦六篇。”④

【輯本】姚本、鄧本:“臣昌市賦六篇。”

佚文二十

【出處】《漢書》卷三十《藝文志》:“臣義賦二篇。”⑤

【輯本】姚本、鄧本:“臣義賦二篇。”

佚文二十一

【出處】《漢書》卷三十《藝文志》:“黄門書者假史王商賦十三篇。”⑥

【輯本】姚本、鄧本:“黄門書者假史王商賦十三篇。”

佚文二十二

【出處】《漢書》卷三十《藝文志》:“侍中徐博賦四篇。”⑦

【輯本】姚本、鄧本:“侍中徐博賦四篇。”

---

①②③④⑤⑥ 《漢書》,第1751頁。

⑦ 《漢書》,第1752頁。

佚文二十三

【出處】《漢書》卷三十《藝文志》:"黄門書者王廣、吕嘉賦五篇。"①

【輯本】姚本、鄧本:"黄門書者王廣、吕嘉賦五篇。"

佚文二十四

【出處】《漢書》卷三十《藝文志》:"漢中都尉丞華龍賦二篇。"②

【輯本】姚本、鄧本:"漢中都尉丞華龍賦二篇。"

佚文二十五

【出處】《漢書》卷三十《藝文志》:"左馮翊史路恭賦八篇。"③

【輯本】姚本、鄧本:"左馮翊史路恭賦八篇。"

雜　賦

佚文一

【出處】《漢書》卷三十《藝文志》:"《客主賦》十八篇。"④

【輯本】姚本、鄧本:"《客主賦》十八篇。"

佚文二

【出處】《漢書》卷三十《藝文志》:"《雜行出及頌德賦》二十四篇。"⑤

【輯本】姚本、鄧本:"《雜行出及頌德賦》二十四篇。"

佚文三

【出處】《漢書》卷三十《藝文志》:"《雜四夷及兵賦》二十篇。"⑥

【輯本】姚本、鄧本:"《雜四夷及兵賦》二十篇。"

佚文四

【出處】《漢書》卷三十《藝文志》:"《雜中賢失意賦》十二篇。"⑦

【輯本】姚本、鄧本:"《雜中賢失意賦》十二篇。"

---

①②③④⑤⑥⑦　《漢書》,第1752頁。

佚文五

【出處】《漢書》卷三十《藝文志》:"《雜思慕悲哀死賦》十六篇。"①

【輯本】姚本、鄧本:"《雜思慕悲哀死賦》十六篇。"

佚文六

【出處】《漢書》卷三十《藝文志》:"《雜鼓琴劍戲賦》十三篇。"②

【輯本】姚本、鄧本:"《雜鼓琴劍戲賦》十三篇。"

佚文七

【出處】《漢書》卷三十《藝文志》:"《雜山陵水泡雲氣雨旱賦》十六篇。"③

【輯本】姚本、鄧本:"《雜山陵水泡雲氣雨旱賦》十六篇。"

佚文八

【出處】《漢書》卷三十《藝文志》:"《雜禽獸六畜昆蟲賦》十八篇。"④

【輯本】姚本、鄧本:"《雜禽獸六畜昆蟲賦》十八篇。"

佚文九

【出處】《漢書》卷三十《藝文志》:"《雜器械草木賦》三十三篇。"⑤

【輯本】姚本、鄧本:"《雜器械草木賦》三十三篇。"

佚文十

【出處】《漢書》卷三十《藝文志》:"《大雜賦》三十四篇。"⑥

【輯本】姚本、鄧本:"《大雜賦》三十四篇。"

佚文十一

【出處】《漢書》卷三十《藝文志》:"《成相雜辭》十一篇。"⑦

---

① 《漢書》,第1752頁。

②③④⑤⑥⑦ 《漢書》,第1753頁。

【輯本】姚本、鄧本:"《成相雜辭》十一篇。"

佚文十二

【出處】《漢書》卷三十《藝文志》:"《隱書》十八篇。"①

【輯本】姚本、鄧本:"《隱書》十八篇。"

歌　詩

佚文一

【出處】《漢書》卷三十《藝文志》:"《高祖歌詩》二篇。"②

【輯本】姚本、鄧本:"《高祖歌詩》二篇。"

佚文二

【出處】《漢書》卷三十《藝文志》:"《泰一雜甘泉壽宮歌詩》十四篇。"③

【輯本】姚本、鄧本:"《泰一雜甘泉壽宮歌詩》十四篇。"

佚文三

【出處】《漢書》卷三十《藝文志》:"《宗廟歌詩》五篇。"④

【輯本】姚本、鄧本:"《宗廟歌詩》五篇。"

佚文四

【出處】《漢書》卷三十《藝文志》:"《漢興以來兵所誅滅歌詩》十四篇。"⑤

【輯本】姚本、鄧本:"《漢興以來兵所誅滅歌詩》十四篇。"

佚文五

【出處】《漢書》卷三十《藝文志》:"《出行巡狩及遊歌詩》十篇。"⑥

---

①②③④⑤　《漢書》,第1753頁。

⑥　《漢書》,第1754頁。

【輯本】姚本、鄧本:"《出行巡狩及遊歌詩》十篇。"

佚文六

【出處】《漢書》卷三十《藝文志》:"《臨江王及愁思節士歌詩》四篇。"①

【輯本】姚本、鄧本:"《臨江王及愁思節士歌詩》四篇。"

佚文七

【出處】《漢書》卷三十《藝文志》:"《李夫人及幸貴人歌詩》三篇。"②

【輯本】姚本、鄧本:"《李夫人及幸貴人歌詩》三篇。"

佚文八

【出處】《漢書》卷三十《藝文志》:"《詔賜中山靖王子噲及孺子妾冰未央材人歌詩》四篇。"③

【輯本】姚本、鄧本:"《詔賜中山靖王子噲及孺子妾冰未央材人歌詩》四篇。"

佚文九

【出處】《漢書》卷三十《藝文志》:"《吴楚汝南歌詩》十五篇。"④

【輯本】姚本、鄧本:"《吴楚汝南歌詩》十五篇。"

佚文十

【出處】《漢書》卷三十《藝文志》:"《燕代謳雁門雲中隴西歌詩》九篇。"⑤

【輯本】姚本、鄧本:"《燕代謳雁門雲中隴西歌詩》九篇。"

佚文十一

【出處】《漢書》卷三十《藝文志》:"《邯鄲河間歌詩》四篇。"⑥

---

①②③④⑤⑥ 《漢書》,第1754頁。

【輯本】姚本、鄧本:“《邯鄲河間歌詩》四篇。”

佚文十二

【出處】《漢書》卷三十《藝文志》:“《齊鄭歌詩》四篇。”①

【輯本】姚本、鄧本:“《齊鄭歌詩》四篇。”

佚文十三

【出處】《漢書》卷三十《藝文志》:“《淮南歌詩》四篇。”②

【輯本】姚本、鄧本:“《淮南歌詩》四篇。”

佚文十四

【出處】《漢書》卷三十《藝文志》:“《左馮翊秦歌詩》三篇。”③

【輯本】姚本、鄧本:“《左馮翊秦歌詩》三篇。”

佚文十五

【出處】《漢書》卷三十《藝文志》:“《京兆尹秦歌詩》五篇。”④

【輯本】姚本、鄧本:“《京兆尹秦歌詩》五篇。”

佚文十六

【出處】《漢書》卷三十《藝文志》:“《河東蒲反歌詩》一篇。”⑤

【輯本】姚本、鄧本:“《河東蒲反歌詩》一篇。”

佚文十七

【出處】《漢書》卷三十《藝文志》:“《黄門倡車忠等歌詩》十五篇。”⑥

【輯本】姚本、鄧本:“《黄門倡車忠等歌詩》十五篇。”

佚文十八

【出處】《漢書》卷三十《藝文志》:“《雜各有主名歌詩》十篇。”⑦

---

①②③④⑤⑥⑦ 《漢書》,第1754頁。

【輯本】姚本、鄧本:“《雜各有主名歌詩》十篇。”

佚文十九

【出處】《漢書》卷三十《藝文志》:“《雜歌詩》九篇。”①

【輯本】姚本、鄧本:“《雜歌詩》九篇。”

佚文二十

【出處】《漢書》卷三十《藝文志》:“《雜歌詩》九篇。”②

【輯本】姚本、鄧本:“《雜歌詩》九篇。”

佚文二十一

【出處】《漢書》卷三十《藝文志》:“《雒陽歌詩》四篇。”③

【輯本】姚本、鄧本:“《雒陽歌詩》四篇。”

佚文二十二

【出處】《漢書》卷三十《藝文志》:“《河南周歌詩》七篇。”④

【輯本】姚本、鄧本:“《河南周歌詩》七篇。”

佚文二十三

【出處】《漢書》卷三十《藝文志》:“《河南周歌聲曲折》七篇。”⑤

【輯本】姚本、鄧本:“《河南周歌聲曲折》七篇。”

佚文二十四

【出處】《漢書》卷三十《藝文志》:“《周謡歌詩》七十五篇。”⑥

【輯本】姚本、鄧本:“《周謡歌詩》七十五篇。”

佚文二十五

【出處】《漢書》卷三十《藝文志》:“《周謡歌詩聲曲折》七十五篇。”⑦

---

①② 《漢書》,第1754頁。

③④⑤⑥⑦ 《漢書》,第1755頁。

【輯本】姚本、鄧本:"《周謡歌詩聲曲折》七十五篇。"

佚文二十六

【出處】《漢書》卷三十《藝文志》:"《諸神歌詩》三篇。"①

【輯本】姚本、鄧本:"《諸神歌詩》三篇。"

佚文二十七

【出處】《漢書》卷三十《藝文志》:"《送迎靈頌歌詩》三篇。"②

【輯本】姚本、鄧本:"《送迎靈頌歌詩》三篇。"

佚文二十八

【出處】《漢書》卷三十《藝文志》:"《周歌詩》二篇。"③

【輯本】姚本、鄧本:"《周歌詩》二篇。"

佚文二十九

【出處】《漢書》卷三十《藝文志》:"《南郡歌詩》五篇。"④

【輯本】姚本、鄧本:"《南郡歌詩》五篇。"

五、兵書略

兵權謀

佚文一

【出處】《漢書》卷三十《藝文志》:"《吴孫子兵法》八十二篇、圖九卷。"⑤

【輯本】姚本、鄧本:"《吴孫子兵法》八十二篇、圖九卷。"

佚文二

【出處】《漢書》卷三十《藝文志》:"《齊孫子》八十九篇、圖四卷。"⑥

---

①②③④ 《漢書》,第1755頁。

⑤ 《漢書》,第1756頁。

⑥ 《漢書》,第1757頁。

【輯本】姚本、鄧本:"《齊孫子》八十九篇、圖四卷。"

佚文三

【出處】《漢書》卷三十《藝文志》:"《公孫鞅》二十七篇。"①

【輯本】姚本、鄧本:"《公孫鞅》二十七篇。"

佚文四

【出處】《漢書》卷三十《藝文志》:"《吴起》四十八篇。有列傳。"②

【輯本】姚本、鄧本:"《吴起》四十八篇。有列傳。"

佚文五

【出處】《漢書》卷三十《藝文志》:"《范蠡》二篇。越王句踐臣也。"③

【輯本】姚本、鄧本:"《范蠡》二篇。越王句踐臣也。"

佚文六

【出處】《漢書》卷三十《藝文志》:"《大夫種》二篇。與范蠡俱事句踐。"④

【輯本】姚本、鄧本:"《大夫種》二篇。與范蠡俱事句踐。"

佚文七

【出處】《漢書》卷三十《藝文志》:"《李子》十篇。"⑤

【輯本】姚本、鄧本:"《李子》十篇。"

佚文八

【出處】《漢書》卷三十《藝文志》:"《娷》一篇。"⑥

【輯本】姚本、鄧本:"《娷》一篇。"

佚文九

【出處】《漢書》卷三十《藝文志》:"《兵春秋》一篇。"⑦

---

①②③④⑤⑥⑦ 《漢書》,第1757頁。

【輯本】姚本、鄧本:“《兵春秋》一篇。”

佚文十

【出處】《漢書》卷三十《藝文志》:“《龐暖》三篇。”①

【輯本】姚本、鄧本:“《龐暖》三篇。”

佚文十一

【出處】《漢書》卷三十《藝文志》:“《兒良》一篇。”②

【輯本】姚本、鄧本:“《兒良》一篇。”

佚文十二

【出處】《漢書》卷三十《藝文志》:“《廣武君》一篇。李左車。”③

【輯本】姚本、鄧本:“《廣武君》一篇。李左車。”

佚文十三

【出處】《漢書》卷三十《藝文志》:“《韓信》三篇。”④

【輯本】姚本、鄧本:“《韓信》三篇。”

兵形勢

佚文一

【出處】《漢書》卷三十《藝文志》:“《楚兵法》七篇,圖四卷。”⑤

【輯本】姚本、鄧本:“《楚兵法》七篇,圖四卷。”

佚文二

【出處】《漢書》卷三十《藝文志》:“《蚩尤》二篇。見《吕刑》。”⑥

【輯本】姚本、鄧本:“《蚩尤》二篇。見《吕刑》。”

---

①②③④ 《漢書》,第1757頁。

⑤⑥ 《漢書》,第1758頁。

佚文三

【出處】《漢書》卷三十《藝文志》:"《孫軫》五篇、圖二卷。"①

【輯本】姚本、鄧本:"《孫軫》五篇、圖二卷。"

佚文四

【出處】《漢書》卷三十《藝文志》:"《繇敍》二篇。"②

《白孔六帖》卷五十五"兵瀍"條:"《繇叔》二篇。《七略》作'由余'。"

【輯本】洪本、嚴本、陶本:"(《繇叔》二篇)由余。(《白帖》五十五。)"

姚本、鄧本:"《繇敍》二篇。"

佚文五

【出處】《漢書》卷三十《藝文志》:"《王孫》十六篇。圖五卷。"③

【輯本】姚本、鄧本:"《王孫》十六篇。圖五卷。"

佚文六

【出處】《漢書》卷三十《藝文志》:"《尉繚》三十一篇。"④

【輯本】姚本、鄧本:"《尉繚》三十一篇。"

佚文七

【出處】《漢書》卷三十《藝文志》:"《魏公子》二十一篇。圖十卷。名無忌,有列傳。"⑤

《史記》卷七十七《魏公子列傳》裴駰集解:"劉歆《七略》有《魏公子兵法》二十一篇,圖七卷。"⑥

【輯本】洪本、嚴本、陶本:"《魏公子兵法》二十一篇,圖七卷。(《史記·信陵君列傳》集解。)"

---

①②③④⑤ 《漢書》,第1758頁。

⑥ 《史記》(修訂本),第2896頁。

姚本、鄧本:“《魏公子兵法》二十一篇,圖七卷。名無忌,有列傳。(《史記·魏公子列傳》集解。)”

章本:“《魏公子兵法》二十一篇。圖十卷。(《藝文志》《史記·信陵君列傳》集解引《七略》作《魏公子兵法》二十一篇,《圖》七卷。)”

顧本:“《魏公子兵法》二十一篇,圖七卷。(《史記·信陵君傳》集解。)”

佚文八

【出處】《白孔六帖》卷五十五“兵瀍”條:“魏公子。《七略》:‘信陵君也。’”

【輯本】洪本、嚴本:“(魏公子。)信陵君也。(《白帖》五十五。)”

姚本:“又曰:信陵君也。(嚴本。)”

陶本:“(魏公子。)信陵君也。(《白帖》五十五。陶批:伊尹、太公、管子、孫卿子、鶡冠子、蘇子、蒯通、陸賈、淮南王二百五十九種。司馬法百五十五篇並兵權謀。)”

鄧本:“又曰:信陵君也。(嚴本。《白氏六帖》卷一五。)”

佚文九

【出處】《漢書》卷三十《藝文志》:“《景子》十三篇。”①

【輯本】姚本、鄧本:“《景子》十三篇。”

佚文十

【出處】《漢書》卷三十《藝文志》:“《李良》三篇。”②

【輯本】姚本、鄧本:“《李良》三篇。”

佚文十一

【出處】《漢書》卷三十《藝文志》:“《丁子》一篇。”③

---

① 《漢書》,第1758頁。

②③ 《漢書》,第1759頁。

【輯本】姚本、鄧本:"《丁子》一篇。"

佚文十二

【出處】《漢書》卷三十《藝文志》:"《項王》一篇。名籍。"①

【輯本】姚本、鄧本:"《項王》一篇。名籍。"

兵陰陽

佚文一

【出處】《漢書》卷三十《藝文志》:"《太壹兵法》一篇。"②

【輯本】姚本、鄧本:"《太壹兵法》一篇。"

佚文二

【出處】《漢書》卷三十《藝文志》:"《天一兵法》三十五篇。"③

【輯本】姚本、鄧本:"《天一兵法》三十五篇。"

佚文三

【出處】《漢書》卷三十《藝文志》:"《神農兵法》一篇。"④

【輯本】姚本、鄧本:"《神農兵法》一篇。"

佚文四

【出處】《漢書》卷三十《藝文志》:"《黄帝》十六篇、圖三卷。"⑤

【輯本】姚本、鄧本:"《黄帝》十六篇、圖三卷。"

佚文五

【出處】《漢書》卷三十《藝文志》:"《封胡》五篇。黄帝臣,依託也。"⑥

【輯本】姚本、鄧本:"《封胡》五篇。黄帝臣,依託也。"

---

①②③④⑤⑥ 《漢書》,第1759頁。

佚文六

【出處】《漢書》卷三十《藝文志》:"《風後》十三篇、圖二卷。黄帝臣,依託也。"①

【輯本】姚本、鄧本:"《風後》十三篇、圖二卷。黄帝臣,依託也。"

佚文七

【出處】《漢書》卷三十《藝文志》:"《力牧》十五篇。黄帝臣,依託也。"②

【輯本】姚本、鄧本:"《力牧》十五篇。黄帝臣,依託也。"

佚文八

【出處】《漢書》卷三十《藝文志》:"《鵊冶子》一篇、圖一卷。"③

【輯本】姚本、鄧本:"《鵊冶子》一篇、圖一卷。"

佚文九

【出處】《漢書》卷三十《藝文志》:"《鬼容區》三篇、圖一卷。黄帝臣,依託。"④

【輯本】姚本、鄧本:"《鬼容區》三篇、圖一卷。黄帝臣,依託。"

佚文十

【出處】《漢書》卷三十《藝文志》:"《地典》六篇。"⑤

【輯本】姚本、鄧本:"《地典》六篇。"

佚文十一

【出處】《漢書》卷三十《藝文志》:"《孟子》一篇。"⑥

【輯本】姚本、鄧本:"《孟子》一篇。"

---

①②③ 《漢書》,第1759頁。

④⑤⑥ 《漢書》,第1760頁。

佚文十二

【出處】《漢書》卷三十《藝文志》:"《東父》三十一篇。"①

【輯本】姚本、鄧本:"《東父》三十一篇。"

佚文十三

【出處】《漢書》卷三十《藝文志》:"《師曠》八篇。晉平公臣。"②

【輯本】姚本、鄧本:"《師曠》八篇。晉平公臣。"

佚文十四

【出處】《漢書》卷三十《藝文志》:"《萇弘》十五篇。周史。"③

【輯本】姚本、鄧本:"《萇弘》十五篇。周史。"

佚文十五

【出處】《漢書》卷三十《藝文志》:"《别成子望軍氣》六篇、圖三卷。"④

【輯本】姚本、鄧本:"《别成子望軍氣》六篇、圖三卷。"

佚文十六

【出處】《漢書》卷三十《藝文志》:"《辟兵威勝方》七十篇。"⑤

【輯本】姚本、鄧本:"《辟兵威勝方》七十篇。"

兵技巧

佚文一

【出處】《漢書》卷三十《藝文志》:"《鮑子兵法》十篇、圖一卷。"⑥

【輯本】姚本、鄧本:"《鮑子兵法》十篇、圖一卷。"

佚文二

【出處】《漢書》卷三十《藝文志》:"《五子胥》十篇、圖一卷。"⑦

---

①②③④⑤⑥ 《漢書》,第1760頁。

⑦ 《漢書》,第1761頁。

【輯本】姚本、鄧本:"《五子胥》十篇、圖一卷。"

佚文三

【出處】《漢書》卷三十《藝文志》:"《公勝子》五篇。"①

【輯本】姚本、鄧本:"《公勝子》五篇。"

佚文四

【出處】《漢書》卷三十《藝文志》:"《苗子》五篇、圖一卷。"②

【輯本】姚本、鄧本:"《苗子》五篇、圖一卷。"

佚文五

【出處】《漢書》卷三十《藝文志》:"《逢門射法》二篇。"③

《史記》卷一百二十八《龜策列傳》裴駰集解:"劉歆《七略》有《蠭門射法》也。"④

【輯本】洪本、嚴本、陶本:"《蠭門射法》。(《史記·龜策列傳》集解)"

姚本、鄧本:"《蠭門射法》二篇。(《史記·龜策列傳》集解)"

顧本:"《蠭門射法》。(《史記·龜策傳》集解。)"

佚文六

【出處】《漢書》卷三十《藝文志》:"《陰通成射法》十一篇。"⑤

【輯本】姚本、鄧本:"《陰通成射法》十一篇。"

佚文七

【出處】《漢書》卷三十《藝文志》:"《李將軍射法》三篇。"⑥

【輯本】姚本、鄧本:"《李將軍射法》三篇。"

---

①②③⑤⑥ 《漢書》,第1761頁。

④ 《史記》(修訂本),第3932頁。

佚文八

【出處】《漢書》卷三十《藝文志》:"《魏氏射法》六篇。"①

【輯本】姚本、鄧本:"《魏氏射法》六篇。"

佚文九

【出處】《漢書》卷三十《藝文志》:"《强弩將軍王圍射法》五卷。"②

【輯本】姚本、鄧本:"《强弩將軍王圍射法》五卷。"

佚文十

【出處】《漢書》卷三十《藝文志》:"《望遠連弩射法具》十五篇。"③

【輯本】姚本、鄧本:"《望遠連弩射法具》十五篇。"

佚文十一

【出處】《漢書》卷三十《藝文志》:"《護軍射師王賀射書》五篇。"④

【輯本】姚本、鄧本:"《護軍射師王賀射書》五篇。"

佚文十二

【出處】《漢書》卷三十《藝文志》:"《蒲苴子弋法》四篇。"⑤

【輯本】姚本、鄧本:"《蒲苴子弋法》四篇。"

佚文十三

【出處】《漢書》卷三十《藝文志》:"《劍道》三十八篇。"⑥

【輯本】姚本、鄧本:"《劍道》三十八篇。"

佚文十四

【出處】《漢書》卷三十《藝文志》:"《手搏》六篇。"⑦

【輯本】姚本、鄧本:"《手搏》六篇。"

---

①②③④⑤⑥⑦ 《漢書》,第1761頁。

佚文十五

【出處】《漢書》卷三十《藝文志》:"《雜家兵法》五十七篇。"①

【輯本】姚本、鄧本:"《雜家兵法》五十七篇。"

六、數術略

天　文

佚文一

【出處】《漢書》卷三十《藝文志》:"《泰壹雜子星》二十八卷。"②

【輯本】姚本、鄧本:"《泰壹雜子星》二十八卷。"

佚文二

【出處】《漢書》卷三十《藝文志》:"《五殘雜變星》二十一卷。"③

【輯本】姚本、鄧本:"《五殘雜變星》二十一卷。"

佚文三

【出處】《漢書》卷三十《藝文志》:"《黄帝雜子氣》三十三篇。"④

【輯本】姚本、鄧本:"《黄帝雜子氣》三十三篇。"

佚文四

【出處】《漢書》卷三十《藝文志》:"《常從日月星氣》二十一卷。"⑤

【輯本】姚本、鄧本:"《常從日月星氣》二十一卷。"

佚文五

【出處】《漢書》卷三十《藝文志》:"《皇公雜子星》二十二卷。"⑥

【輯本】姚本、鄧本:"《皇公雜子星》二十二卷。"

---

① 《漢書》,第1761頁。

②③④⑤⑥ 《漢書》,第1763頁。

佚文六

【出處】《漢書》卷三十《藝文志》:"《淮南雜子星》十九卷。"①

【輯本】姚本、鄧本:"《淮南雜子星》十九卷。"

佚文七

【出處】《漢書》卷三十《藝文志》:"《泰壹雜子雲雨》三十四卷。"②

【輯本】姚本、鄧本:"《泰壹雜子雲雨》三十四卷。"

佚文八

【出處】《漢書》卷三十《藝文志》:"《國章觀霓雲雨》三十四卷。"③

【輯本】姚本、鄧本:"《國章觀霓雲雨》三十四卷。"

佚文九

【出處】《漢書》卷三十《藝文志》:"《泰階六符》一卷。"④

【輯本】姚本、鄧本:"《泰階六符》一卷。"

佚文十

【出處】《漢書》卷三十《藝文志》:"《金度玉衡漢五星客流出入》八篇。"⑤

【輯本】姚本、鄧本:"《金度玉衡漢五星客流出入》八篇。"

佚文十一

【出處】《漢書》卷三十《藝文志》:"《漢五星彗客行事占驗》八卷。"⑥

【輯本】姚本、鄧本:"《漢五星彗客行事占驗》八卷。"

佚文十二

【出處】《漢書》卷三十《藝文志》:"《漢日旁氣行事占驗》三卷。"⑦

---

① 《漢書》,第1763頁。

②③④⑤⑥⑦ 《漢書》,第1764頁。

【輯本】姚本、鄧本:“《漢日旁氣行事占驗》三卷。”

佚文十三

【出處】《漢書》卷三十《藝文志》:“《漢流星行事占驗》八卷。”①

【輯本】姚本、鄧本:“《漢流星行事占驗》八卷。”

佚文十四

【出處】《漢書》卷三十《藝文志》:“《漢日旁氣行占驗》十三卷。”②

【輯本】姚本、鄧本:“《漢日旁氣行占驗》十三卷。”

佚文十五

【出處】《漢書》卷三十《藝文志》:“《漢日食月暈雜變行事占驗》十三卷。”③

【輯本】姚本、鄧本:“《漢日食月暈雜變行事占驗》十三卷。”

佚文十六

【出處】《漢書》卷三十《藝文志》:“《海中星占驗》十二卷。”④

【輯本】姚本、鄧本:“《海中星占驗》十二卷。”

佚文十七

【出處】《漢書》卷三十《藝文志》:“《海中五星經雜事》二十二卷。”⑤

【輯本】姚本、鄧本:“《海中五星經雜事》二十二卷。”

佚文十八

【出處】《漢書》卷三十《藝文志》:“《海中五星順逆》二十八卷。”⑥

【輯本】姚本、鄧本:“《海中五星順逆》二十八卷。”

---

①②③④⑤⑥ 《漢書》,第1764頁。

佚文十九

【出處】《漢書》卷三十《藝文志》:"《海中二十八宿國分》二十八卷。"①

【輯本】姚本、鄧本:"《海中二十八宿國分》二十八卷。"

佚文二十

【出處】《漢書》卷三十《藝文志》:"《海中二十八宿臣分》二十八卷。"②

【輯本】姚本、鄧本:"《海中二十八宿臣分》二十八卷。"

佚文二十一

【出處】《漢書》卷三十《藝文志》:"《海中日月彗虹雜占》十八卷。"③

【輯本】姚本、鄧本:"《海中日月彗虹雜占》十八卷。"

佚文二十二

【出處】《漢書》卷三十《藝文志》:"《圖書秘記》十七篇。"④

【輯本】姚本、鄧本:"《圖書秘記》十七篇。"

曆　譜

佚文一

【出處】《漢書》卷三十《藝文志》:"《黄帝五家曆》三十三卷。"⑤

【輯本】姚本、鄧本:"《黄帝五家曆》三十三卷。"

佚文二

【出處】《漢書》卷三十《藝文志》:"《顓頊曆》二十一卷。"⑥

【輯本】姚本、鄧本:"《顓頊曆》二十一卷。"

---

①②③ 《漢書》,第1764頁。

④⑤⑥ 《漢書》,第1765頁。

佚文三

【出處】《漢書》卷三十《藝文志》:“《顓頊五星曆》十四卷。”①

【輯本】姚本、鄧本:“《顓頊五星曆》十四卷。”

佚文四

【出處】《漢書》卷三十《藝文志》:“《日月宿曆》十三卷。”②

【輯本】姚本、鄧本:“《日月宿曆》十三卷。”

佚文五

【出處】《漢書》卷三十《藝文志》:“《夏殷周魯曆》十四卷。”③

【輯本】姚本、鄧本:“《夏殷周魯曆》十四卷。”

佚文六

【出處】《漢書》卷三十《藝文志》:“《天曆大曆》十八卷。”④

【輯本】姚本、鄧本:“《天曆大曆》十八卷。”

佚文七

【出處】《漢書》卷三十《藝文志》:“《漢元殷周諜曆》十七卷。”⑤

【輯本】姚本、鄧本:“《漢元殷周諜曆》十七卷。”

佚文八

【出處】《漢書》卷三十《藝文志》:“《耿昌月行帛圖》二百三十二卷。”⑥

【輯本】姚本、鄧本:“《耿昌月行帛圖》二百三十二卷。”

佚文九

【出處】《漢書》卷三十《藝文志》:“《耿昌月行度》二卷。”⑦

【輯本】姚本、鄧本:“《耿昌月行度》二卷。”

---

①② 《漢書》,第1765頁。

③④⑤⑥⑦ 《漢書》,第1766頁。

佚文十

【出處】《漢書》卷三十《藝文志》:"《傳周五星行度》三十九卷。"①

【輯本】姚本、鄧本:"《傳周五星行度》三十九卷。"

佚文十一

【出處】《漢書》卷三十《藝文志》:"《律歷數法》三卷。"②

【輯本】姚本、鄧本:"《律歷數法》三卷。"

佚文十二

【出處】《漢書》卷三十《藝文志》:"《自古五星宿紀》三十卷。"③

【輯本】姚本、鄧本:"《自古五星宿紀》三十卷。"

佚文十三

【出處】《漢書》卷三十《藝文志》:"《太歲謀日晷》二十九卷。"④

【輯本】姚本、鄧本:"《太歲謀日晷》二十九卷。"

佚文十四

【出處】《漢書》卷三十《藝文志》:"《帝王諸侯世譜》二十卷。"⑤

【輯本】姚本、鄧本:"《帝王諸侯世譜》二十卷。"

佚文十五

【出處】《漢書》卷三十《藝文志》:"《古來帝王年譜》五卷。"⑥

【輯本】姚本、鄧本:"《古來帝王年譜》五卷。"

佚文十六

【出處】《漢書》卷三十《藝文志》:"《日晷書》三十四卷。"⑦

【輯本】姚本、鄧本:"《日晷書》三十四卷。"

---

①②③④⑤⑥⑦ 《漢書》,第 1766 頁。

佚文十七

【出處】《漢書》卷三十《藝文志》:"《許商算術》二十六卷。"①

【輯本】姚本、鄧本:"《許商算術》二十六卷。"

佚文十八

【出處】《漢書》卷三十《藝文志》:"《杜忠算術》十六卷。"②

【輯本】姚本、鄧本:"《杜忠算術》十六卷。"

五　行

佚文一

【出處】《漢書》卷三十《藝文志》:"《泰一陰陽》二十三卷。"③

【輯本】姚本、鄧本:"《泰一陰陽》二十三卷。"

佚文二

【出處】《漢書》卷三十《藝文志》:"《黄帝陰陽》二十五卷。"④

【輯本】姚本、鄧本:"《黄帝陰陽》二十五卷。"

佚文三

【出處】《漢書》卷三十《藝文志》:"《黄帝諸子論陰陽》二十五卷。"⑤

【輯本】姚本、鄧本:"《黄帝諸子論陰陽》二十五卷。"

佚文四

【出處】《漢書》卷三十《藝文志》:"《諸王子論陰陽》二十五卷。"⑥

【輯本】姚本、鄧本:"《諸王子論陰陽》二十五卷。"

佚文五

【出處】《漢書》卷三十《藝文志》:"《太元陰陽》二十六卷。"⑦

①② 《漢書》,第1766頁。

③④⑤⑥⑦ 《漢書》,第1767頁。

【輯本】姚本、鄧本:“《太元陰陽》二十六卷。”

佚文六

【出處】《漢書》卷三十《藝文志》:“《三典陰陽談論》二十七卷。”①

【輯本】姚本、鄧本:“《三典陰陽談論》二十七卷。”

佚文七

【出處】《漢書》卷三十《藝文志》:“《神農大幽五行》二十七卷。”②

【輯本】姚本、鄧本:“《神農大幽五行》二十七卷。”

佚文八

【出處】《漢書》卷三十《藝文志》:“《四時五行經》二十六卷。”③

【輯本】姚本、鄧本:“《四時五行經》二十六卷。”

佚文九

【出處】《漢書》卷三十《藝文志》:“《猛子閭昭》二十五卷。”④

【輯本】姚本、鄧本:“《猛子閭昭》二十五卷。”

佚文十

【出處】《漢書》卷三十《藝文志》:“《陰陽五行時令》十九卷。”⑤

【輯本】姚本、鄧本:“《陰陽五行時令》十九卷。”

佚文十一

【出處】《漢書》卷三十《藝文志》:“《堪輿金匱》十四卷。”⑥

【輯本】姚本、鄧本:“《堪輿金匱》十四卷。”

佚文十二

【出處】《漢書》卷三十《藝文志》:“《務成子災異應》十四卷。”⑦

---

①②③④ 《漢書》,第 1767 頁。

⑤⑥⑦ 《漢書》,第 1768 頁。

【輯本】姚本、鄧本:"《務成子災異應》十四卷。"

佚文十三

【出處】《漢書》卷三十《藝文志》:"《十二典災異應》十二卷。"①

【輯本】姚本、鄧本:"《十二典災異應》十二卷。"

佚文十四

【出處】《漢書》卷三十《藝文志》:"《鐘律災應》二十六卷。"②

【輯本】姚本、鄧本:"《鐘律災應》二十六卷。"

佚文十五

【出處】《漢書》卷三十《藝文志》:"《鐘律叢辰日苑》二十二卷。"③

【輯本】姚本、鄧本:"《鐘律叢辰日苑》二十二卷。"

佚文十六

【出處】《漢書》卷三十《藝文志》:"《鐘律消息》二十九卷。"④

【輯本】姚本、鄧本:"《鐘律消息》二十九卷。"

佚文十七

【出處】《漢書》卷三十《藝文志》:"《黄鐘》七卷。"⑤

【輯本】姚本、鄧本:"《黄鐘》七卷。"

佚文十八

【出處】《漢書》卷三十《藝文志》:"《天一》六卷。"⑥

【輯本】姚本、鄧本:"《天一》六卷。"

佚文十九

【出處】《漢書》卷三十《藝文志》:"《泰一》二十九卷。"⑦

---

①②③④⑤⑥⑦ 《漢書》,第1768頁。

【輯本】姚本、鄧本:"《泰一》二十九卷。"

佚文二十

【出處】《漢書》卷三十《藝文志》:"《刑德》七卷。"①

【輯本】姚本、鄧本:"《刑德》七卷。"

佚文二十一

【出處】《漢書》卷三十《藝文志》:"《風鼓六甲》二十四卷。"②

【輯本】姚本、鄧本:"《風鼓六甲》二十四卷。"

佚文二十二

【出處】《漢書》卷三十《藝文志》:"《風后孤虚》二十卷。"③

《史記》卷一百二十八《龜策列傳》裴駰集解:"劉歆《七略》有《風后孤虚》二十卷。"④

【輯本】洪本、嚴本:"《風后孤虚》十二卷。(《史記·龜策列傳》索隱。)"

姚本、鄧本:"《風后孤虚》二十卷。(《史記·龜策列傳》索隱引《七略》作'十二卷'。)"

陶本:"《風后孤虚》十二卷。(《史記·龜策列傳》索隱。陶批:徐天祜《吴越春秋音注》引同。)"

顧本:"《風后孤虚》二十卷。(《史記·龜策傳》集解)"

佚文二十三

【出處】《漢書》卷三十《藝文志》:"《六合隨典》二十五卷。"⑤

【輯本】姚本、鄧本:"《六合隨典》二十五卷。"

佚文二十四

【出處】《漢書》卷三十《藝文志》:"《轉位十二神》二十五卷。"⑥

---

①②③⑤⑥ 《漢書》,第1768頁。

④ 《史記》(修訂本),第3932頁。

【輯本】姚本、鄧本:“《轉位十二神》二十五卷。”

佚文二十五

【出處】《漢書》卷三十《藝文志》:“《羡門式法》二十卷。”①

【輯本】姚本、鄧本:“《羨門式法》二十卷。”

佚文二十六

【出處】《漢書》卷三十《藝文志》:“《羡門式》二十卷。”②

【輯本】姚本、鄧本:“《羨門式》二十卷。”

佚文二十七

【出處】《漢書》卷三十《藝文志》:“《文解六甲》十八卷。”③

【輯本】姚本、鄧本:“《文解六甲》十八卷。”

佚文二十八

【出處】《漢書》卷三十《藝文志》:“《文解二十八宿》二十八卷。”④

【輯本】姚本、鄧本:“《文解二十八宿》二十八卷。”

佚文二十九

【出處】《漢書》卷三十《藝文志》:“《五音奇胲用兵》二十三卷。”⑤

【輯本】姚本、鄧本:“《五音奇胲用兵》二十三卷。”

佚文三十

【出處】《漢書》卷三十《藝文志》:“《五音奇胲刑德》二十一卷。”⑥

【輯本】姚本、鄧本:“《五音奇胲刑德》二十一卷。”

佚文三十一

【出處】《漢書》卷三十《藝文志》:“《五音定名》十五卷。”⑦

---

①②③④⑤⑥⑦ 《漢書》,第1769頁。

【輯本】姚本、鄧本:“《五音定名》十五卷。”

蓍　龜

佚文一

【出處】《漢書》卷三十《藝文志》:“《龜書》五十二卷。”①

【輯本】姚本、鄧本:“《龜書》五十二卷。”

佚文二

【出處】《漢書》卷三十《藝文志》:“《夏龜》二十六卷。”②

【輯本】姚本、鄧本:“《夏龜》二十六卷。”

佚文三

【出處】《漢書》卷三十《藝文志》:“《南龜書》二十八卷。”③

【輯本】姚本、鄧本:“《南龜書》二十八卷。”

佚文四

【出處】《漢書》卷三十《藝文志》:“《巨龜》三十六卷。”④

【輯本】姚本、鄧本:“《巨龜》三十六卷。”

佚文五

【出處】《漢書》卷三十《藝文志》:“《雜龜》十六卷。”⑤

【輯本】姚本、鄧本:“《雜龜》十六卷。”

佚文六

【出處】《漢書》卷三十《藝文志》:“《蓍書》二十八卷。”⑥

【輯本】姚本、鄧本:“《蓍書》二十八卷。”

佚文七

【出處】《漢書》卷三十《藝文志》:“《周易》三十八卷。”⑦

---

①②③④⑤⑥⑦　《漢書》,第1770頁。

【輯本】姚本、鄧本:"《周易》三十八卷。"

佚文八

【出處】《漢書》卷三十《藝文志》:"《周易明堂》二十六卷。"①

【輯本】姚本、鄧本:"《周易明堂》二十六卷。"

佚文九

【出處】《漢書》卷三十《藝文志》:"《周易隨曲射匿》五十卷。"②

【輯本】姚本、鄧本:"《周易隨曲射匿》五十卷。"

佚文十

【出處】《漢書》卷三十《藝文志》:"《大筮衍易》二十八卷。"③

【輯本】姚本、鄧本:"《大筮衍易》二十八卷。"

佚文十一

【出處】《漢書》卷三十《藝文志》:"《大次雜易》三十卷。"④

【輯本】姚本、鄧本:"《大次雜易》三十卷。"

佚文十二

【出處】《漢書》卷三十《藝文志》:"《鼠序卜黄》二十五卷。"⑤

【輯本】姚本、鄧本:"《鼠序卜黄》二十五卷。"

佚文十三

【出處】《漢書》卷三十《藝文志》:"《於陵欽易吉凶》二十三卷。"⑥

【輯本】姚本、鄧本:"《於陵欽易吉凶》二十三卷。"

佚文十四

【出處】《漢書》卷三十《藝文志》:"《任良易旗》七十一卷。"⑦

---

①②③④⑤ 《漢書》,第1770頁。

⑥⑦ 《漢書》,第1771頁。

【輯本】姚本、鄧本:"《任良易旗》七十一卷。"

佚文十五

【出處】《漢書》卷三十《藝文志》:"《易卦八具》。"①

【輯本】姚本、鄧本:"《易卦八具》。"

雜　占

佚文一

【出處】《漢書》卷三十《藝文志》:"《黄帝長柳占夢》十一卷。"②

【輯本】姚本、鄧本:"《黄帝長柳占夢》十一卷。"

佚文二

【出處】《漢書》卷三十《藝文志》:"《甘德長柳占夢》二十卷。"③

【輯本】姚本、鄧本:"《甘德長柳占夢》二十卷。"

佚文三

【出處】《史記》卷八十九《張耳陳餘列傳》司馬貞索隱:"劉歆《七略》云:'字逢,甘德。'"④

【輯本】洪本、嚴本:"(甘公。)公一名德。(《史記·陳餘列傳》索隱。)"

姚本、鄧本:"又曰:甘公,字逢,名德。(《史記·陳餘列傳》索隱單行本。)"

陶本:"(甘公。)公一名德。(《史記·陳餘列傳》索隱。陶批:甘公字逢名德。惠棟《續漢天文志補注》,不知所據。)"

顧本:"甘公,一名德。(《史記·張耳陳餘傳》索隱。)"

---

① 《漢書》,第1771頁。

②③ 《漢書》,第1772頁。

④ 《史記》(修訂本),第3132頁。

佚文四

【出處】《漢書》卷三十《藝文志》:“《武禁相衣器》十四卷。”①

【輯本】姚本、鄧本:“《武禁相衣器》十四卷。”

佚文五

【出處】《漢書》卷三十《藝文志》:“《嚏耳鳴雜占》十六卷。”②

【輯本】姚本、鄧本:“《嚏耳鳴雜占》十六卷。”

佚文六

【出處】《漢書》卷三十《藝文志》:“《禎祥變怪》二十一卷。”③

【輯本】姚本、鄧本:“《禎祥變怪》二十一卷。”

佚文七

【出處】《漢書》卷三十《藝文志》:“《人鬼精物六畜變怪》二十一卷。”④

【輯本】姚本、鄧本:“《人鬼精物六畜變怪》二十一卷。”

佚文八

【出處】《漢書》卷三十《藝文志》:“《變怪誥咎》十三卷。”⑤

【輯本】姚本、鄧本:“《變怪誥咎》十三卷。”

佚文九

【出處】《漢書》卷三十《藝文志》:“《執不祥劾鬼物》八卷。”⑥

【輯本】姚本、鄧本:“《執不祥劾鬼物》八卷。”

佚文十

【出處】《漢書》卷三十《藝文志》:“《請官除訞祥》十九卷。”⑦

【輯本】姚本、鄧本:“《請官除訞祥》十九卷。”

---

①②③④⑤⑥⑦ 《漢書》,第1772頁。

佚文十一

【出處】《漢書》卷三十《藝文志》:“《禳祀天文》十八卷。”①

【輯本】姚本、鄧本:“《禳祀天文》十八卷。”

佚文十二

【出處】《漢書》卷三十《藝文志》:“《請禱致福》十九卷。”②

【輯本】姚本、鄧本:“《請禱致福》十九卷。”

佚文十三

【出處】《漢書》卷三十《藝文志》:“《請雨止雨》二十六卷。”③

【輯本】姚本、鄧本:“《請雨止雨》二十六卷。”

佚文十四

【出處】《漢書》卷三十《藝文志》:“《泰壹雜子候歲》二十二卷。”④

【輯本】姚本、鄧本:“《泰壹雜子候歲》二十二卷。”

佚文十五

【出處】《漢書》卷三十《藝文志》:“《子贛雜子候歲》二十六卷。”⑤

【輯本】姚本、鄧本:“《子贛雜子候歲》二十六卷。”

佚文十六

【出處】《漢書》卷三十《藝文志》:“《五法積貯寶臧》二十三卷。”⑥

【輯本】姚本、鄧本:“《五法積貯寶臧》二十三卷。”

佚文十七

【出處】《漢書》卷三十《藝文志》:“《神農教田相土耕種》十四卷。”⑦

【輯本】姚本、鄧本:“《神農教田相土耕種》十四卷。”

---

①②③④⑤⑥ 《漢書》,第1772頁。

⑦ 《漢書》,第1773頁。

佚文十八

【出處】《漢書》卷三十《藝文志》:"《昭明子釣種生魚鱉》八卷。"①

【輯本】姚本、鄧本:"《昭明子釣種生魚鱉》八卷。"

佚文十九

【出處】《漢書》卷三十《藝文志》:"《種樹臧果相蠶》十三卷。"②

【輯本】姚本、鄧本:"《種樹臧果相蠶》十三卷。"

形　法

佚文一

【出處】《漢書》卷三十《藝文志》:"《山海經》十三篇。"③

【輯本】姚本、鄧本:"《山海經》十三篇。"

佚文二

【出處】《漢書》卷三十《藝文志》:"《國朝》七卷。"④

【輯本】姚本、鄧本:"《國朝》七卷。"

佚文三

【出處】《漢書》卷三十《藝文志》:"《宫宅地形》二十卷。"⑤

【輯本】姚本、鄧本:"《宫宅地形》二十卷。"

佚文四

【出處】《漢書》卷三十《藝文志》:"《相人》二十四卷。"⑥

【輯本】姚本、鄧本:"《相人》二十四卷。"

佚文五

【出處】《漢書》卷三十《藝文志》:"《相寶劍刀》二十卷。"⑦

---

①② 《漢書》,第1773頁。

③④⑤⑥ 《漢書》,第1774頁。

⑦ 《漢書》,第1775頁。

【輯本】姚本、鄧本:"《相寶劍刀》二十卷。"

佚文六

【出處】《漢書》卷三十《藝文志》:"《相六畜》三十八卷。"①

【輯本】姚本、鄧本:"《相六畜》三十八卷。"

七、方技略

醫　經

佚文一

【出處】《漢書》卷三十《藝文志》:"《黄帝内經》十八卷。"②

【輯本】姚本、鄧本:"《黄帝内經》十八卷。"

佚文二

【出處】《漢書》卷三十《藝文志》:"《黄帝外經》三十七卷。"③

【輯本】姚本、鄧本:"《黄帝外經》三十七卷。"

佚文三

【出處】《漢書》卷三十《藝文志》:"《扁鵲内經》九卷。"④

【輯本】姚本、鄧本:"《扁鵲内經》九卷。"

佚文四

【出處】《漢書》卷三十《藝文志》:"《扁鵲外經》十二卷。"⑤

【輯本】姚本、鄧本:"《扁鵲外經》十二卷。"

佚文五

【出處】《漢書》卷三十《藝文志》:"《白氏内經》三十八卷。"⑥

---

① 《漢書》,第1775頁。

②③④⑤⑥ 《漢書》,第1776頁。

【輯本】姚本、鄧本:"《白氏内經》三十八卷。"

佚文六

【出處】《漢書》卷三十《藝文志》:"《白氏外經》三十六卷。"①

【輯本】姚本、鄧本:"《白氏外經》三十六卷。"

佚文七

【出處】《漢書》卷三十《藝文志》:"《旁篇》二十五卷。"②

【輯本】姚本、鄧本:"《旁篇》二十五卷。"

經　方

佚文一

【出處】《漢書》卷三十《藝文志》:"《五藏六府痺十二病方》三十卷。"③

【輯本】姚本、鄧本:"《五藏六府痺十二病方》三十卷。"

佚文二

【出處】《漢書》卷三十《藝文志》:"《五藏六府疝十六病方》四十卷。"④

【輯本】姚本、鄧本:"《五藏六府疝十六病方》四十卷。"

佚文三

【出處】《漢書》卷三十《藝文志》:"《五藏六府癉十二病方》四十卷。"⑤

【輯本】姚本、鄧本:"《五藏六府癉十二病方》四十卷。"

佚文四

【出處】《漢書》卷三十《藝文志》:"《風寒熱十六病方》二十六卷。"⑥

---

①② 《漢書》,第1776頁。

③④⑤⑥ 《漢書》,第1777頁。

【輯本】姚本、鄧本:"《風寒熱十六病方》二十六卷。"

佚文五

【出處】《漢書》卷三十《藝文志》:"《泰始黄帝扁鵲俞拊方》二十三卷。"①

【輯本】姚本、鄧本:"《泰始黄帝扁鵲俞拊方》二十三卷。"

佚文六

【出處】《漢書》卷三十《藝文志》:"《五藏傷中十一病方》三十一卷。"②

【輯本】姚本、鄧本:"《五藏傷中十一病方》三十一卷。"

佚文七

【出處】《漢書》卷三十《藝文志》:"《客疾五藏狂顛病方》十七卷。"③

【輯本】姚本、鄧本:"《客疾五藏狂顛病方》十七卷。"

佚文八

【出處】《漢書》卷三十《藝文志》:"《金創瘲瘛方》三十卷。"④

【輯本】姚本、鄧本:"《金創瘲瘛方》三十卷。"

佚文九

【出處】《漢書》卷三十《藝文志》:"《婦人嬰兒方》十九卷。"⑤

【輯本】姚本、鄧本:"《婦人嬰兒方》十九卷。"

佚文十

【出處】《漢書》卷三十《藝文志》:"《湯液經法》三十二卷。"⑥

【輯本】姚本、鄧本:"《湯液經法》三十二卷。"

---

①②③④⑤⑥ 《漢書》,第1777頁。

佚文十一

【出處】《漢書》卷三十《藝文志》:"《神農黄帝食禁》七卷。"①

【輯本】姚本、鄧本:"《神農黄帝食禁》七卷。"

房　中

佚文一

【出處】《漢書》卷三十《藝文志》:"《容成陰道》二十六卷。"②

【輯本】姚本、鄧本:"《容成陰道》二十六卷。"

佚文二

【出處】《漢書》卷三十《藝文志》:"《務成子陰道》三十六卷。"③

【輯本】姚本、鄧本:"《務成子陰道》三十六卷。"

佚文三

【出處】《漢書》卷三十《藝文志》:"《堯舜陰道》二十三卷。"④

【輯本】姚本、鄧本:"《堯舜陰道》二十三卷。"

佚文四

【出處】《漢書》卷三十《藝文志》:"《湯盤庚陰道》二十卷。"⑤

【輯本】姚本、鄧本:"《湯盤庚陰道》二十卷。"

佚文五

【出處】《漢書》卷三十《藝文志》:"《天老雜子陰道》二十五卷。"⑥

【輯本】姚本、鄧本:"《天老雜子陰道》二十五卷。"

佚文六

【出處】《漢書》卷三十《藝文志》:"《天一陰道》二十四卷。"⑦

---

① 《漢書》,第 1777 頁。

②③④⑤⑥⑦ 《漢書》,第 1778 頁。

【輯本】姚本、鄧本:"《天一陰道》二十四卷。"

佚文七

【出處】《漢書》卷三十《藝文志》:"《黄帝三王養陽方》二十卷。"①

【輯本】姚本、鄧本:"《黄帝三王養陽方》二十卷。"

佚文八

【出處】《漢書》卷三十《藝文志》:"《三家内房有子方》十七卷。"②

【輯本】姚本、鄧本:"《三家内房有子方》十七卷。"

神　僊

佚文一

【出處】《漢書》卷三十《藝文志》:"《宓戲雜子道》二十篇。"③

【輯本】姚本、鄧本:"《宓戲雜子道》二十篇。"

佚文二

【出處】《漢書》卷三十《藝文志》:"《上聖雜子道》二十六卷。"④

【輯本】姚本、鄧本:"《上聖雜子道》二十六卷。"

佚文三

【出處】《漢書》卷三十《藝文志》:"《道要雜子》十八卷。"⑤

【輯本】姚本、鄧本:"《道要雜子》十八卷。"

佚文四

【出處】《漢書》卷三十《藝文志》:"《黄帝雜子步引》十二卷。"⑥

【輯本】姚本、鄧本:"《黄帝雜子步引》十二卷。"

---

①②　《漢書》,第1778頁。

③④⑤⑥　《漢書》,第1779頁。

佚文五

【出處】《漢書》卷三十《藝文志》:“《黄帝岐伯按摩》十卷。”①

【輯本】姚本、鄧本:“《黄帝岐伯按摩》十卷。”

佚文六

【出處】《漢書》卷三十《藝文志》:“《黄帝雜子芝菌》十八卷。”②

【輯本】姚本、鄧本:“《黄帝雜子芝菌》十八卷。”

佚文七

【出處】《漢書》卷三十《藝文志》:“《黄帝雜子十九家方》二十一卷。”③

【輯本】姚本、鄧本:“《黄帝雜子十九家方》二十一卷。”

佚文八

【出處】《漢書》卷三十《藝文志》:“《泰壹雜子十五家方》二十二卷。”④

【輯本】姚本、鄧本:“《泰壹雜子十五家方》二十二卷。”

佚文九

【出處】《漢書》卷三十《藝文志》:“《神農雜子技道》二十三卷。”⑤

【輯本】姚本、鄧本:“《神農雜子技道》二十三卷。”

佚文十

【出處】《漢書》卷三十《藝文志》:“《泰壹雜子黄治》三十一卷。”⑥

【輯本】姚本、鄧本:“《泰壹雜子黄治》三十一卷。”

八、其　他

佚文一

【出處】《文選》卷一《班孟堅〈東都賦〉》李善注:“刘歆《七略》曰:

---

①②③④⑤⑥ 《漢書》,第1779頁。

‘羽蓋琴麗,紛循悠悠’”①

【輯本】洪本、嚴本、陶本:“羽蓋琴麗,紛循悠悠。(《文選·東都賦》注。案,以下不類《七略》,《齊安陸昭王碑文》注引有左思《七略》,或是其文,今姑附此。)”

姚本:“羽蓋琴麗,紛循悠悠。(嚴本。)”

章本:“羽蓋琴麗,紛循悠悠。(《文選·東都賦》注,似是在《詩賦略》,亦難質言也。)”

顧本:“雨蓋琴麗,紛循悠悠。(《文選·東都賦》注。)”

鄧本:“羽蓋琴麗,紛循悠悠。(嚴本。《文選·班孟堅〈東都賦〉》注。)”

佚文二

【出處】《文選》卷二十三《王仲宣〈贈士孫文始〉》李善注:“劉歆《七略》曰:‘宴處從容觀詩書。’”②

【輯本】姚本、鄧本:“宴處從容觀詩書。(《文選·王仲宣〈贈答詩〉》注引劉歆《七略》,他書亦有引作劉向者。)”

章本:“宴處從容觀詩書。(《文選·贈士孫文始詩》注引劉歆《七略》。案,此語不似《七略》,《選》注數引劉向七言,如《張景陽雜詩》注引云,朅來歸耕永自疏,語意正與此類,疑此本始劉歆七言,言誤作略耳。《出師表》注引劉歆七言詩曰,結構野草起室廬。益可證彼此同屬一詩,然終無以質言,故仍附録於末。)”

顧本:“宴處從容觀詩書。(《文選·王仲宣贈士孫詩》注。又《辭隋王箋》注引劉向七言‘晏’作‘讌’。按,《西京賦》注引劉向七言曰‘博學多識與凡殊’。又《雪賦》注引‘時將昏暮白日午。又《思元賦》引‘朅來歸耕永自疏’。又《秋胡詩》注、《張景陽雜詩》注並引‘朅來’句。又《贈秀才入軍詩》注引‘山鳥群鳴我心懷’。)”

---

① 《文選》,第33頁。

② 《文選》,第1105頁。

佚文三

【出處】《文選》卷三十七《孔文舉〈薦禰衡表〉》李善注:"《七略》曰:'解纷释结,反之於平安。'"①

【輯本】洪本、嚴本、陶本:"解紛釋結,反之於平安。(《文選·孔文舉〈薦禰衡表〉》注。)"

姚本:"又曰:解紛釋結,反之于平安。(嚴本。)"

章本:"解纷释结,反之於平安。(《文選·薦禰衡表》注。)"

顧本:"解紛釋結,反之於平安。(《文選·薦禰衡表》注。)"

鄧本:"又曰:解紛釋結,反之于平安。(嚴本。《文選·孔文舉〈薦禰衡表〉》注。)"

佚文四

【出處】《文選》卷三十七《諸葛孔明〈出師表〉》李善注:"劉歆〈七言〉詩曰:'結構野草起室廬。'"②

【輯本】洪本、嚴本、陶本:"詩曰:'結搆野草起室廬。'(《文選·諸葛孔明〈出師表〉》注引劉歆《七言》詩。)"

姚本、鄧本:"結構野草起室廬。(嚴本云《文選·諸葛孔明〈出師表〉》注引劉歆《七言》詩。)"

顧本:"結構野草起室廬。(《文選·出師表》注引劉歆《七略》詩。宋本'略'作'言'。)"

佚文五

【出處】《文選》卷三十八《任彦昇〈爲范始興求立太宰碑表〉》李善注:"《七略》曰:'西河、燕、趙之間。'"③

【輯本】洪本、嚴本:"(子夏)西河、燕、趙之間。(《文選·爲范始興求立太宰碑表》注。)"

---

① 《文選》,第1669頁。

② 《文選》,第673頁。

③ 《文選》,第1749頁。

姚本:"又曰:西河、燕、趙之間。(嚴本。《儒林傳》詩家韓嬰傳:燕、趙間言《詩》者由韓生,韓生亦以《易》授人,推《易》意而爲之傳。燕、趙間好《詩》,故其《易》微,唯韓氏自傳之。按,《七略》此句大抵即言《儒林傳》此一段之事,班氏節即取'西河'字,又去'之'字,唯云'燕趙間',因録附於此)"

陶本:"(子夏)西河、燕、趙之間。(《文選·爲范始興求立太宰碑表》注。陶批:按,此必是《子夏易传》条语,列此道家为不妥。)"

顧本:西河,燕趙之間。(《文選·求立太宰碑表》《注》。)

鄧本:"又曰:西河、燕、趙之間。(嚴本。《文選·任彦昇〈爲範始興求立太宰碑表〉》注。《儒林傳》詩家韓嬰傳:燕、趙間言《詩》者由韓生,韓生亦以《易》授人,推《易》意而爲之傳。燕、趙間好《詩》,故其《易》微,唯韓氏自傳之。按,《七略》此句大抵即言《儒林傳》此一段之事,班氏節去'西河'字,又去'之'字,唯云'燕趙間',因録附於此)"

佚文六

【出處】《文選》卷三十八《任彦昇〈爲齊明帝讓宣城郡公第一表〉》李善注:"《七略》曰:'位累我躬。'"①

【輯本】洪本、嚴本、陶本:"位累我躬。(《文選·任彦昇〈爲齊明帝讓宣城郡公第一表〉》注。)"

姚本:"位累我躬。(嚴本)"

顧本:"位累我躬。(《文選·讓宣城郡公表》注。)"

鄧本:"位累我躬。(嚴本。《文選·任彦昇〈爲齊明帝讓宣城郡公第一表〉》注。)"

佚文七

【出處】《文選》卷四十八《班孟堅〈典引〉》:"《七略》曰:'尚書郎中北海展隆。'"②

---

① 《文選》,第1732頁。

② 《文選》,第2158頁。

【輯本】洪本、嚴本、陶本:“尚書郎中北海展隆。(《文選·班孟堅典引》注。)”

姚本:“尚書郎中北海展隆。(嚴本)”

章本:“尚書郎中北海展隆。(《文選·典引》,永平十七年,臣與賈逵、傅毅、杜矩、展隆、郤萌等,召詣雲龍門。注引《七略》此文,而説之曰:《七略》之作,雖在哀、平之際,展隆壽或至永平之中。今不審展所校者何書,故附此)”

顧本:“尚書郎中北海展隆。(《文選·典引》注。)”

鄧本:“尚書郎中北海展隆。(嚴本。《文選·班孟堅〈典引〉》注。)”

結　語

《别録》《七略》作爲劉向、劉歆父子整理先秦兩漢典籍撰寫的著作，在梳理了學術史的同時，亦以創造性的分類體系，影響著後世目録體例的演進與發展，對於辨章學術、考鏡源流意義重大。因《七略》節略《别録》成爲提要體目録，在目録著録方面可替代《别録》，成爲了首次削弱《别録》傳播的著作。至班固編纂《漢志》吸收採納《七略》，爲學者提供了便捷性，又開啟了削弱《七略》獨立性的進程。可以看出，從《别録》到《七略》再到《漢志》的整合過程，反映了二書在漢代成書的同時亦在漢代被削弱。换言之，漢代是二書逐漸走向亡佚的開端。且在脱離了漢代成書背景下，隨著學術的多元發展，典籍種類的不斷豐富，《别録》《七略》開創的六分法已不能滿足魏晉時期的目録分類需求，因此體例的融合變化即成爲了必然的趨勢。那麽，從目録學發展的長遠角度來看，融合雖有益於目録體例的逐漸穩定，但同時産生的對於二書削弱的負面影響亦是不容忽視的。

受體例兼容性弱化的影響，學者逐漸開始關注《别録》《七略》的内容，這與二書整理先秦及西漢前典籍，梳理學術發展脈絡密不可分。隋唐時期，隨著政權的穩定，政治、經濟、文化的發展等因素，用以消解異説、確立定本的注疏類典籍以及爲吟詩作賦、科考取仕查找資料提供便利的類書類典籍的不斷出現，使得具有學術史意義的《别録》《七略》不斷地被稱引。這一時期學術發展對於二書内容的關注，再次助推了獨立性的削弱。傳至宋代，出現的與漢學對立的疑經改經的宋學學風，影響著學者們對二書的審視與反思。加之前代二書獨立性不斷地被削弱，終至南宋時期亡佚不見。然隨著明清逐漸興起的以漢學爲宗的研究風氣，反對宋代以來形成的空談義理的學風，使得學者逐漸重視二書在學術源頭著録方面的學術價值,並不斷地搜集輯本以還原《别録》《七録》的原貌。

基於《别録》《七略》研究屬性較爲多元,且需要結合佚文分析相關問題,本書選擇了以整體性的視角展開研究,這既包括整體地歸納分析並考校佚文,以佚文反映的體例信息、内容信息、徵引信息等作爲研究成書問題、亡佚問題、輯本問題的重要媒介;又包含宏觀地把握《别録》《七略》的學術演進脈絡,將佚文的研究與之結合,以綜合性的展現《别録》《七略》的研究面貌。

後　記

2015年,博士入學,爲了培養自身的文獻學素養,便與王連龍師選定了被視爲中國文獻學源頭之作的《别録》《七略》作爲研究課題,它們是劉向、劉歆父子奉召校書的成果。劉氏父子以"辨章學術,考鏡源流"之志,將漢時無序的典籍整理爲有序的定本流傳,在散亂的典籍間編織出中國最早的學術地圖。每當有人問我研究對象是什麽時,如果是與專業相關的人,我會説研究的是漢代目録學,如果是專業外的人,我常調侃自己研究的是漢代國家藏書。原本藉由《别録》《七略》我們可以更加全面地看到中國早期的學術體系,但由於二書是校書的附屬品,前者爲敘録體,後者爲目録體,本質上均是方便漢代帝王瞭解與查檢書籍,這就決定了他們先天具有工具書的屬性,易被整合替代,而同處漢朝的班固吸收《七略》編入《漢書》,帶來漢代典籍查找的便利性,不經意間從替代性出發加速了二書的消亡。加之,漢世之後書籍種類多寡的變化、學術分類思想的演變等原因,二書終在宋代亡佚不見。幸運的是,古人不斷總結與反思文獻學方法,《别録》《七略》雖爲亡佚之作,但在目録學、版本學、校勘學等方面的價值不斷地得到了認可與肯定,至清代進入中國古代學術總結期後,又有清人輯録二書佚文,編爲輯本,爲研究提供了便利。

於是在整個研究過程中,我基於清代以及今人輯本,猶如偵探破解謎團般不斷在古注、類書等典籍中繼續尋找、考辨《别録》《七略》的斷句殘篇,撿拾漢代學術的碎片。寫作時常因爲一兩個文字記載的差異,不斷嘗試各種可能的訛誤路徑,尋找考證的邏輯缺環,以確定最貼近原文的表述。在不斷地思考、論述、寫作中,這篇關於《别録》《七略》的研究成果終於在2019年冬畢業答辯後迎來了修改地短暫終結。

之所以稱爲短暫終結,是因爲在畢業後,我知道它還要繼續修改出版。投身工作後發現,時間的安排多身不由己,因此書稿也是斷斷續續地在完善。直到 2024 年,修改接近尾聲。這本書稿歷經博士期間的成稿,畢業後的修改,終於在 2025 年交付出版社,在這個過程中要感謝編輯給出的修改意見,得以讓本書順利出版。

2015—2025,十載光陰,文終成書。一路走來,要向我的父母以及所有幫助關愛我的老師、朋友表示感謝,感謝你們的陪伴與支持。行文至此,有一種"與君相識,終有一别"的感覺,不知何時還會再動筆與劉向、劉歆父子相遇,希望未來自己的學識有了足够的積累後,能够再次開啟新的研究篇章,繼續尋找被歷史風塵掩埋的漢代學術密碼。

乙巳年於牡丹江

圖書在版編目(CIP)數據

《别録》《七略》研究與佚文彙編 / 胡宗華著.
上海 : 上海人民出版社, 2025. -- ISBN 978-7-208
-19489-2

Ⅰ. G257.2

中國國家版本館 CIP 數據核字第 2025NB8794 號

責任編輯 邵 沖
封面設計 夏 芳

《别録》《七略》研究與佚文彙編
胡宗華 著

出　　版 上海人民出版社
(201101 上海市閔行區號景路 159 弄 C 座)
發　　行 上海人民出版社發行中心
印　　刷 蘇州工業園區美柯樂製版印務有限責任公司
開　　本 890×1240 1/32
印　　張 15
插　　頁 2
字　　數 424,000
版　　次 2025 年 7 月第 1 版
印　　次 2025 年 7 月第 1 次印刷
ISBN 978-7-208-19489-2/K·3482
定　　價 78.00 圓